생활 속의
심리이야기 Ⅳ

최 경 희 지음

이문출판사

생활 속의 심리 이야기 Ⅳ

펴낸곳／이문출판사 ǁ 변경등록:1994. 6. 3. 제7-20호

발행인 / 지경원 ǁ 지은이•최경희 ǁ 4판 발행 / 2023년 3월 10일
주소 / 42425 대구시 남구 중앙대로 40길 11-14 ǁ 03728 서울 서대문구 모래내로24다길 15-5
전화 / 02) 359-8250, 053) 624-3113 ǁ 팩스 / 02) 359-8251

값 16,000 원
ISBN 978-89-7334-158-0 03180

머 리 글

관상수도자나 은둔자들의 글을 읽으면 절대자의 말씀 속에 자신을 온전히 맡겨서 때론 엎드리고 때론 환희하고 때론 참회하고 때론 찬미하는 대목들이 나온다. 더 이상의 이성적 논리나 개념을 초월한, 숭고하고 거룩한 느낌을 받을 때가 있다. 그럴 때 그들에게 깊은 깨달음의 울림을 가져다주는 도구는 무엇일까를 보면 한결같이 '깊은 침묵'이라는 것을 느낄 수 있다. 특히 저 깊은 마음에서 울러 퍼지는 에너지와 삶에 대한 가르침은 '침묵 명상'이 가져다주는 성스러운 힘이 되는 것 같다. 사실 불필요한 말이나 글보다는 차라리 침묵이 훨씬 위대하다는 것은 너무나 자명하다. 괴테의 일기에서 인용된 "언어는 성스러운 침묵에 기초한다."(Maria-Culm 사원재단에 새겨진 글)는 말이 기억난다. 성스러운 침묵으로부터 지혜로운 말이 나온다는 것이다.

한편, 침묵은 말이나 글을 통하여 비로소 완성된다는 것을 느낄 때도 있다. 침묵은 말을 통해서 비로소 그 의미의 진정한 가치를 얻게 된다는 막스 피카르트(M. picard, 2000, 최승지 역)의 표현도 이해된다. "어느 날인가부터 필자는 침묵하는 시간이 매일매일 필요하다는 것을 느끼게 되었다. 그 속에서 올라오는 많은 말들이 글로 쓰여지고 있었다. 과연 그 침묵은 성스러운 침묵이 되었을까! 그건 자신할 수 없다." 각종 심리적 상태를 마치 탐험하듯 보게 되는 침묵 속의 시간들, 그 속의 각종 생각들, 흐름들,

느낌들! 어쩌면 이러한 인간적인 침묵은 성스러운 힘을 가지기 위한 중요한 전초전일 것이다.

이 책은 필자가, 때로는 인간적 고뇌 속에서, 또 때로는 진실에 대한 찬미와 감사로, 침묵하는 시간을 가지며 느꼈던 시간 속의 산물일 수 있겠다. 이 내용들은 개인상담 및 집단 심리치료를 오랫동안 해 오면서 내담자들을 통하여 깨달음을 얻은, 지극히 인간적인 보통사람들을 위한 심리적인 이야기들이며, 일상의 순간순간을 참되게 살아가고 싶은 일반 사람들의 평범한 속삭임이다.

많은 글과 말들이 쏟아져 나오는 이 시대에 이와 같은 평범한 생활 속의 이야기들이 과연 사람들에게 어떤 의미로 도움이 될지를 묵상해 본다. 어떤 분들은 이 지극히 인간적인 이야기를 읽으며 조용히 눈을 감고 침묵하고 싶을 수 있다. 다른 분들은 이미 자신의 내면에서 비슷하게 느꼈던 마음들을 음미하며 '아, 나와 비슷하게 느끼는 경우가 있구나.' 라고 동감하고 성장하게 되는 느낌을 가질지도 모르겠다.

이 모든 과정은 참된 삶을 향한 '자기 내면의 바라봄'의 길목이 될 수도 있을 것 같다. 그리고 주변의 모든 관계는 '공동체'로서 동행하는 과정이 될 수도 있을 것이다. 자기 자신이 누구인가를 관조하는 항해의 초입에서는 이러한 인간적인 침묵의 수련시간이 필요하다고 본다. 아울러 항해하는 '자신'이라는 배를 도와주는 초록등대와 빨간 등대 역할을, 누군가의 말이나 글에 담긴 어떤 지혜들이 담당할 것인가도 중요한 문제가 될 것이다. 이 책이 그런 역할을 얻어가기 위한 자그마한 도움이 되었으면 하는 바람이 있다. 또한 독자들이 스스로의 마음을 바라보고 머무를 수 있도록, 조금만 읽고 침묵하면서 느껴가고 또 조금만 읽고 침묵하며 깨달을 수 있도록 도움이 되었으면 한다. 이 모든 내용들은, 내담자들과의 깊은 상호작용에서 배우게 된 값진 선물이다.

이 책은 어느덧 생활 속의 심리이야기 I, II, III권에 이어, 네 번째 책(IV)이 되었다. 필요로 하는 사람들에게 꾸준하게 읽혀진 앞의 책들에 이어, 이 책도 평범한 일상적 심리이야기 그 자체가 될 것이다. 책을 꼼꼼히 보면 늘 약간 아쉬운 듯한 느낌이 있지만, 그런 약한 면도 하느님이 주신 선물이라는 생각이 들고 그 부족함 자체를 사랑하기 위하여 주변의 많은 사람들과 서로 격려하며 배려하고 감사하며 살아가고 있다. 출판사 선생님들, 세세한 교정에 도움 준 선생님들, 마음으로 늘 힘이 되는 가족, 특히 새 가족이 된 사랑스러운 사위, 며느리 등, 모두 감사드린다.

최경희 (隨順)
2015. 11.
울산 언양, 개인연구실에서

목 차

제 II 부 관계 안에서 • 221

제 I 부

자신 안에서

1. 저장이 필요한 '마음 챙김 프로그램'

침착성을 유지시키는 매일매일의 나름대로의 훈련은
고통을 가라앉히고 벌겋게 달아오른 생각을 식혀 준다.
이렇게 한다고 해서 감정을 뿌리째 뽑아버리거나
아예 일어나지 않기를 바란다는 것은 오해이다.
그러나 많은 심리학자들 혹은 정신수련자들은
'사람은 의식적으로 자신의 마음을 다른 방향으로 돌릴 수 있다.
하지만 그 능력은 저절로 생기는 것이 아니다.
글을 읽고 수학을 공부하듯 그 능력을 길러야 한다.'라고 이야기한다.

살아가면서 어떤 상황에 대한 스트레스를 한꺼번에 혹은 지속적으로 받게 되면, 몸과 정신은 둘 다 여유가 없어지고 사방이 꽉 막혀 있는 것 같은 중압감을 느끼게 된다. 온 몸이 무기력하고 생각과 감정이 소용돌이치면서 정신이 없어질 때 어떻게 해야 될까! 이런 경우 많은 사람들은 가슴이 두근거리면서 침착성을 잃게 되기 쉽다. 평정심을 잃게 된 후 나오는 말들은 사실상 분노와 실망감, 두려움과 좌절감 등의 감정에서 나오는 표현이기 때문에 '이성적인 의사소통' 자체가 일단 마비된다고 볼 수 있다. 부정적인 감정들이 발동한다면 대부분의 사람들은 '감정홍수'의 소용돌이에서, 갈등상황에서 도망치고 싶어 하거나 공격성을 내 보이기 쉽다. 즉, 도피하거나 투쟁을 하게 될 가능성이 많다.

도피형의 사람들은 마음속으로 '너무 힘들어. 일단 피해야 돼. 이런 말을 해 봤자 상황은 더 나빠질 것이고…' 혹은 '두고 보자. 가만 두지 않겠다.' '아… 어떻게 해야 하지? 정신이 없네!' 등의 내적 반응을 품고 있을 수 있다. 때로는 이런 마음 때문에 맥이 빠져서 그냥 자리에 누워버리고 주변인들과 관계를 단절하는 사람도 있다. 하지만, 투쟁형의 사람들은 두려움에 사로잡히면 분노가 치솟아 신랄한 말로 반격을 가하고 싶은 유혹이 올라올 수 있다. 그래서 인신공격을 하고 상대방이 듣든 말든 내지르는 화가 나올 수도 있다. 이 때, 분노와 신랄한 말로 반격을 가할 경우, 불 위에 기름을 끼얹는 꼴이 될 수 있고 더욱 더 문제를 크게 만들 뿐이다. 아무런 현실적인 조처를 취하지 않고 도피해 있을 경우와 마찬가지로, 투쟁형도 잠수된 감정으로 인하여 심각해지기는 마찬가지다.

이렇게 두 방법들이 다 좋지 않다는 것을 알고 있다 하더라도, 지금까지의 대인관계 방식에서 건강한 의사소통을 하는 습관이 되어 있지 않고 그냥 피하고 다른 것을 생각하려고 하거나, 엉뚱한 것을 자꾸만 하는 습관이 있을 경우에는, 좋은 방법으로 대화를 이끌어내기 쉽지 않다. 더욱이 상대방이 어떻게 반격할 것이라는 생각이 들 경우에는 엄두조차 내지 못한다. 그저 도피하고 싶은 마음뿐이다. 바로 이러한 이유들 때문에, 어떤 상황에서 문제를 직시하여 진지하게 다루어나가지 않고, 임시방편식으로 일을 처리하거나 참거나 숨는 습관에 젖어 있는 것이다.

어떤 상황에서라도 침착성과 평정심을 유지한다면 정신을 차리고 지혜로운 생각과 적절한 행동을 할 수 있으련만, 기존의 습관이 나쁘다는 것을 알면서도 그것이 말로는 쉽지만 만만한 일은 아닐 것이다. 순간적인 감정을 통제하는 새로운 좋은 습관, 개인의 기질에 적절한 감정조절

방법을 익힌다면 어떨까! 감정을 통제하고 평정심을 가지는 어떤 프로그램, 일종의 '마음을 다루는 프로그램'을 가지고 있다면 어떨까! 마음 속 어느 한쪽에 '마음 챙김 프로그램'을 저장해 두고 필요할 때 마다 꺼내 쓸 수 있으면 좋지 않을까! 마음을 진정시키기 위하여 사용할 수 있는 '마음 챙김 프로그램', 이 프로그램을 어떻게 만들어서 저장시킬까를 생각해보자.

흔히 사람들은 마음이 많이 힘들 때 남들에게 전화를 한다거나, 등산이나 골프 낚시 등 취미활동을 한다든가, TV 휴대폰 등 외부매체를 보면서 잊는다든가, 술, 담배, 그 외의 쾌락적인 것에 빠지기도 한다. 이처럼 물리적으로 긴장을 푸는 방법은 동요하는 생각들을 가라앉히는데 효과가 있을 것이다. 하지만 그것도 잠시 뿐, 조용한 시간이 될 때는 억눌려 있는 힘겨운 감정들은 또 다시 올라올 수 있다. 즉, 외부적인 이러한 방법들은 일시적인 것일 뿐 별로 도움이 되지 않을 때가 많다. 여러 가지 상황이 더 복잡하게 꼬일 수도 있어서 괴롭기만 할 뿐 아무 것도 행할 수 없는 상황이 될 수도 있다. 더 이상의 방법이 소용없다고 느껴져 막막하고 절망스러워지기도 한다.

스스로의 감정을 조절하기 위한 훈련 프로그램의 예를 들어보자.

첫째, '감정'을 알아차리고 바라보는 연습이다. 사실은, 일부러 그 감정을 피하려고 하면 할수록 더 걱정되고 두려워진다. 피하려는 감정 속으로 들어가는 셈이 된다.

우선, 마음의 작용들이 서서히 흘러가도록 그 감정들을 조용히 바라보면서… 그냥 그 감정에 이름을 붙이며 알아차리고, 가만히 일어난 감정들을 지켜봐 주는 것이 현명하다고 본다. 즉, 아무 것도 판단하지 말고

(무엇이 옳고 그른가를 머리로 따지기 시작하면 정말 온 세상이 암흑 속으로 들어가는 것 같다.) 조용하게 자신의 '지금-여기의 마음을 바라보기' 작업을 해야 한다는 것이다. '그냥 가만히 바라보라!'는 뜻을, '현실은 관여하지 말고 피하라.'라는 말로 오해하는 사람들도 꽤 있다. '단지, 바라보기만 하라!'고 하면, 그 감정 속으로 함몰되어 더욱 더 감정의 소용돌이에 휘둘리기도 한다. 감정 속에 들어가는 것이 아니라, 지켜보는 입장의 '바라보기'훈련이다.

현실을 피하는 식의 바라보기, 그것은 문제를 더 심각하게 꼬이게 만들기 때문에 조심하여야 한다. 감정적인 위기 상황에 처했을 때에는, 일단 감정적인 부분은 그대로 흘러가도록 두되, 현실적인 부분들은 갈등 당사자(자신도 포함)와 진실하고 솔직한 대화를 하는 것이 가장 바람직하다고 본다. 그리고 적극적으로 그 문제들을 타협 조정하며 해결해 나가야 한다. 만약 스스로가 하기 어렵다면 현실 부분에 대한 도움을 받을 수 있는 누군가의 협조가 필요할 수도 있다. 한마디로 현실적인 대처는 이루어져야 하며, 대처를 하여도 어쩔 수 없는 상황에서는 그 현실을 직시하면서 시간을 두고 좀 더 상황을 지켜보는 태도도 필요하다. 이 모든 것을 그냥 하기가 어렵다면, 글로 정리하는 것도 중요한 하나의 방법이다. 적어보면서, 하나하나 반박하는 것이다.

둘째, 또 하나의 유용한 방법은 '호흡'이다. 의식적으로 호흡에만 집중하면서 들숨과 날숨 그 자체와 함께 하는 것이다. 생각이 떠오르면 떠오르는 대로 잠깐 '이런 생각이 떠오르는구나.' 하는 정도로 느끼다가, 의식적으로 호흡에 집중하고 또 다시 생각이 떠오르면 잠시 그 생각을 바라보다 또 의식적으로 호흡에 집중하려고 노력하는 것이다. 이 호흡법은 스트레스를 받았을 때 몸에서 분출되는 스트레스 호르몬을 그냥 '흐르도록(지나 보내는)' 두는 방법으로 매우 유용할 것이다. 마음이 맑아질 때까지 그냥 그대로 가만히 있어보자. 몸을 의식하면서 아무런 행동도 말도 하지 않은 채 호흡만 의식해 보자. 이것은 감정습관을 바꾸는데 대단히 중요한 역할을 한다고 본다.

호흡훈련은 체험해보지 않은 사람들은 이 효과의 감을 잡을 수가 없을 것 같다. 처음에는 온갖 잡생각이 생기고, 몸을 일으키고 싶고, 움직이고 싶고, 먹고 싶고, 눕고 싶고 등… 다양한 감각적 유혹으로 힘들겠지만, 그 고비를 잘 넘기게 되면 침착성을 유지하는데 도움을 준다는 사실은 이미 선각자들에 의해 증명되어 있다. 체험해 보지 않았던 사람들은 시간이 지나가기를 기다리는 것의 효과를 얕잡아 볼 수도 있는데 그것은 정말 오산이다. 머리로 아는 것과 직접 가슴으로 느끼는 것이 다르고, 가슴으로 느끼는 것과 실제로 해보는 것은 엄연히 다를 것이다. '감정을 바라보고' '호흡에 집중해 보는' 작업이야말로, 머리로 알고 가슴으로만 느끼는 것 보다는 실제로 행동으로 하지 않으면 이해하기 어려운 것이다.

셋째, 모든 것은 '지나간다! 과정일 뿐이다.'라고 말로 되뇌인다. 몸에서 스트레스 호르몬들이 분비된 후 다시 몸속으로 새로운 호르몬이 흡수되는 데에는 몇 시간이나 걸린다고 한다. 정확히 말하면 최소한 4-6시간 정도, 심한 경우에는 며칠씩 걸리기도 한다는 전문가의 의견들을 읽은 적이 있다. 이처럼 스트레스 호르몬들이 일단 작용하게 되면 모든 기능은 제자리를 찾는데 상당한 시간을 필요로 한다. 그 과정에서는 과민하고 성급하여 언짢은 기분에 빠지게 되는 경우도 있다. 또한 바깥세상에서 일어나는 갈등뿐만 아니라 마음속에서 벌어지는 불협화음에도 쉽게 스트레스를 받기도 한다. 꼬리에 꼬리를 무는 부정적인 생각과 격분한 감정, 악의적인 감정과 같은 '마음의 독'이 몸과 마음을 마비시키게 될 수도 있다. 여기서 독이라는 표현은 단순한 비유가 아니다. 실제로 우리 안의 나쁜 생각들이 신경세포를 자극하면 우리 마음이 스트레스 호르몬에 중독되기 때문이다. 따라서 그 독을 다스리기 위해서는 호르몬이 제자리를 찾을 수 있는 '기다림', '머무름'의 시간이 꼭 필요하다. 그러나 이것은 반드시 지나간다. 과정일 뿐이다. 이 과정에서 호흡을 병행한다면 유용한 방법이 될 것이다.

넷째, 많은 영적수련자들이 사용하였던 또 다른 방법은 조용히 어떤 특정 단어 혹은 문장을 떠올리면서 그 단어 혹은 문장에 집중하는 것이다. 예컨대 '자비', '사랑', '하느님', '예수님', '부처님', '평화', '온유', '내맡김', '내려놓음' 등 단어가 주는 느낌을 잘 느끼면서 그곳에 집중해 들어가는 방법이다. 좋은 관상기도나 명상이 될 것이다. 단어 혹은 문장을 앞의 호흡과 장단을 맞추어 함께 한다면 더욱 더 좋은 훈련이 되지 않을까 생각된다. 매일 일정한 시간을 택하여 규칙적으로 독서명상을 하는 것은 매우 좋은 습관이 될 것 같다. 양서를 골라서 하루에 조금씩 그 내용을 정독한 후 집중적으로 그 내용을 묵상하는 것이다. 필자의 연구소에서는 수업 때마다 그날그날의 레포트나 기타 양서의 일부내용을 정독한 후 마음에 와 닿는 내용에 집중하도록 잠깐의 시간을 할애한다. 그 이유는 독서명상이 습관화되면 스스로의 마음 다스림에 매우 유용하리라 예상하기 때문이다.

전문 상담기관의 집단상담과 같은 프로그램에 참여하여 보통 사람들의 삶 속의 스트레스를 어떻게 다스리고 사는지를 함께 연구하거나, 힘들 때 마다 편하게 이야기 나눌 수 있는 멘토 같은 대상을 만난다거나,

차를 한잔 나누며 허심탄회하게 마음을 나눌 수 있는 친구를 만난다든가, 각종 나름대로의 방법을 생각해 볼 수 있을 것이다.

제일 중요한 것은, 스트레스 상황에서 대부분의 사람들은 시야가 좁게 되며, 왜곡된 망상 속에서 허덕이기 쉽다는 것이다. 고착된 과거 패턴의 생각이나 완고하게 믿고 있었던 자신만의 가치관, 인생관은 때로는 큰 어려움의 원인이 되므로, 누구에게나 닥칠 수 있는 어려운 상황을 훨씬 더 확대된 고통 속으로 밀어 넣는 불화살이 될 수 있다. 이럴 경우, 스트레스를 해소하는 자기만의 외고집 같은 생각들은 인생에 큰 독이 될 수도 있다고 생각된다. 그러므로 독서명상이나 '기도'의 자세를 통하여 어리석은 '앎'을 지혜로운 '앎'으로 전환시키는 것이 삶의 방향을 바꾸는데 큰 효과를 가져 올 수도 있을 것이다. 우리는 자신이 알고 있는 것 보다 훨씬 더 어리석을 수 있다. 생각해보라. 가끔, 10년 전의 생각이 오늘에 이르러 느껴보면 참으로 어리석었다는 것을 깨달은 적이 없는가! 5년 전… 1년 전… 어제의 생각이 오늘과 다르고, 오늘처럼 그때 생각하였더라면 내 인생은 어떻게 변했을까! 시시각각 우리의 지성은 충분히 긍정적으로 변화할 수 있다. 아마도 우리는 노력하기 나름으로 엄청난 변화를 가져올 수 있는 '창조성'을 가진 에너지 덩어리일 것이다. 꾸준한 독서명상을 습관화 시키는 것은 지혜로운 인격이 발전해 나가는데 도움을 줄 것임에 틀림이 없다.

다섯째, 매일매일 어떤 일이 있어도 일기 형식의 수행노트를 쓰면서 자기와의 만남을 할 수도 있다. 이것은 어느 누구도 강요하지 않지만 자기와의 약속을 철저히 지켜내는 인내심이 있어야만 가능한 일이다. 물론, 이렇게 할 수 있는 사람은 아주 근기가 좋은 사람이라 여겨진다.

자기를 잘 관리하는 사람이라는 뜻이다. 건강한 자아기능을 가지고, 자신을 매일 바라보면서 점검해 나갈 수 있다면, 그 습관은 참으로 값진 재산을 지니고 있는 셈이지 않겠는가!

그 외에도 각자의 나름대로의 방법으로 규칙적이고 지속적인 반복학습을 통하여, 자신의 몸과 정신에 더 친밀한 어떤 것을 행하여도 상당히 도움이 될 것이다. 침착성과 평정심을 유지시키는 매일매일의 나름대로의 훈련은 고통을 가라앉히고 벌겋게 달아오른 생각을 식혀준다. 이렇게 한다고 해서 감정을 뿌리째 뽑아버리거나 아예 일어나지 않기를 바란다는 것은 오해이다. 감정을 완전히 분리해 내기는 힘들다. 그러나 많은 심리학자들 혹은 정신수련자들은 '사람은 의식적으로 자신의 마음을 다른 방향으로 돌릴 수 있다. 하지만 그 능력은 저절로 생기는 것이 아니다. 글을 읽고 수학을 공부하듯 그 능력을 길러야 한다.'라고 이야기한다. 즉, 훈련을 꾸준히 하면 침착함을 되찾기까지 걸리는 시간을 점점 줄일 수 있다는 뜻이다. 이러한 훈련의 결과로 우리의 내면에 '마음챙김 프로그램'이 잘 저장되어 있어, 힘들 때마다 그 프로그램을 꺼내어 사용하면 좋지 않을까 싶다.

이 글을 읽는 독자는 이번 기회에 침착성을 유지시키는 혹은 평정심을 가지는 나름대로의 훈련을, 마치 매일매일 식사를 하는 일과처럼 할 수 있는 나름대로의 일상 프로그램을 만들어 보자. 스스로의 질서에 의하여 스스로의 규칙에 의하여 훈련을 한다면, 푸짐하게 그 선물을 받게 될 것이다. 돈을 주고도 살 수 없는 '마음챙김 프로그램'을 저장하게 될 것이다.

2. '마음 다스림'의 시작은 감정포착으로부터…

감정은 옳고 그르고, 맞고 틀리고가 없다.
감정에 대한 판단을 하지 말라는 것이다.
그냥 그런 감정을 느끼고 있다는 자각만 하면 된다.
단지 자기의 감정을 객관적으로 바라보는 것만으로도
감정이 구름처럼 사라지게 된다.
한마디로 감정포착, 알아차림은
바로 '마음 다스림' 의 열쇠가 된다.

오래 전, 보호관찰대상자 청소년을 대상으로 하는 집단상담을 한 적이 있다. 그 때 청소년들에게 "어른들 중 어떤 분들이 제일 답답하니?"라고 질문하였더니, 순간의 망설임도 없이 서슴치 않고 대답했다. "우리가 하는 말을 제대로 못 알아듣고 자기(?) 마음대로 이야기하는 사람" 이라고 대답했다. "너희들이 말하고자 하는 것을 정확하게 못 알아듣는 분… 그러면 정말 답답하겠다!" 하고 조금 공감해 주었다. 그랬더니 연이어서, "제가 말하고자 하는 것은 말할 것도 없고요. 제 마음을 부모님 마음대로 생각하고 추측해서 말씀하시기까지 하면 정말 답답해요." "필(feel)이 딱 딱 맞아야 되는데! (고개를 흔들며) 솔직하게 말하면 집에 가면 말하기 싫어요. 방문 닫고 들어가 버려요. 괜히 거실에 있다가 또 안 좋은 말들이 오고가니까요. 친구들하고 지내는 것이 훨씬 더 재미있어요." 등의 답변이 나왔다. "서로서로 느낌이 잘 통하면 좋은데… 부모님들이 너희들 감정을 제대로 이해하지 못하시는구나."라고 했더니, "제 마음을 제대로 이해하고 좀 알아듣게 잘 말씀하시면, 제가 왜 집이 싫겠어요?"라고 반문하며 시무룩하였던 모습이 기억난다.

이런 현상이 청소년들과 부모와의 관계에서만 있겠는가! 부부관계나 조직공동체에서의 인간관계, 친구관계에서도 동일하게 나타날 것이다. 모든 인간관계의 핵심은, 사실적인 현상을 주고받고 해결해 나가기 위한 대화도 필요하지만, 내부적으로 들어가 보면 건강한 정서교류라는 것을 느낄 때가 많다. 물론 정서가 교류되는 그 배경에는 다양한 가치와 개념, 본마음과 개별적 인성 등이 있을 것이다. 하지만, 그들을 담는 그릇역할은 '정서교류', 즉 '마음소통'이라고 볼 수 있다.

마음소통이 잘 되기 위한 가장 우선적인 작업은 무엇일까! 바로 '감정 포착' 능력, 즉 '자기 마음 알아차리기' '마음자각' 능력에서부터 시작되는 것이다. 느낌을 자각한다는 것, 마음을 알아차린다는 것, 감정을 포착한다는 것, 이것은 '수행'의 가장 첫 시작이기도 하다. 감정조절 실패로 일어나는 문제점을 일상에서 많이 접할 것이다. 감정조절 능력은, 스스로의 '감정 포착' 작업부터 시작된다. '감정'과 아울러 다양하게 일어나는 '생각들', '욕구들'을 자각하는 자세이다. 알지 못하는 자기 마음을 어떻게 다스릴 수 있을 것인가! 알아도 잘 다스려지지 않는 것이 마음인데… 자신의 마음을 다스리게 되면, 내면의 분노, 두려움, 겁, 인정욕구, 집착, 불안, 우울 등 많은 감정들로부터 서서히 분리되어 자유롭게 된다는 것은 충분히 짐작할 수 있다. 그러나 이것은 관념적인 생각일 뿐, 마음을 다스리기 위해서는 우선 자신의 느낌을 관찰하려는 노력을 통하여 경험하는 것부터 시작되어야 할 것 같다.

다음의 글(고엔카, 1986)을 살펴보자.

> "느낌을 관찰하는 노력은 느낌의 원인을 발견하는 것이 아니다. 그 원인은 여러 가지가 있을 것이다. 예컨대, 과거의 어떤 조건, 먹은 음식, 몸 상태, 병력 등, 다양한 이유일지 모른다. 그러나 일단 느낌의 원인은 중요하지 않다. 그것은 잠시 그냥 두자. 중요한 것은 의식을 집중하여 육체의 일부에서 일어나는 순간에 발생되는 느낌을 자각하는 것이다."

여기에서 '느낌의 원인은 중요하지 않다.'라는 말은 원인 자체를 알아낼 필요가 없다는 뜻이 아니라, 더 우선적인 것이 있다는 의미이다. 그 느낌의 원인이 과거의 어떤 이유에서 출발되었건, 과거의 누구누구로 인한 것이었건, 어떤 상황에서 비롯되었건, 선천적인 어떤 부분에서 야기되었건, 나름대로의 이유는 있을 것이다. 하지만 진정 그 과거를 극복하고 싶다면, 바로 지금-여기, 현재의 내 감정에 아주 충실해야 한다는 것이다. 즉, 그 원인이 무엇이었던 간에 지금 현재, 여기에서 올라오는 나의 '느낌', '감정', '마음'을 알아차리는 것이 중요하다. 물론 과거에 대한 통찰은, 그 원인분석을 통한 치료과정의 진행상황을 위하여 잠시 필요하다. 즉, 자기이해를 제대로 하고, 그를 통하여 자기수용, 자기사랑, 그리고 자기를 벗어나는 도구로서 표현되어야 하고, 더욱이 지금-여기에서의 자신 모습에 대한 정체성 확립을 위해서도 소중한 자료가 될 것이다. 그럼에도 불구하고 통찰 그 자체가 치료의 목적은 아니다. 통찰은 치료의 수단이다. 즉, 자기이해가 바탕이 된, 지금-여기에서의 '나' '나의 마음', 그 자체를 바라보는 것은, 마음성장의 첫 관문인 셈이다.

계속 인용 글을 살펴보자.

"많은 사람들이 '마음 다스리는' 작업을 시작할 때, 진행되는 동안 강하게 덩어리진 느낌(마치 이 느낌이 오래 지속될 것 같은)을 경험한다. 동시에 강렬한 감정이나 오랫동안 잊었던 생각과 기억들이 일어나고 고통스럽기까지 한, 정신과 육체의 불편함이 생긴다. 자신을 들여다보는 것을 방해하는 탐욕, 화, 게으름, 초조 그리고 의식의 장애물들은 느낌의 자각을 불가능하게 할 만큼 강력하게 반복되어 나타난다. 거의 강한 느낌만 올라올 뿐 미세한 느낌은 자각하기 힘들어 한다."

개인 혹은 집단상담 장면에서 흔히 느끼는 부분들이 위의 인용 글에서 소개되었다. 우리는 미세한 느낌들을 포착하기 매우 어려워한다. 예컨대, '아이가 1등하니 기분이 참 좋다. 남편이 외박하니 기분이 좋지 않다. 화가 난다. 정말 억울하다.' 등의 큰 감정만 느낀다는 것이다. 무슨 일이 성취되었을 때만 행복감을 느낄 수 있는 사람과, 잔잔하고 미세한 일상에서 끊임없이 행복감을 느낄 수 있는 사람의 차이점을 생각해 보라! 미세한 느낌을 자각하는 감수성은 일상에 많은 도움이 된다. (물론 감수성이 너무 예민하여 불필요하게 힘들어지는 경우도 있지만, 그 상황은 병리적인 자아에 감정이 함몰된 것이므로 별도의 이야기로서 다른 지면을 통하여 다루도록 하겠다.) 보통의 내담자는 처음에는 큰 감정만을 느끼다가, 차츰차츰 어느 순간에 미세한 정서를 느껴가기도 하고, 그냥 잊어버리고 흘러 보내기도 한다. 그러나 큰 감정이든 미세한 감정이든, 이런 느낌들을 잘 자각하는 훈련을 하게 되면 점차 감수성을 키워갈 수 있다. 즉, 이 훈련을 통하여 행복, 감사, 기쁨, 즐거움과 같은 긍정적 정서를 발현하고, 슬픔, 비참함, 아픔 같은 부정적 정서도 느끼면서, 그 미세한 정서들이 어떻게 오고 어떻게 사라지는지를 확대되어 느낄 수 있게 될 것이다.

혹자는, '아휴… 골치 아프게 그런 감정들을 다 느끼고 사느냐!'라고 간단하게 말할지 모르나, 사실 그 감정의 회오리 속에서 일상을 살아가면서, 그 감정을 처리하지 못한 채 부적절한 행동방식을 예사로 하지 않는가! 즉, 감정을 느끼지 않음으로서 오히려 행동에 문제가 일어난다는 사실을 자각해야 할 것이다. 감정을 느끼는 것 자체를 힘들어하는 분들이 있다. 충분히 이해할 수 있다. '잊어버리고 살아가니 좋았는데, 그 아픔과 슬픔을 어떻게 다 느끼란 말인가! 산다고 바쁜데 뭐 그런 것까지 생각하란 말인가! 인간은 망각할 수 있으니 얼마나 좋은가! 일부러 그런 것을 파고 사는 것 같아 싫은데!' 등으로 생각할 수 있다. 그러나 문제는 내면에 그 감정이 그대로 억압되어 있고 그 여파를 자신과 주변인이 느끼고 있다는 것이다. 그러므로 우리가 자신의 감정을 잘 바라보고 머무를 수 있다면, 일시적으로는 힘들지 몰라도 차차 자연스럽게 마음이 편안해지는 경험을 할 수 있다. 대부분의 우리 마음속에는 어떤 큰 돌덩어리 같은 감정들로 가로막혀 미세한 좋은 감정들뿐만 아니라 상대방의 마음도 포착되지 않은 채, 정서적 교류의 장애를 초래하는 경우가 많다.

예컨대, 내면에 탐욕적인 집착, 억압된 화, 우울, 긴장, 초조, 불안, 공포감이 많을 경우, 느낌의 자각, 감정포착이 거의 불가능할 수 있다. 자신의 내면상태가 거의 우울과 무기력의 늪에 빠져있을 경우, 다른 사람들의 정서는 잘 느껴지지 않고, 다른 사람 말의 내용도 귀에 들어오지 않는다. 그 속에 있는 사람은 그냥 그 속에서 허우적거릴 뿐이다. 불안과 긴장이 많은 사람도 다른 사람들의 감정이 포착되지 않고, 다른 대상에 대한 자신의 느낌도 포착되지 않는다. 그냥 불안과 긴장의 늪 속에 깊이 들어가 있기 때문이다. 말하자면, 개인의 핵심역동에 따른 감정적인 큰 걸림돌로 인하여 자기의 마음을 알아차리기, 감정포착을 하기 어렵다는 것이다. 화가 나 있는 자신을 자각할 수 있으면 화가 타인에게 넘겨지지 않고 다소 멈출 수 있다. 화가 나 있는 자신을 자각할 수 없으면 행동으로 화를 내어버린다. 소리를 지르고 물건을 부수는 등… 불안해 있는 자신의 감정을 포착할 수 있으면, 현재의 불안이 현재의 상황과 별개라는 사실이 의식적으로 인식가능하다. 하지만, 불안해 있는 자신의 감정을 포착할 수 없으면, 현재 상황과 내면의 불안이 별개라는 사실을 알지 못하므로 그냥 자신의 불안을 외부에 투사시켜 버린다. 우울하고 불안한 부모를 둔 청소년들이, 부모에 대한 감정이 답답해질 수밖에 없는 가장 큰 이유는, 부모가 '감정포착'이 안 된다는 사실이다.

선각자들에 따라서는, 어떤 이는 자신의 호흡을 관찰하는 수행을 통해서, 어떤 이는 자신의 느낌에 대한 섬세한 포착을 하는 훈련을 하기를, 또 어떤 사물에 집중하는 훈련을 하라고 강조하기도 한다. 어떤 방법이든 자신의 느낌에 참을성 있게 집중을 하다보면, 강한 감정이나 생각이 지나가고 그냥 섬세한 것으로 녹아들면서, 일어났다가 사라지는 단순한 떨림, 그 자체로서 해체되어버리는 경험을 한다고 한다.

"그 느낌이 '쾌락(快樂)'이든 '불쾌(不快)'이든 강한 것이든 약한 것이든 다양한 것이든 통일된 형체의 것이든 관계가 없다. 단지 '마음을 스스로 잘 다스리는' 요체는 느낌을 단순히 객관적으로 관찰하는 것이다. 어떤 느낌에도 빠져들지 말아야 한다. 우리의 유일한 관심은 과학자가 실험실에서 관찰하듯이 단지 우리들의 집착을 관찰하는 것이어야 한다."

감정은 옳고 그르고, 맞고 틀리고, 이런 것이 없다. 감정에 대한 판단을 하지 말자! 그냥 그런 감정을 느끼고 있다는 자각을 할 뿐! 단지 자기의 감정을 객관적으로 바라보는 것만으로도 감정이 구름처럼 사라지게 된다. '감정'은 '나'가 아니다. '감정'은 그냥 '감정'일 뿐이다. '감정'은 알아차리는 시간을 통하여, 서서히 구름처럼 사라지는 경험을 하게 된다. 한마디로 감정포착은 '마음 다스림'의 최우선 열쇠가 된다는 것을 알 수 있다.

3. 삶을 방해하는 두려움

우리는 비워감으로써 마음을 편히 가질 수 있건만,
채워감으로써 좋아질 것이라고 생각하고 사는 것 같다.
채워가야 좋아진다는 것은 두려움에서 비롯되었다는 뜻이다.
열매는 맺되 생산 그 자체에 얽매여 살아가서는
안 된다는 것을 느끼는 대목이다.

'모든 외부요인은 내부의 투사체이다.'라는 단언적인 표현을 하는 영성가가 꽤 많다. 우리의 밝은 미래를 방해하는 표면적 요인은 외부적인 것도 있고 내부적인 것도 있을 것이다. 외부의 현실이나 환경의 탓으로 돌릴 수밖에 없는 것도 있지만, 가만히 보면 거의 대부분 내부적인 요인으로 귀결되는 것을 느낄 수 있다. 내부적인 것 중에서 특히 '두려움'이라는 것은 일상에서 각종 외적 혹은 내적인 현실을 방해하는 한 요인이기도 하다. '두려움'이라는 심리상태는 타인과 원만하게 교류하는 것을 방해하고, 자율적이고 독립적인 힘을 방해한다. 건강한 호기심을 방해하고, 앞장서서 해야 할 일을 하는 자율성을 방해하고, 자존감과 능력개발을 방해한다. 또한 떳떳하지 않게 뒤통수에서 남을 헐뜯게 하고, 두고두고 타인에게 부정적인 감정을 느끼게 하고, 불안을 야기시켜 미래에 대한 불행을 사전에 불러들이는 등 많은 것에 걸림돌이 된다.

헨리 나웬(2007)은 '두려움'이 드러나는 두 가지 방식은 1)열매를 맺지 못함 2)생산성에의 투입이라고 하였다. 그 내용을 구체적으로 살펴보자.

'열매를 맺지 못함'은 두려움에 대한 가장 뚜렷한 결과물이다. 두려움에 휩싸여 위협에 둘러 싸여 있다고 느끼면, 우리 자신을 닫고 더 이상 다른 이들에게 뻗어나가지 못한다. 열매가 맺어지고 자랄 수 있는 관계는 사실상 타인들과 직간접적인 관계를 맺는 데 있다. 관계를 맺는 과정에서 두려움을 느끼면 느낄수록 대상에게 위축된다. 위험이 증가되고 있다고 느끼면 더 위축되어 마침내 타인과 완전히 관계를 끊어버리는 처지에 이르게 된다. 이렇게 하여 스스로 만들어내는 보호막 속에 갇히게 되어 열매를 맺지 못한다. 결국 '두려움'은 삶의 열매를 방해하는 매우 중요한 심리적 요인이다.

우리는 때때로 타인이 볼 때는 비교적 성공적이고 만족스러울 것이라고 생각하는 여러 가지를 가지고 있다고 여기지만, 정작 우리자신은 제대로 열매를 맺지 못했다고 생각한다. 타인의 평가도 중요하지만 우선 스스로 생각해 볼 때, 자기가 열매 맺지 못했다고 생각되어 실패감을 느낀다. 그러한 실패 혹은 좌절 경험은 참으로 자기 존재가 살아있다고 느끼지 못하는 것이므로, 다른 이들에게도 생명을 줄 수 없는 것이다.

'나는 아무 것도 아냐! 난 아무 것도 할 수 없는 사람이야. 다른 사람들은 모든 것이 잘 되는 것 같은데… 그들보다 불리한 환경이 나를 지배하는 것 같아. 내 자신만 생각해도 머리가 아파. 나의 일에만 신경 쓰는 것도 골치 아파. 난 다른 사람들의 일에 신경 쓰기 싫어.'라는 머릿속 이야기가 울려 퍼진다. 이와 같은 안타까운 일들은 우리 주변에 종종 있다.

이것은 죽음의 목소리이다. 스스로에 대한 소용없음과 자기 비난을 표현하고 있으며, 이것은 자기내부의 성장하려는 갈망의 뿌리마저 흔드는 이야기이다. 즉, '난, 나 자신 속에 갇혀 살 수 밖에 없어. 불안해서 바깥으로 얼굴을 내밀 수가 없고 다른 사람들과 관계 할 수 없으며, 더 이상 세상 속으로 나를 드러내기가 두려워.'라는 메시지인 것이다. 이와 같이, 두려움이라는 것은 인간의 존재를 스스로에게 가두게 하고, 그 감옥 속에서 조금도 나오려고 하지 않는 관계로, 타인에게 발전적인 도움은 고사하고 타인과 관계를 차단하는 어려움을 갖게 만드는 것이다.

또 한 가지 두려움은 '생산성에 투입', 즉 두려울 때마다 '생산성' 그 자체에 투입하는 행동을 반복한다는 점이다.

우선, 열매와 생산품은 좀 구분해야 할 필요가 있다. 다양한 해석이 나오겠지만 간략하게 말하면, 자신뿐만 아니라 타인에게도 긍정적인 관계가 옮겨가는 것이 '열매'라면, '생산품'은 긍정 부정을 떠나서 어떤 결과물을 얻어야 되는 성취물, 성공상품(?)이라고 말할 수 있다.

어떤 구체적인 행동들은 그 결과로 우리가 우리 자신의 것이라고 주장할 수 있는 생산품을 만들어 낸다. 이런 행동들을 반복할 때에 결과는 똑같은 생산품이다. 그리고 만일 이런 행동들을 계속 되풀이한다면, 우리는 시간을 낭비하지 않는 매우 생산적인 사람들이라고 여기며 살아간다. 실제로 필요한 생산품일 경우도 있지만, 굳이 필요치 않은 생산품을 꼭 필요한 것이라고 착각하는 경우도 꽤 있다. 이 둘의 구분을 잘 못하는 것도 문제지만, 더욱더 큰 어려움은 자신의 존재와 생산품을 동일시하는 것이다. 나중에는 생산성과 열매를 같은 것으로 생각하는 상황이 된다.

우리가 사는 세계에서 모든 것은 생산품이 될 수 있다. 차, 집, 책, 자격증, 가공품뿐만 아니라 영향력 있는 친구들, 성공적인 상호작용들,

그리고 중대한 결정 등도 생산품에 포함될 수 있다. 그런 모든 것들은 우리가 '만든' 것들의 일부가 되고, 우리는 다른 이들이 보기에 환영할 만한 존재가 되는 것이다. 사람들은 그들이 지닌 생산성을 강조하면서 소개된다. '저는 이러이러한 사람입니다.'라는 뜻은, '저는 이러이러한 것을 소유한 사람인거죠. 재산, 학벌, 직업 등' '우리 자식은 이러이러한 멋있는 아이죠. 그런 아이의 부모가 바로 저입니다.' 이 모든 것이 의미하는 바는 우리가 만들어 내는 것, 우리가 내 것이라고 생각하는 것에 따라 우리의 존재가 결정된다는 것이다. 현대와 같은 성취와 성공을 강조하는 사회에서는, 우리는 마치 생산품을 만들면서 살아가는 것이 열매를 맺는 것이라고 착각한다. 즉, 생산품과 열매는 같은 것이라고 자주 착각하며 살아가는 것이다. 생산은 우리에게 어떤 명예나 유명세를 줘서 쓸모없음에 대한 우리의 두려움을 걷어내도록 도와준다.

하지만, 평생을 목숨 바쳐 얻어내려고 했던 것들이 과연 우리의 두려움을 걷어내어 줄까를 진지하게 고민하지 않으면 안 된다. 진실되게 살고자 한다면 생산품들, 성공들, 그리고 결과들이 우리를 '사랑의 집'보다는 '두려움의 집'에 더 속하도록 만든다는 사실을 알아야 한다. 이것은 자주 일어나는 사실이지 않는가! 두려우면 두려울수록 더욱 더 생산품을 만들어 내어, 스스로의 두려움을 채워야 할 것 같은 착각에 휩싸이기 시작한다는 뜻이다. 더 채워야 하고 더 만들어야 하고 더 무엇인가를 얻어야 한다는 것이다. 강박증적인 채움은, 그것 자체가 나의 주인이 되어, 나의 존재자체는 채움의 노예가 되어간다.

사랑은 비움이지만 두려움은 채움인 것이다.

두려움이 우리의 삶을 지배하게 되면, 우리는 사람으로서 우리의 가치에 대해 걱정하고 쉽사리 생산품에 매몰되어 버린다. 반복적인 행위가 바로 강박증적으로 진행된다면 우리의 삶은 점점 자유와 평화와는 멀어져 갈 것이다. 심지어 '열매를 맺지 못할까봐 전전긍긍해 하는 깊은 두려움이 우리를 광적인 생산으로 이끌어가지 않는가.'라고 말하기도 한다.

우리는 비워감으로써 우리의 마음을 편히 가질 수 있건만, 채워감으로써 좋아질 것이라고 생각하고 사는 것 같다. 채워가야 좋아진다는 것은 두려움에서 비롯되었다는 뜻이다. 열매는 맺되 생산 그 자체에 얽매여 살아가서는 안 된다는 것을 느끼는 대목이다.

4. 어떻게 해 볼 수 없는 마음 :

핵심역동 (Core-Psychodynamic)

스스로도 이해하지 못하고 스스로도 알 수 없는
스스로 어떻게 해 볼 수 없는 자기 마음을…
남으로부터 이해받고 남이 나의 마음을 잘 수용해 주고
그것을 느끼도록 도와주는 과정이 바로 '집단 심리치료'의 과정이다.

상담을 하다보면 내담자가 행동하는 것에 대해 좋고 싫음을 떠나서 내담자 자신으로서는 '어떻게 해 볼 수 없는' 마음이 있다는 것을 느낄 수 있어서 이해되고 공감되면서 안타까운 경우가 있다. 예컨대, 남편이 술을 마시고 폭력을 쓸 때 부인의 입장에서 보면 너무나 무섭기도 하고 화가 나서 어쩔 줄 모르겠지만, 그 당사자인 남편은 '아, 내가 왜 이런 사람이 되었을까!' '나도 그렇게 하고 싶지는 않았는데!' 등 자기 속의 마음을 술로써 폭력으로써 풀지 않을 수 없는 '어떻게 해 볼 수 없는 마음'에 대한 죄의식과 고통이 있다는 것을 느낄 수 있다. 사실 이런 내담자는 예상외로 많다. 또는 부모가 자식에게 의도하지는 않았지만 심한 꾸중을 하고 난 뒤 자신도 어떻게 해 볼 수 없는 마음 때문에 스스로 괴로워하는 것도 마찬가지일 것이다.

이럴 때 제 3자는 "아니, 술 마시고 폭력을 쓴 사람을 이해해 줘야 한단 말이냐?"라고 즉각적인 항변을 할 수 있다. 물론 그 행동은 고쳐야 하는 것이며 그렇게 해서도 안 될 것이다. 행동에 대한 책임은 분명히 져야 한다. 단지, 당사자는 '술을 마실 수밖에 없는 이유'가 있으며, 술을 마시고 나면 '폭력이라도 쓰지 않으면 살 수 없는 마음의 이유'가 있다는 것뿐이다. 상대방은 그로 인하여 크나큰 상처를 입고 평생을 괴로워하는데, 당사자는 자기로서도 어떻게 해 볼 수 없는 마음 때문에 상대방에게 상처를 입히고 있다는 사실은 얼마나 안쓰러운 일인가! 부모의 입장에서 역시 아이에게 정말 이렇게 화를 내고 싶지 않았고 무지한 행동이나 말을 하고 싶지 않았음에도 불구하고, 이런 식으로 화를 내고 부적절한 행동을 하는 '스스로도 어떻게 해 볼 수 없는 마음'이라는 것이 있지 않겠는가! 자식 역시 부모를 힘들게 하거나 걱정 끼쳐 드리고 싶진 않지만 '어떻게 해 볼 수 없는 마음' 때문에 저지르는 행동이 많을 것이다. '절대로 그런 것을 이해할 수 없어.'라고 단호한 입장을 지닌 분이라면 누구라도 그런 상태가 있다는 것을 수용해야 하는 어려움이 있을 것이다.

우리는 아주 어린 시절(학자들의 견해에 따라 0-3세, 0-6세, 혹은 태어나기 이전 시절도 포함), 자아기능이 제대로 형성되기 이전의 시기에 발생하였던 외부세계(주요양육자 혹은 경험한 사건, 기타 요인)에 대한 정서적 압력들, 특히 외부대상에 대하여 각자의 선천적 경향에 따른 정서적 반응양식, 그에 따라 세력화되어 있는 내면의 감정적 프로그램을 가지고 있다. 그 세력 중에서도 주요한 핵심적인 감정세력을 핵심역동(Core-psychodynamic)이라고 한다. 별말 아닌 것에 상처를 받고 충격을 받고 무서워하고 놀라고 절망하고 좌절하고 불안해하고 공포를 느끼고… 남들 같으면 아무렇지도 않게 넘길 것들을 스스로는 유독 예민하게 경험하는, 명백하게 비례적이지 않는 감정세력들이 성격처럼 전자동으로 일어나는 것들은 '핵심역동'의 영향이라고 볼 수 있다.

핵심역동은, 완전 자동으로(!) 눈 깜빡하는 것 보다 더 순식간에 일어날 만큼 즉시적으로 스스로의 마음을 사로잡고 나의 인격을 흔들고, 나의 영혼에 선물을 제공하기도 하고 구름이 끼도록 만들기도 한다. 스스로도 어떻게 해 볼 수 없다는 마음은, 대체로 '핵심역동'에서 발생되는 '주요 감정' 때문이라는 것을 '정신역동적 접근의 심리학'에서는 언급한다.

순식간에 휘둘려 버리는 마음들…

순식간에 방어하게 되는 마음들…

누구라도 도덕적으로 윤리적으로 이성적으로 '이러면 안 된다' 싶은 일들조차도, 순식간에 자기 마음을 어떻게 해 볼 수 없어서 걸려드는 경우는 얼마든지 있다. 하물며 사회적으로 문제가 되지 않는 행동은 그 행동 자체가 합리화되기 때문에 핵심역동의 영향이라는 것을 모르는 경우가 대부분이다. 어떤 문제가 발생되었을 때 '나는 문제가 없고 외부의 것들이 잘못되었다.'는 합리적인 근거가 확실하게 제시될 때도 많이 있다. 문제가 되었든 되지 않았든 핵심역동의 영향은 우리의 전 생활에 밀접한 관련성을 가지고 있다. 우리의 세포 구석구석 박혀있는 '핵심역동'의 영향은 대단하다.

그런데 보통 사람들은 대체로 '어떻게 해 볼 수 없는 마음'을 이해하고 수용하기 보다는, 그 마음으로 인한 결과적인 행동(특히 부정적인)을 질책하고 비난하기 쉽다. 왜냐하면 그 대부분의 행동들은 현실적으로 비례적이지 않고 상대방의 기분을 상하게 만들기 때문이다. 물론 반대로 핵심역동의 긍정적인 영향으로 인하여 '어쩔 수 없는 마음'에서 표현되는 행동방식이 건강하고 바람직하여 고결한 인격을 엿볼 수 있는 경우도 있다. 드물기는 하지만, 성숙한 양육자의 태도와 스스로의 타고난 특징 등이 잘 어우러져 성장하였기 때문이다.

어떤 영향을 받아왔던 간에, 우리는 서로 거대한 공동체 속에서 살아가는 '형제자매'로서, 비난하고 원망하기보다는 품고 도와줘야 하는 관계를 가지면 좋을 것이다. 그런 의미에서, 자신도 어쩔 수 없는 부분으로 인하여 상대방에게 해를 끼치는 사람들이 어떻게 하면 좋아질 수 있을까! 어떻게 도와줄 수 있을까!

일단, 나 스스로가 누군가로부터 도움을 받는다면 어떻게 해 주기를 바라는지 생각해보자. 누군가가 그를 도와주고 싶다면, 그의 행동에 대한 잘잘못은 가리되 비난을 멈추고, 그 사람으로서도 '어떻게 해 볼 수 없는 마음'이라는 것을 충분히 이해하고 수용해 주면, 상대방은 그 마음이 무엇인지를 스스로 알아차리는 힘을 가지게 된다. 즉 자기 마음을 직면하려는 원함이 생기는 것이다. 자기를 맞닥뜨리는 힘이 자연스럽게 발현된다. 스스로가 자기의 문제점을 마주하는 노력을 하게 되면 문제의 반은 풀리기 시작한다. 그 노력을 통하여 스스로의 주요 문제와 그 원인을 알게 되는 과정을 겪는 것을 심리적 통찰('insight)이라고 하는데, 이 통찰은 행동 변화의 최우선 과제라고 할 만큼 주요한 치료적 단계인 것이다.

진정 우리는 살아가면서 자기 스스로도 '어떻게 해 볼 수 없는 마음'이 누구라도 다 있다는 사실을 인정하고 수용해 주어야 한다. 이런 것을 이해하지 못하는 사람은 아직 자기 마음에도 '어떻게 해 볼 수 없는 마음'이 있다는 것을 모르고 있을 가능성이 있다. 말하자면 상대방의 심리를 이해하지 못하는 사람은, 대부분 자신의 심리상태를 인식하지 못하는 경우가 많다. 인간 누구나 다 자기마음을 자기가 어떻게 해 볼 수 없는 것들이 있지 않는가! 가끔 우리는 이런 말을 한다. '내 마음 나도 모르겠다. 나 스스로도 어떻게 해야 할지 모르겠다. 정말 미치겠다. 내가 어떻게 해야 되지?' 한숨과 항변과 괴로움 속에서 스스로 힘들어 한 적이 있을 것이다. 이런 독백과 같은 말을 통해서 자신 스스로에게도 '어떻게 해 볼 수 없는 마음'이 존재한다는 것을 느끼게 되면 다른 사람의 마음도 이해할 수 있게 될 것이다.

스스로에 대해서도 마찬가지이다. 상대방이 나에게 누구라도 느낄 수 있는(비례적인) 아픔을 주고 있다고 볼 때, 그 '상대방'이 나에게 그런 아픔을 주는 것이 아니라, 상대방의 '어떻게 해 볼 수 없는 그 마음'이 나에게 아픔을 주는 것이다. 혹시, 나 자신이 상대방에게 어느 누구도 상상할 수 없는 명백한 정신적인 문제로 인한 아픔을 주고 있다고 하더라도, '나 자신'이 주는 것이 아니라, '나'로서는 '어떻게 해 볼 수 없는 마음'이 핵심인 것이다.

'사람'이 주범이 아니라 '마음'이 주범인 것이다. 그 사람의 '존재'가 주범이 아니라 그 사람도 어쩔 수 없는 '마음'이 주범인 것이다.

이제 우리는 그 사람과 힘을 합하여, 즉 지지하고 격려하면서 그도 어쩔 수 없었던 그 마음과 때론 싸우고 때론 타협하면서 함께 손을 잡고 걸어가야 하지 않을까! 자기를 극복해보고자 하는 그 마음과 이해해주고 싶은 내 마음이 동맹을 맺어, '어쩔 수 없는 그 마음'을 이기도록 해야 할 것이다. 즉, 공생의 길을 가야 하는 친구로 살아가야 하지 않을까! 바로 그들이 나의 형제요 자매요 자식이요 부모이다.

상담 및 심리치료의 과정, 특히 개인 혹은 집단 심리치료 과정은 스스로도 이해하지 못하고 스스로도 알 수 없는, 스스로 어떻게 해 볼 수 없는 자기 마음을 타인으로부터 이해받고 수용 받으면서, 자신을 이해하고 있는 그대로의 자신을 사랑하는 과정이라고 보아야 할 것이다. 또한 서로 사랑하는 관계를 맺을 때, 비로소 인간으로서의 나약함을 인정하고 교정하며, 극복해 나갈 수 있는 의지를 지니게 되는, 그 모든 과정을 상생(相生)의 에너지로 승화시켜내는, 함께 하는 장이라고 볼 수 있다.

5. 지속적으로 성장 · 변화하는 마음작용

> 발을 들어올리고, 다시 땅에 내 딛고,
> 또 다시 들어올리고, 다시 내 딛는…
> 행동적으로 한발 한발 훈습(薰習)하는 과정이 필요하다.
> 이러한 훈습은 통찰을 더욱 더 심도 있게 진행시키면서
> 제대로 된 인격변화를 가져오는 큰 수련과정인 것이다.
> 우리를 지속적으로 성장 변화하게 해 주는 것은 바로 '훈습'이다.

자기성장 학습을 꾸준히 하시는 분들은 자신의 의지와 희망적인 마음가짐으로 일상생활을 조금씩 바꿀 수 있으며, 그 힘이 축적되면서 스스로의 운명을 바꿀 수 있다는 것을 느낄 것이다. 명상이나 마음다루는 작업을 통해서 정신상태가 변화되었을 때 뇌신경 통로가 바뀌어 진다는 연구결과들, 그에 따라 육체적 상태도 변화한다는 신호, 가족 중 한사람의 변화가 가족 전체의 분위기를 바꾼다는 것 등을 인식할 것이다. 어떤 사람들은 실제적인 경험을 통하여 믿음과 감사하는 마음으로 살아가는 분들도 있을 것이다. 비록 아직은 완전히 그 느낌이 전달되지는 않는다 할지라도, 심리관련 학습이 분명 우리의 내면을 서서히 긍정적인 방향으로 변하게 하고, 그로 인하여 우리의 마음과 행동이 점차 변화의 조짐을 보인다는 믿음을 가지고 있다.

과연 마음이라는 것이 그리 쉽게 성장하고 변화할 수 있는 것일까!

지속적인 변화와 그 유지를 위하여 우리는 어떻게 노력해야 할까! 그 해답은 지난 2,500여 년 동안 세대에서 세대로 이어져오며 사람들의 마음을 다스리는 데 특별한 효력을 발휘해 온 성경, 불경, 주옥같은 금언 등에서 찾을 수 있다. 소크라테스의 금언 '너 자신을 알라.'를 확장시킨 고대 동양의 가르침이나 경전에서 한결같이 강조하는 핵심을 가만히 살펴보면 다음과 같다.

자신에게 귀를 기울이고,
자신이 느끼는 감정, 생각, 오감의 상태를 바라보고,
그것을 있는 그대로 받아들이고,
죄와 고통의 근본적인 원인을 파악하는 깨달음,
그 깨달음을 통하여 우리는 참 나, 즉 하느님을 만난다.
몸 안의 몸
감정 안의 감정
마음 안의 마음을
잘 관찰하여 깨달음을 얻는다는 것은 결코 허황된 말이 아니다.
안에서 밖을 보고
밖에서 안을 관찰하는
마음공부의 방향은
먼저 자신의 육체적 자아를 의식하는 것부터 시작하여,
몸에서 느끼는 긴장의 징후를 발견하는 단계로까지 발전된다.
지혜의 비밀을 명상하는 자(者), 행복하다.

마음을 의식하기도 전에 몸이 먼저 말을 건네기도 한다. 즉 자신의 정신상태의 신호로서 몸이 느껴주는 것으로부터 몸을 치료하기도 하고 마음을 치료하기도 한다. 즉, 몸과 마음은 동시에 일치되면서 잘 개발되는 것이다.

혹자는 "무슨 그런 소리를 하느냐고! 몸이니 마음이니, 그냥 그때그때 잘 살면 되지!"라고 말하기도 한다. 사실 '잘 살면' 충분하다. 그것 자체가 바로 수행이지 않는가! 별도로 어떤 특별한 프로그램을 삶에 부여한다는 것이 좀 이상할 수도 있다. 특히 요즘처럼 바쁘고 할 일 많은 세상에서 마음을 개발한다는 것은 어쩌면 한가한 소리로 들릴 수도 있다. 하지만 가만히 느껴보라. 얼마나 우리 모두가 '잘 살지 못하는' 일상의 한 가운데에 있기 쉬운지를… 진정하게 '잘 살기' 위하여, 나이가 들어가면 갈수록 마음의 개발을 통한 훈련들이 주는 보상을 생각하면 '인격성장을 위한 나름의 노력'은 충분히 해 볼만 한 일이다. 선각자들도 백만금을 주어도 얻지 못할 마음의 평화, 자유로움을 위하여 모든 것을 버리고 깨달음의 장을 향하여 정진하였을 것이다. 시공간을 초월하여 검증되어 온 이러한 깨달음의 청사진은 인간의식의 새 장을 열어주는 것으로 믿어도 좋을 듯하다.

지금보다 더 나은 인간관계를 원하고 각종 사회생활과 인간관계의 갈등을 덜 두려워하면서 해결되기를 원하며, 각 개인의 삶을 존중하고 서로간의 차이를 잘 받아들이고 싶고 리더십과 진정한 자존감을 획득하고, 일상적인 스트레스에 좀 더 잘 대응하고 싶다면, 분석적인 힘 이상의 것을 길러야 한다.

심리치료의 장면에서 분석·진단 작업을 중요하게 여기지만, 분석적인 힘 이상의 깨달음은 우리에게 엄청난 에너지를 제공할 것이다. 그냥 분석·진단만으로 모든 것이 이루어진다는 것은 큰 오해이다. 분석은 통찰을 위한 도구일 뿐, 그것은 우리의 문제를 해결하는 과정일 뿐, 분석

자체가 해결책은 아니다. 분석은 우리 자신을 깊이 들여다보는 진단적인 과정으로 필요할 뿐이다. 물론 이 진단 과정은 자기이해에 소중한 자료로 제공되는 것도 사실이다. 자신을 제대로 분석하고 통찰하여야만, 자신에 대한 이해가 훨씬 객관적이고 과학적으로 진행되기 때문이다. 통찰이란, 미처 자신이 의식하지 못하였던 자신의 내면을 '아하. 그렇구나!' '아… 이렇게 되어서 저렇게 되었구나!'라고 뚜렷이 의식되는 과정을 말한다. 이 작업은 정말 소중하다. 간혹 통찰 없이 행동이 변화하는 것을 볼 때도 있긴 하지만 보통 이 작업을 거치지 않고는 진정한 행동변화는 곤란한 경우가 많다. 깊은 직관에 의한 참된 통찰은 억압하지 않고 있는 그대로의 자신과의 만남을 통하여 큰 변화를 가져오리라 예상된다. 그러나 그러한 변화가 '억압을 동반한 변화'일 경우에는, 유사한 자극이 발생하였을 때 혹은 아주 친밀한 관계에서는 그 억압되어 있던 마음이 다시 올라와 원상 복귀되는 경우도 많이 있다. 그래서 사람들은 "그러면 그렇지, 사람이 좀 달라진 줄 알았더니! 사람이 그리 쉽게 변하겠느냐!" "겉으로는 변한 것 같지만 속마음은 사실 똑같더라."라고들 말한다. 그러므로 통찰의 과정을 거치는 변화는 매우 의미 있고 실제적인 변화라고 보면 된다.

그런데 통찰 역시 하나의 중요한 과정일 뿐이라는 것을 알아야 한다. 반드시 그 통찰을 행동의 변화로 옮기기 위한 끊임없는 연습이 필요하다. 한마디로 긍정적인 방향으로 행하는 지속적인 훈습(薰習)이 중요하다. "실천하지 않는 믿음은 진정한 믿음이 아니다."라는 예수님의 말씀은 매우 중요한 핵심이며, "마음으로 자신을 단죄하지 않고 희망을 포기하지 않는 이는 행복하다."라는 말씀(집회, 14)도 와 닿는다.

발을 들어 올리고, 다시 땅에 내 딛고, 또 다시 들어 올리고, 다시 내딛는, 행동적으로 한발 한발 훈습하는 과정이 필요한 것이다. 이러한 훈습은 통찰을 더욱 더 심도 있게 진행시키면서 인격변화를 가져오는 큰 수련과정인 것이다. 우리를 지속적으로 성장 가능하게 해 주는 것은 바로 '훈습'이다. 이것은 일종의 수행이다. 수행과 같은 훈습은 유형무형의 큰 보상을 안겨줄 것이라 믿어도 될 것 같다.

'분석', '통찰', '훈습'으로 이어지는 심리치료의 과정은 매우 의의가 있다. 특히, 자기 마음을 바람직하게 개발하는 훈습은 심리적 성장을 위한 구체적인 보상을 안겨 줄 것이다. 즉 마음 작용도 마치 행동방식처럼 훈습함으로써 개발되리라 본다. 우리의 정신과 영혼은 개발하기 나름으로 지속적으로 성장 가능하다고 보며 그것은 스스로의 의지와 적절한 가르침이 제공된다면 더 큰 자원으로 작용될 것이다.

6. 두려움에 휩싸인 우리들의 삶

지관(止觀: 멈추어 바라보고 머무르는 작업)을 통하여
그 두려움은 누구나 느낄 수 있는 친구 같은 존재라는 인식을 통하여
그런 두려움을 느끼는 나 자신을 있는 그대로 수용하는 자세를 통하여
그 두려움을 가진 나 자신을 사랑하는 자세를 통하여
자신의 두려움을 객관화시켜 바라보고,
서서히 그 두려움이라는 감정과 약간씩 분리되어
마치 진실된 벗에게 말하듯
마치 나를 가장 사랑하시는 하느님이 나에게 말씀해 주시듯
들려오는 사랑과 평화의 목소리에 귀를 기울여보자.

우리는 누구나 다 가끔씩 두려움을 느낀다. 두려움은 우리를 불편하게 만들고 편안함, 친밀감, 풍부한 생명력을 방해한다. 때로는 그 두려움으로 인하여 미래에 대한 최선의 대비책을 세우면서 열심히 살아가기도 한다. 그 결과물이 긍정적인 것이든 부정적인 것이든, 대체로 두려움에 휩싸인 채로 사는 삶은 우리를 불안하게 만들기 쉽다. 아무리 아름다운 경치가 눈앞에 펼쳐져 있어도 그 경치는 눈에 썩 들어오지 않기도 하고, 심지어 그 아름다운 경치가 슬퍼 보이고, 오히려 그것을 즐기는 사람 때문에 괴로워지기까지 한다. 현존하는 아름다움에 매료되어 두려움을 벗어나는 순간도 있다. 그것도 잠깐이다. 그렇다. 말하자면 두려움을 느끼지 않는 순간 우리를 둘러싸고 있는 아름다움에 완전히 매료당할 수

있는 것이다. 반대로 '두려움'과 같은 부정적인 감정을 느끼지 않으려고 아름다운 그 무엇인가를 찾기도 한다.

혹자는 희열의 순간은 정확히 말해서 그 두려움에서 완전히 벗어날 수 있을 때 가능하다고 하며, 또 다른 사람은 두려움을 벗어날 수 있는 시점은 자기를 완전히 잊고 '진정한 실체' 속으로 빨려 들어가는 순간이라고 말한다. 예컨대, 부모가 자식을 바라볼 때도 자식에 대한 깊은 감사함은, 우리를 둘러싸고 있는 두려움과 각자의 욕망을 잊고 '있는 그대로의 자녀의 실체' 속으로 들어가는 순간에 느낄 수 있다는 뜻이다. 상대방을 바라볼 때에도 역시 나의 욕구와 두려운 마음이 걷어진 채 상대방의 '진정한 실체'를 있는 그대로 느낄 때 그 상대방에 대한 감동과 희열을 느낄 수 있는 것이다.

가만히 느껴보라! 사실 우리는 거의 하루 잠시라도 이 두려움으로부터 벗어나기 어렵다는 것을 알 수 있을 것이다. 예컨대 자식이 방과 후 집으로 돌아와서 조금이라도 가만히 머무는 것을 지켜볼 수 있는 부모도 쉽지 않다. 천천히 음식을 먹고 가만히 앉아서 생각하거나 쉬고 있으면, 금세 "너 숙제 할 것 없니?" "너 학원 갈 준비 다 했니?" "오늘 뭘 배웠니?" "먹고 조금 있다가 무엇 무엇을 해야지. 알고 있지?" 등… 수없는 주문과 물음을 던지면서 편안함과 자유와 느긋함과 평화를 위협한다. 부모의 두려움으로 인하여 아이를 가두는 일들은 일상 속에서 흔히 일어난다.

자신의 내면에 담겨있는 두려움이라는 구름에 깊이 머무르고 느껴서 두려움이 그냥 지나가는 구름과 같은 것 즉 '허상'임을 깨닫기 보다는, 두려움을 없애기 위해서 계속 어떤 익숙한 장소에 매달리고 누군가에게 혹은 반복적인 어떤 일에 매달린다. 격심한 두려움의 순간에는 우리 자신을 무의미한 목적(?)으로 흘러가 버리도록 놔두기도 한다. 두려움에 지배되는 우리 시대의 일상의 반복과 뿌리 없음은 도처에서 나타난다.

성찰 없이 이루어지는 일상의 반복은, 두려움이 일시적으로 경감될 수 있도록 똑같음과 익숙함을 가져다준다. 우리는 자주 일상적인 대화나 조건화된 사고방식과 행동방식을 이용하여 두려움에 휩싸인 자신의 감정을 피하려고 한다. 일상은 예측할 수 있고 반복될 수 있으며 갑작스레 놀라게 하지 않기 때문이다. 즉 두려움 속으로 빠져들게 하지 않는 것 같은 느낌이다.

'여기서는 이런 방식으로… 저기서는 저런 방식으로… 늘 해 왔던 방식으로 하는 것이 제일 안전해…' '나는 항상 그렇게 배워왔어.' '그럴 때는 아무 말 없이… 이럴 때는 이렇게 말하는 것이… 익숙한 방식이니까, 그냥 그렇게 하는 것이 좋지 뭐… 다른 새로운 것은 골치 아파.'라는 습관적으로 해 왔던 방식을 통해서 새로운 것에 대한 두려움으로부터 회피하려고 한다.

때때로 일상들은 정교한 예식의 형태를 갖추기도 한다. 조직의 규칙 속에, 도덕적 가치관에, 종교적인 예식에, 반복적 인사 등이다. 물론 이러한 일상들이 두려움의 표현이라고 보는 것은 지나치게 단순화하는 것이 아니냐 라고 할 수도 있다. 일상의 많은 것들은 우리의 삶에 질서를 잡고 다른 이들과 소통하는데 도움이 될 수도 있기 때문이다. 그러나 일상적인 행동이 우리의 삶을 지배하기 시작하고 지배하는 것으로부터 약간의 변화를 시도하려고 하면 갈등과 혼돈의 저항이 내면에서 올라온다. 이때 바로 혹은 서서히 두려움이 올라오면서, 점진적으로(사실은 거의 즉각적으로) 실존의 뿌리가 흔들린다. 그러므로 재빨리 일상으로 돌아올 때 그 두려움을 다시금 내면의 저 아래로 잠수시킬 수 있는 것이다.

두려움이 올라오면 올수록 크면 클수록 일상도 더 완강해진다. 환경이 큰 불안을 일으킬 때 우리는 자주 생각과 행동에 있어 익숙한 방식에 매달린다. 강박적으로 어떤 일이나 반복적인 어떤 행위에 매달리게 되고, 더욱 더 완벽하게 처리하려고 하고, 더욱 더 남들에게 인정받거나 사랑받을 수 있는 익숙한 방식에 매달린다. 어떤 사람은 도덕과 윤리가 잘 갖춰진 어떤 공동체에 강하게 끌리기도 하고, 어떤 사람은 고도로 조직화되어 있는 곳에 소속되어야만(!) 하고, 사회적으로 인정받을 수 있는 어떤 것을 성취하고자 최선을 다하여 노력하려고도 한다. 이렇게 두려움은 깊이 자리 잡고 있으며, 어떤 자극에 의해서 그 두려움은 순식간에 우리의 행동을 조작하고 규격화시키기도 한다. 즉, 두려움으로부터 내면을 지키기 위하여 우리의 진정한 자유를 기꺼이 희생하도록 만든다.

그렇다면, 우리는 두려움을 없애려고 노력할 것인가? 더 우선적으로 우리는 없애야 한다고 생각하는가?

우리는 내면의 두려움이라는 감정이 없어지면 편안할 것이라고 의심할 여지없이 생각한다. 내면에서 올라오는 감정을 없애려고 하면 할수록 그 감정은 더욱 더 우리를 옥죈다. 우리는 인간이다! 이 세상의 모든 유기체의 한 부분이다. 따라서 서로 깊은 조화를 이루지 않고는, 함께 살아가지 않고는, 서로 협조하지 않고는, 서로 사랑하지 않고는, 자기 혼자 모든 것을 할 수 있는 그런 존재가 아니다. 우리는 완벽하지 않다. 그것이 정상이다. 인간은 두려움을 근본적으로 가질 수밖에 없다. 인간은 자신의 욕구를 채우고 싶은 약한 존재이다! 그러므로 참된 삶을 위해서는, 이런 조건을 가진 인간적인 자신을 구출하기 위한 구원하기 위한 겸허한 자세가 필요하고 수행을 통한 자기구원의 삶을 살아야 되지 않을까 생각된다. 즉, 수행적인 자세 없이는 그 두려움에서 쉽게 벗어날 수는 없을 것이다. 건강한 의존대상으로의 '하느님'을 느낄 때, 진정한 의탁대상으로서의 '깊은 참 자기'와의 만남을 할 때 조금이나마 그 두려움에서 벗어날 수 있지 않을까! 그러기 위해서 우선 무엇을 해야 할까!

선각자들은, 내면에 있는 두려움의 실상을 깊이 관(觀: 바라보고 머무르는) 할 수 있다면 그것은 우리를 아마도 진정한 자유로 안내할 기초를 마련할 것이라고 말한다.

지관(止觀: 멈추어 바라보고 머무르는 작업)을 통하여

그 두려움은 누구나 느낄 수 있는 친구 같은 존재라는 인식을 통하여

그런 두려움을 느끼는 내 자신을 있는 그대로 수용하는 자세를 통하여

그 두려움을 가진 나 자신을 있는 그대로 사랑하는 자세를 통하여

'두려움'을 가진 '나'라는 존재를 있는 그대로 인정하자.

비난하거나, 자책하거나, 평가하는 태도부터 바꾸자.

그냥 바라보자.

이렇게 자신의 두려움을 객관화시켜 바라보고 나면 그 다음 과정으로 자연스럽게 진행된다. 너무나 자연스럽게 흘러간다. 지혜로움의 빛이 나타나기도 한다. 서서히 그 두려움이라는 감정과 약간씩 분리되어… 마치 친구에게 말하듯… 마치 나를 가장 사랑하시는 '하느님'이 나에게 말씀해 주시듯… '참나'가 '거짓 나'를 대하듯… '내면의 나'에게 들려주는 사랑과 평화의 목소리에 귀를 기울여보자.

'두려움'은 '허상'이라는 것을

'두려움'은 인간이라면 누구나 느끼는 감정이라는 겸허한 수용을

그냥 지나가는 바람임을

내 안의 '참된 나'라는 존재가 있다는 것, 즉 더 큰 사랑의 힘을 느껴보자. 그리고 나면 이런 빛이 드러날 것이다.

'아, 내면의 자유는 이런 것이구나…'

'구름 속에 갇혀 있었던 나, 높은 곳에서 바라보니 구름 위에는 빛이 있구나. 그 빛'이라는 깊은 통찰을 맞이할 것이다.

이렇게 될 때 우리는 천천히, 그리고 서서히 자유로워지는 경험을 하게 될 것이다.

7. "폭풍우 치는 마음을 잠재우고 싶다!"

나의 욕망이나 감정은 그냥 욕망이나 감정일 뿐
그것이 '내'가 아니다.
단지 주시자의 입장으로 그 감정이나 욕망을 바라만 보아도
그저 바라만 보아도 서서히 없어지는 것이 필연적인 과정이리라.

살아가노라면 자신이 원하는 바를 한껏 충족하였을 때 날아갈 것 같은 충만감으로 '아… 이런 날이 내게도 있구나.' 할 정도로 좋을 때가 있다. 아마도 이는 더 이상의 좋은 책도 더 이상의 맛있는 음식도 어떤 그 무엇도 욕심나지 않는 절대 만족의 상태로서 기분 좋고 평화로운 때일 것이다. 바로 이런 느낌이 한시도 끊어지지 않고 지속되면 얼마나 좋을까! 그러나 외부로 인해 충족된 욕구로 인한 기쁨은 그리 오래 가지 못한다. 마치 모래성 같다는 느낌이 들 정도로 금방 일상의 불안함으로 되돌아오기 일쑤다. 설령 매우 좋은 일이 지속되고 있을 때라도 외부의 상황이 조금이라도 불안할 수 있는 것이 닥치면 곧바로 이 평화로움은 깨진다. 심지어 아주 좋은 것들이 다가와서 별다른 어려움이 없는 채로 지속된다 할지라도, 마음 한편에서는 앞으로 다가올 미래에 대한 예기불안, 좋은 것을 계속 지속시키려는 유지불안으로 인하여 긴장을 놓기란 쉽지 않다. 이렇게 우리의 마음은 거의 늘 폭풍우 친다.

특히 자식을 기르는 경우, 강력한 동일시의 대상으로서 자식과 부모는

애착되어 있기 쉽기 때문에 이러한 폭풍우는 거의 매일 우리 마음속에 자리 잡고 있다고 해도 과언이 아니다.

'우리 아이가 공부를 잘 하는 것은 인정이 되지만, 앞으로 계속 유지해야 할 텐데…'

'이렇게 자랑스러운 아이들인데, 앞으로 잘 살아가려면 좋은 대학에 가서 명예로운 직업을 가져야 할 텐데…'

'우리 아이는 머리도 좋고 노력도 해서 잘하고 있지만 조금만 더 열심히 공부해 주면 더 좋을 텐데…'

'공부는 고사하고 학교만 제대로 다녔으면 얼마나 좋을까.'

'공부든 학교든… 이런 것이 중요한 것이 아니라 저 애는 건강 때문에 정말 한시라도 마음을 놓을 수가 없어.'

'공부를 저렇게 못해서, 저 애는 앞으로 뭘 먹고 살 것인가!' 등.

어디 자식에 대한 고민뿐이랴. 이 세상 어느 것 하나 불안과 긴장의 대상이 되지 않는 것이 없을 정도로 우리는 오직 외부의 상황, 외부의 것들과의 심각한 마음전쟁을 하고 있는 중이며 늘 그 폭풍우 속에서 산다고도 볼 수 있다.

'마음이 폭풍우 칠 때 어떻게 해야 할까! 정말 어떻게 해야 할까!'라는 고민을 하면서, 나름대로의 폭풍우를 잠재우는 브레이크 장치를 한두 개쯤 마련해 본다면 어떨까?

우리는 누구나 다 한 번쯤 이런 고민을 할 것이다. '갈등 상황이나 폭풍우 치는 어려움이 닥쳤을 때 어떻게 하는 것이 지혜로울까!' 아무리 정답과 같은 좋은 글을 읽고 신뢰할 만한 타인으로부터 지혜로운 말씀을 듣는다 할지라도, 사실상 마음이 폭풍우칠 때는 별로 들리지도 기억나지도 생각나지도 않는다. 평소 읽고 들었던 좋은 글이나 말은 까마득하게 나와 멀리 떨어져 간다. 폭풍우가 칠 때, 폭풍우가 회오리로 돌변하는 것만이라도 막기를 원한다면, 어떻게 마음가짐을 가지는 것이 좋을지 한 번쯤 고민해 보지 않는 사람은 없겠지만 그 당시에는 뾰족한 방법도 없고, 감정의 회오리 속으로 들어가 버린다.

대체로 나름대로 마음을 다스리려고 노력한 경험이 있는 사람들은 처음에는 모두 다 "글쎄 쉽지 않았다."는 느낌을 이야기한다. 그러나 느끼고 또 느끼고 생각하고 또 생각하고, 새로운 행동으로 반복 또 반복을 통해서 아주 조금씩 폭풍우의 양이 적어지고 시간이 짧아지는 경험들이 일어난다는 것을 알게 된다. 그렇다면 조금이라도 도움이 되는 것이 없을까? 폭풍우 치는 마음을 잘 넘기기 위해서 차근차근 생각해보아야 할 점들이 있다.

제일 중요한 것은 평소에 '자기감정에 대한 순수한 각성'을 하는 연습이다. 심리학에서는 '감정자각' '감정포착'이라는 용어를 사용하고 있는데, 한마디로 자기의 감정이나 느낌에 대하여 스스로 '주시자'의 입장이 되는 연습을 한다는 뜻이다. '알아차림'이다. '나'라고 하는 자(者)를 두 측면에서 생각해 보아야 한다. '나'라는 사람이 행위 하는 것을 '행위자(行爲者)'라고 하며, 다른 한쪽에서 가만히 바라보고 느껴주는 입장을 '주시자(注視者)'라고 한다. 주시자의 입장에서 행위자를 객관적으로 알아차리는 것 자체가 '각성'이다. 사실, 자기 느낌을 주시자의 입장에서 순수하게 바라보는 능력을 지속적으로 연습한다는 것이 얼마나 중요한가는 아무리 강조해도 지나침이 없을 것 같다. 아래의 인용 글(K.Wilber, 2005)을 통해서 '행위 하는 자'가 '나'가 아님을, 단지 그것은 주시되어야 할 대상임을 느껴보자.

"나는 이런 저런 욕망을 갖고 있다. 하지만 '나'라는 사람은 '나의 욕망'이 아니다. 나는 나의 욕망들을 감지할 수는 있지만, 그것은 그냥 나의 욕망일 뿐이지 그것 자체가 나는 아니다. 욕망들은 오고 가면서 내 각성을 통해 흘러가지만, 그런 것들이 내면의 나에게 영향을 미치지 않는다. 나는 욕망을 갖고 있지만 나는 나의 욕망이 아니다!"

"나는 감정을 갖고 있다. 하지만 '나'라는 사람은 나의 감정이 아니다. 나는 나의 감정들을 느낄 수 있고 감지할 수는 있지만, 느껴지고 감지할 뿐이지 그것 자체가 나는 아니다. 감정들은 나를 통해 스쳐 가지만 그런 것들이 내면의 나에게 영향을 미치지 않는다. 나는 감정을 갖고 있지만 나는 나의 감정들이 아니다!"

핵심은 나의 욕망이나 감정은 그냥 욕망이나 감정일 뿐 그것이 '내가 아니다'라는 것이다. 단지 주시자의 입장으로 그 감정이나 욕망을 바라만 보아도, 그저 바라만 보아도 서서히 없어지는 것이 필연적이라는 점이다. 왜냐하면 그것은 바람처럼 그냥 잠깐 스쳐가는 것이니까. 스쳐 지나가고 본래의 자리로 돌아올 것이니까 말이다. 물론 스쳐 지나갈 때 그 바람은 칼처럼 차갑고 아프고 고통스러울 수 있다. 그 차갑고 고통스러운 감정은, 그 감정 속에 함몰될 때 감정과 존재가 동일시되어, 엄청나게 고통스럽다. 그런데 그것은 가만히 바라보면 스쳐 지나갈 수밖에 없는 것이다. 바람이 그렇게 불다가 잠잠해지듯.

이런 훈련을 끈기 있게 지속해 나가면, 그 안에 담긴 깊은 뜻이 점점 마음속에서 공고해지고 '나 라고 하는 자가 과연 누구인가!'라는 중요한 문제에 직면하면서 근본적인 변화를 감지하기 시작할 것이다. 이를 통하여 내면의 깊은 자유로움, 가벼움, 해방감, 안정감을 직관하기 시작할 것이다. '태풍의 중심'인 근원은, 중심 주변에서 사납게 휘몰아치는 폭풍우 같은 불안과 고통의 한 가운데서도 투명한 고요함을 유지한다.

주시하는 부분에 대한 발견은 폭풍우 치는 바다 표면 위의 파도로부터 고요하고 안정된 해저의 심연으로 잠수하는 것과 흡사하다. 처음에는 동요하는 감정의 파도 밑으로 그다지 잠수하지 못하겠지만 끈기를 갖고 계속하다 보면 영혼의 고요한 심연으로 깊이 잠수할 수 있는 능력을 얻을 수 있을 것이다. 한때 스스로 꼼짝도 할 수 없게 붙고 있던 혼란을 편안한 어떤 장소에 조용히 누워 빈틈없이 그러나 초연한 상태로 응시할 수 있는 능력을 얻게 될 것이다. '아휴, 가만 앉아 있기도 힘든데 그런 것을 어떻게 할 수 있느냐.'고 반문할 수 있으나, 그런 경우 가만히 명상하듯 앉아있는 연습부터 해야 할 것이다.

불교의 12연기(緣起)법의 핵심 내용은, 인간은 원래 아무런 문제가 없는 데서 평지풍파를 일으켜 괴로워하게 된다는 것이다. 그 평지풍파의 과정을 표현한 것이 12연기인데, 한마디로 말하면 '문제없음'의 상태에서 '문제 있음'의 상태로 왜곡되어가는 과정을 말한 것이다. 여기에서 촉(觸), 수(受) 과정이 있다. 즉, 감각(觸)이 유기체적 경험을 발생시키고, 덩달아 느낌 혹은 감정이 올라오는 경험(受)을 일으키게 되는데, 이것은 외부자극이 접촉되면 바로 감정, 느낌이 일어나게 된다는 것이다. 좀 더 자세한 것은 12연기에 대한 구체적인 전문서적을 통해서 아는 것이 더 현명하리라 보며, 여기서 말하고자 하는 것은 촉(觸)이라는 것은 없는 것에서 출발하였고, 따라서 수(受)라는 것도 없는 것에서 나온 것이라는 뜻이다. 본래는 그 외부자극도 없는 것이 생긴 것이요, 감정도 없는 것이 생긴 것이라는 뜻이다.

마찬가지로 폭풍우도, 그로 인한 폭풍우 치는 마음도 그냥 바람처럼 생겨난 것이니 그 바람을 가만히 주시하면서 바라보다 보면 서서히 사라질 수밖에 없는 것이다. 본래 없었던 것이었으니 갈 곳은 그냥 사라지는 것 밖에 없는 것이다. 순수한 합일의식으로 들어가면 이 세상의 모든 존재가 그렇지 않는 것이 없듯이 모든 것이 지나가는 바람이다.

상담 및 심리치료 과정에서, 마치 존재하는 것처럼 보였던 마음의 감정적 세력들(정신역동)이 단지 스쳐 지나가는 바람처럼 느끼고, 그것을 잘 주시하여 치료적으로 다루게 되면서 상당히 평화로워지는 경험을 이미 많은 사람들이 체험하고 있다. 감정적으로 성숙해진다는 것은, 자기를 구속하고 있는 것은 외부가 아니라 바로 자기 마음의 쇠사슬이라는 것을 깨닫게 됨을 의미한다. 그 마음이라는 것은 본래 없는 것인데 만들어진 것이라는 것, 그 사슬은 외부의 무엇인가가 풀어주는 것이 아니라 내 마음이 푸는 것이라는 것이다. 성장과정은 스스로 자기 마음으로부터 분리될 수 있는 능력이 갖추어지는 과정을 경험하는 여정이다.

8. 스스로도 모르는 사이에 당하는 '지배'

명예로 권력으로 인정으로 칭찬으로 관심으로 …
이와 같은 외부로부터 오는 것에 의한 중독현상의 즐거움이 아닌,
스스로도 모르는 사이에 당하는 '지배'가 아닌,
나의 내면에서 은은히 그리고 환하게 울러 퍼지는
영혼의 즐거움, 환희, 웃음의 삶을 살아갈 수 있다면 좋을 것이다.

우리는 태어날 때부터 어떤 것으로부터 다스림을 받는다. 당연한 말이지만 살아남기 위해서 우리는 주변의 보호와 다스림을 받아야 한다. 말하자면 생존을 위하여 그 생존을 뒷받침하는 심리적 욕구, 즉 의존하고 사랑받기 위하여 다스림을 받아야 한다. '다스림을 받는다.'는 뜻은 좋은 의미로 사랑받고 존중받는다는 뜻도 있지만 또 다른 경우에는 '지배당하는 것'과 같은 뜻도 있다. 즉, 사랑이라는 이름으로 '사랑' 그 자체를 받는 경우도 있지만, 사랑이라는 이름으로 '지배'를 받는 경우도 있다는 뜻이다. 실제적으로 주요양육자의 폭력이나 억눌림 등으로 비인간적인 '지배'를 받는 경우도 있다. 또한 한 사람에게 집중적으로 '지배'를 받는 경우도 있지만, 동일한 사람에게 '사랑'과 동시에 '지배'를 받을 수도 있다.

여기, 조금씩 기분이 좋아지는 약물이 있다고 하자. 아이가 태어날 때부터 주요양육자나 주변인들이 그 약물을 조금씩 먹였다면, 어느덧 아이는 약물에 중독이 되어 그 약물 없이는 살아갈 수 없게 될 수 있다.

약 없이 사는 것이 견딜 수 없어 때로는 그 약이 없을 바에는 차라리 죽는 것이 더 나을 것 같은 고통을 겪기도 한다. 이렇게 이 세상이… 사회가… 관습이… 문화가… 가정이… 주변이… 우리에게 약물을 주면서, 서서히 우리를 뭔가에 조금씩 중독되어 가게 만들 수 있다. 스스로도 인식할 수 없는 사이에 가정 혹은 사회의 집단 속에서 알게 모르게 내면으로 스며들어와 중독 현상을 일으키는 그 중독물은 인정, 칭찬, 관심이라는 정서적 약물일 수도 있다.

우리는 스스로의 삶을 지탱하기 위해서 여러 가지 견고하고도 풍부한 음식을 즐겨야 한다. 음식이라 함은 실질적인 맛있는 음식은 물론이거니와 정신적인 음식도 포함되어야 할 것이다. 예를 들면 노동 후의 만족감과 즐거움, 놀면서 오는 흔쾌한 재미, 활짝 웃는 웃음을 통한 맑은 정신, 사람들과의 감정교류, 정신의 즐거움, 환희, 나누는 기쁨 등을 말한다. 정신적인 음식은 외부로부터 채워야 하는 것도 있지만 내부적으로 스스로 채워야 하는 것도 있다. 다른 말로 표현하면, 남으로부터 인정받아야 하고 칭찬 받아야 하고 관심 받아야 만이 살아갈 수 있는 것 외에, 내면에서 우러나오는 자연발생적인 영혼의 즐거움이라는 양식도 필요하다는 것이다.

그러나 한 인간이 태어나서 약간의 시간이 지나면(특별한 경우에는 태어나자마자) 아이는 스스로의 자연스러운 영혼(靈魂)의 즐거움을 만끽하기도 전에 무엇인가로부터 지배받기 시작한다. 이것은 이렇게 해야 칭찬받고 저것은 저렇게 해야 예쁨 받고, 이렇게 하면 혼나고, 저렇게 하면 밀쳐지고 등, 늘 무엇인가의 틀 안에 들어가기 시작한다. 자율적인 울타리가 서서히 무너지면서 타율적인 틀이 나의 울타리가 되어버린다. 어떤 아이들은 이 틀이 힘들어 항상 부모 옆을 빙빙 돌며 배회하다가 어느 순간에는 아예 가정을 떠나려는 시도를 하기도 한다. 이런 경우 어떤 부모는 자기 갈 길을 가려는 독립심이 있으니 아무 문제없다고 할지 모른다. 환경적으로 부모의 곁을 '떠났다.' 혹은 '떠나지 않았다.'는 것이 중요한 것이 아니다. 그 아이는 부모의 울타리와 적절히 조화를 이루지 못하고 반항심과 좌절감이라는 감정을 안은 채 심리적으로 걸려있는 것이 문제가 되는 것이다. 즉 부모에 대한 그 마음 자체가 건강하게 분리되지 못했을 경우를 말하는 것이다. 엄마가 나에게 관심을 주는가 혹은 주지 않는가, 주변사람들이 나를 인정하는가 혹은 인정하지 않는가, 친척들과 부모형제들이 나를 칭찬하는가 혹은 칭찬하지 않는가 등, 이렇게 타인으로부터 무엇인가를 받아야만, 즉 의존해야만 살아남을 수 있다는 것에 점점 더 중독되어 가는 '지배'의 울타리가 생기는 것이다.

어린 시기 아이는 엄마의 사랑을 안정되고 만족스럽게 받아야 한다. 아이가 엄마의 사랑을 확신할 때 그는 엄마를 잊어버려도 안심한다! 그런 후 엄마를 떠난다! 말하자면 독립적으로 분리가 가능하다.

그런 아이는 자라면서 자유롭게 세상을 탐험하기 위하여 나간다. 그는 호기심이 많다. 그는 자신으로서 살아간다. 엄마를 잊어버려야 한다! 엄마로부터 떨어져 나가야 한다. 분리되어야 한다. 아이가 엄마에게 달라붙어 있으면 그것은 좋은 징조가 아니다. 그 아이는 불안하다. 표면적으로는 아이가 엄마한테 달라붙어 있다고 볼 수 있지만, 내면에서는 엄마가 아이를 뗄 수 없을지도 모른다. 엄마가 아이에게 의존되어 있을 가능성이 크다. 아이가 원하는 자유와 확신을 주지 않고 오히려 엄마가 항상 불안하여 뗄 수 없는 것이다. 그러면서 엄마는 '너 이렇게 하면 엄만 멀리 도망갈 거야.' 하면서 모호한 방법으로 아이를 위협하기도 한다. 이중 메시지를 사용한다는 뜻이다. 부모 스스로가 결코 떼지 못하면서 마치 아이가 떨어지지 않는 것처럼 표현한다. 떨어지라고 하면서 떨어질 수 없는, 이러지도 저러지도 못하는 상황을 만든다.

이렇게 다양하게 중독의 맛에 길들여지면 두려움에 서서히 휩싸인다. 인정, 관심, 성공, 꼭대기 서기, 특권, 명예, 권력, 보스 되기 등 팀의 왕초가 되기를 좋아하고 조직의 최고가 되기를 좋아하고 제일 좋은 무엇인가가 되고 싶은 욕구 등이 일어난다. 즉, 약물과 같은 어떤 맛에 길들여지면서 중독이 되고 그것들을 잃을까봐 두려워한다.

지배력을 상실했을 때의 느낌들을, 실패나 잘못을 예상했을 때의 전율을, 다른 이들의 비난을 예측했을 때의 기분을, 원하는 꼭대기에 가지 못했을 때의 좌절감을, 상상할 수 있지 않은가. 아마도 우리는 무서워서 다른 대상들에게 더욱 매달리고 결국 우리의 진정한 자유(나로서 살아가는 자유)보다는, 지금까지 매달렸던 어떤 것을 잃게 될까봐 두려워한다는 것을 느낄 수 있다. 만약 그 지배하던 것들을 잃게 되면 끊임없이 새로운 그 무엇인가에 다시 매달리기를 원할 것이다. 중독당할 그 무엇인가가 또 필요할 것이다.

한편 우리는 지배당하기를 오히려 즐길 수도 있다. 지배당하지 못할까봐(?) 두려워하기도 한다. 지배자가 나를 미워할까 봐 두려워하고 지배자로부터 사랑받지 못할까 봐 불안해한다. 그래서 피지배자가 되기를 즐기며 엎드리기도 한다. 우리에게 중독을 위해 새로운 것이 필요하게 되면, 서서히 다른 대상들이(타인, 상황…) 우리를 행복하게 만들거나 비참하게 만드는 힘을 갖는다. 그것들에 중독되면 안 된다는 것을 인식할 수는 있겠지만(사실상 거의 인식 못할 경우가 많다), 계속 갈구하면서 점점 더 무력해지기 시작한다. 무력해질 수밖에 없는 이유는, 의식적으로나 무의식적으로 타인의 반응에 민감하지 않거나 맞추지 않는 순간은 결코 없기 때문이다. 대부분은 그 타인의 북소리에 따라 행진하고 있다. 계속 타인들은 북을 치고 우리는 그 북에 발맞추어 걸어가고 있는 것이다.

안소니 드 멜로(2007)는 '깨어있는 사람'에 대한 정의를 "더 이상 외부의 북소리에 따라 행진하지 않는 사람, 안으로부터 솟아나는 음악과 곡조에 따라 춤추는 사람"이라고 했다. 우리는 무시되거나 인정받지 못할 때면 외로움을 느끼고, 너무나 견딜 수 없어 사람들에게로 다시 들어가 지지와 격려 확신이라고 불리는 편안한 약물을 간청한다. 이러한 상태 속에서 사람들과 함께 살게 되는 것은 끝나지 않는 긴장상태를 뜻한다.

샤르트르는 "지옥은 다른 사람들이다."라고 말했다(2007, 멜로 재인용). 이 말은 '자신으로서 살지 못하는 것이 바로 지옥이다.'는 것을 의미하지 않을까! 이러한 의존 상태에 있을 때 항상 최고(?)의 방어적인 행동을 유지해야 한다. 절대로 긴장을 풀어서는 안 된다. 기대치를 만족시켜야 한다. 사람들과 함께 산다는 것은 긴장 속에 살아가는 것이다. 사람들이 없다면 외로움을 느낀다. 자동으로 어떤 대상들을 그리워하기 때문이다. 우리는 그들을 있는 그대로 정확하게 보고 그들에게 명료한 응답을 할 수 있는 능력을 상실한다. 왜냐하면 그들에 대한 우리의 인식(자동적으로 조건화된 인식)이 약을 얻겠다는 필요에 의해 구름이 끼었기 때문이다. 우리는 대상을 바라볼 때, 예의 약물을 얻는데 도움을 줄 대상이냐 아니면 오히려 약물을 빼앗아갈 수 있는 위협적인 존재인가 하는 정도로 바라본다. 우리는 항상 의식적으로나 무의식적으로 이런 시각을 통하여 사람들을 바라보고 있다. 그들로부터 내가 원하는 것을 얻을 것인가 아니면 얻지 못할 것인가? 그리고 그들이 내 약을 얻는데 도움이 되지 못하고 위협이 된다면 우리는 바로 그 순간부터 그들에게 관심이 없게 된다.

거의 대부분은 아마도 어떤 것에 중독되어 있는 삶 한가운데 있을 것 같다. 이 이야기들을 도저히 이해하지 못한다면 어쩌면 그 약물 속에서 그대로 살아간다고 볼 수 있을 것이다. 이런 기회를 통하여 우리의 진정한 양분이 무엇인지 약물중독이 아닌 우리의 자생적인 삶의 양식이 무엇인가를 다시 한 번 생각해 보아야겠다. 명예로 권력으로 인정으로 칭찬으로 관심으로, 즉 외부로부터 오는 약물 같은 것에 의한 중독현상의 즐거움이 아닌, 나의 내면에서 은은히 그리고 환하게 우러나오는 영혼의 즐거움, 환희, 웃음으로 삶을 살아갈 수 있다면 좋을 것이다.

굳이 어떤 것을 바라지도 않고 굳이 어떤 것을 보상받고자 하는 것도 아니며 굳이 무엇인가 기대하지 않는 삶은, 진정 '지배'로부터 자유로워진 삶이 아닐까! 사회의 한 구성원으로서 현실감 있게 살아가면서 자신도 모르게 당하는 '지배'가 아니라, 자신으로서 살아가는 아름다운 삶, 이것이 진정한 자유가 아닐까 싶다.

9. 선천적 기질과 환경의 깊은 관련성

선천적으로 타고난 기질을
있는 그대로 존중받고 수용 받으면서 자란 아이는,
자신의 부족한 부분을 스스로 조절하고 채우면서 발전한다.

요즘 TV에서는 인간의 타고난 본성(선천적 기질)에 대한 강의나 예능 프로그램이 나오고 있다. 'MBTI'나 '에니어그램' 워크샵 등과 같은 프로그램에 직접 참여하기도 하고, 관련 강의나 유튜브를 보면서 자기 기질에 대한 탐색시간을 가지는 사람들이 늘어나고 있는 것 같다. 선천적인 기질과 환경의 상호작용에서 인격이 형성된다는 것은 상식적으로는 알고 있지만, 한 인간을 제대로 이해하기 위해서는 여러 유형의 사람들을 직접 만나보는 프로그램에 참여하여 전문적으로 깊이 있게 다루는 시간을 가지는 것이 좋을 것이다. 그래야만 '아… 그냥 혼자 생각하는 것보다는 훨씬 깊이가 있구나.'라는 것을 느낄 수 있다. '뭘 그런 것을 하느냐! 생긴 대로 살면 되지.'라는 말이나, '난 다 알고 있어. 사람마다 다 다르다는 것을.' 하고 일반화시키며 자기식의 한정된 생각으로 이런 프로그램을 하찮게 여기는 사람들도 종종 있다. 하지만 아직은 여러 가지 이유로 이런 내용을 배울 기회가 주어지지 않은 경우도 있을 것이다. 적당한 기회에 마음이 열려서 가랑비에 옷 젖듯, 큰 바다에 들어가려면 작은 물줄기가 잘 흘러야 하는 겸손함을 가진다면, 일정한 시간을 투자하여 새로운 시각을 가지는 다양한 프로그램을 접하는 것은 진정 도움이 될 것이다. 특히 환경과 선천적 기질의 상호작용에서 형성된 감정적 세력, 즉 정신역동(psychodynamic)이 인격형성에 밀접한 관련성을 지니고 있다는 것은 아무리 강조하여도 지나침이 없는 것은 사실이다. 몇몇 유형으로 인간의 성격을 모두 다 설명 할 수 없으므로 단편적인 지식으로 인간의 모든 성격을 설명한다는 것은 주의해야 하기 때문이다. 조금 더 구체적인 예를 들어보자.

어떤 분은 스스로가 B라는 성격(예, MBTI - SJ/ Enneagram-1유형)을 가진 사람으로 지금까지 살면서, 늘 부적절하고 부자연스럽고 뭔가 '나 아닌 나'로서 이상한 느낌이었다고 한다. 즉, 자신이 환경적인 영향으로 'B'인 것처럼 하고 살아왔다는 것이다. 그런데 다른 사람들이 자신을 볼 때마다 "당신은 A의 특징(예, MBTI - SP/ Enneagram-7유형)과 아주 유사하다."라는 말을 하였다고 한다. 그럴 때, 스스로는 B인 것도 부자연스럽지만 사실 A인 것도 이상한 것은 마찬가지였다.

"내가 A라고?"

"내가 A? 글쎄… 이상해!"

이렇게 말하면서 고개를 갸우뚱하는 시간들이 꽤 흘렀다. 지금까지 살아온 방식이 B인데 다른 사람들이 A라고 하여 A라는 느낌일리는 만무한 것이다. 어쩌면 A인 나 자신은 B보다 훨씬 더 부자연스럽고 부적절하고 더 이상한 것이 될 수도 있다. 다소 불편하였지만 차라리 B로 사는 것이 더 나을 수도 있는 것이다.

그러면서, 다른 한편에서는 이런 생각들이 오고갈 수 있다.

"솔직히 말해서… A처럼 하고 싶어."

"다른 사람에 대한 눈치만 보지 않는다면 그냥 A가 편할 것 같아."

"글쎄. A처럼 사는 것은 아니잖아. 뭔가 혼란스러워."

그런데 자신을 오랜 시간동안 보아왔던 많은 분들이 "당신은 A일 때 훨씬 자연스럽고 좋아." "B일 때는 아주 부자연스럽고 자신감이 부족한 것 같아. 차라리 A모습이 훨씬 너답고 좋아."라는 피드백이 오고 간다면, 한 번쯤 '내가 왜 지금까지 A라는 모습도 B라는 모습도 모두 다 부자연스러웠을까! 오히려 남들이 느끼는 A의 모습을 나는 왜 거부할까?'에 대하여 탐색해 볼 수도 있을 것이다. A라는 모습을 있는 그대로 바라보고 수용하기 위해서는 지금까지 A라는 자신을 부인할 수밖에 없었던 요인들을 살펴보아야 하는 것이다.

가상적으로, 한 자녀가 A라는 특징의 어떤 행동을 한다고 하자. A라는 특징은 명랑하고 쾌활하고 까불기도 하고 다소 산만할 정도로 호기심과 충동성이 많다고 하면, 부모를 비롯한 주변인들은 이 A의 특징을 나무라기 시작한다.

"너 조용히 안 해? 왜 이렇게 촐랑거려? 가만있지를 못하고… 하여간 문제야 문제. 정말…"

"이렇게 산만해서 어디 앞으로 공부나 제대로 하겠어? 너 저기 가서 서 있어!"

"애가 한시도 가만있지 못하고 말야! 옆의 저 애 좀 봐. 얼마나 얌전하고 착해"

"맨 날 그렇게 새로운 것만 좋아하고… 그렇게 살아서 되겠어? 절약해야 되는 것 몰라? 늘 내가 말했잖아. 이렇게 낭비하면 앞으로 어떻게 살아가려고 해?"

"왜 너는 네 것만 챙겨! 세상에 너만 사니?"

"너는, 할 일을 왜 제대로 안하니? 너 하고 싶은 것만 하고 살 거야?"

이런 식의 반응으로 A가 가지는 특징을 아주 부정적으로 나열하면서 질책 비난 비교 한다고 하자. 이 아이는 A의 긍정적인 특징은 아예 생각조차 할 수 없고 A라는 자신의 본성을 부정하기 시작한다. 이런 말을 듣고 살아 온 A 특징의 사람은, 자신이 A라는 것이 거부당했기 때문에 스스로 자기의 이미지를 싫어하게 되고 자신을 부정하게 된다. 점차 그 반대의 사람으로 자신을 다듬어가야 될 것 같은 느낌이 든다. 성장해 가면서 차차 이런 생각들이 오고간다.

'하고 싶은 말이 있어도 함부로 말하면 안 돼. 제대로 된 말이 아니면 말을 아예 참아야 해. (아. 긴장돼!)'

'가능하면 가만히 있어야 해! 꼭 맞는 말만 해야 돼. (뭔지 모르게 불안해!)'

'산만한 것을 들키지 않게 가만히 있어야 해. (아-- 갑갑해. 손가락이나 만지작거리지 뭐… 이 시간만 보내면 돼! 잠시 후 나 혼자 있을 때 게임 실컷 해야지.)'

'사고 싶은 것, 하고 싶은 것을 말하면 안 돼. (살짝 눈을 피해서 해야 돼! 난 눈을 피하는데 선수잖아.)'

'내 것을 챙기면 안 돼. (나는 가지고 싶은 것이 많은데 거짓말을 좀 쳐? 사람 없을 때 살짝 하지 뭐. 아, 정말 나는 구제불능이야!)'

'남을 생각해야 해! (나는 아무래도 나쁜 사람이야!)'

이런 생각으로 A의 특징을 부정하고, B의 모습을 자기의 이미지로 만들어야 되는 듯, 스스로를 형성시켜 나간다. A의 특징에 대하여 부정적으로 평가한 사람(예컨대, 부모 등 주변인)에 대한 저항과 억눌림은 억압된 채, 그에 대한 자기의 느낌과 욕구는 잠수해 버린다. 상대방이 말한 그 상태대로 살아가지 못할 경우에 받게 될 불이익, 사랑받지 못하는 느낌, 꾸중과 비난에 대한 무서움 두려움 혹은 박탈당할 것 같은 위험 때문에 자기 자신을 부정하는 것이다. 그 부정된 자기의 모습으로 인하여, 불안과 긴장, 죄책감, 낮은 자존감, 무력감, 우울감 등으로 빠지게 된다. 심지어 A와 같은 특징을 보이는 사람을 자신도 비난하고 싫어한다.

부모나 주변사람들이 A의 특징을 가진 사람에게 이렇게 표현하면 어떨까!

"오, 넌 호기심이 많구나, 어떻게 그렇게 자기가 하고 싶은 것을 잘 찾니?"

"너 정말 명랑하고 쾌활하구나. 너 보면 나도 기분이 덩달아 좋아져."

"음… 이것을 네가 가지고 싶다고? 아, 나도 똑 같은 것을 가지고 싶은데, 하나밖에 없고… 어떡하지?"

"아주 몸이 재빠르구나. 잘 움직이고. 다치지 않게 조심해! 너는 꽤 몸이 튼튼하구나."

이렇게 A 특징을 충분히 수용해 주는 태도를 가진다면, 그는 더 나빠질까! 아니면 자기 식대로, 자기중심으로, 이기적으로, 자기 마음대로 하는 아이로 변할까!

A의 특징 그 자체를 인정해 주고 수용해 주면, 자신의 존재를 긍정적인 상태로 느끼면서 적절히 자신의 욕구를 통제 조절할 수 있는 기능을 가지게 된다. 성격적인 특징을 있는 그대로 바라보아 주면, 상대를 보는 시각에서도, '과연 저 아이가 제대로 클까!'라는 느낌에서 '아, 저렇게 현실을 똑바로 직시하고 적극적으로 살아갈 수 있구나!' 하는 변화가 오게 된다. A 특징을 가진 아이가 건강하게 성장하게 되면 매우 현실성

있는 아이로 변하게 되고 생산적인 사람으로 변할 수 있는 것이다.

세상을 살아가면서 현실을 가장 객관적으로 직시하고 그 현실 속에서 생산적으로 살아가는 것이 얼마나 중요한 일이겠는가! 거기다가 자신의 인생을 열정적이고 적극적으로 살아가면서 풍요롭고 만족스러운 느낌으로 이 세상을 맞이하는 훌륭한 사람으로 성장하게 되는 것은 또 얼마나 멋진 일인가! 과거나 미래에 빠져 지금-현재를 살지 못하는 불행에 빠지지 않고, 바로 이 순간을 '흐르는 물과 같은 과정'으로 산다는 것, 이보다 더 멋진 일이 있을까! 힘든 경험이나 사건을 맞이하여도 고통에 빠지지 않고 그냥 예사롭게 흘러 보내는, '지금-현재'를 재빨리 회복시키는 능력을 가진 성격이 얼마나 멋진 일인가! 그리고 이들이 정신적으로 성장한다면, 자기를 편안하게 다루면서 타인을 편안하고 행복하게 하는 길로 나아가는 '지금-이순간의 사람'으로 살아가게 된다.

그렇다면, A의 특징이 긍정적으로 바뀔 수 있는 이유는 무엇일까? 특징 자체를 변화시킬 수도 없고 변화시킬 필요도 없다. 문제의 핵심은, A라는 특징이 그를 둘러싼 환경 속에서 얼마나 수용받고 인정받고 존중받고 자랐느냐이다. 그리고 그 기질이 건강한 사회화를 이루도록 적절히 조절시켜 줄 수 있는 양육자의 태도이다. 또 어느 정도 이들의 욕구를 받쳐 줄 물리적 환경도 역시 한 몫을 하는 것이며 정서적 환경도 중요한 것이다. 근시안적으로 보면 얼마든지 엇나갈 수도 있는 특성같이 보이지만, 삶을 대단히 열정적이고 적극적으로 현실성 있게 살아가게 하는 놀라운 능력으로 전환되는 것은, 바로 이들을 둘러 싼 환경적인 영역들이 어떻게 다루어졌느냐와 밀접한 영향이 있다.

수용받지 못하고 자란 아이들은 외부세상과 주변 사람을 수용하지 못할 경우가 많다. 매우 비판적이고 비관적이고 부정적이다. 자신의 내면의 부정적인 면이 외부세계에 대한 관점에 투사되어 자신을 해롭게 하고 타인에게도 해로움을 주기 때문이다. 심지어 자신의 이롭게 한 사람까지도 마지막에는 불신의 끈으로 상대를 부정적으로 평가해 버리기도 한다. 반면, 수용받고 자란 아이들은 세상과 주변 사람을 자신의 긍정적인 마음으로 수용한다. 자기를 이롭게 할 것이라는 신뢰감을 가지고 세상을 보기 때문에 그 자신이 다시 이롭게 되는 것이다. 다소 자기를 힘들게 한 사람까지도 결국에는 자신에게 도움이 될 것으로 받아들여 감사함과 고마운 심정으로 상대와의 관계를 지속시킨다.

이렇게 선천적 기질과 환경의 상호작용에서 발생하는 '정신역동'의 이해는 자신을 진정으로 바라보면서 이해하고 수용하는 데 중요한 역할을 하게 된다. 혹시 아직 이런 워크샵을 접해 보지 못한 분들이나, 경험해 보았으나 좀 더 깊이 있는 학습이 필요한 분들은 워크샵이나 전문교육을 더 경험해 보길 바란다. , 선천적 기질에 대한 연구를 통하여 자신의 타고난 본성에 대한 탐색을 하게 된다면, 하느님이 나에게 어떤 선물을 주셨는지, 그 선물이 나의 존재를 어떤 기능으로 이 세상을 살아가게 하는지에 대한 깊은 성찰을 할 수 있게 되리라 본다.

10. '동방박사들의 경배'를 생각하며…

외부의 상황이 아무리 우리를 휘몰아쳐도
결국 우리에게는 마음 속 깊이 느낄 수 있는 성스러운 힘,
참 나, 진실한 나의 근원에 대하여 탐구하고자 하는 마음이 있다.
그런 마음이 내면에 없다면
인간으로서 고통이나 죄책감이나 괴로움 자체를 겪지도 않을 것이다.
나의 근원을 찾아 귀한 예물을 들고 경배하러 여행하는 '동방박사'들…

이 글을 읽는 독자가 종교를 떠나서 '성경'이나 '불경'을 접하는 생활을 한다면 정말 복된 생활을 하시는 분으로 여겨진다. 경전은 그 글귀 하나하나에 진리의 보배들이 주렁주렁 달려있다고 생각된다. 수 천년동안 이어져 온 경전, 고귀한 영혼을 발현하기 위하여 노력한 석학이나 선각자들에게 한결같이 필독서로 꼽힌다는 것은, 그 내용들이 수많은 인류의 지성과 감성으로 이미 검증이 끝났음을 말하는 것이 아닐까 여겨진다. 감히 필자가 그 중요성을 어떻게 입으로 글로 표현할 수 있을까! 누구라도 특정한 종교를 떠나서, 경전을 읽는 습관을 들이는 것은 마음수양에 관심을 가진 사람이라면, 달을 가리키는 손가락보다는 달 자체를 음미해 볼 수 있는 사람이라면, 경구들은 우리의 삶에 지혜의 보물창고가 될 것이다.

'오늘', 성경의 한 구절을 통하여 묵상을 해 보기로 한다. "우리는 동방

에서 주님의 별을 보고 그분께 경배하러 예물을 가지고 왔노라." (마태 22 참조)라는 구절에 대한 내용이다. 구교와 신교가 약간 다를지는 모르겠으나 '예수'라는 한 위대한 인물을 느낄 줄 아는 분들은 '주님 공현(公顯) 대축일'이라는 날이 있다는 것을 알 것이다. '공현(公顯)'이라는 뜻은 '드러내어 나타내심'이라는 뜻인데 하느님의 뜻, 하느님의 권능을 발현하시기 위하여 이 세상에 '예수'라는 한 인격체를 드러내셨음을 기념하는 축일이다. 여기에 '동방'박사들의 경배는 특별한 의미가 있다고 한다. 매년 12월쯤에는 아기예수의 탄생일(크리스마스)이 다가오는 시점(대림시기)이 있다. 아기예수님을 찾아나서는 동방박사들의 발걸음의 의미, 그들의 경배하는 마음은 무엇을 뜻하는지에 대하여 묵상해 본다면, 살아가는데 진정 찾아야 할 삶의 방향을 느껴볼 수 있을 것 같다.

나사렛 작은 마을에서 탄생하신 아기 예수를 경배하기 위하여 '동방박사들이 그 먼 길을 찾아온다. 이 날을 '삼왕(三王)내조(來朝)'축일'이라고 불렀다고 하는데, 이 옛 명칭은 성경 구절의 의미를 이해하는데 중요한 단서를 담고 있다고 한다. 그 내용을 그대로 옮기면 다음과 같다(가톨릭부산 1919호, 토마스 아퀴나스 신부).

"사실 마태오 복음사가에게 이 세 방문객의 정체가 왕이었는지 아니었는지는 중요하지 않습니다. 아마도 마음이 깨끗한 사람들(마태 5:7)이었음은 분명할 것입니다. 더 중요한 것은 그들이 "와서(來) 경배했다(朝)"는 두 동사에 있습니다. 그들은 '왔습니다.' 어디에서? 동방(東方)에서 왔습니다. 동방(東方)은 먼 나라를 뜻합니다. 즉 그들은 구세주의 별을 보고 먼 길을 걸어 찾아 온 이방인들입니다. 이방인이라는 뜻은 요즈음의 말로 하면, 다른 종교를 믿는 사람이라는 뜻도 되고, 종교적 믿음이 없는 사람들을 뜻하기도 할 것 같습니다. 어쨌든 이들은 쉽고 편한 여정이 아닌 먼 길을 온 것은 분명할 것입니다. 그래서 '왔다'는 말 안에는 온각 굴곡의 긴 여정이 담겨 있습니다. 그들은 그렇게 멀리서 왔지만, 오히려 바로 지척에 있던 유다인들은 그분(아기예수님)을 찾아오지 않습니다. 그가 얼마나 귀한 사람인지를 알아보지를 못하는 것이죠. 우리가 아주 가까운 사람 중 진실한 보배 같은 사람은 오히려 알아보지 못하고 저 멀리 있는(책이나 매체, 외부인사 등) 사람을 동경하는 것과 같은 이치겠죠. 본래 가장 가까이에 있는 귀한 사람은 알아보기 쉽지 않죠.

어쨌든 동방박사들은 와서 '경배했습니다.' 경배했다는 말은 자신들이 와서 만난 그 아기가 참으로 인간을 구원하실 분임을 믿고 받아들였음을 뜻합니다. 옛 교부들의 설명처럼 왕이시고(황금) 참 하느님이시며(유향) 참 인간이신(몰약) 구세주의 탄생을 그들은 알아보고 그 시대의 가장 귀한 3가지 선물(황금, 유향, 몰약)을 정성스럽게 드리며 경배했던 것입니다. '유다인들의 임금'으로 자처했던 '헤로데'도 참 임금의 탄생을 어렴풋이 감지했을지도 모릅니다. 그래서 그도 '가서 경배하겠다.'고 말합니다. 그러나 그에게 이 아기는 자신의 안위를 위협하는 거추장스런 존재일 뿐입니다.

우리가 사는 이 세상은 그분을 알아보지 못합니다. 재물이 신이 되고 외부의 것에 눈이 멀어 하느님을 점점 잊어가는 세대입니다. 하느님은 오히려 내가 편히 즐기며 사는데 거추장스러운 존재처럼 되어버렸습니다. 휘황찬란한 도시의 불빛들 아래서는 별을 볼 수 없는 것처럼, 빛이 없어서 어두운 것이 아니라 눈이 멀어 어두운 세상입니다.

그러나 진실된 신앙을 가진 교회는 어둠이 땅을 덮고 암흑이 겨레들을 덮은 듯한 세상에 희망을 선포합니다. 주님을 찾는 사람들에게 용기를 내어 그 길을 걷도록 촉구합니다. 왜냐하면 눈 먼 세상의 어두움이 아무리 깊어도, 항상 어딘가에 눈을 들어 별을 보는 사람들이 있고 그분을 찾아 먼 길을 떠나는 이 시대의 동방박사들이 있기 때문입니다."

이 글을 읽는 독자가 성당이나 교회를 다니지 않더라도 그 뜻을 마음으로 느끼면 많은 부분에서 도움이 될 것으로 본다. 외부의 상황이 아무리 우리를 휘몰아쳐도, 결국 우리에게는 마음 속 깊이 느낄 수 있는 성스러운 힘, 참 나, 진실한 나의 근원에 대하여 탐구하고자 하는 마음이 있다. 그러한 고귀한 성스러운 힘들은 우리 내면에 늘 있다. 성스러운 영혼, 즉 성령(聖靈)이 없다면 우리는 인간으로서 고통이나 죄책감이나 괴로움 자체를 겪지도 않을 것이다. 그저 아무렇게나 살고 교만하고 방탕하며 하루살이처럼 살 것이다. 그러나 조금이라도 지금보다 더 발전하여 살고자 애쓰는 사람들은 이래저래 고민을 하면서 살아가는 것이 일반적이지 않는가! 이런 이유는, 표현 자체는 각자 다르겠지만, 우리 내면은 늘 더 거룩한 그 무엇인가를 향해서 초점이 가 있기 때문이다. 어쩌면 우리 마음속에 있는 고귀한 영혼이 주인이 되고자 애쓰고 있다는 표징이지 않을까 싶다. 즉 진정 하느님을 느낄 수 있는 초석이 될 것이다.

사실 심리치료의 장면에서는 상담자는 내담자를 위하여 무엇을 한다기보다는, 내담자가 자신에 대한 깊은 심리적 통찰과 아울러, 참된 '자기성찰'의 자세가 되도록 인도하는 역할을 한다. 내담자의 자아성찰은 스스로 평정심을 가지게 되는 중요한 도구가 되고, 그러면서 '변화'를 일으키기 위한 지혜가 발현된다. 말하자면 성스러운 힘, 성령이 나오게 된다. 즉, 상담자는 잠깐의 인도자일 뿐, 내담자의 내면에서 나오는 성령의 힘이 바로 '상담자'가 되는 것이다. 말하자면 '상담자'가 내담자를 고치는 것이 아니라, '내담자'에서 나오는 지혜가 '상담자' 역할을 하여 내담자를 돕는 것이다. 상담자는 안내하는 역할만으로 충분하다. 상담 과정에서 상담자는 마음을 함께 공유하며 촉발시켜 준 것 뿐, 그 힘은 바로 내담자의 내면이다. 마음 속에서 울려 퍼지는 '거룩한 자신'에 대한 '거룩한 갈망'의 결과물이다. 그 성스러운 내면의 힘이 지혜의 산물이며 '변화'의 주인공이다. 아마도 진정한 상담 및 심리치료일 거라고 생각한다.

그러나 대부분의 사람들은 이러한 내면의 변화를 통한 '새롭게 태어남'을 느끼지 못할 경우가 많다. 즉 자신의 마음을 깊이 바라보고 머무르는 자세보다는 외부의 것을 채우려고 하는 생활태도가 일반적이기 때문이다. 바로 이러한 자세가 '도시의 불빛 때문에 진정 그 아름다운 하늘의 반짝이는 별을 보지 못하는 것'에 비유될 수 있는 것 같다. 빛이 없어서 어두운 것이 아니라 그 빛을 볼 수 있는 마음의 눈이 없기 때문이라는 뜻이리라.

우리가 진심으로 고개 숙여야 할 것은, 경배해야 할 것은, 내면에서 한없이 깨닫기를 기다리고 있는 성스러운 것, 그 존재 자체를 깊이 느낄 수 있는 마음자세, 우리 내면의 맑은 심성이 아닐까! 바로 자신의 마음 안에 존재하는 성령을 찾는 것, 참된 나를 찾기 위한 여정이 우리 삶이 아니겠는가!

이때, 그 길을 향하여 귀한 예물을 들고 귀한 사람을 만나기 위하여 떠나는 사람이 바로 '동방'박사들이다. 우리 모두가 '동방'박사들이 되는 셈이다. 특히 그들이 선물로 가져온 세 가지 예물인 황금과 유향과 몰약은 상징적인 의미가 있는 것 같다. 즉, 황금은 왕권을, 유향은 신성을, 몰약은 죽음을 통한 희생을 의미한다고 한다. 우리 내면의 신성과 참된 왕권은, 죽음과 같은 '내려놓음' '비움'을 통한 희생으로라야 만이 가능하다는 느낌이 든다. 개인의 욕구와 자아팽창으로 '자기'를 방어하고 확대시키기 위한 끝없는 투쟁, 이 십자가를 지지 않고는 진정한 우리 내면의 보물을 거두어들이기 힘들다는 생각을 해 본다. 진정한 자유와 평화는 바로 우리가 참되게 경배하고 살아야 하는 것이 무엇인가를 고뇌하게 만드는 것 같다.

만약 우리 자신이 비록 인간적인 힘으로는 부족하지만, 참된 삶의 길을 향한 문을 두드렸다면, 그것만으로도 바로 스스로가 '동방'박사들이 아닐까 여겨진다. 학벌이 박사라서 박사가 아니라, 온갖 굴곡의 여정이 있었겠지만 어두움 속에 빛나는 하늘에 반짝이는 별의 인도를 받으면서 우리 자신의 참 가치를 찾아 떠나는 사람, 그 사람이 '우리 자신'이라면, 바로 '나' '우리'가 '동방'박사들인 것이다. 쓰다 보니 필자가 '동방(東方)'이라는 연구소 명칭을 지을 때의 초심을 다시 한 번 새기게 된다. 초심을 의식하며 새롭게 시작하는 마음, 늘 지금 여기에서 처음 하는 것처럼 다시 마음을 다잡는다! 이렇게 경전의 한 글귀, 한 문장은 우리를 깊이 있게 성찰하게 하고, 거룩한 길로 안내하는 여정을 만들어내기도 한다.

11. 고통의 한 가운데서…

핵심은, 실제적인 상대방으로부터 받은 '해'가
나의 투사된 '나를 지배하고 박탈하고 경시할 것 같은 해'를
덧붙이지 않는 한
이런 '해'는 나를 압도하지 않는다는 점이다.
우리가 이런 '해'에 압도당하지 않는 순간
불같이 화를 내고 좌절하고 절망하면서 무기력해지는 고통에서
다소나마 벗어날 수 있을 것이다.

대부분의 사람들은 정도의 차이는 있을지 모르나 각자 나름의 어려움을 가지고 살 수밖에 없다. 원하든 원치 않든, 어떤 이유에서든 인간에게는 각자에게 주어진 어느 정도의 고통이 있는 것 같다. 그 고통을 잘 승화시켜서 나아가는 삶이냐, 그 고통 속에서 함몰되는 삶이냐의 차이가 있을 뿐… 그 고통의 한쪽의 극에서는 현재의 고통이 너무 커서 죽고 싶은 정도로 괴로운 경우도 있고, 또 다른 한쪽에서는 지금 현재는 행복하고 좋으나 앞으로 다가 올 미래에 대한 불안으로 잠정적 고통이 있을 경우 등, 다양한 영역에서 누구나 다 고통의 한 가운데 살아가기가 쉽다. 현실적으로 매우 만족하고 행복하여, 고통스러운 생활을 비켜있는 삶도 있을 것이나, 인간의 욕구가 있는 한, 고통을 벗어나기란 그리 만만치는 않을 것 같다.

말하자면, 대체로 인간 내면으로 조금 더 들어가 보면 그 어느 쪽이든 고통에서 그리 자유롭지 못하다는 것을 느낄 수 있다. 때때로 어떤 깨달음으로, 고통의 열매가 정말 달콤할 수 있다는 것을 머리로는 자각하고 있다 할지라도, 고통이 좋은 열매를 맺기까지는 한시라도 마음을 놓기가 쉽지 않다. 우리는 고통 그 자체가 '삶'이고 '인간의 조건'이라고 말할 정도로, 고통 속에 허우적대며 살아가는 일상이 '비례적인' 상황이라고 생각된다. 어쩌면 우리는 한 인간으로서 짊어지고 가야 할 십자가를 인정하고 우리의 약함을 받아들이면서, 우리에게 닥쳐오는 이 고통이 무엇을 의미하는지, 왜 고통이 발생하는지를 연구하는, 즉 '가치 있는 삶'에 대한 탐구를 한번쯤 해 보는 것이 좋을 것 같다. 인간의 근원적인 고(苦)를 받아들이며, 그에 대한 깊이 있는 탐색을 해 보는 것도 의미 있으리라 생각된다.

심리학자, 사제, 현자, 신비가, 정신의학자, 선각자, 성인 등 인간의 참된 삶에 대한 탐구를 하는 사람들 모두는, 고통을 넘어선 삶을 살기위한 최선의 길을 제시하려고 노력했고 지금도 끊임없이 진행 중이리라 본다. 일종의 영혼 의사 같은 역할을 하시는 분들은 '지금-이 순간'에 충실하라고, 성인들은 신과 접촉할 것을 권하고, 정신과 관련된 일을 하시는 분들 중에는 과거의 대상관계 혹은 무의식과 접촉할 것을 권하고, 심신(心身)의 일체성을 강조하는 어떤 분들은 신체와 접촉하라고 충고하고, 어떤 고행자들은 신체를 초월하라고 충고하는 등 각종 방법을 제시하고 있다.

우리 모두는 고통의 모양새는 비슷한 것 같지만 각자 다양한 의식의 층들에서 각성수준이 서로 다른 상황에서 고통을 겪고 있다. 기본생활이 안 되는 수준, 기대 욕구를 채우지 못하여 발생되는 고통 수준, 감정을 다스리지 못하는 수준, 삶의 더 나은 질을 위하여 고민하는 수준 등 각양각색이다. 각자 다양한 수준에서 고통을 겪고 있으므로 그에 대한 치료적인 방법도 달라져야 할 것 같다. 따라서 '이러이러한 치료법만이 모든 것이다.' 하는 고정된 생각은 조심해야 할 것이다. 어느 정도의 큰 경계를 나눌 수밖에 없지만 각각의 스펙트럼 선상에 있는 수준에 따라 그 고통을 치유하는 방법은 달리해야 하는 것이므로, 어느 한 개인 심리치료자, 정신과 의사, 자연의학자의 신념, 즉 '내가 하는 것이 가장 좋은 것이다.'라는 고정된 사고는 내담자 혹은 보통의 사람들을 위해서는 다소 위험한 발상이라는 뜻이며 주의해야 하지 않을까 싶다.

하지만 공통된 이야기들이 있다. 즉 많은 선각자들의 주요 의견을 깊이 있게 살펴보면 다음과 같이 정리될 수 있다.

어떤 스펙트럼 선상에 있든, 그 근원적 시작은 '밖'에 존재하는 것처럼 보였던 무엇인가가 실은 자신의 반영이자 자기의 일부라는 사실을 깨닫게 될 때, '고통에 대한 진정한 의미'와 '고통으로부터 그나마 다소 자유로워질 수 있는 길'이 시작된다는 사실이다. '자기'라는 것과 '자기'가 아닌 것 사이의 그 특정 경계를 제거하는 셈이 된다. 말하자면 고통은 거짓 경계를 알아차리는 최초의 움직임이다. 외부의 고통을 자기의 내면과 결부시키지 않고 내부와 경계선을 긋고 외부의 탓으로 돌리는 삶은, 투쟁의 삶이며, 공포, 불안, 고통, 두려움 그리고 죽음으로 점철된 삶이 될 수 있다. 따라서 우리가 꼭 알아야 할 것은 이런 것들이다.

* 그 어떤 상황에서든 자기 몸을 인식하는 것부터…
* 상대에 대한 나의 관점, 나의 마음, 나의 감정을 알아차리는 것으로

부터…

* 상대가 나의 밖에 있는 대상이 아니라 바로 나의 내면이라는, 즉 상대와 나의 경계를 해체해야 한다는 깊은 인식을 하는 것부터…

지금까지 대부분의 사람들은 자신의 고정된 어떤 관념들과 행위를 별 생각 없이 습관적으로 해 왔다. 즉, 자신의 투사가 실제로 '밖에서' '외부에서' 그를 위협하는 것이라는 사실을 입증하는 일에 에너지를 투여하여 살아왔을 가능성이 많다. 투사가 결국 자신의 그림자인데, 그에 대한 인식보다는 그 그림자를 외부에서 붙잡겠다고 평생을 끙끙대고 살아온 셈이다. 바로 이 점에서 우리는 무엇인가 모르는 '저항'에 부딪치게 되고, '방어'에 사로잡히게 된다. 자신의 그림자를 받아들이게 되는 것에 강한 저항감, 바로 이 점이 타인에게 투사되는 주된 원인이다. 즉, 사람들은 자신의 그림자에 저항하고 자신의 원치 않는 측면에 저항한다. 그때부터 '마녀사냥'이 시작된다. 탓을 돌리는 대상물을 표적하여 몰아치기 시작한다는 뜻이다. 예컨대, 자신의 내면에 '분노의 항아리'가 많은 사람은, 그 분노를 항상 일으킬 준비를 하고 있는 셈이므로 가장 의존하는 가장 가까운 대상인 배우자의 일거수일투족에 예민하게 반응할 수 있다. 한마디로 자신 내면의 적개심을 외부로 투사시킨다. 배우자에게, 마음에 조금이라도 들지 않는 어떤 것에, 자식에게, 형제자매에게, 사회에 작은 부적절함에 투사하여 큰 비난과 표적의 화살로 상대를 향해서 사냥하기 시작한다. 여기서 발전되어 나가면 또 다른 문제가 생긴다. 정말 상대방이 나에게 어떤 해를 가했다고 명백하게 생각하는 '망상'을 하며, '피해의식'을 느끼고, '더 이상 어떻게 해 볼 수 없다는 무기력함과 우울'을 경험한다. 더 심하면 '강박증적이고 편집증적 증세'로 변하여,

심각한 우울증과 자실충동과 같은 정신병리현상으로 치닫기도 한다.

혹시 어떤 분은 위의 내용이 전혀 마음에 와 닿지 않는 경우가 있을 수 있다. 즉, "상대가 분명히 나를 괴롭혔고, 상대 때문에 나는 우울증이 생겼다."는 것을 강하게 주장하는 사람이 있다고 하자. 투사된 자기마음의 상태를 부인하고, 모든 것은 상대 탓이다 라는 것을 명백하게 고수하는 상황이다. 이런 경우에는 두 가지로 나누어 볼 수 있는데, 그 중 하나는 이 모든 내용을 다 알고 있는 사람들의 시선에서 명백하게 '자기 식의 잘못된 생각이다.'라는 경우이다. 이 분은 별도의 전문적 치료가 필요하며, 스스로가 원치 않을 경우에는 '시기와 때'가 아직 이른 것으로 보아서 기도하는 마음으로 기다릴 수밖에 없다. 다른 하나는, '상대가 나를 명백하게 괴롭혀서 내가 이렇게 되었다.'라는 느낌들이 보편성과 타당성이 있는 경우이다. 이 상황을 충분히 아는 대부분의 사람들이 그렇게 느낀다면, 그 느낌은 비례적이라서 공감되고 이해되어질 수는 있으며, 그렇기 때문에 그 사실 자체에 대한 인식 범위가 정당하고 옳다고 평가받을 수도 있을 것이다. 바로 이 지점이 중요하다! 과연 그로 인하여 나의 감정 자체가 상대 탓이라는 것은 맞는가? 잠시 멈추어 생각해보라. 그 느낌들이 상대의 몫인지를. 어떤 감정이든(비례적이든, 비례적이지 않든) 그 감정의 주인은 바로 '나'이다. 그 감정은 바로 '나의 몫'이다.

핵심은 상대방으로부터 받은 실제적인 '해'가, 투사된 '나를 지배하고, 박탈하고, 경시할 것 같은 해'를 덧붙이지 않는 한 이런 '해'는 나를 압도하지 않는다는 점이다. 이런 '해'에 압도당하는 순간 불같이 화를 내고 좌절하고 절망하면서 무기력해진다. 그러므로 우리가 가장 먼저 인식해야 할 것은 자신의 '상처 받았던' 마음으로 인하여 외부에서 나에게 주어진 상처를 더 과민하게 받아들이지 않는가 하는 것이다. 말하자면, 과거의 나의 경험이나 인간 존재의 약한 부분에 대한 것을 통찰해 내는 작업, 이것이 핵심이 아닐까 한다.

결국, 어떤 경우라도 저 밖에 있는 대상들 모두, 정말이지 외부대상 모두는 단지 자신의 투사에 불과하므로 그들은 나의 측면을 재발견해 내는 도구가 된다. 그런 발견은 때로는 고통스러운 일이지만 차츰차츰 자기 내면과의 만남으로 지속될 수 있다면 마침내는 기쁨이 된다. 즉, 저 밖에 있는 대상이 실은 자기의 측면이라는 발견은 그 자체가 적을 친구로, 상대와의 싸움을 자기의 성찰로, 나아가 격렬하고 고된 전투를 차분히 자신과 만나는 놀이로 바꾸어 놓기 때문이다.

고통을 경험할 때 구조적으로 나누어서 한번 생각해 보라. 즉, 1)외부대상 2)그림자 3)증상의 3단계의 구조이다.

만약 '저 밖에 있는 대상들이 단지 나의 투사체에 불과하다는 사실'을 인식할 수 있게 된다면, 그 외부대상에 대한 나의 여러 가지 현상이, 결국 실체가 없는 '그림자'라는 인식 또한 가능할 것이다. 이 그림자는 다시금 '또 다른 하나의 증상'을 야기시키는 중요한 원인이 되는 것이다. 예컨대 "큰 아이가 휴대폰만 하고 놀고 있어서 공부를 못하게 될까 봐 나는 불안해요. 그래서 화가 나서 아이에게 소리치고 인상을 쓰며 잔소리하죠."라는 상황이 있다고 하자. 이때 큰 아이의 휴대폰만 하고 놀고 있는 행동은 '외부대상'에 해당된다. 그 아이의 행동 때문에 일어나는 여러 가지 불안하고 걱정되고 앞으로 아이에 대한 염려 등의 상태가 '실체가 없는 그림자'인 것이다. 그로 인하여 우울해서 쓰러져 있거나 소리 지르고 잔소리하는 행동은 나의 '증상'인 것이다.

이런 상황에서 완전 초보 수준(?)의 사람은 '외부 대상'을 향하여 마녀사냥을 하면서 싸운다. "너 공부 안 하고 뭐 하는 거야?" "맞아? 안 맞아?" "잘못했잖아." "내가 이러이러하게 행동하라고 했지." "내 그럴 줄 알았어." 이런 식의 상대를 향해서 질주하는 비난 질책 지적 등을 말한다.

그리고 나면, 차차 '그림자'와 싸우기 시작한다. '아, 화가 나 죽겠어. 걱정되어 죽겠어. 정말 저 아이가 저렇게 공부를 안 하면 앞으로 어떻게 될까! 불안해.' '아, 미치겠어. 내가 뭘 잘못한 걸까! 난 잘못한 것 같지 않은데… 어떡하지? 화가 나 죽겠는데. 괴롭다. 우울해. 정말 두려워! 잘못되면 어떡해' 등등.

그러다가 자기의 '증상'과 싸우게 된다. 옛날에는 자기의 그림자를 싫어하고 증오하여 외부대상에게 마녀사냥을 했기 때문에 남 탓으로 다 돌렸는데, 이제는 자신에게 발생되는 증상 자체(공포, 열등감, 우울, 불안 등으로 인해 드러나는 행위)와 싸우게 되는 것이다. 즉, 이제는 외부와 싸우는 것이 아니라 외부와의 경계가 무너지고 그 외부를 보는 '나의 증상'과 싸우는 셈이 된다. '아, 정말 화 안 내고 싶어. 이렇게 하지 않으려고 했는데! 정말 나 자신이 미워. 휴, 내가 폭력을 쓰다니. 잔소리하는 나 자신이 정말 속상해! 내가 왜 이렇게까지 하지?' '미치겠어. 반복되는 나의 태도!'

외부대상에 향하지 않고 아무리 불쾌하더라도 증상과 직면하는 자세, 증상에 맞닥뜨리는 자세, 즉 증상에 저항하거나 혐오하거나 회피해서는 안 된다는 점을 분명히 이해해야 한다. 증상과 맞닥뜨리는 싸움이야말로 단지 증상 속에 내포된 자신의 그림자와 싸우는 것일 뿐이며, 이런 싸움이야말로 바로 문제를 일으킨 최초의 원인과 접촉하는 것이다. 따라서 증상은 바람직하지 않은 것이 아니라 오히려 성장을 위한 기회이다. 증상들은 무의식의 그림자를 대단히 정확하게 지적해 준다. 오류 없는 신호이다. 한마디로 증상을 진정으로 받아들인 순간 그 증상에 숨겨져 있는 그림자의 상당 부분이 역시 수용되기 때문이다. 그렇게 되면 문제는 대체로 사라진다.

* 우리가 접촉하는 것 모두가 그 핵심에 있어서는 진정한 우리 자신의 '본래 면목' '참 자기', 내 안에 현존하시는 '하느님'이라는 것을 진정으로 깊이 믿으면서… 즉, 고통도 하느님이 내려주신 '성장'의 도구라는 것을 믿으며…

* 우리의 외부대상, 몸, 그림자, 외부세계, 이런 것들이 어떤 경계가 있는 것이 아니라 그 모든 것이 공통적으로 나의 마음의 투사체라는 진실을 받아들이면서…

* '이 세상에는 어느 누구도 나에게 고통을 줄 수 없으며 오직 그 고통을 맛보는 것은 내 마음일 뿐이다'라는 삶의 진리를 깨달으면서…

12. 심리치료의 핵심은 '지금-여기'에서부터!

'지금-여기'에서
주변의 모든 것들을 나의 몸처럼 느껴보라.
순간순간 오직 변화의 흐름만이 있다는 것을 느껴보라.
끝없이 인간에게 부여된 이 세상의 많은 것에 대한 감사함을 느껴보라.
조건 없이 주어진 무한한 하느님의 선물을 한번 느껴보라.

상담 및 심리치료를 하다 보면, 심리적 성숙을 방해하는 여러 가지 복잡다단한 문제와 그 원인들이 있지만 핵심적인 부분을 보면 비교적 단순하다는 느낌이 들 때가 있다. 즉, '지금-여기'에 살고 있는가 라는 주제이다. 물론 단순한 것이 가장 힘들 수 있다. 그래서 머리로 아는 것과 행동으로 실천하는 것은 그리 간단한 일은 아니다. 이렇게 단순하면서도 결코 만만치 않은 '지금-여기'에 대한 성찰은, 인간 내면의 공통적인 어려움과 치료의 핵심 지침서라고 느껴진다. 그 구체적인 내용을 살펴보도록 한다.

인간의 성숙을 방해하는 핵심 요인은, '지금-여기'에 머무는 것이 힘들다는 것이다.

우리는 놀랍게도 거의 언제나 '지금-여기'에서 물러나 있는 경향이 있다. "어제는 무엇을 했지. 내일은 무엇을 해야겠군. 잠깐, 조금 전에 한 것이 잘못되지는 않았는가? 다시 검토해야지. 더 나은 발전을 위하여!

아, 어제 한 것은 잘못했어. 다음부터는 조심해야지. 오늘 한 것은 잘했어. 아, 기분 좋아. 오늘 저녁에는 무엇을 해 먹지? 앞으로 어떻게 되어야 할 텐데! 아, 저 사람은 지난번에 나에게 이렇게 말했었지. 저 사람은 예측 하건데 어떤 사람 일거야. 저 집 애들은 공부를 잘하는 것 같은데 얼마나 좋을까! 우리 아이의 미래를 생각하면 지금부터 걱정이야. 잘 길러야 할 텐데!" 등, 대부분은 늘 과거와 미래를 왔다 갔다 한다.

정말이지, 우리는 현재에서 어느새 물러나 있는 자신을 발견한다. 무의식적으로 우리는 현재경험에서 물러나려는 심리적 현상을 지니고 있고 어쩌면 이것은 '지금-여기로부터의 저항'이라고 볼 수 있다. 캔 윌버(K Wilber.2001)는 "이것은 지금 모든 것을 있는 그대로 보는 것에 대한 총체적인 망설임, 지금 현재에서 보지 않으려는 무엇인가가 우리 내면에 있다." 고 언급하였다. 전반적으로 우리의 내면에는 현재 경험의 전체적인 성질에 대한 총체적인 저항과 수용의 거부가 존재한다. 이것은 깊이 느끼는 것이 아니라, 대단히 미세하게 현재를 제대로 자각하지 않으려는 저항이 넓게 확산되고 있다는 것이다. 거의 누구나 다 이러한 저항을 경험한다는 의미에서 아마도 이것은 '근원적 저항'이라고 볼 수 있다.

깊이 느껴보면 우리는 그런 저항을 늘 내적으로 느낀다는 것을 직감할 수 있다. 현재의 전체적인 상태를 완전히 수용하려고 하지 않는다. 지금 존재하는 모든 것에 자연스럽게 안주하도록 허용하지 않는다. 모든 것을 하나의 전체로서, 있는 그대로, 지금 존재하는 대로 보는 것에 대한 전반적인 망설임이 있다는 것이다. 즉, 존재하는 그 자체를 회피하고, 있는 그대로에서 각성을 거둬들이고 외면하는 경향이 있다. 외면하므로 물러난다. 이 미세한 저항, 외면하고 물러나는 경향으로 인하여 인간의 진정한 본성이 상실된다. 왠지 '지금'은 충분히 올바른 것이 아니고 완전한 것이 아니라고 생각한다. 그렇기 때문에 지금-현재에 안주하는 대신 새롭고 더 나은 '현재'라고 생각하는 것을 쫓아 '지금-여기, 이 순간의 현재'로부터 물러나기 시작한다. 요컨대 '파도 옮겨 타기'를 시작한다. 파도를 옮겨 타면서 끝없이 현재경험에서 물러난다. 현재경험에서! '이 파도보다 저 파도가 더 낫지 않을까? 저 파도에 타면 더 좋은 것이 있겠지. 이 파도에서 저 파도로 옮겨 타야겠군!' 등이다. 그리고 또 다른 무엇인가가 있다고 상상하기 때문에 현재 경험에서 물러난다. 영원하며 전체적인 현재에 대한 저항으로 인하여, 그것은 그저 '스쳐 가는 지금-여기'로 전락 되고 만다. 늘 '지금-여기'라는 현재는 '스쳐 지나가는' 상태로 전락된다는 것! 이것이 한시도 행복하게 안정되게 편안하게 살 수 없는 이유가 된다. 오히려 물러날 수 없는 것에 대한 두려움을 느낀다. 지나쳐 온 모든 과거 경험과 모든 미래 순간들에 의해 샌드위치가 되고 만다. 과거로부터 벗어날 출발점과 미래로 향해 들어갈 종착점을 만들어 낼 뿐, 우리의 현재는 움직임 그 자체로 조용히 달아난다. 매 순간들이 일각일각 스쳐 지나간다. 한마디로 말하면, 모든 경험을 하나의 전체로서 지금 있는 그대로 보지 않고, 오히려 전면적으로 물러나려는 시도로 평생을 산다는 뜻이다. 그렇기 때문에 우리는 늘 고통 속에 사는 것이 아닐까!

아마도 '수행'이라고 일컫는 것은, 언제나 전반적인 현재에서 물러나 있다는 사실을 깨닫기 시작하는 것, 언제나 물러남으로써 합일의식(신의 의지, 도의 흐름, 참 나, 본래의 상태 등)에 저항하고 그것을 방해하고 있을 뿐이라는 사실을 깨닫는 과정이 아닐까 싶다.

결국, 심리치료의 핵심은 바로 '지금-여기'에 사는 것이라고 볼 수 있다.

우리 자신의 진정한 본성을 얘기할 때, 있는 그대로의 모습을 비춰주는 거울, 즉 바로 지금, 있는 그대로의 모습을 아무런 가치판단 없이 분별없이 비춰주는 맑은 거울에 비유한다. 또한 진정한 본성을 '특정 파도가 아니라 물 자체에 가까운 것이다.'라고 말하기도 한다. 물과 파도 사이에는 어떤 경계도 어떤 차이도 어떤 분리도 없다. 물은 모든 파도에 동등하게 존재한다. 일상생활에서 어떤 파도가 회오리치면 그 파도의 본성을 느끼기에 앞서서, 지금 내게 불어 닥친 파도를 원망하거나 괴로워하며, 다른 파도로 옮겨 타기를 필사적으로 시도한다. 있는 그대로의 현재 경험의 모든 파도들이 본래의 물로 느껴지는 것이 아니라, 이 파도는 물이 아니고 저 파도는 물인 것처럼 뭔가 의심이 가고 불안하여 새로운 파도를 갈구한다.

예컨대, 남편의 어떤 '행위'가 아내를 골탕 먹이고 있다고, 아내가 생각한다고 하자. 사실적으로 골탕을 먹이는가, 아니면 아내가 골탕 먹는다고 느끼는가 하는 것은 일단 접어두자. 개념을 이해하자는 뜻에서 아내의 입장에서 보면, 남편의 어떤 행위는 파도, 남편의 행위의 이면에 있는 본성은 물에 해당한다. 아내가 그 파도를 원망하고 파도의 본성인 물을 의심하고 불안해한다고 하자. 그러면, 아내는 다른 파도, 말하자면 남편의 행동을 내 뜻대로 반드시 바꾸어야 한다거나, 아니면 이혼해야 한다는 의미로 남편자체를 바꾸어야 한다거나 등으로 생각이 휘몰아치게 된다. 마치 매우 지당한 생각이라는 확신을 가진 채. 이는 물의 본질을 외면한 파도타기에 불과한 것으로, 남편이 다른 행동으로 바꾼다거나, 남편과 이혼하고 다른 남자를 만난다고 해도 같은 문제는 발생된다는 것을 뜻한다.

우리가 우리 자신의 내면을 진정하게 치유하려면 지금-여기에 머무를 수 있어야 한다. 바로 지금-여기에! 어떻게 하면 우리의 모든 에너지를 현재, 바로 지금-여기에 접촉할 수 있겠는가?

> 중생은 진리가 얼마나 가까이 있는지 알지 못하기에 먼 곳에서 찾는다. 참으로 애석한 일이다. 비유컨대 물 한가운데 있으면서 목마르다고 애원하며 울부짖는 사람과 같다.
>
> -일본의 선사 백은(白隱)-

즉, 깨달아야 할 핵심은 두 가지로 정리된다.

1) 우리 자신의 모든 움직임이 현재에서 물러나려는 하나의 저항에 불과하다는 사실을 진실로 자각하는 것, 이것을 깊이 바라보게 되면, 모든 저항의 음모(?)는 서서히 진정된다.

2) 우리가 지금까지 했던 것들이 현재로부터 물러나는 '파도 옮겨 타기'이며, '저항'에 불과하다는 것을 간파할 때, 비로소 전환점이 온다. 이것을 알아차리지 못할 때, 늘 해 왔던 것처럼 은밀하게 물러나기, 집착하기, 다른 파도 찾기를 계속할 것이고, 결국 진정한 자신을 찾지 못할 것이다.

가만히 앉아서 호흡을 지켜보라. 가만히 앉아서 있어 보라. 정말 잠깐 사이에도 우리는 과거와 미래를 생각하게 된다. 끝없이 과거 속으로 들어가기도 하고, 미래에 발생 가능한 여러 가지 일들을 예측하고 준비하고 불안해하기도 한다. 또 미처 생각하지도 않았던 각종 망상들도 의식 수면에 나타난다. 즉, 지금-여기에서 진행되는 호흡, 몸의 느낌 등을 느끼기보다는 그로부터 물러나려는 저항을 우리는 너무나 자동적으로 행하고 있다. 잠깐이라도 가만히 앉아있으면서 눈을 감고 자신의 마음을 바라볼 수 있다면, 이러한 사실은 누구나 다 자각할 수 있다. '지금-여기'로부터 물러나려는 저항을 알아차리는 것, 저항을 단순히 느끼는 것이 아니라 우리 자신이 곧 이 저항감으로 응축되어 있다는 것을 알아차리는 것, 다시 말하면 끊임없이 '지금-여기'에서 물러나려는 수많은 저항들에 부딪치고 있다는 것을 자각하는 것이 핵심이다.

기억으로서의 과거와 기대로서의 미래, 둘 다 모두가 현재의 사실로 보여질 경우, 이 현재를 가로막는 벽은 붕괴된다. 순간순간 둘러싸고 있는 경계들이 '지금-여기' 이 순간으로 녹아들고, 달리 갈 곳 없는 이 순간만이 남는다. 상담 장면에서도 이런 상황은 늘 발생한다. 예를 들어 상담 장면에서 과거의 얘기를 하는 사람 또는 미래에 대한 것을 얘기하는 사람들은 매우 많다. 그럴 때 상담자는 "왜 지금 그런 것들이 생각나는지, 그런 과거와 미래의 것들이 지금 이 자리에서 어떤 느낌으로 다가오는지요?"라는 식으로 질문해 주며, 현재로 돌아오게끔 도와주기도 한다. 스스로가 지금-여기에 살기 위해서는 과거나 미래의 것들이 생각날 때마다, '지금 그 사건들이 왜 떠오르는지, 앞으로의 예측되는 일 때문에 지금 이 순간 일어나는 마음이 무엇인지'를 스스로가 자각할 필요가 있는 것이다.

마치 오랜 꿈에서 깨어난 듯 지금으로부터 최초의 물러남처럼 보였던 것은, 실은 지금의 원초적인 움직임일 뿐 아니라 늘 어떤 움직임으로 있었을 뿐이다. 지금 이 순간 우리가 숨 쉬는 것, 마음에 다가왔다 사라지는 것, 어떤 감정이 올라왔다 조용히 넘어가는 것, 그것을 있는 그대로

'지금-여기'에서 바라볼 수만 있다면…

지금-여기에서 주변의 모든 것들을 나의 몸처럼 느껴보라. 순간순간 오직 변화의 흐름만이 있다는 것을 느껴보라. 순간의 '있음'이 하늘의 은총임을 느껴보라. 인간에게 내려진 많은 것에 대한 감사함을 느껴보라. 조건 없이 주어진 무한한 모든 것들을 깊게 느껴보라! 맑은 공기, 하늘, 햇볕, 물, 적절한 구름, 인연, 바람, 물, 집안의 가구, 그 모든 것들은 무심한듯하면서도 변함없이 세상의 모든 것을 생존케 하며 그저 있는 그대로의 자신의 모습으로 자유롭게 존재하고 있을 뿐이다. 그냥 '존재'하고 있을 뿐이다.

13. 주의집중하여 바라보는 훈련

상대방으로부터 다소 부당한 말을 들었거나
기분 나쁜 말을 들었을 때라도
주의집중하여 그 때의 마음을 포착하고
그것을 조용히 느끼는 연습을 하면
그 마음이 슬며시 평정심으로 돌아올 수 있다.

"무엇이 탄생되었다. 무엇이 죽었다."라는 말이 있다. 탄생된 것은 돋아난 것으로 죽은 것은 없어진 것으로 생각할 수도 있으나, 선각자들은 한 알의 조약돌이나 이슬 한 방울, 나뭇잎 하나, 구름 한 조각이라도 무엇이든 깊이 통찰하면 영원한 것도 없고(무상·無常) 나의 것이라고 할 것도 없다(무아·無我) 라는, 상호의존성 속에서 세상 만물의 궁극적 본성을 확인할 수 있다고 했다. 말 그대로, 모든 것은 변하여 항상 유지하는 것이 없고, 내 것이라 할 수 있는 영원한 것은 없다. 죽음도 태어남도 없는 그 진정한 본성을 깨닫는 것이다. 가을날의 그 아름다운 황금빛 잎사귀, 봄의 파릇파릇한 기운, 이런 것들이 실상은 어떤 마술쇼를 보여주고 있는 것에 불과하다고 했다. 봄에는 태어나는 척, 나중에는 땅에 떨어져 죽는 척 가장한다. 현상계에서는 물론 이 나뭇잎이 태어났다 소멸되어 버렸다고 믿지만, 궁극의 차원에서 보면 태어남과 죽음, 오고 감, 존재와 비존재 모두 하나의 단순한 현상에 지나지 않는다.

보편적인 차원에서 보는, 즉 태어났다(生), 머물렀다(住), 변했다(異), 사라지고(滅), 그 사라진 것이 바탕이 되어, 다시 태어났다, 머물렀다, 변하였다, 사라지는 생주이멸(生住異滅)의 과정들은, 우리 눈에는 잘 와 닿지 않을 수 있다. 무상(無常)의 개념, 세상의 모든 것은 늘 그 자리에 있는 것이 아니라 끊임없이 변화한다는 원리를 잘 이해한다면 마음을 다스리는데 큰 도움을 줄 것이다. 허나 그것을 스스로 어떻게 체득할 것인가! 여러 방법의 설명이 있지만 많은 선각자들은 '주의집중하여 바라보는 훈련'을 통해 이 무상의 흐름의 느낄 수 있다고 가르친다.

'주의집중하여 바라보는 연습'은 삶의 집착으로부터 자유롭게 해 주는 중요한 약이라고나 할까! 어떤 감정이 일어나서 나의 모든 것을 통째로 괴롭히는 것 같아도, 그 감정을 가만히 주의집중하여 포착해 바라볼 수 있다면, 어느새 슬며시 사라지는 것을 경험하게 된다. 어떤 것이 너무 좋아서 펄펄 뛰는 일이 있어도, 어느 정도 시간이 흐르면 또 지나간다. 결코 영원한 것은 없으며 모든 것은 변화하는 것이다. 이 사실을 느끼면 지금 어떤 것에 집착하여 괴로워하는 많은 부분에 걸리지 않을 수 있다. 즉, 서서히 그 집착에서 벗어남, 무엇인가가 놓아진다는 느낌이 있을 것이다.

이런 의미에서 볼 때 '주의집중해서 바라보는 훈련'은 우리 마음을 잘 다스리는 명약이 될 것으로 여겨진다. 이러한 훈련의 결과는 그 어느 누가 도와주는 것보다 더 큰 무엇인가를 안겨줄 것이다. 사실 근본적으로 자신의 문제는 어느 누가 아무리 도와주어도 한계가 있지 않는가!

이를 이해시키기 위해 부처님은 아주 지혜롭고 유능한 의사를 예로 들었다.

한 의사는 헤아릴 수 없이 많은 종류의 약을 만들어 갖가지 병을 치료했다. 그에게는 자식이 여럿 있었는데, 어느 날 그가 다른 나라로 일을 보러 간 사이, 아이들이 부주의하게 독약을 마시고 말았다. 아이들 모두 극심한 고통에 시달렸다. 몇몇은 땅바닥에 나뒹굴며 몸부림치고, 정신을 놓아버리기도 했다. 집으로 돌아온 의사는 사태를 파악한 즉시 다양한 종류의 약을 만들어 아이들을 치료해주었다. 조금씩 나아져서 몸과 마음이 크게 아프지 않은 아이들은 아버지를 알아보고 믿고 잘 따랐다. 때문에 아버지가 주는 약을 순순히 받아먹고 서서히 건강과 안정을 되찾았다. 다른 아이들도 오랜만에 돌아온 아버지를 보고 기쁨을 감추지 못했다. 그러나 아버지를 너무 의지한 탓에 또 어느 정도 괜찮은 것 같아서 계속 먹어야 하는 약을 먹지 않았다. 즉, 아버지가 옆에 계시는 한, 왠지 몸이 괜찮을 것 같았기 때문에 약은 나중에 먹어도 된다고 생각한 것이다. 아버지가 영원히 함께 하리라는 생각에 약 먹을 생각도 스스로 몸을 추스를 생각도 안 하는 아이들을 보고 의사는 슬픔을 금치 못했다.

매일 약을 먹으라고 재촉했지만 그럴수록 아이들은 더 약을 먹지 않았다. 그래서 그 유능한 의사는 다시 집을 떠난 척 일을 꾸몄다. 친구에게 그의 집에 가서 아이들에게 아버지가 죽었다고 말하게 한 것이다. 그때서야 아이들은 애타게 울다 약을 먹었다. 그리고 스스로 약을 제대로 먹고 아픔은 제대로(!) 나았다.

위의 내용은 제대로 자신의 병을 낫게 하기 위하여서는 스스로 약을 챙겨 먹어야지 누군가의 도움은 어느 선까지는 좋지만 어느 선을 넘으면 한계가 있다는 것을 전하는 것 같다. 즉, 아버지가 영원할 것 같지만, (의지할 대상이 영원할 것 같지만, 누군가의 힘으로 모든 것을 다 얻을 수 있을 것 같지만, 내가 가진 모든 조건으로서 내가 다 행복할 것 같지만) 끊임없이 스스로의 힘으로 얻는 '약'을 복용하는 연습을 하지 않으면 안 된다는 것을 부처님은 가르쳐 주셨다. 우리를 진정으로 변화시키는데 필요한 영혼의 약, 주의집중 수행 역시 다른 사람이 해 주는 것이 아니라 나 자신 스스로가 해야 된다. '주의집중 수행'이라는 영혼의 약을 부지런히 행하여 궁극의 차원과 만나, 태어남도 죽음도 없는 진정한 본성을 깨닫는 것은 우리 자신의 몫이다.

심리관련 학습, 독서명상, 경전 학습 등을 매주 약간씩이라도 해나가면서 조금씩 뭔가 마음에 와 닿는 것을 느끼고 또 느끼며 자신을 알아가고, 그것을 통한 성찰과제를 주의 집중하여 느끼는 훈련을 한다면, 이것은 삶의 큰 약이 될 수 있을 것이다. 그냥 누군가에게 의지하는 것이 아니라, 상대방이 알아서 다 해주는 것이 아니라, 상대방이 변하기를 바라는 것이 아니라, '내가 어떻게 할 것인가!'라는 내 몫에 초점을 맞춘다면, 스스로 그 방법들을 알아가면서 배우게 될 것이다. 그것이 바로 스스로의 약인 것이다. 상대방으로부터 다소 부당한 말을 들었거나 기분나쁜 말을 들었을 때라도, 주의 집중하여 그 때의 마음을 포착하고 그것을 조용히 집중해서 느끼는 연습을 하면, 그 마음이 슬며시 평정심으로 돌아올 수 있는 것이다.

바빠서 그런 훈련을 할 시간이 없다고 말하는 사람도 있다. 그러나 이것은 시간의 문제가 아니라 마음의 문제일 가능성이 높다. 즉, 우리가 걸으면서 '주의집중 하는 연습'을 할 수 있다면, 발아래서 노란 나뭇잎을 보았을 때에도 오고 감도 없는 나뭇잎의 진정한 본성을 깊이 통찰할 수 있는 절호의 기회가 될 것이다. 일을 하면서도 깊게 호흡을 하면, 자신의 숨결과 몸을 느끼게 되고 전과는 다른 느낌을 받을 수 있다. 다른 사람과 얘기를 주고받으면서도 상대방 마음에 주의집중하는 연습을 하면 서로가 아주 좋은 훈련이 될 수 있다. 생활 곳곳, 일거수일투족, 주의집중 훈련을 하면 모든 것이 더욱 분명하게 모습을 드러내기 때문이다. 이것은 우리를 궁극의 차원으로 인도하는 지름길과 같다. 그러므로 걷거나 화분을 가꾸거나 요리를 하거나 설거지를 하거나 손님을 초대하는 등, 매일의 행위 속에서 주의집중 연습을 계속하면, 현상계와 훨씬 더 깊이 접촉할 수 있다. 그리고 바로 이런 순간 궁극의 차원은 우리에게 스스로를 드러내기 시작한다. 지금 여기, 모든 피조물에게 스며들어 있는 하느님의 현존과 접하는 것이 아닐까 싶다. 그 피조물의 궁극적 실재와 접하면서 환희와 신비와 경이로움, 그리고 경외심을 느끼는 겸손함을 가지게 될 것이다.

주의집중 정도에 따라 궁극의 차원은 희미하게 혹은 분명하게 스스로를 드러낸다. 주의집중은 일순간에 끝나버릴 수도 있고, 때로는 이삼분 동안 지속될 수도 있다. 주의 깊게 구름을 바라보며 잠깐 동안이라도 주의집중 상태를 유지하면 잠시나마 삼매를 경험하게 된다. 주의집중이 지속적으로 견고하게 이루어지면 매 순간 '깨달음'의 등불을 켤 수 있다. 부엌에 있든 침실에 있든 사무실에 있든 차를 운전하든 모든 행위 속에서 삼매의 등불을 밝게 켜두는 것이다.

이렇게 수행을 계속하다 보면 우리의 본성이 태어남도 죽음도 없는 부처의 본성과 똑같음을 깨닫는다. 그 황금빛 나뭇잎이나 현상계의 다른 모든 것처럼, 우리도 부처의 무한한 삶 속으로 들어가는 것이다. 생활 곳곳에서 하느님의 현존과 접하게 된다는 뜻이다.

우리가 이런 가르침을 머리로 읽고 받았다고 할지라도, 이를 받아들이고 믿으려면 먼저 마음의 문을 크게 열어야 한다. 마음이 편협하고 믿음도 이해도 적은 이는 이런 위대한 진리를 수용할 수 없기 때문이다.

작은 풍선이 하나 있다고 하자. 작은 만큼 이 풍선에는 공기가 조금밖에 들어가지 못한다. 공기를 너무 많이 불어넣으면 풍선은 터져버리고 만다. 통찰력이 얕고 믿음과 이해가 제한적이며 불안정한 사람은 이 풍선과 같다. 이 작은 풍선처럼 이들에게는 심오한 가르침을 수용할 역량이 부족하다. 이런 수용 능력을 크샨티(kshanti), 즉 '모든 것을 포용하는 수용력'이다. 좀 더 쉬운 말로 크샨티를 흔히 '인욕(忍辱)'으로 번역하는데, 인욕이란 말 속에는 불쾌한 무엇인가를 참고 견딘다는 의미가 내포되어 있다. 사실은 커다란 행복을 받아들이고 유지하는 데도 크샨티가 필요하다. 마음의 수용력이 크고 강하지 않으면 커다란 행복도 감당해내지 못한다. 복권 당첨 소식을 듣고 기절하거나 심장발작을 일으키는 사람이 있는데, 이는 그런 기쁜 소식을 감당해낼 능력이 부족하기 때문이다. 좋지 않은 것도 감당해내지 못하는 것과 좋은 것을 감당해내지 못하는 것은 결코 다른 것이 아니다. 즉 내게 닥친 그 무엇도 감당해내는 그릇은 같기 때문이다. 그러므로 크샨티가 약하면, 언제나 뭔가 부족한 느낌을 가지고 살아갈 수밖에 없는 것이다.

우리의 내면은 자연적으로 본인이 감당할 수 있는 만큼만 느끼고 살아간다고 할 수 있다. 큰 행운이 와도 그것을 감당할 수 없으면 자연스럽게 물러갈 것이고, 큰 불행이 다가와도 우리가 그것을 감당할 수 있다면 자연스럽게 머물다 물러갈 것이다! 아무리 외부에서 많은 가르침이 있다고 할지라도 항상 본인이 받아들일 수 있을 만큼만 들어갈 수 있을 것이다. 그래서 우리 스스로가 할 수 있는 한계를 잘 인식하여 그 만큼의 '주의집중하는 훈련'을 하는 것도, 자기만의 수행이 되지 않을까 싶다.

그러다 보면 그릇이 점점 커져가는 행복, 하늘의 큰 은총의 빛을 받는 행복을 누릴 수 있을 것이다.

* 위 내용 중에는 틱낫한(2004)의 글이 일부 인용되었음을 밝힙니다.

14. '탕자'의 비유

회심(回心)이란, 마음의 철저한 변화를 통하여
우리로 하여금 하느님의 자리로부터
우리 실존의 현실을 경험하도록 하는 것
혹은 '우리는 역동에 갇힌 죄수가 아니라는 사실을
발견할 수 있도록 해 주는 완전한 돌아섬'이다.
즉, "돌아서라, 너의 마음을 내 나라에 두어라,
나는 네가 원하는 모든 자유를 주겠다."라는 말씀과 같은 것이다.

이미 충분히 알고 있는 분도 많을 것이지만, 아직 익숙하지 않은 분들을 위해서 성경(루카복음 15. 1-3, 11-32)의 글을 인용하며 시작한다.

그때에 세리들과 죄인들이 모두 예수님의 말씀을 들으려고 가까이 모여들고 있었다. 그러자 바리사이들과 율법학자들이 "저 사람은 죄인들을 받아들이고 또 그들과 함께 음식을 먹는군." 하고 투덜거렸다. 예수님께서 그들에게 이 비유를 말씀하셨다.

어떤 사람에게 아들이 둘 있었다. 그런데 작은아들이, '아버지, 재산 가운데에서 저에게 돌아올 몫을 주십시오.'하고 아버지에게 말하였다. 그래서 아버지는 아들들에게 가산을 나누어 주었다. 며칠 뒤에 작은아들은 자기 것을 모두 챙겨서 먼 고장으로 떠났다. 그러고는 그곳에서 방종한 생활을 하며 자기 재산을 허비하였다. 모든 것을 탕진하였을 즈음 그 고장에 심한 기근이 들어, 그가 곤궁에 허덕이기 시작하였다. 그래서 그 고장 주민을 찾아가서 매달렸다. 그 주민은 그를 자기 소유의 들로 보내어 돼지를 치게 하였다. 그는 돼지들이 먹는 열매 꼬투리로라도 배를 채우기를 간절히 바랐지만, 아무도 주지 않았다. 그제야 제정신이 든 그는 이렇게 말하였다. '내 아버지의 그 많은 품팔이꾼들은 먹을 것이 남아도는데 나는 여기에서 굶어 죽는구나. 일어나 아버지께 가서 이렇게 말씀드려야지.'아버지, 제가 하늘과 아버지께 죄를 지었습니다. 저는 아버지의 아들이라고 불릴 자격이 없습니다. 저를 아버지의 품팔이꾼 가운데 하나로 삼아 주십시오.' 그리하여 그는 일어나 아버지에게로 갔다. 그가 아직도 멀리 떨어져 있을 때에 아버지가 그를 보고 가엾은 마음이 들었다. 그리고 달려가 아들의 목을 껴안고 입을 맞추었다. 아들이 아버지에게 말하였다. "아버지, 제가 하늘과 아버지께 죄를 지었습니다. 저는 아버지의 아들이라고 불릴 자격이 없습니다." 그러나 아버지는 종들에게 일렀다. "어서 가장 좋은 옷을 가져다 입히고, 손에 반지를 끼우고, 발에 신발을 신겨 주어라. 그리고 살찐 송아지를 끌어다가 잡아라. 먹고 즐기자. 나의 이 아들은 죽었다가 다시 살아났고, 내가 잃었다가 도로 찾았다." 그리하여 그들은 즐거운 잔치를 벌이기 시작하였다. 그때에 큰아들은 들에 나가 있었다. 그가 집에 가까이 이르러 노래하며 춤추는 소리를 들었다. 그래서 하인 하나를 불러 무슨 일이냐고 묻자, 하인이 그에게 말하였다. "아우님이 오셨습니다. 아우님이 몸 성히 돌아오셨다고 하여, 아버님이 살찐 송아지를 잡으셨습니다." 큰아들은 화가 나서 들어가려고도 하지 않았다. 그래서 아버지가 나와 그를 타이르자, 그가 아버지에게 대답하였다.

"보십시오, 저는 여러 해 동안 종처럼 아버지를 섬기며 아버지의 명을 한 번도 어기지 않았습니다. 이러한 저에게 아버지는 친구들과 즐기라고 염소 한 마리 주신 적이 없습니다. 그런데 창녀들과 어울려 아버지의 가산을 들어먹은 저 아들이 오니까, 살찐 송아지를 잡아주시는군요." 그러자 아버지가 그에게 일렀다. "얘야, 너는 늘 나와 함께 있고 내 것이 다 네 것이다. 너의 아우는 죽었다가 다시 살아났고, 잃었다가 되찾았다. 그러니 즐기고 기뻐해야 한다."

예수님의 이 말씀은 소위 말하는 그 당시의 지식층에 해당되었던, 도덕적으로 어긋나 있는 '죄인'들과 관계하는 예수님을 힐책하는, 바리사이들과 율법학자들에게 '정말 잔치를 벌여야 할 만큼 중요한 것은 무엇인가?'를 가르치기 위하여 비유로서 하신 내용인 것 같다. 이는 '탕자의 비유' 혹은 '되찾은 아들의 비유'라는 제목으로 성경을 모르는 사람들에게도 많이 알려진 내용이다. 여러 측면에서 묵상거리를 제공하지만, 그 중에서는 부모의 재물을 자기 소유인 것처럼 받아서(감사하거나 고마워하지도 않고) 훗날도 생각하지 않고 아무렇게나 탕진하고 낭비하다 빈털터리가 되어 돌아온 작은 아들에게 그 아버지는 어떤 태도를 보였는가 하는 점이다. 즉, 그 태도의 본마음에서 나오는 '진짜 중요한 것'에 대한 통찰이다.

일반적으로는 호되게 꾸중하여 '다음에는 절대 그런 일이 일어나지 않도록 단단히 일러줘야지!'라고 생각할 수 있는 것을, 오히려 환대하면서 맛있는 음식과 좋은 옷을 입히고 잔치를 베푼 아버지의 행위를 어떻게 받아들일 수 있을까. 더욱이 일하고 돌아온 큰아들이 '나는 지금까지 이렇게 힘들게 일해 왔고, 그 대가로 살찐 송아지는커녕 염소 한 마리조차 받은 것이 없는데 억울하게, 아무것도 하지 않고 탕진하고 돌아온 저 아우에게 이렇게 환대를 해 주다니 이럴 수가 있을까.'하고 투덜대며 하소연하고 있다. 오히려 큰아들의 서운함이 인간적으로 이해되는 것이 아닐까.

우리가 부모 입장이라면 두 아들에게 어떻게 했을까! 여러 가지를 생각해보게 하는 대목이 많다. 남의 집 일이라면 쉽게 말할 수 있겠지만 우리 아이들 사이에서 일어난 일일 경우에는 그리 간단하지 않다는 점에서, 많은 생각거리를 남긴다. 이 아버지가 큰아들에게 행한 태도를 보아서는, 아버지가 함부로 돈을 쓰고 자식에게나 다른 사람에게 헤프게 쓰는 사람이 아니다. 그렇다고 심성이 아주 나빠서 무지하게 사람을 대하는 분도 아닌 것 같다. 이런 아버지가 둘째 아들에게 선뜻 돈을 내어주고, 분별없이 사용하게끔 그냥 주었을 리도 없을 텐데…

이 대목을 '말씀의 묵상('08' 3월 매일미사)'에서는 이렇게 언급한다.

> '아버지의 마음은 넓고 깊었습니다. 그러기에 작은아들의 무례를 받아줍니다. 결국은 재물을 날리고 고생할 것을 알았지만 허락합니다. 그러한 과정을 거쳐야만 참사람이 될 것을 알고 있었기 때문입니다. 아버지는 현명하고 사랑이 많았습니다. 앞을 내다봤고, 결국은 아들이 돌아올 것을 알고 있었습니다. 하느님 역시 그러한 아버지의 모습을 지니셨다고 비유로 이야기합니다. 삶의 고통에는 그분께서 주시는 의미가 반드시 숨어 있음을 깨달아야 합니다.'

이러한 내용을 조금 더 깊이 숙고해 보자.

우리는 여기서 '진정으로 축하하고 잔치를 벌여야 하는 것은 무엇인가!'를 깊이 느껴야 한다. 큰아들의 성실하고 착한 행위에 대해서 아버지는 공감하고 인정하고 있다. "애야, 너는 늘 나와 함께 있고 내 것이 다 네 것이다."라는 말을 통해서 충분히 큰아들의 노고에 대한 보상과 그에 대한 인정이 느껴진다. 이 아버지는 큰아들의 투덜거리는 것에 대해서 특별한 훈계나 반대의 의견도 없다. 그저 노고에 대한 인정을 한다. 그런데 이 아버지가 더 중요하게 생각하는 것은 무엇이었을까! 즉, 우리의 삶에서 더 중요하게 느껴야 하는 것이 무엇일까!

큰아들과 같은 생활의 성실함 충실함도 중요하지만, 더욱더 중요한 것은 '무엇이 더 참된 것인가를 알고 회심하는 자세'라고 보여 진다. 이 아버지는 '죽었다 살아온 것 같은, 즉 삶의 밑바닥 고통 속에서 얻은 진실, 깊은 수렁 속에서 발견한 진정한 삶의 색깔, 진정한 의미의 회심(回心)'을 가장 중요하게 생각한 것이다. 일상에서 아무리 소중한 것이 있다 할지라도 이 '회심'만큼 더 큰 소중한 깨달음이 없다는 것을 가르치고 있다. 즉 회심이란 '마음의 철저한 변화'를 통하여 우리로 하여금 하느님의 자리를 깨닫도록 하는 것이다. 즉, 지금-여기, 이 순간의 실존을 경험하도록 하는 것이다. 과거 삶의 방식이 습관화된 '정신역동'에 갇힌 죄수가 아니라는 사실을 발견할 수 있도록 해 주는 '완전한 돌아섬'이다. "돌아서라, 너의 마음을 내 나라에 두어라. 나는 네가 원하는 모든 자유를 주겠다."라는 말씀과 같은 것이다(헨리 나웬, 2007).

잔치를 벌일 만큼 우리에게 중요한 것은 욕구의 한계를 벗어나 하늘의 뜻을 느끼고 그에 대한 진실을 깨닫는 것이다. "너의 아우(욕구)는 죽었다가 다시 살아났고, 잃었다가 되찾았다. 그러니 즐기고 기뻐해야 한다."라고 할 정도의 깊은 깨달음이라는 것이다. 다른 어떤 것보다도 소중한 깨달음은 '자기 자신을 완전히 비움으로써 얻어낸 지혜, 자신을 비움의 품에 안기게 하는 것, 오직 그것만이 길이요 진리요 생명이다.'라는 뜻이 아닐까 싶다. 죽은 것은 무지에 갇힌 것이요, 산다는 것은 깨달음에 눈뜬 것이 아닐까!

15. 스스로에게 도움되는 유일한 길

우리는 이렇게 말하곤 한다, "난 우울하다."라고….
그러나… 그것은 거짓이다. 우리는 우울하지 않다.
더 정확하게 말하자면 이런 표현이 맞다.
"나는 지금 우울을 경험하고 있다."
비록 의식하진 못하지만,
우울함 그 자체가 마치 우리 자신인 것처럼,
불안함 그 자체가 우리 자신인 것처럼,
즐거움 그 자체가 바로 우리 자신인 것처럼 생각하면서
우리 자신을 슬그머니 무의식적으로 혹은 의식적으로 속이고 있는 것이다.

'동방' 연구소에서 심리공부를 시작하며 기본 개념으로 배우는 것이 있다. 첫째마당 학습(정신역동적 부모교육 기초과정)에서 '감정포착'의 중요성이다. 자신의 내면을 바라보는 최초의 낱말은 '감정포착'이다. 즉 '감정자각' '감정 알아차리기' '내면 바라보기'를 첫 번째로 배운다고 볼 수 있다. 이것은 설명하는 방식이나 표현만 다를 뿐 '자기관찰'의 필요성을 역설하고 있다는 점에서, '마음 다스리기'의 최우선 핵심임을 알 수 있다.

자기관찰의 힘은, 스스로에게 도움 되는 매우 중요한 길이다. 이것을 더 깊이 이해하기 위하여, 타인이 우리에게 큰 도움이 될 수 있는 것은 무엇일까를 우선 살펴보자. 지지와 격려 위로 공감 등도 있으나, 제일 큰 도움은 오랫동안 움켜쥐고 있었던 우리의 내면에 도전(?)해 오는 것이다. 즉 자신을 직면케 하는 것, 우리 자신을 거울처럼 비춰주는 일이다. 굳게 닫아놓고 있었던 우리의 내면을 바라보게 하는 것이다. 이것은 가히 도전(!)이라고 표현할 만큼 대단한 것이다. 그 작업은 생각지도 않았던 당황스러움과 두려움을 안겨주기도 하고 심지어 억울함과 분노까지 안겨주기도 한다. 그런데, 정말 놀랍게도 누군가가 나를 거울처럼 비춰주는 대상이 있다면, 그는 나에게 놀라운 변화를 가져다주는 신기한 거울 역할을 해 주는 핵심인물이다. 만일 우리가 타인의 '비춰줌'에 귀 기울일 자세가 되어있고 도전받을 자세가 되어있다면 정말 우리는 진정한 도움을 받을 수 있다. 도움 주는 타인 못지않게, 그 도움을 받을 수 있는 우리 자신은 용기 있게 성숙을 지향하는 사람이라고 할 수 있을 것이다. 예컨대, 가족 안에서의 놀라운 거울 역할은, 나를 속속들이 아는 대상, 즉 가장 가까운 배우자 같은 인물이 될 가능성이 높다.

이렇게 타인으로부터 자신을 비춰볼 수 있는 자세가 되어 있다는 것, 그것은 진정 스스로에게 도움 된다. 만약 이 작업을 스스로가 하게 된다면 어떨까! 자신 스스로가 자신을 관찰하고 바라보는 힘이 있다면 어떨까! 어쩌면 타인이 도움 주는 것보다는 더 중요한 것이 되지 않을까 한다. 타인이 우리에게 도움 주는 것은 조건적인 한계를 가지고 있다. 늘 함께 할 수도 없거니와, 함께 하는 타인의 심리적 문제점도 있으며, 한계가 많은 대부분의 대상이 피드백하는 것 자체에 대한 거부감 때문에 언제나 도움이 된다고 볼 수 없기 때문이다. 그러므로 우리 자신이 스스로에게 타인이 주는 도움과 같은 역할을 할 수 있다면, 진정 어떤 사람이 나에게 주는 도움보다 더 소중할 수 있고 더 가치 있는 것일 수도 있다.

스스로에게 도움 주는 작업은 무엇일까! 그것은 바로 자기를 바라보는 것, '자기관찰'이다. 이 작업에 관해서는 어느 누구라도 우리를 도울 수 없다. 아무도 우리에게 그 작업을 대신해 줄 수 없으며 우리에게 그 기술을 보여줄 수 없다. 우리가 이 기술을 배우기 위하여 억지로 머리로 생각으로 입력시키려고 하여도, 그런 식의 방법을 붙잡는 순간, 우리는 또다시 어떤 프로그램에 갇히게 된다. 이것은 단지 스스로가 경험해야 하는 것이다. 오직 스스로 경험해보는 것 밖에는 다른 길이 없다.

'자기관찰', '자신을 바라보는 것'

자기-관찰은 자기-도취와 다른 것이다. 자기-도취는 자기 자신에게 빠지고 생산성 없이 자신에게 몰입하면서 스스로에게 강박적으로 빠지는 것이다. 우리 자신에 대하여 관심을 두는 척 하지만, 사실 불안해하고 두려움에 떨며 걱정하는 것이다. 자기도취와는 전혀 다른 성격의 자기-관찰이란 무엇인가? 그것은 우리 내면에 있는 모든 것과 주위에 있는 모든 것을 될 수 있는 한 많이 바라보고 그것들이 마치 다른 사람에게 일어나고 있는 것인 양 관찰하는 것을 의미한다. '마치 다른 사람에게 일어나고 있는 것인 양 관찰 한다'는 것은 무슨 뜻인가? 그것은 우리에게 일어나고 있는 일을 개인화하지 않는다는 뜻이다. 동일시하지 않는다는 것이다. 무슨 일이든지 '나의 존재'와 아무런 관계가 없는 것처럼, 사실 아무 일이 없는 것들로 바라본다는 것을 의미한다. 조금 떨어져있는 무엇을 보듯, 그 어떤 평가나 판단 없이, 그저 구경하듯, 그러면서도 객관적으로 바라본다는 것이다.

'주시자'와 '행위자'의 상태로 분리되는 것이다. '경험하는' 자신을 '바라보는' 자신이 관찰하는 것이다. 즉, 마치 다른 사람이 하고 있는 일을 관찰하는 것과 같은 '주시자'의 입장이 되는 것이다. '관찰적 자아'가 '경험적 자아'를 바라보는 것이다.

'그것이 어떻게 가능한 것인가! 내가 하고 있는 일을 마치 다른 사람이 하는 일처럼 본다는 것이!'라는 의문이 들 수 있다. 그런데 우리가 이렇게 말하고 생각한 적이 없는가! 정신없이 어떤 일을 하고 있다가, 문득 '아, 내가 이 일을 왜 하고 있지? 내가 이런 생각을 하고 있다니. 내가 왜 이렇게 마음이 복잡하지! 내게 무슨 일이 일어나고 있는가! 화가 나서 죽겠는데, 조금 전의 그 일이 내게 이렇게까지 화를 낼만한 일인가! 나 스스로도 의아스럽다. 놀랍다. 이런 생각을 하는 나 자신이 부끄럽다.' 등.

어떤 행위, 어떤 생각, 어떤 느낌 속에 그냥 푹 빠져서 그 자체에 속해 있는 나, 이것은 그 자체가 마치 '나'라는 사람과 일치되어 있는 것, 즉 동일시되어 있다는 뜻이다. 그러다가 문득 어떤 행위, 어떤 생각, 어떤 느낌을 하고 있는 그 자체를 바라보는 '나' 자신이 되어 있을 때가 있지 않았던가! 만약 그런 경험들이 있었다면 그 자체들에서 비켜나서 동일시되어 있지 않는 상태를 경험한 것이다.

우리가 외부의 어떤 상황으로 인하여, 어떤 대상으로 인하여, 절망과 불안으로 인하여 고통받는 이유는, 그것들을 우리 자신과 동일시하기 때문이다. 우리는 이렇게 말하곤 한다, "난 우울하다."라고. 그러나 그것은 거짓이다. 우리는 우울하지 않다. 더 정확하게 말하자면 이런 표현이 맞다. "나는 지금 우울을 경험하고 있다." 비록 의식하진 못하지만 우울함 그 자체가 마치 우리 자신인 것처럼, 불안함 그 자체가 우리 자신인 것처럼, 즐거움 그 자체가 바로 우리 자신인 것처럼 생각하면서 우리 자신을 슬그머니 무의식적으로 혹은 의식적으로 속이고 있는 것이다.

'나'라는 것은 즐거움 그 자체도, 우울함 그 자체도, 불안 그 자체도 아니다. 물론 그런 감정들은 지금-현재 여기에서 잠시 머무를지는 모르지만, 잠깐 후에 그 즐거움, 불안, 우울함은 변할 것이다. 그 느낌들은 결코 지속되지 않는다. 절대로 계속되지 않는다. 끊임없이 변한다. 항상 변하고 있다. 그 감정들은, 마음들은 '나'가 아니다!

'어떤 구름들은 하얗고 회색이고 검기도 하다, 어떤 구름들은 크고 어떤 구름들은 작다. 그 구름이 하늘이 아니다. 구름은 그냥 구름인 것이다. 잠시 후에 변하게 될 지나가는 순간일 뿐이다.' 이와 같은 식으로 생각해본다면, '진정한 나'는 움직이지 않는 '하늘'이 되어야 하고 '구름'은 스쳐 지나갈 '감정'인 것이다. 그래서 '하늘'은 다만 '구름'들을 조용히 지켜보고 관찰하고 있으면 된다. '나'는 그 '감정'들을 관찰하기만 하면 된다. 바라보기만 하면 된다. 수동적이며 일탈하는 관찰자가 된다면 충분하다.

위와 같은 관점을 우리 모두가 제대로 이해할 수 있는 능력이 있다면, 개념 변화만으로도 내면을 변화시키는 신비한 충격일 수 있다. 관여하지 말라! 가만히 비켜서서 지켜보라! 모든 것을 '고정'시키지 말라! 단지 바라보라! 관찰하라!

일상생활에서 일어나는 많은 문제는, 우리들이 이해하지도 못하는 상황들을 고정시키느라 바쁘기 때문에 일어나는 것이다. 고정시킬 필요가 없다는 사실을 깨닫기가 무척 힘들다. 그 어떤 것도 고정되어 있다고 느끼는 것, 이것은 엄청난 망상이다. 전혀 고정시킬 필요가 없다. 고정되어 있는 것이 없다. 단지 그 상황들은 관찰되어지면서 이해되어져야 할 뿐이다. 이렇게 관찰하고 이해하게 되면 그 모든 것들은 그냥 자연스럽게 변화할 것이다. 가장 알맞은 상태로 자연스럽게 모든 것은 변화할 것이다.

* 내용 중에는 안소니 드 멜로(2007)의 글이 일부 인용되었음을 밝힙니다.

16. '깨달음'은, 어떤 대상이라도 있는 그대로 바라보는 것으로부터…

자신을 평가하는 이유는
자신의 존재와 외부의 조건을 동일시하기 때문이다.
자신을 진정하게 깨닫기 위해서는
상대를, 물건을, 대상을,
자신과 한발 떨어져서 바라보는 관점을 가져야 하며
이때 비로소 삶의 깨달음이 향상될 수 있는 것이다.

세상을 바라보고, 타인을 바라보고, 자신을 바라보는 관점에서 가장 걸림돌이 되는 것은, '바라봄의 한계'가 아닐까 생각된다. 우리는 생각보다 너무나 많이 외부를 변화시키고 싶어 하고, 자기 자신을 더 좋은 방향으로 변화시키고 싶어 하고, 내가 원하는 방향으로 타인을 변화시키고 싶어 한다. 하지만 이를 위해 아무리 애를 쓰고 노력하여도, 변화시켜야 할 대상을 대할 때, 자신의 기준과 기대를 내려놓고, '있는 그대로' 제대로 바라보지 않고는 정말 힘들다는 것이다. 대상에 대한 평가나 판단 없이 깊게 관찰하고 이해하려는 노력을 뜻한다.

대상을 고정된 관점으로 평가하지 않고 바라보는 것부터 시작하지 않으면 제대로 대상을 느낄 수 없다는 것… 이것은 자신 스스로에 대해서도 마찬가지이다. 자신을 평가하지 않고 있는 그대로 바라보지 않으면 자기 자신을 도저히 이해할 수 없다. 이해할 수 없으면 스스로에 대한 깨달음을 가지기가 정말 힘들다. 자기 스스로는 자기를 잘 안다고 하지만, 실제로 타인의 말 한마디 한마디에 자기의 정체성이 흔들리는 경우가 허다하다. '오늘 입은 옷이 예쁘네요.'라고 말하면 기분이 좋고, '당신 참 머리가 좋은 것 같아요. 똑똑하네요.'라고 하면 내가 괜찮은 사람인 것 같고, '사실 그 옷은 당신에게 어울리지 않아요' '당신은 자기 마음대로 하는 이기적인 성향을 가지고 있어요.'라고 하면 상대가 원망스럽거나 자책이 되는 등, 휘둘리는 상태가 바로 나타난다. 긍정적이든 부정적이든 우리는 평가받는 즉시 흔들린다는 측면에서 동일하다.

깨닫는다는 것은 '훤히 자신을 바라보는 통찰력'이 생겼다는 의미이다. 심안(心眼)이 발달되었다는 뜻인데, 이것은 자신을 비판하고 평가하는 자세로는 도저히 도달할 수 없다. 오직 있는 그대로 자신을 바라보는 시각이 없이는 곤란하다는 뜻이다. 누군가가 있는 그대로의 '나'를 수용해 주면 기쁘다. 수용해 주는 사람의 '나'에 대한 충고나 조언은, 무엇인가 모르게 깨달아지는 느낌이 온다. 요동쳤던 마음이 평정심을 가지게 되면서, 스스로에 대한 성찰의 공간이 생기며, 그 공간 속에서 은근한 편안함과 기쁨이 온다. 소크라테스의 "깨우치지 못한 삶은 살 만한 가치가 없다."라는 말은 평범한 것 같지만, 너무나 당연하면서도 소중하게 와 닿는다. 대부분의 사람들은 깨우친 삶을 살아가지 못한다. 사람들은 기계적인 일상, 기계적인 생각, 기계적인 감정, 기계적인 행동, 기계적인 반응을 하며 살고 있다.

우리가 얼마나 기계적인 삶을 살고 있는지를 생각하면 놀라울 때가 많다. 우리 자신을 가만히 보면 대상에 대한 나의 마음을 깨닫기보다 그냥 건성으로 사람들의 말을 듣고 있는 경우가 많다. 대상을 보는 나의 마음을 깨닫기보다는 그냥 습관처럼 기계적으로 듣고 보는 경우가 많다. 지금까지 해 왔던 태도 그대로! 그냥 듣고 보는 기계처럼!

우리는 그냥 본다. 듣는다. 그것으로 끝난다. 'on' 하면 켜지고, 'off' 하면 꺼지는 기계와 다름없는 '듣는 나'를 보지 못하고, '보는 나'를 느끼지 못한다.

아주 평범한 예로서 한번 생각해 보자. 누군가가 "우와, 당신 집이 참 아름답습니다. 이런 신기한 물건은 어디서 구했나요! 정말 멋지군요." 라고 말한다면, 기분이 우쭐해지고 좋아질 수 있다. 여기까지라면 이것은 기계적인 삶이 될 수 있다. 그런데 기분이 좋아지는 내 자신을 바라보고 이렇게 스스로에게 말한다면 어떨까. "아, 저 사람은 우리 집을 참 아름답다고 하구나. 이럴 때 나는 마치 '내'가 '이 집'인 것처럼 우쭐하고 좋아하는군."이라고! 자기 느낌에 대한 자각이 일어나면 자연스럽게 자신을 좀 더 깊게 자신을 느낄 수 있다.

예컨대, '음… 이럴 때 난 마치 '내'가 '이 물건'인 것처럼 흐뭇해하는군. 내가 돈이 많아서 이 집의 주인이 되어 있고, 이 물건의 소유주가 되어 있기 때문에 집과 물건을 칭찬하는 것은 나에게 칭찬하는 것과 동일하게 생각한다? 과연 그럴까! 그렇게 그 물건들과 나 자신을 동일하게 생각하는 것이 어때? 사실, 어떻게 내 존재와 그 물건들이 동일할 수가 있는지, 흠… 내가 이런 식으로 '내 것'을 '나'와 동일시해서 생각하고 있구나. 배우자와 나, 자식과 나 자신도 마찬가지겠지. 자식이 잘못하면 내가 못하는 것처럼, 나의 배우자가 못났으면 나 자신이 못난 것 같아 화가 나고, 내가 공부를 못했으면 내 존재가 무가치한 것처럼, 내 옷맵시가

초라하면 내 자신이 초라해지고, 상대방이 배운 것이 얕다고 생각되면 그 존재가 무시되는! 모든 것을 이런 식으로 동일시하여 바라보고 있구나! 그렇게 느끼기 때문에 책임져야 하는 것 같고, 뭔가를 변화시켜야 할 것 같고, 잘되어야 할 것 같고, 잘나야 할 것 같고 등. 난 이렇게 살아가고 있구나. 끝없이 조건 지워진 것들과 나 자신의 존재 자체가 일치되는 듯이 느끼고 있구나. 나 자신은 한시도 가만히 있을 수 없구나. 그 조건이 계속 좋아져야 하니까. 끝없는 조건의 노예가 되어 있구나. 동일시되어! 이렇게 해서 난 한시도 편할 날이 없구나. 늘 바쁘고 힘겨운 느낌, 부담스러운 느낌을 가지고 살고 있구나.'

이렇게 자신의 성찰이 진행될 수 있을 것 같다. 핵심은, 자신과 대상을 평가하는 이유는 존재와 외부의 조건을 동일시하기 때문이다. 자신을 진정하게 깨닫기 위해서는 이렇게 상대를, 물건을, 대상을, 자신과 한발 떨어져서 바라보는 관점을 가져야 하고, 이때 비로소 삶의 깨달음이 향상될 수 있다.

이러한 성찰이 진행되기 어렵다면, 자신 내면의 불안과 계속 잘해야 된다는 충동, 기준 등을 점검해야 한다. 또한 삶의 방향에 대한 무지, 과거경험이나 선천적 특징의 다양성을 생각해 보아야 한다. 대부분의 우리는 자신 내면을 바라보기보다는, 외부를 내 기준대로 바꾸고 싶어 한다. '내 기준'이 옳다는 가정을 확실하고 깔고 있는 오만함이 은밀하게 숨어있다. 또한 자신 내면의 불안과 두려움, 오만함과 책무감을 '자기 몫'으로 수용하기 힘들어, 자신을 방어하는 기제로서, 핑계와 거짓말, 토기몰이와 따지기, 도피, 남 탓하기 등… 무수한 '합리적(?)인 합리화'로 자신 내면을 방어한다.

이제 우리는 이 세상의 모든 대상을 있는 그대로 바라보기 위하여, 그리고 자신의 충동과 불안을 보호하기 위하여, 무의식적으로 작용하는 방어를 해체하는 것이 필요하다. 방어를 해체해야 한다는 점에 있어서 한 가지 짚고 넘어가야 하는 것이 있다. 즉, 정신적인 문제가 있어서 방어를 못하는 것과, 자아를 지키려는 긴장된 막을 풀어헤치기 위하여 방어할 필요가 없다는 의미는 매우 다르다. 여기서 말하는 '방어의 해체'는 정신적으로 문제가 있어서 방어를 하지 못하는 그런 의미가 아니라, 스스로를 가로막고 있는 심리적인 '자기 포장'의 막을, 참 자신의 모습을 가로막는 뚜껑을 좀 열어야 한다는 것이다.

방어하지 않는다는 것은 자신에 대한 해방을 의미하기도 한다. 다른 사람이 보기에는 '바보'처럼 보일 수도 있겠지만, '자아'가 많이 자유로워지려면 자기를 방어하려는 막이 풀어 헤쳐지는 것이 좋다. 그러면 상대방도 편하게 느낄 것이고, 사실 자신 스스로도 편하다. 편한 사람 앞에 가면 저절로 편해진다. 자신이 편하면 웬만한 긴장감을 가진 상대방일지라도 저절로 편해진다. 그렇다. 자식이 편해지려면 부모부터 편해야 한다. 부부끼리도 형제자매끼리도 상대가 편해지려면 나부터 편해져야 한다. 상대방이 나로 인해 편한 삶을 살지 못한다는 것, 이것보다 더 큰 '죄'가 있을까를 느껴볼 수 있다.

상대방 때문에 내가 편치 않다는 말을 의도적으로라도 중지해 보라! 상대방에 대한 내 마음 때문에 내 바람 때문에 내 욕구 때문에 내가 편치 못한 것이다! 상대방을 있는 그대로 바라보지 못하기 때문에, '내가 원하는 대로 되는 것이 옳다.'라고 생각하기 때문에 편치 못한 것이다. 억울한가? 비판이나 평가를 하지 말고 내 마음부터 있는 그대로 바라보고 인정해 보라. '내가 상대방에게 이러이러한 것을 원하고 있구나. 상대방이 내가 바라는 대로 해 주기를 간절히 바라면서 불편해 하고 있구나.'라고… 상대 탓은 상대방에게 뿐만 아니라, 결국 나 스스로에게 고통을 안기고 한없이 절망적인 느낌을 남긴다. 그것은 진실이 아니기 때문이다.

자신과 대상을 동일시하여 바라보지 않고, 한발 물러나 있는 그대로의 대상과 자신을 바라볼 때, 스스로의 마음을 방어하거나 억압하지 않고 있는 그대로 바라볼 때, 비로소 한줄기 빛 같은 깨달음이 나올 수 있다는 것을 다시 한번 생각해 보자.

17. 내 욕구대로 변하지 않는 상대방, '두 가지 공부거리(!)'

자기의 변화를 위하여 고심하고 심사숙고하고
눈을 감고 스스로 생각해 본 사람들은,
남들에게 변화를 강요할 수 없다는 것을 안다.
그것이 결코 쉽지 않다는 것을 알기 때문에…
자기의 변화를 위하여 타인으로부터 진정한 이해과 관심을 받아본 사람은,
상대방의 변화를 바라기에 앞서서,
타인에게 진정한 이해와 관심부터 주려는 태도를 가져야 한다는 것을 안다.

친한 사람과 스스럼없는 자리에서 가끔 이구동성으로 하는 말이 있다.

"정말 그 사람은 변하지 않을 거야!"

"사람이 변하려고 하면 죽을 때가 되었다고 하는데!"

"정말이지 그 사람이 변한다면, 내 손에 장을 지져도 좋아!"

등의 표현으로, 인간이 얼마나 변하기 어려운가를 얘기하곤 한다. 그렇다. 정말 상대방은 변하기 어렵다! 그러나 모든 것이 동전의 양면이 있듯이 이런 사실을 통하여 두 가지 '공부거리'를 생각해 볼 수 있다. 특히 변하지 않는 상대방을 주변에 둔 사람은, 그 상대방은 나의 '공부거리'를 제공하는 마음수양의 도구로 생각해도 좋다. 그 '공부거리'를 한번 살펴보자.

첫 번째는, 상대방을 변화시키기가 정말 어렵다는 것을 통하여 내가 얼마나 상대방이 바뀌어지길 바라고 있는가! '바뀌길 바라는 내 마음이 무엇인가?'를 알 수 있는 계기가 된다.

예컨대, 부인이 '정말 나의 남편은 이러이러한 점이 바뀌었으면 좋겠다.'라는 염원을 가지고 있다고 치자. 왜 우리는 상대방을 그렇게까지 바꾸어보고 싶은가를 생각해 볼 수 있다. 스스로에게 자문해 보라!

'왜 나는 남편을 이토록이나 바꾸고 싶어 할까?' 상대방을 바꾸고 싶다는 말은 상대방이 나의 뜻대로 되었으면 좋겠다는 의미일 것이다. 상대방이 나의 원함이나 기대대로 해 주기를 바라는 마음이 아니겠는가. 또한 상대방이 내가 원하는 대로 해 주면 뭔가 내가 채워질 것 같고, 내가 숨이 돌려질 것 같고, 만족될 것 같고 등 이런 마음이 아니겠는가.

조금 더 그 본마음을 알아보면, 바로 그것은 '내가 원하는 방식으로 되었으면 하는 욕망, 집착' 즉, '내가 원하는 대로 되면 인정받는 것 같은 마음, 사랑받는 것 같은 마음, 존중받는 것 같은 마음, 안심되는 마음, 불안이 덜 해 질 것 같은 마음 등'일 것이다. 한마디로 상대방의 변화를 통하여 내 자신이 기대고 싶은, '의존하고 싶은 마음'이라고 볼 수 있다.

이렇게 이야기할 때 "아니다, 내가 상대방이 바뀌기를 바라는 것은 정말 상대방을 위하여, 진짜 상대방에게 도움이 되기 위하여 그렇다." 라고 말씀하는 분들이 있다. 예컨대, "자식을 위하여 자식이 바뀌어지길 바라지, 부모인 내가 잘 되려고 자식이 바뀌기를 바라는 것이 아니다." 라는 항변이 있을 수 있다. 상대방이 잘 되기 위해서 나의 안타까운 마음이 전달될 수도 있다. 그것이 정당한 이유든 부적절한 이유든 상관없이, 상대방의 변화를 통하여 내 욕구를 채우고 싶어 하는 마음 자체는 인정해야 할 것이다. 부모의 마음에서 그런 욕구를 가지는 것은 매우 일반적이고 보편적인 것이라 할지라도 나의 '바라는 마음'에 초점을 맞추어야 한다. 물론 상대방이 스스로의 의지로 변하려는 마음 없이, 이쪽에서 상대방을 간곡하게 변화시키려는 태도는 상대방을 저항하게 만들기 쉽다. 상대방의 분명한 잘잘못을 떠나서, 이쪽에서 상대방에 대한 마음이 불만족스럽고 불평스러운 마음이 있다는 것이며, 그 마음 자체에 상대방은 묘하게 반응한다는 것이다. 자연의 변화를 보라. 무엇이든 자연의 변화는 그 때와 시기가 있지 않던가. 자연의 한 모습인 우리 인간도 그 때와 시기라는 것이 있지 않을까!

자신이 원하는 대로 '빨리' 변화시키고 싶은 그 마음을 제대로 바라보지 못하고 자꾸만 상대방만을 변화시키려고 한다면, 필시 그런 요구는 상대방에게 '적개심'을 던지는 문제점을 안을 가능성이 매우 크다. 바뀌려는 상대방이 스스로 바뀌어야겠다는 의지가 생겨야지, 내가 상대방이 변화하기를 간곡하게 바라면서 접근하는 것은, 자기마음을 보지 못하므로 설득력을 잃게 될 수 있다는 것이다.

두 번째는, 상대방에게 맞추는 초점을 자신에게 맞추어 보면, 인간에 대한 다양한 이해와 상대방을 어떻게 대하여야 하는가에 대한 지혜가 나오기도 한다.

상대방을 변화시키려고 할 때, 우선적으로 스스로에 대하여 생각해 보아야 할 것들이 있다. 즉, '그렇다면 내 자신은 그렇게 변화하기 쉬웠는가?'라는 질문을 스스로에게 던져 보아야 한다. 이것은 정말 힘들다. 남들로부터 아주 자그마한 부정적인 피드백이라도 들으면 즉시 상처를 받아 도피해 버리고 싶은 것이 인간의 마음이다. 그만큼 우리는 남들로부터 듣는 아주 작은 비판과 평가에도 민감하다. 내 스스로가 인정하고 직면하여 고치기 전에 남으로부터의 분석 혹은 진단, 평가, 비판으로 변화하기는 정말 힘들다. 자존심도 상하고 상처도 받고 괴롭고 자존심 상하기도 하며 아픔이 오게 된다. 그러므로 우리는 스스로의 변화를 가져오기 위하여 내면에 그 피드백을 받을 만한 힘을 기르지 않으면, 즉 내면의 근기를 기르지 않으면 도저히 어렵다는 것을 실감할 수 있다.

이렇게 생각해 볼 때, 상대방이 변화하기를 바라는 마음에 앞서, 내 자신의 심리적 변화를 맞이한다는 수행자적 자세가 요구된다는 것을 깊이 이해해야 하지 않을까! 한 인간이 타인들로부터 제대로 이해받고 수용받고 존중받는 경험을 가지지 않고는, 결코 한 발자국도 변화하기를 어려워한다는 것을 느껴야 한다. 이것은, 일상생활에서는 말할 것도 없으며 '심리치료'의 장면에서도 자주 발생하는 일이다. 인간은 누구나 다 자신의 문제에 대한 직면으로 들어가면 불안해하고 두려워하고 조심스러워한다. 따라서 스스로가 변화되기 위해서는, 타인으로부터 받아야 할 것들(인정, 존중, 사랑, 배려, 위로, 격려, 관심… 등)이 상당히 많기 때문에, 쉽게 변화될 수 없다. 혹여나 그런 좋은 힘들을 받는다고 해도, 오랜 습(習)으로 되어있는 부정적인 습관을 고쳐야 하는 시간들이 필요하기 때문에 고치기가 그리 녹녹치 않다. 결국 남들도 마찬가지라는 뜻이다.

"타인이 나에게 해 주기를 바라는 바로 그 방식으로 타인에게 행하라!" 이런 방식으로 타인으로부터 내가 무엇을 받고 어떻게 나를 대해줄 때 가장 변하고 싶었다는 생각이 떠오른다면, 그때서야 내가 남들에게도 어떤 방식으로 대해주는 것이 가장 바람직할 지에 대해서 지혜가 나오기 시작한다. 자기의 변화를 위하여 고심하고 심사숙고하고 눈을 감고 스스로 생각해 본 사람들은, 남들에게 변화를 강요할 수 없다는 것을 안다. 그것이 결코 쉽지 않다는 것을 알기 때문에.

생각이나 정서 행동의 변화를 위하여 타인으로부터 진정한 이해과 관심을 받아본 사람은, 상대방의 변화를 바라기에 앞서서 타인에게 진정한 이해와 관심부터 주려는 태도를 가져야 한다는 것을 안다. 자기의 마음을 잘 바라볼 수 있는 사람은, 상대방을 변화시키려는 자기 마음이 결국 '의존적 사랑의 욕구'로부터 출발한다는 것을 느낄 수 있다. 그리고 대부분의 사람들은 '사랑받고 싶고, 깊이 의존하고 싶은 마음'이 있다는 것을 다시 한 번 실감하면서, 타인을 정말 사랑해 주어야 한다는 것을 깊이 느끼게 된다. 인간관계의 핵심은 '사랑'이라는 것을 다시 한 번 깨닫게 된다고나 할까? 그런 깨달음이 체득되어 나간다면, '자기'라는 것으로부터 자유롭게 되는 날도 맞이할 수 있으리라 생각된다.

18. 창조적인 삶을 위한 구체적인 노력

자신을 고집한다는 것은
과거역동의 굴레에서 '힘겨루기'를 한다는 뜻이 된다.
즉, '전이'라는 반응을 통하여 자동적으로 행동하게 되는데,
새로운 창조력은 자동화에 묻히게 된다.
이제, 우리는 이러한 전이된 "힘겨루기"에서
"평등한 인간관계"를 통하여
'통합된 자기'로서 창조적인 인간으로 살아가야 한다.

윌리암 피취(1974)는 '창조적이지 않는 사람들'의 특징에 대하여 다음과 같이 언급했다. "자기 것을 고집하고, 자기 것이 다 옳다고 생각하고, 남의 것과 타협하지 않으려고 하는 사람들, 한마디로 자기 속에 갇혀 있는 사람들이다. 스스로 자신의 감옥을 만들어, 그 심리적 감옥 속에서 살고 있는 사람들이다." 이 말은 창조적인 사람은 자기의 것을 고집하지 않고 타인과 잘 타협하는 등, 자기 속에 갇혀 있지 않는 열려있는 사람들이라는 것을 암시한다. 우리 모두에게는 자신이 만나는 사람들로부터 친숙한 타입을 찾으려는 경향이 있다. 기대하고 있는 '그 타입'에 맞지 않는 자질들은 무시해버리기도 한다. 회피하면서 '그런 것들은 나와 상관없어.' 라고 생각한다. 익숙한 것은 편한 것이다. 현실에 적절하든 그렇지 않든 익숙하다는 것은 신경을 쓰지 않아도 된다는 뜻이다. 그래서

신경을 써 가면서 새로운 것을 숙달시키기 싫어할 수 있다. 즉, 우리는 행동과 정서, 인지기능에서 늘 익숙한 방식으로 우리의 모든 기능들이 기울어져 있는 것이다.

우리가 이러한 사실을 인식하지 않으면, 이전에 만났던 사람들로부터 받은 감정과 그로 인한 반응을 지금 만나고 있는 사람에게 그대로 적용시키려고 할 것이다. 이 과정을 '전이'라고 한다. '전이'는 컴퓨터처럼 작동하는 인간의 마음이기 때문에 자동으로 일어난다. 자세히 생각하고 일어나는 것이 아니라 그냥 '자동적'으로 행동하게 만드는 심리적 요인이다. 그래서 새로운 '창조력'은 '자동화'에 묻히게 된다. 자동적인 것은 애쓰지 않아도 습관적으로 하게 되어 편하며, 새로운 것들은 좀 신경을 쓰고 애를 써야 하는 것이다. 그러다보니 새로운 것은 익힐 때까지 노력해야 하므로, 그 노력이 부담스러워지면 기존의 것에 묻히기 쉽다.

예컨대, 처음 운전을 배울 때는 각 부분을 개별적으로 생각하게 된다. 시동, 브레이크, 엑셀레이터, 깜빡이, 기어 등. 운전 초기에는 이런 부분적인 것들을 일일이 신경을 써야 한다. 그러나, 일단 이 모든 것들이 마음속에 '프로그램'화 되면 우리는 다른 활동도 자유롭게 할 수 있게 된다. 운전하면서 대화도 하고 음악도 듣고 경치도 즐기면서 자동적으로 드라이브를 하게 된다. '무의식적으로'. 이러한 자동적인 운전은 매우 편리하기도 하고, 때때로 경거망동하여 사고를 내는 이유가 되기도 한다.

다른 모든 활동도 마찬가지이다. 심리적 활동과 그에 따른 행동패턴은 완전히 자동화되어 있으므로 빛의 속도보다 빠르게(!) 과거의 습관대로 느끼고 행동하기 쉽다. 그것이 때로는 매우 효율적이고 편리하기도 하지만, 때로는 현실에 적절치 않기 때문에 뜻하지 않는 큰 문제를 야기하기도 한다.

대부분의 어린 시절, 우리의 삶을 지배하고 있다고 느꼈던 사람이 누구였는지를 생각해보자. '더 힘센 사람' '더 똑똑한 사람' '더 가진 사람' 등일 것이다. 자연스럽게 우리는 열등한 입장에 놓이기 쉽다. 따라서, 힘을 가진 어른들을 대하는 최선의 방책은 '따지자!(투쟁)', '참자!(억압)', '피하자!(도피)' 등이다. 이 대처방식의 본마음은 '나도 어른이 되어 힘을 가져야겠구나.' 이것이 평생의 과업이 될 수 있다. 능동적 공격이든, 수동적 공격이든. 즉, 자신 스스로가 의식하든 의식하지 못하든, 한마디로 '힘겨루기'가 인생의 목표가 될 수 있다. 무기력하게 쓰러져버린 사람은 자기의 본마음에 이런 마음이 없다고 생각할지 모르나, 무기력한 마음 상태에서 억압된 감정은, '분노'일 가능성이 높다. 쓰러져서 무기력해 보이던 사람이, 힘을 가지게 되면 타인에게 적개심을 내기 시작하는 것이 가장 대표적인 예이다. 따라서 우울한 사람은 무기력에서 탈피하기 위하여, 억압된 분노를 어느 정도는 드러내면서 자신의 본마음을 바라보아야, 그 우울함에서 벗어날 수 있다. 이것은 심리상담 장면에서 종종 나타나는 것인데, 더 깊은 본마음은 의지하고 싶은 강력한 갈망이며, 사랑받고 싶은 열망일 것이다. 하지만 대부분의 사람들은 그러한 본마음은 제대로 바로 볼 수 없으며, 단지 타인과의 부적절한 관계방식을 사용하거나 스스로 고집을 피울 뿐이다. 자신을 고집한다는 것은 힘겨루기를 한다는 뜻이다. 투쟁 도피 억압의 방식으로 말이다. 과거의 이 같은 방식을 고집하지 않는다면 새로 태어날 수 있는데 말이다.

이제, 우리는 전이된 '힘겨루기'에서 '평등한 인간관계'를 통하여 '통합된 자기'로서 창조적인 인간으로 살아가야 한다. 즉, 상대방이야 어떻게 생각하든 '자신을 고집'하며 힘으로 겨루는 대신에 '서로의 존재를 인정'하여 풍성한 인간관계를 맺도록 하여야 진정한 의미의 창조적인 삶을 살 수 있을 것이다.

윌리암 피취(1974)는 진정한 자아를 찾기 위해서는 "창조적인 삶을 사는 사람이어야 한다."라는 말을 언급하였다. 그리고 "창조적으로 행동한다는 것은 무엇일까! 각자의 독특함을 그대로 인정해 주는 것이다. 각자의 존재를 있는 그대로 바라보아 주는 것이다."라고 했다. 즉, 창조란, 모든 유기체가 있는 그대로 존재하도록 하는 것을 의미한다. 그렇다면 힘으로 겨루는 관계를 넘어서 창조적인 관계를 이룩해 나가려면 어떻게 하면 좋을까! 다음과 같이 간략하게 살펴볼 수 있다.

1. 인간 존재의 본성을 신뢰하기
2. 진정한 자신이 될 수 있도록 그 조건들을 제공해 주기

그렇다. 한 사람의 행위를 제대로 보기 위해서는, 그 사람의 본성적 존재를 깊이 신뢰할 수 있어야 한다. 그리고 그 존재가 진정한 자신이 될 수 있도록 환경을 제공하여야 한다. 인정해 주고 존중해 주고 격려해 주고 적절히 교육시킴으로써, 그 존재 자체가 '하늘이 내려준 모습'으로 살아갈 수 있도록 환경을 제공해야 한다. 환경이 인간 존재의 본성을 부정적인 방향으로 통제하는 상황에서는, 우리의 창조성을 발휘하기가 참으로 힘겨울 것이다. 이것은 부모가 자식을 양육하는 데 있어서 심도 있게 느껴보아야 하는 과제가 된다. 상담자가 내담자를 지혜롭게 바라보고 도와주는 상황에서도 중요한 과제가 될 것이다.

그러기 위해서는 구체적으로 어떤 행동을 취해야 할까!

1. 신뢰로써

2. 경청함으로써

3. 명료화함으로써

이 과정은 상대방의 말을 진실로 잘 듣는 경청능력과 깊은 관련성을 가질 것이다. 의사소통 훈련을 하고자 하는 사람들이 우선적으로 연습하는 내용이기도 하다. 이것은 매우 간단한 것 같지만 사실 그리 쉽지는 않다. 상담자들이 상담실습장면에서 가장 많이 훈련하는 것이기도 하다. 정확하게 상대방의 말을 경청하여 명료화시킬 수 있는 사람은 초보 상담자의 모습을 갖추게 된다. 상대방을 신뢰하면서 경청한 후 명료화 반응을 해 준다는 것은, 상대방을 바라볼 때 나의 욕구대로 보는 것이 아니라, 있는 그대로 그 존재를 신뢰하며 바라보는 능력을 말한다. 상대방이 의도하고 있는 말의 내용, 동기, 욕구, 감정을 경청하고, 그들을 정확하게 인지하여 명료하게 되돌려 주는 반응체계가 이루어져야 한다. 이 과정을 잘 해 나간다면 다음과 같은 내용을 생각해 볼 수 있다.

4. 존재하려는 용기를 가짐으로써

5. 현실적인 구체적 대안을 추구함으로써

6. 자신이 고수하려던 지금까지의 태도를 바꾸려는 모험을 함으로써

이 과정은 참으로 중요하다. '존재하려는 용기'를 가진다는 의미는 무엇일까! 예컨대 상대방의 병리적인 심리상태나 적절치 못한 생각 등에 대한 나의 느낌들이 있다. 그 감정을 조절하고 처리하는 문제에 직면하게 되면, 상대를 위해서라도 혹은 나 자신을 위해서라도 나의 존재를 드러내는 용기가 필요할 수 있다. 즉, 상대방에게 드러내어야 할 것인가, 참고 견뎌야 할 것인가, 타인에게 나의 상태를 의논해야 할 것인가를 고민하게 되는데, 이때 '자기 존재'를 진정 '존재'케 하기 위해서는 용기가

있어야 한다. 그 어떤 경우라도, 즉 그것이 비례적이든 아니든 상관없이 나의 느낌, 욕구, 생각 등이 올라올 때 그것에 대한 몫은 나의 것이므로, '나의 존재가 타인으로부터 침범당하지 않는' 용기를 가져야 한다. 표현하든, 침범하지 않게끔 방어를 하든, 마음수양을 하든, 어쨌든 스스로를 존재하게끔 용기를 내어야 하는 것은 바로 자기 자신이라는 것이다. 서로가, 서로를 위해, 서로를 향하여, 각자의 존재를 생채기 내지 않고 '있는 그대로' 살아가게끔 하는 것은 정말이지 용기가 필요하다.

그리고 어떤 외부상황에 대하여 현실적인 구체적 대안을 추구하는 자세는 꼭 필요하다. 때때로 우리는 '내가 이런 말을 하면 남들이 어떻게 생각할까?' '내 생각이 맞을까? 안 맞을까?' 등으로, 진정 상대방에게 도움 될 수 있는 내용까지도 머뭇거리다 아무런 도움이 되지 않는 경우도 상당히 많다. 나의 의견이 도움이 되면 좋은 것이고, 도움이 되지 않는다 하더라도 그 자체로서 스스로를 돌아보는 계기가 될 수도 있다. 그 어떤 상황에서도 책임지는 자세로서 구체적 대안을 연구하는 것은 자존감과 깊이 관련되어 있다. 그러므로 자책하거나 괴로워하기 보다는, 현실적인 구체적 대안을 추구함으로써 새로운 창조력을 발휘해야 한다는 뜻이다.

물론 여기에는 모험이 뒤따른다. 지금까지 전자동적으로 무의식적으로 행하여 왔던 나의 태도를 바꾸어야 하기 때문에 약간의 모험이 뒤따른다. 지금까지 고수하였던 어떤 것들로부터 새로운 것들을 어렵게 연습해야 하는 것도 있다. 익숙하지 않다. 의구심도 들 수 있다. 서툴고 힘들 수도 있다. 그러나 창조의 과정은 늘 그랬듯이 약간의 터널을 지나가야 한다. 당연히 그 터널의 끝은 빛이 나온다. 모험을 감행하려는 용기는 터널을 통과해야 하는 필수적인 것이다. 물론 이것은 뜻 깊은 무엇인가를 깨닫게 할 것이다.그리고 난 뒤 다음의 과정이 기다리고 있다.

7. 조화를 이룸으로써

8. 그리고 선을 행함으로써

나 자신을 위한 용기와 모험에 어느 정도 자신감이 생겼다고 할 때, 우리는 이러한 자아실현이 타인과 조화를 이루어내는지를 점검할 필요가 있다. 조화롭지 못한 것은 무엇인가가 삐걱거리는 소리를 내므로, 어디서 걸려있는지를 유심히 조사해볼 필요가 있다. 당연하게 옳다고 해도 조화롭지 못한 것은, 결국 서로에게 손해를 입히고 후유증을 남긴다. 조화라는 의미는, '너, 나'의 구분 없이 '함께' 살아가는 공동체적인 의미가 있으며, 자기를 벗어던지는 진정한 자유로움을 상징하기도 한다.

더욱이, 우리가 선(善)을 행할 수 있다면 이것은 금상첨화다. 참된 것의 마지막 길은 항상 '작선(作善)'이다. 즉, 선을 작업하기 위한 행동이다. 우리 주변에는 선한 행동을 위한 것들이 너무나 많다. 가만히 둘러보면 각종 것들에는 공동선이 필요하다. 무심코 흘리지만 않는다면, 우리의 선은 이 사회를 아름답게 만드는 중요한 구실이 된다. 공동선을 향한 우리의 관심과 사랑을 끊임없이 가진다면 아마도 "아, 타인에게 베푸는 것이 바로 나를 위한 것이구나. 바로 이것이 '상보적 보시'구나."라는 것을 깨닫게 될 것이다.

과거의 정신역동 때문에 현재의 나를 감옥화 시키지 않기 위하여 창조적인 삶을 위한 노력을 해야 한다. 어느 수준까지는 자기자신이 우선 편하게 살기위하여 탐구하고 노력해야 하지만, 어느 시점부터는 남과의 조화와 선을 위하여 나아가는 자세… 그것이 창조적인 삶의 결실이 아닐까 여겨진다. 이것은 어느 누구를 위한 것이 아니라, 바로 나 스스로를 위한 것이며, 다음 세대에 이 보다 더 좋은 유산은 없을 것이다.

* 위 내용에는 윌리엄 피치(1974)의 글이 일부 인용되었습니다.

19. '가난'이라는 의미

"가난은 우리가 산만해지는 것을 막아줍니다.
가난을 위하여 '아무것도 가지지 말라.'는 것이 아닙니다.
오히려 '많은 것을 소유'하게 합니다. 그러나 집착하지 말 것을 당부합니다.
재산과 물질을 소유하되 그것의 노예가 되지 말라는 가르침입니다.
사람과의 관계 속에 살지만 누구에게도 매이지 말라는 당부입니다.
그러한 사람이 '가난한 마음'의 소유자입니다."

토머스 머튼(1992)은 "가난함이 산만해지는 것을 막아 준다."라는 요지의 이야기를 하였다. 이는 '우리가 가난한 상태로 남아있지 못하면 늘 산만해질 수밖에 없다'는 뜻인데, 여기서 '가난함'이란 어떤 뜻일까? 이 가난의 의미에 대하여 깊이 생각해보는 기회를 가져보자. 물질적인 가난만을 가난이라고 생각한다면 오해의 소지가 있다는 것을 우선 말할 수 있다. 여기서 물질이라 함은, 재물, 명예, 학벌, 권력, 외모 등 각종 것들이 다 포함된다. 누군가가 소박하고 검소한 생활 자체로서 만족하는 생활을 진정으로 하고 있다면, 그것 자체가 평화일 것이다. 하지만 만약 마음속으로는 더 잘 살고 싶고, 더 가지고 싶고, 더 좋은 것을 성취하고 싶은데, 어쩔 수 없이 소박(?)할 수밖에 없는 생활을 한다면 평화롭지 않은 것이다. 그것은 가난하지 않은 것이다. 그건 차라리 피해의식이나 자격지심과 같은 것일 뿐이다.

'가난'이란 '집착'의 문제와 관련성이 있다. 외적으로 이런저런 것을 갖추고 살아도, 가진 것 자체에 별로 집착하지 않고 그냥 '내게 이런 것들이 왔구나! 정말 감사하구나, 부족한 나에게 이렇게 좋은 것이 오다니, 잠시 이런 것들이 내게 머물러 있어 주는구나.'라는 마음이라면, 그 마음 자체가 소박하고 가난한 것이다. 비록 그런 물질들이 사라졌을 때에도 현재와 다름없는 마음가짐으로 살 수 있다. 실제로 현실적으로 가난한 사람이라도, 자신의 가난이 자기를 무너뜨리게 만들고 괴롭게 만들고 열등감 가지게 만들면서 자신감을 잃게 만든다면, 그는 마음이 '가난'하지 못한 것이다. 즉 눈에 보이는 면에서 '잘 살고 못 살고'의 문제가 아니라, 그 마음 자세가 어떠하냐에 따라서 가난할 수 '있느냐', 가난할 수 '없느냐'로 나눌 수 있을 것 같다.

그러므로 가난한 상태로 남아있을 수 있다는 것은, 바로 자신을 비울 수 있다는 의미가 된다. 자신을 비우기 위하여 삶의 진리에 관심을 가진다. '진리가 너희를 자유롭게 하리라.'에 관심을 두게 되는 삶을 살므로 산만해질 수가 없는 것이다. 그런 '가난'한 마음이 바로 '산만해지는 것'을 막아준다.

머튼은 계속하여,

"나의 '가난'이 영적인 풍요함에 대한 은밀한 갈망이라 치자. 나 자신을 비우고 침묵하는 척하면서 내가 실제로는 하느님을 구슬려서 어떤 체험으로 나를 풍요롭게 해주기를 바란다고 치자. 그렇다면 어떻게 될 것인가? 그때는 모든 것이 우리를 산만하게 만들게 될 것이다. 그리고 모든 피조물이 내가 어떤 특별한 체험을 추구하는 일을 방해할 수 있다. 나는 그들을 쫓아내야 한다. 정말 그런 나의 욕구와의 싸움을 벌여야 할 것이다. 아니면 그들이 나를 갈갈이 찢을 것이다. 가장 불행한 일은 바로 이것이다. 나의 기도가 단지 나 자신, '나의 것'에게만 집중되어 있다면, 즉, 기도가 나 자신과 내 가족의 풍요로움만을 추구한다면 그 기도 자체는 나를 가장 산만하게 할 수도 있다는 점이다. 그 기도로 나 자신만을 채울 수 있다고 치자. 그 열매를 따 먹고는 점점 나 자신은 하느님으로부터 떨어져 나가는 것이다. 나는 풍요롭지만 혼자 남겨지고, 그 무엇도 나의 욕망을 누그러뜨릴 수 없다. 내 것만을 채우려고 할 때 그 모든 것이 나를 산만하게 한다."

이 말의 뜻을 좀 더 쉽게 생각해 보자.

우리는 자신을 비우는 척, 침묵하는 척 하면서 기도할 수 있다. 현재의 '가난'이 다음의 '영광'을 위하여 필요한 수순이라는 보상욕구의 속삭임이 내포되어 있을 수도 있다. 현재의 이 가난 때문에 오히려 앞으로 더 많은 것을 줄 것이라 믿는 은밀한(?) 기도나, 그 기도의 내용 속에서 '나를 풍요롭게 해 주소서'가 있는 한은, 늘 산만해질 수밖에 없다는 뜻이다. 우리가 바라는 그 외부의 풍요 속에서는 진정한 평화가 없다. 그 외부로부터 오는 평화는 끝없는 갈망의 한 표현이기 때문이다. 우리 스스로가 진실한 마음을 통한 평화, 자신의 마음을 깊이 바라보고 느끼면서 오는 평화, 조용히 스스로를 자각하면서 느끼는 그런 평화의 기도, 이 진실한 기도를 하지 않고는 진정한 영광이 올 수 없다는 것이다. 오히려 진실하지 못한 기도는 나 자신을 불안하게 만들고, 혼란스럽게 만들고, 괴롭게 만들 뿐이라는 뜻이다. 갈구하기만 하는 바람의 기도는, 그 풍요로움이 어떻게 환원되어야 함을 진정 느끼지 못하게 만들고, 결국 우리를 정신적으로 황폐하게 만들 것이다. 다시 말하면, '나 자신에게만…' '나의 풍요로움에만…' '나의 가족에게만…' '나의 자녀, 배우자에게만…' 무엇 무엇이 잘 되기를 바라는 내용으로 국한된 기도는, 바로 그 기도 자체가 나를 가장 산만하게 할 수 있다. 물론 잘 될 수도 있다. 무엇인가가 이루어질 수도 있다. 간절하게 내 자식이 내 가족이 잘되기를 희망하여, 할 수 있는 한 최신을 다하여 무엇인가를 이루어 내었을 때, 우리는 나무의 풍요로운 열매를 맺게 할 것이다. 그리고 따 먹을 것이다.

그러나 "나는 나무의 열매를 따 먹고 자신과 하느님으로부터 스스로 떨어져 나간 것이다."라는 말씀을 생각해보자. 즉, 그 열매를 따 먹고 풍요로울지는 몰라도, 그러한 기도에 의한 풍요로움은, 결국 갈망의 또 다른 투사체일 뿐이다. 그렇기 때문에, 시간이 흐른 후 어느 날 그 풍요로움은 점점 시들해질 것이다. 그리고 서서히 혼자 남겨지게 될 것이며 참된 생의 열매를 따 먹지 못할 수도 있다. 계속 갈구하는 마음 때문에, 마음에서 우러나오는 풍요로움이 없기 때문에, 하느님이 내재하는 그 진실된 평화가 없기 때문에, 갈망이 잠시 채워진 뒤에 허전함밖에 없기 때문에, 마음의 깊은 존재 속에 들어간 안정감이 없기 때문에 그러한 '풍요로움을 비는 기도'는 그것 자체가 다시금 스스로를 산만하게 할 것이라는 뜻이다.

결국, 그 이후의 새로운 욕망을 누그러뜨릴 수가 없기 때문에, 나 자신의 욕망의 굴레 속으로 빠져들면서 또 다른 산만함으로 힘들게 될 수 있다는 뜻이다.

참된 '마음의 가난'에 대하여 언급한 내용을 살펴보자(매일미사, 2008. 5.).

"참 행복의 첫 번째 조건은 어떠한 마음이겠습니까? 욕심 없는 마음일는지요? 그럴지도 모릅니다. 하지만 욕심 없는 마음이라고 모두가 행복해지는 것은 아닙니다. 행복에도 어느 정도의 욕심은 필요합니다. 진정한 가난한 마음은 '자유로운 마음'입니다. 돈과 물질에 얽매이지 않는 마음입니다. 사상이나 이념에서도 자유로워야 합니다. 명예와 권력에도 붙잡히지 말아야 합니다. 지난날의 실수와 잘못에서도 홀가분해야 합니다. 한순간이라도 이러한 마음이 되면 '가난한 마음'은 깨달아집니다. 그리스도교에서 말하는 가난은 무소유가 아닙니다. 가난을 위하여 '아무것도 가지지 말라.'는 것이 아닙니다. 오히려 '많은 것을 소유'하게 합니다. 그러나 집착하지 말 것을 당부합니다. 재산과 물질을 소유하되 그것의 노예가 되지 말라는 가르침입니다. 사람과의 관계 속에 살지만 누구에게도 매이지 말라는 당부입니다. 그러한 사람이 '가난한 마음'의 소유자입니다."

'가난'이란 비워진 마음, 자유로운 마음이기 때문에 그 마음이 행복의 소중한 조건이 아닐까 생각된다.

20. "행위의 질은 존재의 질에 달려있다."

주의집중 속에서 살면
몸의 곳곳에서도 주의집중의 빛이 발산되어
주변의 모든 존재를 비춘다.
그러면 주변에 있는 주의집중 수행을 하지 않은 사람도
우리에게서 발산되는 빛으로 인해,
그들 내면에 존재의 더 나은 씨앗을 틔워낸다.
행위의 질은 그 행위의 주인인 존재의 질에 달려있다.
행위 없는 행위, 즉 주의집중 훈련은
존재의 질을 높이는 훌륭한 도구가 될 것이다.

기원 후 2세기에 중국어로 번역된 최초의 한역불경인 《사십이장경》에는 다음과 같은 구절이 나온다.

"내가 제시하는 법은 수행 없는 수행, 행위 없는 행위이니라."

우리는 '행위'와 '행위 없음'을 다른 것으로 본다. 가끔 "그냥 앉아만 있지 말고, 뭔가 좀 해!"하는 식으로 행위를 재촉한다. 아무 것도 하지 않음을 행위 하지 않는 것이라고 보는 것이다. 그러나 과연 행위를 한다고 해서 다 행위를 하는 것일까! 존재 상태가 안 좋을 때, 다시 말해서 마음의 평화와 이해가 부족하거나 화와 두려움으로 가득 차 있으면, 그 행위는 아무 의미가 없을 뿐더러 해를 줄 수도 있다.

행위의 질은 전적으로 존재의 질에 달려 있기 때문이다. 지혜로운 행위는 존재의 토대 위에서 생겨나고, 행위가 없어도 존재는 가능하다. 이런 의미에서 평정과 주의집중, 궁극적 실재라는 절대자의 현존 속에 머무는 존재 상태는 그 자체로 이미 하나의 훌륭한 '행위'이다. 가만히 머무는 것도 하나의 '행위'라는 뜻이다.

한 예로, 크게 움직이지도 않는 것 같은데 가까운 주변은 물론 세계의 안녕에 결정적인 역할을 하는 일들이 있다. 가족 중에도 이런 사람이 있다. 항상 바쁘게 움직이는 것도 아니고 돈을 많이 벌어다 주는 것도 아닌데, 그 사람이 없으면 왠지 집안의 분위기에서 안정감이나 평화로움이 깨진다. 그냥 넘어갈 수 있었던 문제도 갈등으로 넘어간다. 그의 존재 자체가, 행위 없는 행위로 가족의 안녕에 크게 이바지했기 때문이다. 반면에 이것저것 바쁘게 움직이지만 실제로는 아무런 하는 것도 없이, 오히려 번잡하고 산만하고 다른 사람의 정신만 혼란하게 만드는 행위도 있다. 즉, 그 존재 자체로서 큰 행위를 하는 사람이 있는 반면 큰 행위를 해도 그 존재 자체가 아무런 행위를 하지 않는 사람이 있다는 뜻이다.

다른 예로, 난민선이 바다에서 폭풍우를 만났다고 하자. 모두가 공포에 질려 사방으로 동동거리며 뛰어다닌다. 그러다 보니 배는 더욱 불안정해져 급기야 전복될 위기에 처하고 만다. 하지만 이런 때 평정을 잃지 않고 침착하게 "여러분, 우리 다 같이 조용히 앉아 있어 봅시다. 우리 모두가 살기 위해서…"라고 말할 수 있는 사람이 단 한명이라도 있으면 모든 난민이 목숨을 구할 수도 있다. 아무 행위도 '하지' 않으면서도, 사람들이 침착하게 평정을 되찾도록 도와줘 재앙을 막아내는 것이다. 이야말로 행위 없는 지혜로운 행위, 모든 훌륭한 행위의 토대가 되는 존재의 질이다.

다시 언급하자면, 아무것도 '행하지' 않으면서도 많은 것을 이루는 때가 있는가 하면, 항상 분주하게 많은 일을 행하는 것 같은데 정작 별로 이룬 게 없는 경우도 있다. 후자의 경우라면, 행위의 토대가 인위적인 노력으로 기력이 소진되고 매 순간 기쁨과 평화를 경험하지 못하기 때문이다. 특정 종교적 수행도 이런 식으로 접근하는 이들이 있다. 하루 열두 시간 명상을 하고, 경전을 입으로 끊임없이 염송하고, 특정 이름(하느님, 부처님, 예수님… 등)을 부르며 아주 열심히 수행하지만, 그의 태도나 행동에는 아무 변화를 경험하지 못한다. 말하자면 내면에는 화와 분노, 좌절감이 그대로 남아 있으면서, 늘 수행하는 자세를 보인다.

"나의 법은 행위 없는 행위를 하고, 수행 없는 수행을 하는 것이다."

이 구절은 외적인 형상에 갇혀 행위 없음과 행위, 즉 존재와 행위를 구분하지 말아야 한다는 것을 일깨워준다. 사람들은 대부분 많은 일을 이루려 애쓰지만, 행위를 할수록 그들의 가족과 사회, 세계는 더 많은 곤란에 빠져든다. 존재의 토대가 아직 충분하게 안정되어 있지 못하기 때문이다. 그러므로 때때로 우리는 반대로 해 볼 필요가 있다. 즉, 아무것도 어떤 행위도 하지 않고 그냥 가만히 있는 것으로 (그것을 명상, 기도, 주의집중, 수행 등 어떤 이름이라도 좋다) 존재의 질을 향상시키는 것이다.

지금 바로 여기에서 생기 있게 현존하기만 해도 모든 상황에 긍정적인 영향을 미치게 된다. 하느님의 현존을 가슴 깊이 느끼기만 하여도, 다른 표현으로 하자면, 그냥 가만히 '바라보기'만 하는 것을 통해 우리의 통찰과 연민과 이해를 높이는 것만으로도 우리가 세상에 줄 수 있는 최고의 선물인 것이다. 이것이 바로 수행 없는 수행, 성취 없는 성취, 행위 없는 행위이다. 우리 모두 존재의 질을 향상시켜 스스로 기쁨과 평화를 얻으면 가족과 사회, 세계에 이를 전할 수 있다.

주변에서 가끔 한 사람의 행위가 여러 사람을 괴롭히고 주위를 암흑으로 물들게도 하지만, 어떤 사람의 행위는 주변을 빛으로 만드는 경우가 있는 것을 볼 수 있다. 베트남에는 다음과 같은 이야기가 전해진다.

즈엉(Duong) 시대에 어느 법승이 제자들에게 《화엄경》을 가르쳤다. 그는 팔각형의 탑을 세운 다음, 탑의 안쪽 벽면을 커다란 거울로 뒤덮게 했다. 탑이 완성되자 그는 촛불을 켜들고 왕비를 탑 안으로 안내했다. 탑 안으로 발을 들여놓는 순간, 왕비의 눈에 앞쪽의 거울에 비친 촛불이 들어왔다. 몸을 돌리자 뒤쪽의 거울도 촛불을 비추고 있었다. 8각 거울의 한 면마다 촛불이 하나씩만 비친 게 아니었다. 각각의 거울에 비춰진 촛불이 다시 다른 거울들 속에 비춰지고, 이렇게 비춰진 촛불들이 다시 다른 거울들 속에 비춰져, 모든 거울 속에서 무수히 많은 촛불이 너울대고 있었다. 《화엄경》에 나오는 인드라망(Indra's Net)의 이미지를 왕비에게 보여주기 위해서, 법승이 거울이라는 지혜로운 방편을 쓴 것이다. 인드라의 그물도 아주 크고 넓으며 그물의 이음새마다 보석이 매달려 있는데, 이 각각의 보석이 다른 보석들을 비추어 무한히 많은 빛을 만들어낸다.

주의집중 속에서 살면, 몸의 곳곳에서도 주의집중의 빛이 발산되어 주변의 모든 존재를 비출 수 있다. 그러면 주의집중 수행을 하지 않은 사람도 우리에게서 발산되는 빛으로 인해, 그들 내면에 존재의 더 나은 씨앗을 틔워낸다. 이는 아주 자연스러운 과정이기 때문에 우리가 굳이 노력하거나 애쓰지 않아도 저절로 이루어진다. 빛이 굳이 애쓰지 않아도 빛이 머무는 모든 대상을 비춰주는 것과 같은 이치이다. 빛은 그저 대상을 비춰주는 빛의 본성 속에 가만히 머물러 있기만 하면 된다. 주의집중의 빛도 마찬가지이다. 굳이 많은 노력을 기울이지 않아도 주의집중의 빛은 자연스럽게 발산된다. 우리는 그저 주의 집중 수행을 계속하기만 하면 된다. 그러면 우리도 모르는 사이에 주변 환경과 사람들에게 영향을 미치게 되고 이들은 다시 그들 스스로 주변을 향해 주의집중의 빛을 뿜어낼 것이다.

이런 과정을 겹겹의 인연이라는 시각에서 보면 하나의 삶, 한 사람의 행위가 얼마나 커다란 영향을 미칠 수 있는지 깨닫는다. 그러면 우리의 삶에 아무 의미도 없다는 생각은 더 이상 들지 않는다. 우리의 존재 방식 자체가 우리의 상황과 환경, 주변을 둘러싸고 도는 존재의 삶에 영향을 미치기 때문이다. 예수님이나 부처님처럼 우리도 무수한 존재들의 삶에 영향을 미칠 수 있는 것이다. 우리 내면에서 주의집중의 등불을 밝히기만 하면 주변의 모든 존재가 그 혜택을 입을 것이다. 상담자의 존재가 맑고 투명한 거울처럼 빛의 역할을 한다면, 내담자는 상담자라는 존재만으로도 큰 도움을 받을 것이다.

상담 및 집단 심리치료의 장면에서 강조하는 '바라보고 머무르고' 훈련은, '행위 없는 행위'를 통해서 우리 존재의 질을 드높이 향상시킬 것임에 틀림없다. 그 훈련을 스스로 의지를 내어 연습하기만 한다면, 질 높은 존재의 지혜로움은 우리의 어려움과 갈등들을 해결하는 데 큰 몫을 할 것이다. 좋은 근기로 긍정적인 방향으로 훈습해 나간다면 자신에게는 물론 타인에게도 보석과 같은 체험과 도움이 될 것이다.

* 위 글의 일부에는 틱낫한 스님의 『읽어주는 법화경』(2004)의 법문이 인용되었음을 밝힙니다.

21. 사랑도 지혜롭게!

-'빈궁한 아들' 비유 -

사랑을 주는 것도 상황에 따른 지혜로운 방편이 필요하다.
우리는 내면의 엄청난 부를 사용하지도 못하고
빈궁한 아들처럼 살아가기 쉽다.
빈궁한 아들의 마음상태가 점차 맑아지고 성숙해짐에 따라서
엄청난 부를 누리는 깨달음의 열매는 너무나 크다

우리가 상대방을 도울 때 상대의 입장에서 돕는 것이 아니라 나의 마음에서 돕는 것이 많다는 것을 종종 느낄 때가 있다. 상대는 2만큼 필요한데 나는 20만큼 해 주고 싶고, 상대는 20만큼 필요한데 나는 2만큼 해 주고 싶은 것, 이 모두 비례적이지 않는 도움이 될 수 있다. 그렇다고 20을 바라는 대상에 20을 다해주는 것이 진실일까 고민될 때도 있다. 나의 입장에서 아무리 상대를 많이 도와주고 싶어도, 상대의 뜻과 맞지 않으면 결국 상대방은 도움 자체를 거부할 수도 있으며, 오히려 도움 받았다는 느낌보다 '부담되었다' '거부감이 들었다'는 기분을 가질 수도 있을 것이다. 도움을 주더라도 상대의 상황에 따른 여러 가지를 생각해서 도움 주는, 각각의 방편들을 슬기롭게 사용하는 '지혜', 이것 역시 우리가 가져야 할 덕목임에는 틀림없다.

이 글은 '빈궁한 아들'이라는 제목의 법화경 4장(신해품)이다. 부처님이

그 시대의 최고의 수제자들을 앞에 두고 우화를 통하여 지혜로운 방편을 어떻게 사용해야 하는가에 대하여 자세히 설명하신 내용이다.

어린 나이에 집을 나간 어느 남자가 있었다. 그는 어린 나이에 잘못된 판단으로 일찍 집을 나가 빈궁하고 비참한 삶을 살았다. 그는 먹고 살기 위해 애쓰면서 50년 동안이나 두루 방랑 생활을 했다. 고향땅과 가족도 이미 잊은 지 오래였다. 그러던 어느 날 그는 고향으로 돌아왔다. 하지만 자신이 도착한 곳이 고향이라는 사실도 알지 못했다.

그의 아버지는 자식이 집을 나갔을 때와는 달리, 상인으로 성공해서 부자가 되어 있었다. 오랜 세월이 지났어도, 그의 아버지는 언제나 잃어버린 아들을 애타게 그리워했으며, 마음속에는 아들에 대한 마음이 한 번도 사라져본 적이 없었다. 늘 마음속으로 그 아들을 떠올렸다. 죽을 때 재산을 물려줄 자식도 없었던 터라, 그는 자신의 재산이 늘어나면 늘어갈수록, 아들 생각이 더 많이 났고, 이곳저곳 뿔뿔이 재산을 어떻게 나눌까도 생각했다. 하지만 누구에게도 이런 사정을 이야기하지 않았기 때문에, 상실감과 안타까움은 더욱 깊어만 갔다.

그러던 어느 날, 이 빈궁한 아들이 막일꾼 자리를 얻기 위해서 부유한 상인의 저택을 찾았다. 문간에서 안을 훔쳐보니, 부유한 상인은 사자좌 위에 앉아 진귀한 것으로 만들어진 발판 위에 발을 올려놓고 있었다. 거기다 수많은 귀족, 부유한 상인들이 그를 에워싸고 있었다. 상인이 어찌나 부자였던지, 정부의 고위관리나 왕실 가족들도 그와 친하게 지내기 위해서 그의 집을 방문하곤 했기 때문이다. 저택도 아주 풍요로웠다. 귀한 보석들로 만들어진 커튼과 아름다운 화환, 분수에서 솟아나는 향기로운 물. 이런 풍경을 보고 아들은 스스로 이렇게 물었다.

'여길 왜 왔을까? 너무 위험해. 나를 잡아서 감옥에 처 넣을지도 모르는데. 이런 화려한 곳에서는 나 같은 사람을 반기지 않을 거야.'

이런 생각에 그는 자리를 떠났다.

그러나 그가 문간에 나타난 순간, 부유한 상인은 그토록 오랫동안 그리던 아들, 바로 그가 자신의 아들임을 한눈에 알아보았다. 자나 깨나 그 모습을 마음속에 상상하고 그리고 있었기 때문이었을까. 충격에 흥분한 나머지 그는 하인에게 쫓아가서 그를 데려오라고 명했다. 그러나 하인이 뒤쫓아 오는 것을 보고 아들은 겁을 먹었다.

"나리, 전 아무 짓도 안 했습니다. 누구한테 해코지하지도 않았어요. 그런데 왜 절 붙잡는 겁니까?"

아들은 하인에게 이렇게 호소했다. 그러나 하인은 주인의 명을 받들어야 했기 때문에 아들을 잡아서 저택으로 끌고 갔다. 공포에 질린 아들은 이렇게 생각했다.

'아, 이제 끝장이구나, 이렇게 붙잡혔으니, 날 사형시켜버리고 말거야.'

그러고는 그만 두려움에 의식을 잃고 쓰러졌다.

순간 부유한 상인은 자신의 실수를 깨달았다. 사랑 때문에 그런 것이기는 하지만, 아들을 데려오기 위한 방식이 너무 강제적이었던 것이다.

우리가 누군가를 사랑하는 방식도 이와 같다. 격정적인 감정으로 사랑하는 사람을 숨 막히게 만들어버리는 일이 흔하다. 바라는 마음이 클 경우에는 서두르는 경향이 있다. 사랑을 표현하고픈 마음이 너무 커서 지나치게 행동하는 경우가 있는 것이다. 그러므로 누군가를 아무리 많이 사랑해도, 강렬한 감정으로 상대를 두렵거나 질리게 만들지 않도록 주의해야 한다.

만약 자기의 방식대로 상대를 사랑하려고 할 때는 오히려 그 본마음이 어떤 것이 있나 하는 것을 포착하여야 하며, 그 바라봄이 없이 그냥 상대에게 자신의 사랑을 퍼붓는 것은 자기의 욕구 충족을 위한 어떤 마음이 있기 때문일 것이다.

아들이 두려움에 의식을 잃은 것을 보고 상인은 자신의 행동을 뉘우쳤다. 그러고는 정신을 차리라고 아들의 얼굴 위에 찬물을 끼얹었다. 또한 아들이 다시 정신을 차렸을 때도, 성급하게 자신이 그의 아버지임을 밝히거나 아들에 대한 사랑을 고백하지 않았다. 대신에 그는 이렇게 말했다.

"자네를 붙잡은 건 실수였네. 자네가 죄를 저질렀다고 생각했는데, 사실은 그게 아니었어. 아무 죄도 없으니, 어디건 자네 가고 싶은 곳으로 가게나."

진정한 사랑은 바로 이런 것이다. 누군가를 진정으로 사랑한다면 상대방을 자유롭게 해주어야 한다. 기다려 주어야 한다. 상대방을 가만히 느껴보고 과연 진정하게 상대를 위하는 것이 무엇일까를 생각해야 한다. 때로는 상대를 그냥 그대로 바라보는 태도나 놓아주는 것이 더 좋을 때도 있다. 사랑 때문에 누군가를 속박한다면 그 끈이 사랑으로 만들어진 것이라 해도 진정한 사랑이라 할 수 없다. 나를 위한 사랑인가 상대를 위한 사랑인가를 분별해야 한다.

자유의 몸이라는 말에 아들은 기쁘기 그지없었다. 평생 이만큼 행복했던 순간은 없었다. 새로운 것은 아무것도 얻지 못했지만 날아갈 듯 기뻤다. 이 세상에서 가장 소중한 것, 바로 자유를 다시 얻었기 때문이다.

여기서 상인이 쓴 것은 지혜로운 방편이었다. 아들이 그에게 돌아오도록 너무 빠르거나 급작스럽게 일을 서두르면 아들이 이를 받아들이지 못할 수도 있다는 것을 깨달았기 때문이다. 아들의 입장에서는 두렵고 부담스러운 마음을 일단 벗어나서 자유라는 것을 얻은 셈이다. 차근차근

아들의 상태나 입장에 비례적으로 다가가지 않고 지나치게 베풀 때 그 아들은 오히려 어찌할 바를 모르는 당황스러움에 휩싸이는 것이다. 그건 부모 스스로의 마음일 뿐이지 자식에게는 아직 다가오지 않는 거리감이 있다.

그래서 그는 두 명의 사내에게 더럽고 찢어진 옷으로 빈궁한 사람처럼 위장시킨 다음 아들을 따라 다니며 친구가 되어주라고 시켰다. 그들은 아들을 데리고 가서 같이 일을 한 다음 약간의 품삯을 지급하기도 했다. 상인은 아들에게 배설물을 치우거나 쓰레기를 실어 나르는 것처럼 가장 비천한 계급의 사람들마저 꺼리는 일을 주라고 했다. 자신을 향상시킬 길도 없이 평생 동안 찢어지는 가난 속에서 살아온 터라, 아들이 이런 비천한 일 말고는 할 수 있는 일이 없다고 생각하리라는 것을 잘 알고 있었기 때문이다. 상인의 생각대로, 아들은 아무리 험한 일이 주어져도 그 일을 할 수 있다는 자신감에 스스로 다행이라 여겼다. 아들은 그 이상의 것을 원하지도 않았으며 더 큰 행복을 열망하지도 않았다.

그렇게 몇 달이 흘렀다. 아들은 상인의 저택 근처에서 일하고 있었다. 아들을 그리는 상인의 마음은 여전했다. 그래서 상인은 몸을 휘감고 있던 금은보화를 모두 거두어낸 다음 좋은 옷을 벗고 평범한 옷으로 갈아입었다. 그런 다음 아들과 친해지기 위해서 아들에게 다가갔다. 평범한 노동자처럼 위장하고 있었지만 상인에게서는 여전히 귀족의 풍모와 위엄이 묻어났다. 아들을 만나는 순간 상인은 아주 친절하고 다정한 어조로 이렇게 말했다.

"자네 고향이 어딘가? 여기서는 얼마 동안이나 일했지? 먹고 사는데 지장은 없는가? 노동한 대가는 만족스럽고?"

아들에 대한 사랑이 그대로 담겨 있는 질문이었다. 상인은 다시 아들에게 말했다.

"자네가 내 친아들은 아니지만, 나는 내 밑에서 일하는 사람들을 모두 친아들처럼 생각한다네. 그러니까 나를 두려워하지 않아도 돼."

상인이 이처럼 지혜로운 방편을 사용한 것은 아들이 두려움과 열등감을 털어내고 차츰 차츰 자신감을 쌓도록 도와주기 위해서였다. 이런 식으로 그는 조금씩 아들과 가까워졌다. 상인은 아들의 힘과 충직함, 정직성, 타인들을 대하는 공손한 태도를 칭찬해주었다. 자연히 상인에 대한 아들의 애정과 신뢰도 서서히 자라났다. 하지만 상인은 아들에게 자신이 그의 아버지라는 것은 밝히지 않았다. 아들이 믿지 않으리라는 것을 알고 있었기 때문이다. 대신에 상인은 이렇게 말했다.

"자네를 내 양자로 삼겠네."

아들은 뛸 듯이 기뻐했다. 평생 지금처럼 그를 다정하게 대해준 사람은 아무도 없었기 때문이다. 결국 아들은 상인의 신뢰를 한 몸에 받는 머슴이 되었다. 그는 두려움 없이 마음대로 상인의 저택을 드나들 수 있었다. 게다가 여러 가지 중요한 일도 떠맡았다. 그래도 아들은 여전히 자신을 상인의 양아들이자 충직한 머슴으로 생각했다. 상인의 친자식이라고는 꿈에도 생각지 못했다. 덕분에 상인의 저택에서 집사 일을 맡아보고 있었지만 -그는 중요한 결정을 내리고 큰돈을 관리했다- 하인의 마음가짐을 잃지 않았다. 자연스럽게 아들의 자존감이 올라가고 있었고 차차 자기존재에 대한 정체성도 확립되어 가고 있었다.

그러다 병을 얻은 그 상인이 중병에 이르렀을 때, 아들에게 둘 사이의 본질을 이야기해줄 때가 되었다는 것을 깨달았다. 상인은 왕과 왕실 가족, 다양한 부류의 고관대작, 무인과 학자 등으로 이루어진 증인단을 구성했다. 상인이 얼마나 큰 권세를 누리고 있었는지를 잘 보여주는 대목이다. 그런 다음 아들을 증인단 앞에 불러 세워놓고 이렇게 말했다.

"이 사람을 제 집사로만 알고 계실 테지만, 사실은 제 친아들입니다."

아들은 자신이 이 막강한 권세와 부를 가진 상인의 친아들이라는 생각을 감히 해본 적도 없었다. 하지만 이제 때가 무르익었기 때문에 이런 진실도 아들에게 전혀 상처가 되지 않았다. 아들은 가만히 이야기를 듣고 받아들였으며, '한 번도 깨닫지 못했던 진실'을 깨달았다.

이 대목은 부처님이 법화경을 통해 모든 중생에게 불성이 있으므로 누구나 부처의 경지에 오를 수 있다고 가르쳐주는 순간과 같다. 우리 모두의 내면에, 이 세상 모든 것에 하느님이 현존하심을 믿는 것과 같다. 그 어느 것에도 불성(佛性) 혹은 성령(聖靈)이 없다는 것은 없다 라는 진실을 그리고 빈궁한 아들의 마음 상태는 부처의 경지에 이르는 길에서 자신도 부처의 자식이며 보살이라는 가르침을 듣고 기뻐하고 찬양하는 상태라고나 할까. 진실로 이것은 받아들일 수 있다면, 이를 인정하는 우리의 마음 상태라면 진정한 자기 정체성을 확립하는 것과 흡사하다.

사랑을 주는 것도 상황에 따른 지혜로운 방편을 써야 한다. 이 내용은 내면의 엄청난 부를 사용하지도 못하고 빈궁한 아들처럼 살 수 밖에 없는 보통사람들의 모습을 느끼게 해 주고 있다. 특히 그 빈궁한 아들의 마음상태가 점차 밝아지고 성숙해짐에 따라서 엄청난 부를 누리는, 즉 깨달음의 열매가 얼마나 젖과 꿀이 흐르는 것인지를 느끼게 해주는, 깊은 가르침을 던져주고 있는 대목이다.

* 이 글은 틱낫한 스님이 해석하는 법화경(2004)의 가르침을 토대로 하여, 이해를 돕고자 서술과정에서 부분적으로 필자의 견해를 첨가하였음을 밝혀둡니다.

22. 지혜로운 사람이 되고자 한다면, 우선…

지혜로운 사람이 되고자 한다면
심리적으로 대략 네 단계를 거쳐야 할 것 같다.
첫 번째로 해야 할 일은,
우리가 깨닫지 못하고 있는 부정적인 느낌들과 만나는 것이다.
두 번째로 해야 할 일은,
그런 느낌이나 감정이 어떤 현상, 즉 외부의 세계 속에 있는 것이 아니라
'나의 내면', 바로 우리 안에 있다는 것을 이해하는 것이다.
세 번째 단계는,
그런 감정과 우리 자신을 결코 동일시하지 않는 것이다.
네 번째 단계는,
'나'는 이 상황을 어떻게 바꾸기를 원하는가?
혹은 '나' 자신 스스로를 어떻게 바꿀 것인가? 하는 것이다.

우리는 어떤 상황이 발생될 때 그 문제를 직시하면서 지혜로운 결정을 내려야 한다는 것을 알고 있다. 그러나 지혜로운 결정을 내리기 위해서는, 마음의 평정심을 바탕으로 한 정확한 정보와 객관적인 상황에 바탕을 둔 합리적인 판단이 이루어져야 하고, 보편타당성 있는 정서와 행동이 뒤따라야 한다. 즉, 지혜롭지 못한 결과들은, '지금-여기'에 적절치 못한, 비례적이지 못한 감정에 바탕을 두고 비합리적인 판단과 신념에 의하여 부적절한 행동방식을 취했다는 것을 의미한다.

심리치료의 장면에서는, 무의식적인 감정에서부터 의식되는 감정에 이르기까지, 또는 정서적인 부분에서부터 행동적인 부분에 이르기까지, 관념적인 것부터 구체적인 것까지, 다양한 접근법을 통하여 내담자의 당면한 상황들과 그에 대한 인식, 사고, 감정 등에 대한 적절 여부를 가려내기도 한다. 물론 내담자의 인격 자체에 대해서는 있는 그대로의 모습으로, 중립성을 지키면서 주요 문제점에 대하여 스스로가 인식하거나 느끼는 것에 대한 비례 여부를 우선 고려해 보아야 할 것이다. 비례적이지 않은 감정, 사고, 태도는 때때로 지혜로운 결정과는 반대되는 결과를 발생시키기 때문에, 일시적으로 해결되었다 하더라도 그 원인을 잘 관찰하지 않으면 또 다른 문제점이 향후 발생된다. 한편, 누구라도 느끼는 비례적인 사고나 감정이라면, 이 상황을 어떻게 대처하고 개척해 나갈 것인가를 연구하여야 한다.

결국, 개인 또는 집단상담과 같은 치료과정에서는, '건강한 자아기능'의 향상이 매우 중요한 목표가 된다. 그리고 그런 자아로부터 자유로워지는 것은 인생의 소중한 길이 될 것이다. 마치 수도자처럼… 그러므로 현실에서는 지혜로운 사람이 되기 위하여 우리 스스로가 심리적으로 어떤 상태가 되어야 하는지부터 알아두어야 할 것이다. 즉, 성숙한 자아기능을 위한 심리적인 과정을 이해해야 할 것이다. 그 과정은 대체로 다음과 같은 네 단계를 거쳐 간다. 아래의 내용을 참고하여 이 과정들에서 어떤 부분에서 걸리는지, 어떤 부분에서는 그런대로 잘 넘어가고 있는지 스스로 체크해 보면 도움이 될 것이다.

첫 번째로 해야 할 일은, 우리가 깨닫지 못하고 있는 부정적인 느낌들과 만나는 것이다.

많은 사람들은 그들이 깨닫지 못하는 부정적인 느낌들을 갖고 있다. 어떤 사람들은 우울감이 있는데 스스로가 그 사실을 깨닫지 못하고 있다. 오로지 즐거운 상황이 올 때에만 비로소 그들이 우울한 상황에 있었다는 것을 이해하게 된다. 자신의 불안한 마음과 만나지 못하면 스스로가 얼마나 불안하여 행동방식이 산만하고 어지러운지 혹은 강박적으로 늘 무엇인가를 갈구하는지 잘 깨닫지 못한다. 잠시 '난 불안한 것 같아!' 라고 살짝 느낄지는 모르나, 그것은 바람처럼 스쳐 지나가는 느낌일 뿐이지 진정하게 만나는 것은 아니다. 진짜 자기 느낌을 만날 수 없다. 오로지 스스로가 안정되어 있을 때에만 비로소 그 이전에 자신이 얼마나 불안했는지 이해하게 된다.

우리가 암을 고치려면 스스로 병원을 찾아(전문가의 도움을 받아서) 암을 발견하여야만 한다. 발견하지 못한 암은 다룰 수 없으며 다룰 수 없는 것은 고칠 수 없다. 발견하였다 하더라도 너무 늦게 발견한 것은 대수술로 시간이 많이 걸리거나 경우에 따라서는 이미 어려울 수도 있다. 밭에서 크는 귀한 나물에 해충들이 있다는 사실을 깨닫지 못하면 우리는 그것들을 없앨 수 없다. 그 귀한 나물은 해충들에게 무수하게 침범당하여 쓰러지게 된다. 그 해충들은 발견되어야 하고, 나물은 해충들로부터 보호되어야 한다.

다시 말하면, 우리가 해야 할 첫 번째 일은 자신의 부정적인 감정들을 만나는 일이다. 침울함, 분노, 혐오감, 죄책감, 상처, 무시당하는 느낌, 무시하고 싶은 마음, 밟힌 기분, 짜증, 무서움, 불안함, 긴장, 위축감 등 수없이 많은 감정들이 구름처럼 올라올 수 있다. 그것이 누구나 느끼는

'비례적인 보편타당성 있는 감정'이든, 스스로만의 '확대 혹은 축소된 감정'이든 상관없이, 내면의 이런 많은 감정들과 만나야 한다. 사람들은 때때로 스스로의 감정을 포착하기도 전에, 느끼기도 전에, 삶은 무의미하고 말이 안 된다고 생각하기도 한다. 나 혼자만 이렇게 사는 것처럼 생각하기 쉽다. 또 다른 무엇인가를 찾아야 한다고 생각하기 쉽다. 아무것도 해결되는 것은 없다는 식의 자괴감에 빠지기 쉽다. 한마디로, 우리는 누구나 다 부정적인 감정들을 지닐 수 있고, 긍정적인 감정도 지닐 수 있다. 그 감정은 평가 대상이 아니다. 단지 그 감정에 대한 행동은 책임져야 할 것이다. 그러므로 우리는 내면에서 일어나는 감정을 평가하지 않고 있는 그대로 먼저 만나야 한다.

두 번째 단계는 그런 감정이 어떤 현상, 즉 실제 외부의 세계 속에 있는 것이 아니라 '나의 내면', 바로 '우리 안에 있다.'는 것을 이해하는 것이다.

이건 너무나 자명한 사실이지만 사람들이 이것을 잘 알고 있을까! 아닐 경우가 많다. 정말이지 우리는 이것을 잘 알지 못한다. 어떤 분야의 최고의 지식을 가지고 있다 할지라도 이 사실을 이해하지 못하는 경우가 너무나 많다. '우리 안에 있는 것들'에 대한 이해… 학교에서는 나의 '내면'이 어떻게 살아야 하는지 가르쳐주지 않았다고 볼 수 있다. 어쩌면 학교에서는 우리에게 이것만 제외하고 '외부의 모든 것'을 가르친다. 어떤 사람이 말하는 것처럼, "난 꽤 많은 교육을 받았어요. 그런데 그것들로부터 벗어나는데 오랜 세월이 걸렸지요." 어쩌면 우리는 '삶의 진정한 목적'을 배우지도 알지도 깨닫지도 못한 채로 '살기 위한 수단과 방법'을 배웠다고 볼 수 있다. 삶의 진실한 목적이 없는 항해는 그 배가 어디로 향하는지 알 수 없을 것이다. 배 젓는 법을 배우고 배를 나아가게 하는 기계들의 작동법을 배웠지만, 목적 없는 항해는 아무 의미가 없는 것이다. 외부와 싸우는 것이 아니다. 우리는 진정 외부에 대한 나의 마음과 싸워야 한다.

바로 이것이 '정신적인 성숙'이다. 그토록 많이 받았던 제도권 교육이 우리에게 가르쳐 준 긍정적인 것들도 많지만 부정적인 것들도 많다. 우리는 그 긍정적인 것들은 자신과 타인을 깊이 사랑하는 도구로 회향하여야 할 것이고, 부정적인 것들은 잘 파악하고 깨달아서 그것들이 나에게 어떤 새로운 가르침을 가져다주는지 느껴야 할 것이다. 그런 과정을 통하여 진정한 의미의 정신적 성숙의 방향으로 나아가야 한다. 그 방향은, 바로 나의 감정, 느낌, 생각 등은 오직 내 안에서 올라오는 것이라는 것과, 그 해답도 내 안에서 비롯된다는 것을 깨닫는 것이다.

세 번째 단계는 그런 감정과 자신의 존재를 결코 동일시하지 않는 것이다.

'그런 감정들'이 '나'와는 전혀 상관이 없다는 것을 우리는 이해할 수 있는가! 우리는 때때로 나의 존재와 나의 감정은 별개라는 것, 행동 따로 마음 따로 였던 경험이 있지 않는가! 이성적으로는 정말 아닌 것 같은데, 내 마음은 계속 그 쪽으로 끌리는 경우도 얼마든지 있지 않았는가! 혹시 살아가면서 이런저런 경로를 통해서 이런 내용을 들었을지라도, 마음 안에 담기까지가 그리 만만치 않았을 것이다. '안다'는 것은, 머리로 개념을 알아서 배우는 것도 있지만 마음으로 느껴서 몸으로 체득되어야 하는 것도 있을 것이다. 아마도 이것은 직접 가슴으로 받아들이고 몸으로 경험되어야 하는 부분일 것이다. 만약 어떤 사람이 개념을 제대로 이해하고 체험하였다면 마음공부가 상당히 진척된 분이라고 여겨진다.

'나'와는 상관없는 것이 '나의 감정'이다. 그런 감정으로 우리는 스스로를, 자아를 정의하지 말라! "나는 우울하다."라는 표현을 하지 말라. "그건 우울한 상황이다."라고 말하는 것은 괜찮다. 그 곳에 우울이 있다고 말하는 것, 그곳에 침울함이 있다고 말하는 것은 괜찮다. "나는 우울하다."라고 말하면 우리 자신을 그런 감정이라고 정의하는 것이다. 그것은 우리의 망상이고 오류이다. '나'라는 존재 한쪽 귀퉁이, 그곳에 우울함이 있고, 상처의 감정이 있지만 그 상태로 있게 하라. 그냥 그런 감정들을 홀로 있게 하라. 그것들은 지나갈 것이다. 모든 것은 지나간다. 우리 스스로의 우울과 전율과 같은 기쁨은 행복과 전혀 상관이 없다. 이런 감정들은 시계추의 흔들림과 같은 것이다.

"우리가 어떤 전율이나 흥분을 찾는다면 다음에 올 우울함을 준비하라."

"약을 원하는가? 견딤을 준비하라."

시계추의 한쪽 끝은 다른 쪽 끝으로 날아간다. 그냥 '그런 감정들'이 있는 것이지, 그것은 결코 '나'가 아닌 것이다.

네 번째 단계는, '나'는 이 상황을 어떻게 바꾸기를 원하는가? '나' 자신을 어떻게 바꿀 것인가? 즉, '나' 자신이 상황을 제대로 이해하고 인식하여 현재 스스로 해야 할 일을 알아내는 것이다.

우리는 어떤 상황에서라도 외부 상황을 변화시키려고 한다. 정신적으로 깨어있지 않고 잠들어 있는 사람은 항상 다른 사람이 변하면 자신의 기분이 훨씬 더 좋아질 것이라고 생각한다. 우리가 고통 받는 것은 우리 스스로가 잠들어 있기 때문이지만 대부분의 마음속에는 이런 이야기를 품는다. '외부대상 혹은 상황이 이러이러하게 변화한다면 삶은 얼마나 행복할까? 내 이웃이 변한다면, 나의 부모가 변한다면, 나의 배우자가 변한다면, 나의 자식들이 나의 기대만큼 해준다면… 아, 난 내 뜻대로 하고 싶구나!' 정말이지 우리는 외부가 변하면 내부가 훨씬 좋아지리라 믿고 그렇게 원한다. 그러나 상대방이 변했을 때, 그것이 우리에게 어떤 영향을 주는지 정말로 생각해 본 적이 있는가? 우리 자신은 어제와 다름없이 오늘도 여전히 의존적이 된다. 늘 상대에 따라서 내 인생이 좌우된다. 즉 여전히 잠들어 있다. 변해야 하는 것은 우리 자신이고 약을 먹어야 할 사람도 바로 내 자신이다.

만약 우리 자신이 "뭔가가 제대로 돌아가고 있어 요즈음 기분이 좋다."고 계속 고집하고 있다면, 이건 잘못이다! 내가 정신이 없기 때문에 세상이 어지러운 것이다. 나의 기분이 안정되고 평화롭기 때문에 세상의 무엇인가가 제대로 돌아가고 만족스러운 것이 아닐까!

23. 게으름은 마음성장의 적 : 성숙한 분별력

자신을 속이는 합리화를 하지 않고
똑바른 눈으로 자신의 현실과 상황, 외부의 조건 등을 보는 것이 '분별력'이다.
건강한 분별력은 인간에게 지혜를 준다.
지혜로움은 삶을 풍요롭게 만든다.
성숙한 분별은 내게 필요한 것이 무엇인지를 알게 해 준다.
그때의 그 분별은 은총이다.

주변을 가만히 보면, 부부생활이나 부모-자식 간의 좋은 관계를 위하여 내면의 성숙에 관심이 있는 사람들이 많다는 것을 느끼고 있다. 우리가 흔히 마음공부라고 하는 것에 관심이 있다면 한 번쯤 이런 것들을 생각해 볼 수 있다. 우선적으로는 그런 것에 대한 관심을 가진 자신을 긍정적으로 칭찬해 줄 필요가 있을 것이다. 그리고 난 뒤, 일단 자신에게 게으름과 비겁함이 없는지를 살펴보아야 한다. 게으름과 비겁함은 마음성장을 원하는 생활에 가장 큰 적이다. 더구나 그것들이 '분별'로 위장될 때는 한층 더 위험스러워진다. 분별로 위장한다는 뜻은, 스스로의 게으름을 각종 여러 가지 이유를 대어서 합리화시키거나, 정당화시키거나, 어쩔 수 없다는 무기력한 태도를 보인다든지, 상대방 때문에 할 수 없다는 등의 탓을 하며, 게으름을 마치 옳은 것인 양 위장하는 것을 말한다. 바로 이런 자세는 매우 비겁하게 자신을 속이는 것이므로 게으름과 비겁함은 사실 유사성을 가지고 있다고 본다. 그 게으름의 이유가 무엇이었던 간에 예컨대, 선천적으로 좀 게으른 성향을 가진 듯이 보이거나, 너무 열심히 최선을 다하고 살아서 이제는 아무 것도 손대기 싫은 느낌이 든다거나, 힘겨운 어깨를 이제는 좀 편히 쉬고 싶다거나, 누구누구가 싫어서 내가 이렇게 할 수 밖에 없다는 등, 그 이유가 어떤 것이든 간에, 이 게으름은 자신의 사회적 성장과 정신건강 그리고 인격성숙에 명백한 방해가 되는 것은 사실이다.

우리의 무의식에 담겨있는 핵심역동의 뿌리는 매우 강력하고, 타고난 성향으로 인한 에너지의 일방통행적인 흐름 또한 그 뿌리가 대단히 강하다. 그것은 그냥 두면 계속 한쪽으로만 물을 주는 셈이 되므로, 한 부분만 자라고 다른 쪽은 자라지 않는다. 말하자면 기형화되어 자란다는 뜻이다. 한 방향으로만 수레바퀴가 도는 것과 마찬가지 이치다. 한쪽으로만 가속도가 붙은 수레바퀴는 그 바퀴를 멈추는 것만 해도 정말 많은 에너지가 든다. 그리고 머지않아 사고가 난다. 일단 멈추어서 좋은 방향으로 혹은 균형 있게 수레바퀴를 다시 돌려야 하는데, 그것은 그 다음의 일이고 현재는 멈추는 것부터도 힘이 든다. 그러다보니 그냥 한쪽은 계속 자라고 다른 한쪽은 계속 어린아이로 머무는 기형적인 현상이, 바로 우리 내면의 모습이 되기 쉽다는 것이다. 외부에서 볼 때는 분명히 어른스럽게 판단하고 처리하는 어른의 모습인데, 집안으로 들어갔을 때는 가족들에게 어린아이와 같은 미숙한 대처능력을 가지고 있거나, 사회적인 일은 잘 처리하지만 자기 몸을 관리하지 못할 정도로 불균형적인 생활태도를 보이는 것 등이 일상적인 예라고 할 수 있다.

혹자는 '한쪽으로만 돌아가는 수레바퀴를 멈추어야 한다는 것은 개념적으로는 알겠는데 어떻게 멈추는 것인지를 모르겠다.'라고 한다. '나 스스로도 마음을 바꾸어서 다르게 살고 싶은데 그것이 잘 안 된다.'라고도 한다. 만약 그렇게 의식이 된다면 잠깐 멈추고 눈을 감고 자신에게 조용히 물어보라. "그대여, 현재의 수레바퀴를 진정 멈추고 싶나요?"라고! 가만히 느껴보라. 우리 내면에서 진정으로 스스로를 바꾸고 싶은지를. 지금 여기에서 무엇을 하고 있는지를 살펴보라! 그리고 다시한번 물어보라! 스스로의 마음에! 조용하고 부드럽게! 자신에게 질문해 보라! 자신만이 느낄 수 있는 대답이 있을 것이다. '아직 모르겠어. 사실 생각해 본 적이 별로 없어.'라는 대답일 수도 있고, '정말 이젠 안 되겠어. 바꾸고 싶어.'라는 간절함도 있을 것이다. 이런 경우를 한번 생각해 보면 도움이 될 것이다. '물론 의식적으로는 바꾸고 싶을지 몰라도, 무의식적으로는 어쩌면 그대로 살고 싶은 마음이 많을지도 모르겠어. 난 말로는 '이대로는 싫어, 싫어!' 하지만, 사실 다른 길은 없는 것 같고, 애쓰기 싫고, 다른 길을 택하려니 힘들어.'라는, 솔직한 대답이 있을 것이다. 즉 바꾸기 위해서는 너무 많은 에너지가 필요하고 바꾸어야 하는 생각만으로도 부담스럽고, 바꾸기 위해서 해야 하는 것들을 생각하면 차라리 그대로 사는 것이 나을 듯도 하고, 그냥 이대로 살지 뭐! 하는 식의 게으름이 저절로 나오는 이유인 것이다.

마음을 바꾸고 난 뒤에 행동을 바꾸어야 한다는 것을 알지만 그것 자체로 어려울 때가 또한 많다. 그래서 차라리 행동부터 옮기는 것도 하나의 방법이다. 즉 행동으로 옮김으로써 망설이는 마음을 손잡아주어 이끌어주는 것이다. 그 바퀴를 멈추기 위해서 먼저 규칙적인 훈련을 하여야 한다. 멈추는 연습이 필요한 것이다. 이 연습이 어느 정도 되면 다시 거꾸로 돌리는 훈련까지 하여야 하지만 그것은 차후에 한다 하더라도 멈추는 연습이 우선 필요하다.

이것은 마치 운동선수가 남들에게는 쉽게 보일지라도 기본기를 익히기 위하여 수없이 반복되는 규칙적인 훈련을 하는 사실과 마찬가지로 생각하면 된다. 이것은 어느 날은 할 수 있고 어느 날은 할 수 없는 그런 종류의 연습이 아니라, 비가 오나 눈이 오나 해야 하는 그냥 반드시 해야 하는 '계(計)'를 지키는 것과 같은 것이다. 주부가 가족을 위하여 식사준비를 꼭 해야 한다는 관습적 계(計)가 정해졌으면 이유 없이 지켜야 하는 것이고, 나의 몸을 위하여 규칙적인 운동이 필요하다고 생각되면 나름대로의 규칙을 정해서 그 규율에 따라야 한다는 것이다.

나의 육체를 위하여 끊임없이 규칙적으로 운동을 하여 몸에 에너지를 불어넣고 몸을 유지시키는 것과 같이, 나의 정신을 위하여서도 규칙적인 훈련을 가함으로써 마음의 키를 자라게 해야 한다. 이것이 바로 수행이다. 수행하는 자세는 방법은 다양하지만, 선행자들은 한결같이 '규칙적이고 반복적인 시간, 방식, 장소 등.' 기본적으로 정해진 틀을 지키는 것부터 시작하라는 내용은 동일하게 언급되고 있다.

이때 게으름은 엄청난 적이다. 이런 규칙적인 것을 통하여 지금까지 무심코 내버려두었던 자기의 습(習)이 된 여러 가지 패턴들을 바꾸는 것은 고행의 과정이자 수행의 과정이다. 이 과정은 게으름으로부터 자신을 일으켜 세우는 극기의 수련일 것이다.

처음에는 스스로가 정해진 계를 지키려고 하면, 전혀 낯선 것들이라 몸도 뒤틀리고 힘들고 지겹고, 숙달되지 않아 못하는 자신이 싫기도 하는 등 각종 어려움이 따른다. 이것은 누구나 다 겪는 것이며 또 당연히 겪어야 하는 것이기도 하다. 사실, 계(計)는 그 자체가 가져다주는 이익이 많다. 즉, 남들에게는 쉽게 "이렇게 저렇게 하면 되지, 왜 그것을 못하느냐!"라고 예사로 말했던 것이었으나 '아, 그렇게 쉽게 말할 수 있는 것이 아니구나.'라는 것, 사람이 자신의 내면을 절제하면서 자유로워진다는 것이 어떤 것인지에 대한 깊은 체험이 뒤따른다는 것 등, 놀라운 경험을 할 수도 있다.

지금까지의 수레바퀴를 멈추는 훈련, 가속도를 줄이면서 멈추게 하고 새로운 방향의 에너지를 내는 것, 이것은 결코 쉽지 않을 것이다. 그러나 게으름과 비겁함이라는 적과 조금씩 싸울 수 있는 의지를 낸다면 그 어느 누구라도 가능한 것이다.

이런 과정에서 자신을 속이는 합리화를 하지 않고 똑바른 눈으로 자신의 현실과 상황, 외부의 조건 등을 보는 것이 바로 '식별력'이다. 건강한 식별력, 즉 분별력은 인간에게 지혜를 준다. 지혜로움은 삶을 풍요롭게 만든다.

건강한 분별은 하늘이 우리에게 무엇을 원하는지, 또 무엇을 원치 않는지를 우리에게 말해 준다. 머튼(2001)의 아래와 같은 말씀은 정말 건강한 분별이 무엇인지를 절묘하게 보여주는 대목이다.

"성숙한 분별이 우리에게 무엇을 원하는가 원하지 않는가를 알게 해 줄 때, 분별은 우리에게 은총이다. 성숙한 분별이란, 하느님의 뜻을 마음으로 느끼는 것이다. (중략) 분별은 노력을 낭비하지 않도록 우리에게 경고한다. 분별은 노력이 낭비되는 경우와 노력이 필수적인 경우를 우리에게 보여 준다. 게으름은 모든 모험을 피하려고 하지만, 분별은 무용한 모험은 피하게 하지만 진정 필요한 모험은 감행하도록 우리에게 용기를 부추긴다."

노력하는 자세는 성숙한 분별이 함께해야 하는 행동의 자세라는 것을 느끼게 해 준다. 즉, 무모한 용기보다는 성숙한 분별로 용기를 내고 노력하는, '건강한 행위'를 위한 사전작업을 해야 하는 것이다.

"용기가 없으면 우리는 결코 참된 길에 이를 수 없다. 비겁함과 게으름은 우리로 하여금 끝없이 진실한 것에 대하여 주저하고 망설이게 한다. 이 주저함에는 참된 믿음도 신앙도 없고, 자기식의 종교관만 있을 뿐이다. 자기식의 종교관, 참된 길에 대한 용기가 없다는 것은 하느님의 뜻을 마음으로 느끼지 못하여, 그 권위에 완전히 우리 자신을 맡기지 않으므로 우리는 결코 불안에서 벗어날 수 없다. 삶의 고통에서 진정 벗어나긴 힘들다. 상식적으로 생각하여도 참된 믿음이 없을 경우에는 늘 일상의 생활자체가 주저함의 연속이다.

이 주저는 참된 기도를 불가능하게 만든다. 주저하게 되면 감히 무언가를 결코 청하지 못하며, 청한다 하더라도 그 기도를 하느님께서 들어주실 것을 확신하지 못하므로 청하는 바로 그 순간에 인간적인 분별로 일시적인 대답을 꾸며내려고 은밀히 노력한다. (생략)"

게으름으로 인한 주저, 망설임, 비겁함… 이런 것들은 시간이 흐르면 흐를수록 우리를 고통 속으로 밀어 넣을 수 있다.

* 위 내용에는 토머스 머튼(2001)의 글이 일부 인용되었음을 밝힙니다.

24. "첫째가 되려면 꼴찌가 될 수 있어야 한다."

"찻물이 넘쳐 방바닥을 적시는 것은 알면서
어찌 지식이 넘쳐 인품을 망치는 것은 모릅니까?
많이 안다고 삶을 풍요롭게 하는 것은 아닙니다.
삶의 풍성함은 하늘이 내리는 것이지요.
사람들이 싫어하면 하늘도 싫어합니다.
사람들이 인정하면 하늘 역시 인정합니다.
세상은 겸손하고 섬기는 사람을 좋아합니다."

성경에는 이런 말씀이 있다.

"예수님께서는 집 안에 계실 때에 제자들에게, "너희는 길에서 무슨 일로 논쟁하였느냐?"하고 물으셨다. 그러나 그들은 입을 열지 않았다. 누가 가장 큰 사람이냐 하는 문제로 길에서 논쟁하였기 때문이다. 예수님께서는 자리에 앉으셔서 열두 제자를 불러 말씀하셨다. "누구든지 첫째가 되려면 모든 이의 꼴찌가 되고 모든 이의 종이 되어야 한다." 그러고 나서 어린이 하나를 데려다가 그들 가운데에 세우신 다음, 그 아이를 껴안으시며 그들에게 이르셨다. "누구든지 이런 어린이 하나를 내 이름으로 받아들이면 나를 받아들이는 것이다. 그리고 나를 받아들이는 사람은 나를 받아들이는 것이 아니라 나를 보내신 분을 받아들이는 것이다." (마르코 9:33-37)

위의 내용에 대하여 매일미사(08.5.) 해설서에서 언급된 내용을 살펴보자.

맹사성은 조선 시대의 학자입니다. 나이 열아홉에 장원 급제를 하여 스무 살에 군수가 됩니다. 젊은 그는 나이 많은 선비를 찾아가 묻습니다.

"어른께서는 군수로서 삼아야 할 좌우명은 무엇이라고 생각하시는지요?"

"그건 어렵지 않소이다. 나쁜 일을 하지 않고 착한 일을 많이 베푸는 일입니다."

"그거라면 삼척동자도 아는 이치 아니오. 먼 길을 온 제게 고작 그 말을 하시다니요?" 맹사성은 거만하게 일어서려 합니다. 그러자 선비는 차 한 잔을 빌미로 붙잡습니다. 그는 못 이기는 척 자리에 앉았습니다. 차를 따르면서 두 사람은 말이 없습니다. 그런데 선비는 찻물이 넘치는데도 자꾸만 찻잔에 따릅니다.

"어르신, 찻물이 넘쳐 방바닥을 망칩니다."

맹사성이 소리쳤지만 선비는 계속 넘치도록 따랐습니다. 그러고는 화가 나 있는 맹사성을 쳐다보며 말합니다.

"찻물이 넘쳐 방바닥을 적시는 것은 알면서 어찌 지식이 넘쳐 인품을 망치는 것은 모릅니까?"라고…

많이 안다고 삶을 풍요롭게 하는 것은 아닙니다. 삶의 풍성함은 하늘이 내리는 것이지요. 사람들이 싫어하면 하늘도 싫어합니다. 사람들이 인정하면 하늘 역시 인정합니다. 세상은 겸손하고 섬기는 사람을 좋아합니다. 조금 안다고, 조금 자리가 높아졌다고 우월감에 젖는 것은 어리석은 일입니다. 그럼에도 사람들은 그러한 실수를 계속합니다.

이 해설서에 나타난 것처럼 "첫째가 되려면 모든 이의 꼴찌가 되고 모든 이의 종이 되어야 한다."는 성경 말씀과, 또 19살의 수재였던 맹사성이 들었던 "지식이 넘쳐 인품을 망치는 것은 모릅니까?" 하는 말은 많은 것을 생각하게 한다.

헨리 나웬(2007)은 '아래로 내려가는 길'이라는 글에서 아래의 내용을 언급하였다.

"연민이 가득 찬 삶은 아래로 내려가는 삶이다! 어떤 사람은 위로 올라가는 것이 일반적 규범인 사회에서 아래로 내려가는 것은 권장되지 않을 뿐만 아니라 현명치 못하고 비정상이며 추락하는 어리석음이라고 말할지도 모른다. 고액의 수입이 보장되는 직업이 있는데, 누가 낮은 수입의 직업을 기꺼이 택할 것인가! 부(富)가 바로 코앞에 있는데 누가 가난을 택할 것인가! 뭇사람이 주목하는 대상이 되는 자리가 있는데 누가 숨겨진 자리를 택할 것인가! 똑같은 시간에 수많은 사람들을 도울 수 있는데 왜 소수의 큰 도움이 필요한 사람을 선택하겠는가! 온갖 곳에서 긴급한 요구들이 너무나 많은데 누가 기도와 명상의 자리에 물러나기를 선택할 것인가! 이처럼 위로 올라가라고 요구하는 소리는 성경에서 찾아볼 수 없는 소리들이다.

"자기 목숨을 사랑하는 사람은 목숨을 잃을 것이고, 이 세상에서 자기 목숨을 미워하는 사람은 영원한 생명에 이르도록 목숨을 간직할 것이다(요한 12.25)."

"너희가 회개하여 어린이처럼 되지 않으면 결코 하늘나라에 들어가지 못한다(마태 18. 3.)."

이러한 말들이 우리에게 어떻게 이해될 수 있을까, 또 어떻게 마음에 와 닿을까? 아래로 내려가는 삶, 꼴찌가 되는 삶은 어리석고 추락하고 비정상적인 삶이 아닐까? '마음을 내려놓아라. 비워라.' '가난해져야 한다.'라고 가르치는 경전의 말씀들이 정말 부담스러울 수 있다. 이해가 안 될 수도 있다.

사람들은 누구나 잘나고 싶어 한다. 인정받고 존중받고 싶어 한다. 이것은 자기애에 대한 강한 열망이다. 자기애, 즉 자기보존의 욕구이기 때문에, 인간으로 태어난 이상은 이런 자기애를 넘어선다는 것은 '도(道)'를 닦는 일인 것이다. 따라서 우리 모든 인간은 인정받고 싶고, 존중받고 싶고, 사랑받고 싶은 욕구를 가진 유기체이다.

그렇다. 정말 잘나고 싶다. 그러나 진정으로 잘나기 위해서는 자기를 가장 낮추어도 아무렇지도 않은 자존감을 가지고 있어야 한다. 누가 기분 나쁜 말을 해도 그냥 그것은 나의 '행위나 조건'에 대한 것일 뿐, '존재'에 대한 상처를 받지 않을 수 있는 '자신감'을 가지고 있어야 한다. 자기가 가진 것들에 대해서도 지나치게 도취하거나 자랑하고 싶은 마음이 들지 않아야 한다. '조건'이 '나의 존재'가 될 수 없다는 깊은 인식이 있어야 한다. '조건'이 나의 존재라면 우리는 끊임없는 불안에 휩싸이고, 설사 그 조건이 아주 좋다 할지라도 언제 그 조건이 사라질지 어떻게 계속 유지할지에 대한 불안을 떨쳐버리기 어려울 것이다. 조건에 연연하지 않는다고 하여 자기의 실현을 멈추라는 뜻이 아니다. 최대한 자기 능력을 개발하여 유익한 조건을 가지는 것은 좋을 수 있다. 단지 그 조건을 자신의 존재가치와 동일시해서는 안 된다는 뜻이다. 그런 의미에서 아래로 내려가는 마음자세를 가진 사람이 진정한 부자라는 것이다. 즉, 부자는 조건에 얽매이지 않는, 마음이 자유로운 사람이다. 자기를 가장 낮추어도 편안한 것이다.

우리가 좀 더 스스로의 존재에 대한 관심을 가지고 '나'라고 하는 유기체, '나'라는 사람의 실체에 대한 것을 많이 학습할 기회를 가진다면,

'첫째가 되려면 꼴찌가 되어야 한다.'는 말씀이 가슴으로 전달될 것이다. 그로 인한 누적된 지혜로움은 내면에서 큰 변화를 일으킬 것이다. 실체에 대한 진실! '첫째가 꼴찌 되고 꼴찌가 첫째 되는 것'이야말로 놀라운 변화의 핵이 아니겠는가!

25. '마음 바라보기'는 기도하는 삶의 자세

'마음 바라보기'를 할 때, 그 자세는
1. 일편단심의 망설임 없는 믿음
2. 끈기 있는 투신
3. 모든 것은 희망으로 나아가기 위한 길이라는 믿음
이것은 마치 기도하는 삶의 자세와 같은 것이 아닐까!

조용히 자기 마음을 바라보는 시간을 갖는다는 것, 그것은 바로 기도하는 삶의 자세가 아닐까. 때로는 그 삶은 고독하고 외로운 삶이기도 하다. 홀로의 시간을 통하여 깊은 내면의 자신과 만나는 시간이 될 수 있고, 특히 외부에서 일어나는 각종 다양한 상황에 대한 성찰의 시간이 될 수도 있다. 좀 더 나아가면 내면에서 성스럽게 자리하신 하느님과 어떻게 관계하는가를 느끼는 시간이기도 하다. 일상의 한가운데서도 그런 시간을 가질 수 있다면, 그 시간을 통해서 하느님이 내게 주신 뜻을 느끼고 우주의 변화와 흐름을 느낄 수 있는 시간이 될 것이다. 그러면 아마도 그 삶의 질은 무엇으로도 표현할 수 없는 자유와 평화로운 거룩한 삶이 될 것이다.

보통 우리는 기도할 때 '어떤 것'이 이루어졌으면 하는 소망으로 기원한다. '청원기도'이다. 무엇인가를 간절히 바라는 기도는 인간적으로 충분히 이해되고 필연적인 느낌으로 와 닿는다. 대부분의 우리는 '마음의 기도'를 '스스로가 알아차리고 듣기 위해' 하는 것이 아니라 전지전능한 누군가(예수님, 부처님 등)가 들으시고 우리에게 응답해 주시기를 바라며 기도한다. 간절한 마음으로 내가 원하는 것을 기대하면서 기도한다. 또한 그 응답은, 하느님의 방식이 아니라 나의 방식으로 듣고 싶어 한다. 즉, 조용히 우리 자신의 마음 바라보기를 하는 기도가 아니라, 우리 자신의 내면에서 울려 퍼지는 그 어떤 것에 귀 기울이는 기도가 아니라, 그저 내가 원하는 어떤 것을 들어주었으면 하는 '갈구'이며 '바람'이기 쉽다. 이것은 인간적으로는 이해되지만 때론 탐욕과 어리석음일 뿐일 수도 있지 않겠는가!

그러므로 참으로 조용히 '마음 바라보기'를 하면서 명상하는 사람은, 끊임없이 기도하는 마음자세를 가지고 있는 사람이다. 언제 어디서나 하느님의 현존에 집중하고 있는 사람이다. 하느님께 드리는 그 자신의 기도가 순수하지 못할까 봐 걱정하고 그 자신의 응답을 하느님의 응답으로 착각하지 않으려고 조심하는 사람이다. 또한 기도의 참된 의미를 알고 기도하는 그 자체를 목적으로 하지 않으려고 한다. 지혜로운 분별을 하려 하고 그의 기도를 은밀하고 단순하고 깨끗하게 만들려고 조심하는 사람이다. 그렇게 할 때 그는 자신의 '완성'이 자신의 기도에 달려 있음을 알고 있지만 매달리지 않을 수 있다. 그는 자기를 잊고 하느님의 응답을 기다리며 살아갈 수 있다. 진정 자기의 마음을 깊이 바라본다면, 궁극적으로 자기를 잊고 비우는 것이 상상을 할 수 없을 만큼의 참 평화를 준다는 것을 알게 될 것이다.

물론 우리는 인간적인 욕구가 많은 피조물이기 때문에 많은 것을 구(求)할 수밖에 없고, 그 구하는 방법으로 우리가 기도의 문을 노크하는 것도 사실이다. '우리 아이 잘 되게 해 주십시오.' '우리 남편 돈 잘 벌게 해 주세요.' '건강을 좀 회복시켜 주세요.' 등의 도움 받는 태도가 진정한 하늘의 뜻을 느끼는 방편으로 사용될 수 있다는 것도 충분히 이해되어야 한다. 즉, 기도의 삶이 '청원 기도'에 근거하고 있음을 간과할 수 없으며 이러한 기도도 나중에 다른 기도로 발전될 수 있다는 뜻이다.

청원기도는 고독한 명상자의 순수성을 망친다기보다 그 순수성을 지켜주고 보호하는 측면이 있다. 청원은 스스로가 얼마나 가난한 인간인가 하는 것을 드러내는 순수함이다. 청원은 인간으로서의 약함을 드러내는 순수함이다. 마치 어린아이의 간절한 기도처럼. 은수자는 다른 누구보다도 더 많이 하느님 앞에서 자신의 약함과 궁핍함을 인식하고 있다. 물질적이거나 영적인 모든 것을 얻기 위해 바로 하느님께 의지해야 하므로 그는 모든 것을 청하지 않을 수 없다. 그의 기도는 그의 가난의 표현이다. 그의 청원은 마치 모든 일에서 하느님을 필요로 하지 않는 듯이 느껴지는 합리화된 어떤 말이나 인간의 관습에 따른 행위보다 훨씬 인간적이며 진솔하다.

참되게 '자기 마음을 바라볼 수 있는 사람'은 조용히 기도하는 사람으로 그의 기도가 '항상 응답됨'을 알게 될 때 진정 하늘의 뜻 즉 하느님을 알게 될 것이다. 그때부터 그는 '내적'인 자유를 향하여 서서히 문을 열게 될 것이다. '감사'는 영적 생활의 핵심이므로 그것은 또한 고독한 삶의 핵심이기도 하다. 고독에 잠긴 첫날부터 은수자는 하느님 앞에서 눈물과 갈망으로 그의 온 존재를 괴롭히는 방법을 알려고 애써야 한다. 즉, 스스로에 대한 통찰이 시작되어야 한다는 뜻이다. 자기를 알아가고, 자기를 이해하고, 자기를 느끼며, 자기를 객관화시켜 수용할 수 있는 내적인 힘을 가져야 한다. 바로 그때 우리는 천사로부터 하느님의 응답을 받은 다니엘처럼 될 것이다.

> "다니엘아, 두려워 말아라. 네가 알고 싶은 일이 있어서 네 하느님 앞에서 고행을 시작하던 그 첫날 하느님께서는 이미 네 기도를 들으시고… "(다니 10,12)

상담 장면에서 내담자가 한없이 자신의 존재를 괴롭히고 있는 것을 알려고 노력하고 눈물 흘리는 그 고백, 그것은 정말 '고행'이다. 심리치료 장면에서 자신의 내면을 알리는 것이 얼마나 고되고 힘들고 곤혹스러운지, 경험해 본 사람이라면 잘 알 것이다. 그것은 하느님 앞에서 자신의 존재를 드러내면서 시작되고… 그 응답을 받으면서 다시금 눈물을 흘리는… 그것은 모두 '자신과의 만남'으로부터 시작된 하나의 기도이다. 즉, 심리치료의 장면에서처럼 마음을 직면하여 바라보는 작업은, 형식화된 기도의 자세는 아니라 할지라도 일종의 기도하는 자세일 것이다.

그러므로 깊이 '마음 바라보기'를 할 때, 그 마음가짐은

1. 일편단심, 망설임 없는 믿음
2. 끈기 있는 투신
3. 모든 것은 희망으로 나아가기 위한 길이라는 믿음

이런 것들이 갖추어지면 좋을 것이다.

깊이 '마음 바라보기'를 할 수 있는 은수자와 같은 사람은 반드시 자신이 원하는 일을 하는 사람이다. 문제는 자신의 원하는 일이 바로 하늘이 원하는 일과 잘 조화를 이루느냐 하는 것이다. 진정하게 자신의 마음을 잘 바라보는 사람은 고독의 생활을 행복하게 느껴야 한다. 고독 속에서

자신과의 만남을 통해서 얻는 행복과 희망에 더 이상 다른 것이 필요 없을 정도의 충만감도 있어야 한다. 때론 자신의 원함과 하늘의 원함이 일치되지 않을 경우 '자기의 원함'을 포기할 수도 있고 그 포기를 통하여 더 현명해지고 더 성숙해 질 수 있다는 것도 배워야한다. 이것은 소박한 희망, 영웅적 겸손이 될 수 있다. 즉 내 존재는 탄생 때부터 하느님의 깊은 사랑에서부터 출발되었다는 믿음, 그래서 나를 포기하지만 하늘은 나에게 큰 선물을 줄 것이라는, 나는 큰 복을 가지고 태어난 사람이라는, 어떤 시련도 나에게 더 나은 인생을 위한 거름이라는, 이러한 정체성은 때론 무모하리만큼 자존감이 높아야 가능하지 않을까 싶다. 그래야 자신을 비울 수 있으리라. 이 모든 것은 자신을 깊이 바라보는 훈련을 통해서 얻는 큰 수확일 것이다.

정리하여 보면, 고독이라 함은 '깊이 있게 자신을 바라보는 것'을 의미하기도 하는데, 우리는 자주 매번 고독 속으로 돌아갈 수 있어야 한다. 그것은 우리 스스로가 그 누구에게도 묘사해 보이지 않았던 곳, 그 누구에게도 보여 주지 않았던 곳, 침묵의 그곳, 하느님 외에는 그 누구도 모르는 어떤 내적 생활을 길러 준 그런 곳으로 돌아가는 것을 의미한다. 이것이 바로 '마음 바라보기'인 것이며, 이 자세는 사실 기도하는 삶의 시작이요 끝이 될 것이다.

* 이 글은 토머스 머튼(1993) 신부님의 기도하는 '은수자의 삶'에 대한 명상록의 내용을 심리학습을 하는 독자들 –특히 영성상담에 관심 있는 분–의 이해를 돕기 위하여 부분적으로 필자의 설명과 견해를 첨부하였음을 밝힙니다.

26. 멈춤, 평정, 휴식은 '마음 바라보기'로부터…

마음 바라보기는 '멈춤'의 시작…
멈춤은 '평정'의 시작…
평정은 '참된 휴식'의 시작…
참된 휴식은 '치유'의 시작…

우리의 삶에 '멈춤'이 없다면 어떻게 될까! 내가 원하는 것은 오른쪽인데 현재 수레바퀴가 왼쪽으로만 돌아가고 있다면… 어떻게 해야 할까! 너무 바보 같은 질문인 것 같지만 대답은 간단하다. 돌아가고 있는 수레바퀴를 일단 멈추어야 한다. 문제는, 그 실행이 결코 쉽지 않다는 것이다. '그래… 일단 멈추어야 한다.'

왼쪽으로 돌리고 있는 수레바퀴를 오른쪽으로 돌리려면 우선 멈추어야 한다는 평범한 사실을 인식하여야 한다. 우리는 내면의 휴식을 취하기를 원하지만 쉽지 않다. 평정심을 가지기가 참 힘들다. 몸은 휴식하고 있어도 마음은 휴식이 되지 않는다. 분명 침대에 누워있지만 참된 휴식은 쉽지 않을 때가 많다. 마음이 평정되지 않을 때는 진정한 휴식이 되지 않는다. 가만히 멈추어서 마음을 바라보기가 힘들다면 평정심을 가지기는 정말 어려울 것이다.

틱낫한 스님(2003) 글의 한 부분이다.

말을 탄 사람이 어딘가 중요한 곳에 가고 있는 것처럼 보였다. 그때 길가에 서있던 사람이 소리쳐 물었다.

"어디 가는 길이오?" 그러자 말에 타고 있던 사람이 대답했다.

"모르겠소. 말에게 물어보시오!"

이것은 바로 우리의 이야기이기도 하다. 우리는 말을 타고 있지만 어디로 가고 있는지 모른다. 그러니 말을 멈출 수도 없다. 말은 '정신역동'에 의한 우리의 습관적인 패턴으로 비유해 볼 수도 있다. 그 습관화된 패턴은 우리 삶의 진실된 지향점을 잊게 만든다. 즉, 우리를 끌고 가는 습관의 힘으로 우리는 그것에 저항할 힘이 없다. 그냥 우리는 늘 달리고 있을 뿐이다. 하나의 습관이 되어버렸다. 대체로 많은 사람들은 어떤 욕구를 채우기 위해 마음이 뭔가로 향해 달려가고 있다. 우리는 욕구의 노예가 되어 있기 쉽다. 심지어는 자고 있는 동안에도 고심을 떨쳐버리지 못한다. 사실, 거의 언제나 자신과 고민하고 있다. 외부의 자극에 의하여 잠시 잊고 있을 뿐… 그래서 다툰다. 우리는 자주 자기 자신과 다투고 있기 때문에 조건화된 투사로 인하여 쉽게 외부와 다투게 되는 것이다.

우리는 '중지'의 기술, 즉 생각과 습관의 힘, 부주의 그리고 우리를 지배하는 격한 감정을 멎게 하는 방법을 배워야 한다. 폭풍과도 같은 감정이 일어나면 마음의 평화는 절대로 얻을 수 없다. 우리는 손에 늘 핸드폰을 들었다 놓았다 한다. 컴퓨터를 켰다 껐다 한다. TV를 켰다 껐다 한다. 그리고 책을 들었다 놓았다 한다. 어떻게 해야 이런 어수선한 상태를 멎게 할 수 있을까? 어떻게 해야 공포, 절망, 분노 그리고 탐욕을 멎게 할 수 있는 것일까? 과연 가만히 있을 수 없는 것일까!

이제 우리는 스스로가 처한 상황을 이해하고자 마음을 집중하는 훈련을 해야 할 것 같다. 호흡으로 하든, 걸으면서 하든, 조용히 가만히 앉아 있기를 하든, 불경이나 성경말씀을 음미하든, 내관(內觀)의 수행을 통해서만 가능하다. 마음을 집중하고 현재의 순간을 깊게 접할 때, 이해와 수용, 사랑 그리고 고통을 덜고 기쁨을 얻고자 하는 바람이 생기게 되는 것이다.

그러나 습관의 힘이 우리의 의지보다 더 강한 경우가 많다. 우리는 스스로 원하지도 않는 말과 행동을 하고는 나중에 후회한다. 그리고 자기와 남을 고통 속에 빠뜨리고 적지 않은 해를 입힌다. 다시는 그런 짓을 하지 않겠다고 맹세하기도 하지만, 금방 잊어버리고 다시금 같은 행동을 하게 된다. 왜 그럴까! 습관의 힘(習氣, vashana)이 우리를 부추기기 때문이다.

이러한 파괴적인 과정을 멎게 하려면 습관의 힘을 인지하고 맞설 기도하는 힘, 자기 마음을 전념하여 바라보는 힘이 필요하다. 전념할 수 있다면 습관의 힘이 나타날 때마다 그것을 인지할 수 있는 능력을 갖게 된다.

"그래, 나의 습관적 수레바퀴야. 그래, 내 속에서 그렇게 돌아가고 싶은 것을 내가 잘 알지!"

"아! 내가 지금 흥분하고 있구나. 잠깐… 가만히 있어보자."

"아! 다시금 조급해지고 있구나. 불안해지고 있는 중이군. 그렇군. 음… 가만히!"

이렇게 슬며시 음미하듯 자기 마음을 바라보는 것만으로도 그 수레바퀴처럼 도는 습관의 힘은 조금씩 조금씩 그 힘을 주저하게 되고 잃게 될 것이다. '주시하여 바라봄=내관(內觀)'의 에너지는 습관의 힘을 자각하고 그것의 지배를 막아주는 힘이다.

부주의는 정반대의 것이다. 우리는 무엇을 하건 간에 그냥 한다. 하고 있는 자신의 행위 하나하나에 주의를 기울이지 않는다. 사랑하는 이와 함께 앉아 있지만, 그이가 그곳에 있다는 사실에 주의하지 않는다. 걷고 있기는 하지만, 그것은 정말로 걷고 있는 것이 아니다. 과거나 미래를 생각하며 어딘가 다른 곳에 있는 셈이기 때문이다. 습관의 힘이라는 말이 우리를 실어 나르고 우리는 그것의 포로가 되어 있다. 이제 말을 멈추게 하고 자유를 되찾아야 한다. 우리가 하는 모든 일에 '주시하여 바라보기'의 빛을 비추어야 한다. 그렇게 하면 부주의라고 하는 어둠은 사라지고 말 것이다. 격한 감정이 일어날 때 행동하는 것은 위험하다는 것을 알면서도 참지 못한다. 우리는 행동을 멈추고 감정을 가라앉히는 방법을 배워야 할 필요가 있다. 우리는 떡갈나무처럼 굳세고 단단해져야 한다. 그래야 폭풍에 이리저리 흔들리지 않을 수 있다.

부처님은 심신을 평정에 이르게 하고 그것을 내관하는 데 도움을 주는 수많은 방법을 가르쳐 주셨다. 그것들은 다음의 다섯 가지 단계로 요약해볼 수 있다.

(1) 인지 – 화가 나면, "이 사람(나 자신)이 화가 나구나. 음, 그래 알겠어."라고 알아차린다.

(2) 수용 – 화가 날 때, 그것을 거부하지 않는다. 지금 일어나고 있는 감정이나 일을 받아들인다.

(3) 포용 – 어머니가 떼쓰거나 울고 있는 아이를 안는 것처럼 화를 두 팔로 감싸 안는다. 진심을 다하여 '화'라고 이름 붙이는 감정을 포용한다(아마도, 그것만으로 화를 누그러뜨릴 수 있을 것이다.).

(4) 내관 – 충분한 평정을 얻게 되면 도대체 무엇 때문에 화가 났던

것인지, 말하자면 우리 아이를 아프게 했던 것이 무엇인지를 알아보기 위해서 내관을 한다.

(5) 지혜 - 내관의 결과 화가 나게 된 갖가지 주요한 원인과 부수적인 조건이 이해된다.

예컨대, 엄마가 나를 자기 식대로 몰고 가는 바람에 화가 나기는 했지만, 곧이어 엄마의 그렇게 살 수밖에 없는 역동에 대한 객관적 이해와, 그렇기 때문에 인생살이의 장점 등을 생각해 내고는 화를 누그러뜨리는 것과도 같다. '말로는 쉽지!'라고 할 수도 있지만, 깊이깊이 곰곰이 나와 상대를 있는 그대로 파악할 수 있는 지혜가 생길 때까지 진정 곰곰이 생각해 보아야 한다.

(6) 행위 - 지혜를 얻게 되면 상황을 바꾸기 위해서 해야 할 일과 해서는 안 될 일을 알게 된다. 혹, 상대의 변화를 원하는 사람은 우선 초점은 나 자신부터이다. 즉, 나의 마음은 어떠한가, 내가 해야 할 일은 무엇인가, 내가 어떤 자세를 가져야 하는가 등 이다.

멈춤, 평정, 휴식… 어떤 이가 강변에 서서 강을 향해 조약돌을 던진다고 해보자. 조약돌은 일단 바닥에 가라앉으면 물이 흘러가도록 놔두고는 계속해서 휴식을 취한다. 기도를 하는 자세는 바로 그 조약돌처럼 휴식을 취해야 하는 것이다. 별다른 노력을 기울이지 않고 자연스럽게 앉아서 휴식을 취하면 되는 것이다. 우리는 휴식의 기술, 즉 심신을 쉬게 하는 법을 배워야 할 필요가 있다. 심신에 상처를 가지고 있다면 휴식을 취해야 심신이 스스로를 치유할 수 있게 되는 것이다.

평정을 통해 휴식을 얻게 되고 휴식은 치유의 필수조건이 된다. 숲속에 사는 동물들은 상처를 입으면 누울 장소를 찾아서는 여러 날 동안 완벽한 휴식을 취한다고 한다. 먹이나 다른 것을 생각하는 일은 없다. 인간들은 어쭙잖은 지식(知識)에 자기가 속아 자기를 가만두지 못하지만, 이 우주의 많은 유기체들은 힘겨울 때 그저 쉴 따름이고 그렇게 해서 상처를 치유하게 된다.

차분히 스스로가 무엇을 느끼고 있는가를 바라보는 것… 이것이야말로 우리에게 진정 습(習)을 멈추게 하고 그로인해 평정심을 안겨다 준다. 그리고 그 평정심으로 인하여 진정한 휴식을 취하게 되고 자연스럽게 우리의 내면을 치유한다.

* 이 글은 틱낫한 스님(2003)의 '아-붓다'의 내용을 부분적으로 인용하였음을 밝힙니다.

27. 거짓자아로부터 해방되려면!

우리가 우리의 거짓자아로부터 해방되려면
첫째, 자신의 거짓자아와 직면해야 한다.
이 뜻이 바로 '십자가를 져야 한다.'는 뜻이 아닐까!
둘째, 거짓자아가 십자가에 매달려 죽은 그 자리에,
궁극적 실재(Ultimate Reality)라고 불리는
'참 나' '하느님'을 불어넣어야 한다.
즉, 진실한 삶의 지향점을 끊임없이 깨달아가면서
그것을 마음 깊숙이 자리 잡게 해야 한다.

우리는 매일매일 무의식 속에 있는 '거짓자아'의 지배를 받는다. 수많은 거짓자아의 유혹은 사회적으로 문화적으로 점철되어 있다. 사회, 문화, 관습 등 다양한 기준에 의하여 거짓자아의 본질을 알지 못한 채 방황하고 혼란스러운 가운데 살고 있다. 명예, 권력, 돈, 외모 등 한 순간이라도 깨어있기가 어려울 정도로 거짓자아가 우리의 주인공이 되어 있다. 예수님은 말씀하신다. "나를 따르려는 사람은 누구든지 자기를 버리고 매일 제 십자가를 지고 따라야 한다."(루가 9:23) 이 말씀은 자동적으로 반응하게 되는 무의식 속에 있는 거짓자아를 십자가에 못 박지 않으면 참다운 삶을 살 수 없다는 것을 시사하고 있는 듯하다. 라마나 마하리쉬(1987)는 '진아(眞我)는 개아(個我), 즉 개체적 자아와 혼동되어서는 안 된다.'라고 하며, 그 '개아'는 인간적인 마음이 거짓되게 만들어낸 것이라고 하였다.

그는 '진아는 항상 실재하며 우리가 늘 체험하고 있는 것이지만 그것의 있는 그대로 모습을 분명하게 알 수 있는 때는 오직 스스로를 한계 짓는 경향을 가진 마음이 사라졌을 때뿐이다.'라고 강조하였다. 즉, 거짓자아는 끝없이 여러 가지 기준에 의하여 한계 짓는 경향의 마음상태를 의미한다.

참된 평화를 원하고 그 길에 대한 관심을 갖는 사람들이라면 이러한 표현을 들어보았을 것이다. '현존하시는 하느님' '해탈의 경지' '참 나' '궁극적 실재' 등. 이러한 정신수준은 신의 본래적인 힘, 내면의 순수의식 경지가 아닐까 싶다. 이것은 외부에 있는 것이 아니라 바로 내 안에서의 맑은 어떤 상태라고 본다. 우리의 마음 안에! 이러한 경지는 무엇 무엇이 되어야 하는 것이 아니라, 업적을 이루었기 때문이 아니라, 원하는 것이 이루어져서가 아니라, 바로 우리의 마음상태가 거짓자아에서 벗어나 '지금-여기'에서 온전히 깨어있는가 하는 문제일 것 같다.

이렇게 참된 마음 안에 존재하는 '하늘나라'는 결코 자신을 방어하고 자존심이나 체면을 가지고는 들어갈 수 없을 것이다. 가끔 사람들은 인간에게 자존심과 체면이 없어서야 되겠느냐, 신앙을 가지고 있다고 해도 자존심과 체면만은 지켜야 하지 않겠느냐고 생각한다. 그러나 이러한 거짓자아를 채우기 위한 각종 힘(!)들은, 그것 자체가 바로 진실이 아니기 때문에 결코 평화로울 수 없다는 것을 말하고 있다. 이것은 우리를 악순환의 굴레에 들어가게 만드는 문제인 것이다.

예수님은 이렇게도 말씀하신다.

"손이나 발이 죄를 짓게 하거든 그것을 찍어 던져 버려라. 두 손과 두 발을 가지고 영원한 불 속에 던져지는 것보다는 차라리 불구의 몸이 되더라도 영원한 생명에 들어가는 편이 더 낫다. 또 눈이 죄를 짓게 하거든 그것을 빼어 던져 버려라." (마태 18,8-9)

이렇게 거짓자아에서 온전하게 해방되는 일은 하루아침에 되지 않는다. "다시 태어났다(born again)"라는 말을 들어보았을 것이다. 이 말은 어떤 중요한 깨우침을 통해서 자신이 새롭게 태어났다는 느낌을 말할 것이다. 그러나 이러한 깨달음은 바로 그 당시에는 크게 다가오지만 일상으로 돌아갈 때는 다시금 옛날의 습으로 돌아가기 쉽다. 만약 이러한 깨달음이 영원하다고 느끼는 분들이 있다면, 이들은 한 번의 회개만으로 자신의 거짓자아에서 온전히 해방되지는 않는다는 사실을 순진하게도 모르거나 혹은 부인하는 사람들이라고 보고 있다. 아주 특별한 경우를 제외한다면, 단 한 번의 회심으로 영원하게 깨달음을 유지시키는 일은 거의 드물 것이다. 즉, 자신의 십자가를 지는 것은 늘 해야 하는 일일 것이다. 그래서 예수님께서는 "매일 제 십자가를 지라."고 말씀하시면서, "늘 깨어 기도하라."고 하신 것이 아닐까 싶다.

십자가를 지는 정화과정은 바로 자신의 거짓자아를 없애 버리는 작업이라고 생각하면 된다. 우리가 좋아하든 싫어하든 이 일, 즉 우리의 거짓자아를 십자가에 못 박는 일을 매일 해야 한다는 말이다. 그것이 바로 구원의 길임을 직접 본보기를 보여주신 분이 바로 예수님 부처님과 같은 분이지 않을까 싶다. 아마도 우리 모두가 이 수련을 끊임없이 해야 하는 중요한 이유가 될 것이다.

우리의 거짓자아를 형성하는 것들 중에는 선입관, 편견, 고정관념, 그리고 자신이 속한 집단의 가치관에 대한 맹목적 동일시들이 있다. 이러한 것들은 진실을 진실대로 보지 못하게 하는 조건들이다. 종교를 가졌건 가지지 않았건 눈먼 우리의 내면은, 우리를 거짓자아 속에 살아가게 한다. 이러한 것들이 우리의 영적 성장에 방해가 되는 이유는 진실을 진실대로 보지 못하게 하여 영적인 장님으로 만들기 때문이다. 예수님은 육적으로 눈이 떠 있으나 영적으로 눈먼 사람, 즉 자신의 잘못된 가치관과 편견과 고정관념을 가진 사람들을 나무라셨다(요한 9,41 참조). 우주의 진리와 섭리에 대한 깨달음이 없기 때문에 우리는 끊임없는 고통 속에서 살아갈 수 밖에 없는 것이다. 궁극적인 진실에 대한 깨달음… 그래서 '하느님'을 '궁극적 실재(Ultimate Reality)'라고 부르기도 한다. 즉, 하느님을 만나려면 우리가 가지고 있는 모든 불합리한 견해와 잘못된 관점들에서 해방되어야 하는 것이다. 그래서 예수님은 "제 눈 속에 있는 들보도 보지 못하면서 어떻게 형제에게 '네 눈 속의 티를 빼어내 주겠다.' 하겠느냐? 이 위선자야! 먼저 네 눈 속에서 들보를 빼내어라. 그래야 눈이 잘 보여 형제의 눈에서 티를 빼낼 수 있지 않겠느냐?"(마태 7,4-5)라고 하셨던 것이다. 즉 스스로가 아주 잘못된 안목, 편견과 선입관과 고정관념과 잘못된 가치관을 가지고 있는 한은 사소한 진실도 제대로 볼 수 없다는 말씀이다.

거짓자아를 가진 채로는 진실을 느껴볼 수 없기 때문에 한시도 편히 살 수 없게 되는 것이다. 즉, 궁극적 실재에 접근할 수 없기 때문에 도저히 평화로울 수가 없다는 뜻을 내포하고 있다. 그래서 '하느님과의 일치, 하느님에 대한 사랑' 등의 표현을 통하여 그 진실과 깊이 만나야 한다는 것을 강조하고 있다. 자기 자신을 제대로 보지 못하는 사람은 이런 개념 자체를 느끼지 못하는 경우도 허다할 것이다. 다른 말로 바꾸면, 하느님을 제대로 본다는 것은 진실을 볼 줄 안다는 것이고 진실을 제대로 본다는 것은 결국 자기 자신을 제대로 볼 줄 안다는 것과 같기 때문이다. 자신의 자아를 제대로 직면하고 인식한 후, 그 자아를 초월하고 이탈할 때에, 즉 거짓자아에서 해방할 때에 비로소 우리는 진실을 있는 그대로 바로 볼 수 있다는 말이다.

정리해보면, 우리가 우리의 거짓자아로부터 해방되려면,

첫째, 자신의 거짓자아와 직면해야 한다는 것이다. 이 뜻이 바로 '십자가를 져야 한다.'는 뜻이 아닐까! 자신의 거짓자아와 만나지를 않고 어떻게 그 거짓자아로부터 해방될 수 있겠는가! 날마다 그 십자가를 만나다 보면 거짓자아는 죽고 진실된 참 자아로서 행복하게 살아갈 수 있는 발판을 마련한다는 것이다.

둘째, 거짓자아가 십자가에 매달려 죽은 우리의 내면에, 우리의 마음 깊은 한 자락에… 진아 혹은 궁극적 실재(Ultimate Reality)라고 불리는 하느님의 본래자리를 내어드려야 한다는 것이다. 즉, 진실된 삶의 지향점을 끊임없이 깨달아가면서 그것을 마음 깊숙이 자리 잡게 해야 한다.

* 이 글에는 라마나 마하리쉬(1987), 엄무광(2002)의 내용 일부가 인용되었음을 밝힙니다.

28. 영적 여정은 '거짓자아'를 정화하는 길!

토머스 키팅은,
우리가 진정 자신을 치료하기 위한
가장 중요한 한 가지 조건은
우리 자신이 병적인 요소를 가지고 있음(예, 죄스러움과 영적인 결함)을
솔직히 시인하고
하느님께 도움을 청하면서
자신의 문제를 맡겨 드리는 것이라고 피력하였다.
이것은 마치 환자가 의사에게 자신의 병에 관하여
있는 그대로 말해 주며 치료를 맡기는 것과 같은 것이다.
만일 우리가 자신을 하느님께 솔직하게 보여 드리면서
모든 것을 맡겨 드리면
하느님은 우리를 누구보다도 잘 고쳐 주실 것이라고 보았던 것이다.

일반적으로 종교를 가진 분들이 말씀하시는 '영적 여정'이라는 개념은 하느님과의 일치로 가는 길을 뜻한다. 궁극적 진실을 깨달아가는 길이라는 말로도 표현할 수 있다. 영적 여정은 우리 인격 안에 어두움(예, 죄스러움, 이기적 동기, 방어기제, 편견 등의 거짓자아)이 있음을 인정하는 데서부터 시작한다. 다른 말로 하면 회개 혹은 참회를 뜻하기도 한다. 만일 이러한 어두움을 인정하지 않고 여정을 시작한 사람은 머지않아 그 길이 지치고 괴로울 수 있다. 그러나 자신의 어둠을 아주 진지하게 인정하고 참된 평화로움

의 세계를 걸어가는 여정에 들고 싶다면, 온전히 하늘의 뜻에 자신을 맡기고, 있는 그대로의 자신의 결함을 들여다볼 수 있는 기회를 마련하면 도움이 될 것이다. 그러면 자연스럽게 어두운 면에서 해방되게 될 것이다. 왜냐하면 그것이 진실의 방향이라면, 그 길에서 하늘은 항상 도와주고 이끌어 줄 것이기 때문이다. 이런 깨달음을 위해서는 먼저 진실하지 않는 방향은 뭔가 모르는 삐꺼덕거리는 소리가 나지만 진실의 방향은 하늘이 항상 함께 기운을 준다는 믿음이 중요하다고 본다.

자신의 어두운 면을 있는 그대로 인정하고 수용하면서 정화하지 않고서는 결코 이 여정을 계속할 수 없다. 십자가 성 요한의 '어두운 밤'이라고 하는 표현은 많은 학자들이 인용하는 소중한 문구인데, 이 '어두운 밤'이라는 것은 하느님께서 우리를 정화(purification/purgation) 해 주시는 과정을 말한다. 즉, 우리 자신을 적나라하게 만나는 경험이라고나 할까! 죽어도 만나기 싫었던 가장 큰 아픔을 만난다고나 할까! 이 만남을 통하여 우리의 영혼이 정화의 과정을 거쳐서 비로소 하늘나라에 갈 수 있다는 말일 것이다. 그러므로 이 정화의 과정은 엄청난 단련이 필요하며 아픔과 같은 어둠속에서 괴로워하는 과정이 될 수도 있다.

흔히 '관상기도'라고 하는 불교의 '명상'과 같은 기도는 바로 깊은 침묵을 통하여 자신을 정화시켜 나가는 기도인 것이다. 하느님과의 일치를 느끼면서 자신과 우주가 합일되는 것을 느끼면서 이 세상에 대한 많은 고통에서 벗어나게 되는 것이다. 이 시대의 탁월한 영적 스승에 해당하는 토머스 머튼(Thomas Merton)은 정화에 가장 효과적인 방법은 '관상기도'라고 역설하였다. 옛날에는 이러한 점에 대한 이해가 부족했기 때문에 극기와 고행의 생활로 자신을 단련해야 한다고 생각하는 경우가 많았던 것 같다. 기도 중에 떠오르는 자신의 영적 결함에 대한 정신역동(psycho-dynamics)을 잘 이해하지 못했기 때문에 자신의 육체를 죄의 근원으로 보고 자신을 가혹하게 다룸으로써 정화를 하려는 경향이 많았다는 뜻일 것이다. 예컨대 오랜 단식이나 걸식, 고행 등, 육체를 학대함으로써 자신의 영적 결함에 대하여 깊은 회개와 보속으로 갚으려고 한 것이다. 그러나 그 영적 결함의 뿌리, 원죄의 뿌리는 기질적 정서와 욕구, 환경적으로 영향받은 개별적 동기나 욕망 등으로 인간의 무의식 속에 깊이 저장되어 있어서 자신의 이기적인 동기에 대한 깊은 성찰과 이해 없이는, 즉 깊은 자기 성찰이나 정서적 통찰 없는 정화 대신 고행의 연속이기 일쑤였다. 겉으로 일어나는 분노, 탐욕, 교만, 질투, 나태, 육욕, 허영 등의 감정들의 뿌리는 고행으로 하는 보속만으로는 정화할 수 없다는 사실을 알지 못했던 것이다. 죽은 나뭇가지를 자르는 것만으로는 정화되지 않으며 그 뿌리를 뽑아내야 한다는 것이다. 또 다른 말로 하면 병의 증세보다는 병의 근원 자체를 치유해야 한다.

"뜻이 있는 곳에 길이 있다."는 말이 있듯, 스스로 자신의 이 근원 자체에 대한 치유 의지가 있다면, 하늘은 스스로 돕는 자를 도우면서 점차 우리는 해방될 것이다. 그러면 우리는 어떻게 이러한 정화의 여정을 할 수 있을까? '하느님의 치료과정'은 무엇일까!

앞서, 우리는 자신의 영적인 결함을 인정하면서 이 여정이 시작된다는 것을 알았다. 인간이 가지고 있는 영적인 결함들을 신학적으로는 원죄의 후속 결과라고 한다. 그러나 현대 심리학적인 표현을 빌리면 원죄의 후속 결과란 우리 인격 속에 있는 심리적인 병적인 요소이며 또 중독현상이라고도 할 수 있다. 심리적인 병을 앓고 있는 사람은 심리치료자를 필요로 한다. 사실 대부분 병적인 요소들이 꼭 심리치료자를 필요로 하는 정도는 아니라고 생각된다. 그렇지만 우리 모두는 다소간의 병적인 요소를 가지고 있어서 어느 정도의 도움은 누구나 필요로 한다. 문제는 대부분의 사람들이 자신이 도움을 필요로 한다는 사실을 모르고 있다는 것이다. 토마스 키팅(Thomas Parker Keating)은 이 세상의 사람들 중에는 98%가 중독현상을 가지고 있다고 하였다. 나머지 2퍼센트에 해당하는 사람을 아직 만나 본 일이 없다고 했다. 즉 누구든지 도움을 필요로 한다는 말일 것이다. 이 말은 우리가 병적인 요소를 가지고 있느냐 아니냐 하는 것이 문제가 아니라, 단지 그 깊이가 어느 정도냐를 인식할 필요가 있다는 뜻이 된다.

'향심기도(向心祈禱 Centering Prayer)'라는 관상기도를 제시한 키팅(T. Keating) 신부님은, 우리가 진정 우리자신을 치료하기 위한 가장 중요한 한 가지 조건은 우리 자신이 병적인 요소를 가지고 있음(예, 죄스러움과 영적인 결함)을 솔직히 시인하고 하느님께 도움을 청하면서 자신의 문제를 맡겨 드리는 것이라고 피력하였다. 이것은 마치 환자가 의사에게 자신의 병에 관하여 있는 그대로 말해 주며 치료를 맡기는 것과 같은 것이다. 만일 우리가 자신을 하느님께 솔직하게 보여 드리면서 모든 것을 맡겨 드리면 우리를 누구보다도 잘 고쳐 주실 것이라고 보았던 것이다. 토마스 키팅은 이렇게 자신을 맡겨 드리는 것을 가리켜 "하느님께서 내 안에서 현존하시고 활동하시는 것에 동의한다."라고 말한다. 그리고 하느님을 신성한 치유자(Divine Theraphist)라고 부른다. 그는 "하느님께서 내 안에 현존하시고 활동하시는 것에 동의합니다."라는 간단한 기도문을 우선 마음에 새기고, 자신의 내면에서 가장 부르고 싶은 성스러운 낱말을 반복해서

의식하는 기도를 끊임없이 하라고 피력하였다. 바로 하느님의 치료과정이라고 한다. 이 기도는, 끝없이 '나는 누구인가!'를 자문하다 보면 '나'의 실체가 허상이며 '진아'만이 존재함을 깨달을 수 있다는 라마나 마하리쉬(1987)의 수행과 일치한다고 생각된다. 즉, 현상계(現象界)가 실재한다는 인식이 사라질 때 진아를 깨달을 수 있다는 것으로, 이 말은 오직 궁극적 실재이신 하느님만이 내 속에 현존하실 때 비로소 지고한 행복을 누릴 수 있다는 예수님의 말씀과 일치된다. 이러한 반복적인 기도훈련을 통하여, 우리를 불행하게 만드는 요소들 즉 고정관념, 거짓자아, 방어기제, 무의식적인 이기적 동기들, 그리고 일생동안 받았던 정서적 상처들을 서서히 정화시켜 간다는 것이다. 우리는 끊임없이 순수의식 속에 머무르는 훈련, 즉 관상기도를 통하여 오직 하느님의 현존 안에 머물면서 행복한 삶을 누리는 사람이 되도록(변형되도록) 단련시켜야 할 것이다.

그런데 문제는 이성적으로 이러한 것을 생각하고 깨닫고자 하는 것이다. '난 그런 것 믿지 않아. 말도 안 돼.'라는 한계이다. 사실, 우리의 이성과 지력 역시 하늘이 인간에게 주신 엄청난 선물인데도, 우리는 그 이성은 자기의 의지이며, 이상한 것에 이끌리는 것은 자신의 감정이라고만 생각한다. 사실 이성 그 자체도 진리를 깨닫게 하려고 주신 하늘의 선물이지 않는가! 오늘날과 같이 문화가 발전하고 과학이 발전한 것은 하느님께서 주신 이성과 지력의 덕분인 것이다. 그러나 이러한 이성이 인간의 이기심을 부추기는 도구가 되면서, 문명의 발전은 오히려 인간의 가치를 떨어뜨리고, 인간이 비도덕화 되어 감성과 쾌락을 쫓는 비이성화, 비인간화의 역설적 사태로 치닫게 만들었다. 영적 여정을 위하여 우리는 이성과 지력을 겸손하고 감사하게 받아들이며 그것을 오직 깨달음의 도구로 활용하여야 할 것이다. 또한 의식하는 많은 것들을 진정 가슴으로 느끼는 시간을 가지면서 우리의 참된 마음이 어디로 향해야 하는지를 생각해 보는 것은 매우 중요하다.

바오로 사도는 "우리가 지금은 거울(이성의 힘)에 비추어 보듯이 희미하게 보지만 그때에 가서는 얼굴을 맞대고(가슴과 가슴, 영과 영으로) 볼 것입니다. 지금은 내가 불완전하게 알 뿐이지만 그때에 가서는 하느님께서 나를 아시듯이 나도 완전하게 알게 될 것입니다."(1고린 13,12) 라고 표현하였다.

* 이 글에는 엄무광, '관상기도의 이해와 실제'(2002)의 내용 일부가 인용되었음을 밝힙니다.

29. 마음의 질병, 그리고 영혼의 병

우리의 생활 안에서 빚어지는 모든 문제들(어려움)의 요인은
'집중하지 못함'에서
'자신의 의지를 펴지 못함'에서
'진실한 사랑을 하지 못함'에서
빚어짐을 깨달아야 할 것이다.

요즘은 상담 및 심리치료에 대한 관심이 많아지면서, 독서, 음악, 미술, 놀이, 웃음 등 다양한 감각적 기능을 활용한 치료적 접근이 발전되고 있다. 아울러, 침묵수행, 명상이나 기도, 묵상, 피정 등 각종 종교적인 접근으로서 심리치료적인 도움을 받고자 하는 움직임도 지속적으로 증가되고 있는 것 같다. 고무적인 일이라고 본다. 심리학적인 배경으로만 심리치료를 한다는 것도 어떤 한계를 가지며, 종교적인 배경으로만 인간 내면의 심리상태를 모두 다루어낼 수 있다는 생각도 현실적으로는 어떤 한계가 있다고 생각한다. 하지만, 그 두 가지를 조화롭게 결합하여 우리 내면의 질병들을 제거하는 데 도움이 된다면 다행이라고 생각된다. 안드레아 가스파리노(1993)는 '기도하는 법을 가르쳐주십시오.'에서 종교를 가진 사람들이 자신을 치료하기 위하여 심리학적인 배경을 가지고 기도하는 법을 배워야 한다는 점을 언급하면서, 그 무엇보다도 자신 내면의 마음의 질병에 대하여 솔직하게 인식하여야 한다는 점을 강조하였다.

그 외의 많은 종교가들 역시 이 점은 계속 언급하고 있는 실정이며, 영성상담, 목회상담, 불교상담 등의 용어들이 일반화되는 상황을 보아도 심리학적인 배경과 종교적인 배경의 조화는 '더 나은 영혼의 성장'을 위하여 필요하다고 본다.

그 어떤 접근을 시도하더라도, 자신을 개선하기 위해서는 우선적으로 '나'라고 하는 부분을 있는 그대로 보아야 한다는 것은 주지의 사실이다. 우리의 내면에는 보물이나 빛과 같이 밝은 것들도 있을 것이고, 어둡고 그늘진 부분들도 공존할 것이다. 특히 모퉁이 어두운 부분에는 게으름, 두려움, 잘못된 습관이나 솔직성의 부족으로 괴로워하는 것들이 있다. 이러한 모퉁이들을 구석구석 파헤쳐 보지 않는다면 회심(回心)하려는 나의 의지나 원의(願義)는 쓸모없이 되어 버리고 만다. 가스파리노는

> "기도란 하느님과 나와의 긴밀한 효(孝)의 관계 형성을 위한 방법이며, 기도하는 이유는 하느님이 나에게서 무엇을 원하시는가를 알아내기 위해서이다. 그러므로 심리학적인 도움은, 우리가 우리 자신을 보다 더 잘 살피고, 멍에처럼 메고 다니는 약점이나 단점들에 초점을 맞추어 조명하도록 하는 유효한 도구가 될 수 있다는 것이다. 즉 제대로 된 기도를 위하여서는 자신을 조명하는 것부터 철저히 해야 된다는 뜻이 담겨있다."

고 강조하였다. 심리학적 도움을 받아야하는 요인 중, 특히 인간적으로 우리가 느끼는 마음의 질병에 대하여 그가 언급한 내용(1993)을 토대로, '마음의 질병과 영혼의 병'을 살펴보면 다음과 같다.

대부분의 인간 내면에는 다음 세 가지 요소들이 끊임없이 서로 작용을 하고 영향을 미치며 인간 통합과 행복을 방해한다.

1. 육체적인 세계: 인간의 보물과 같은 내면을 감싸고 있는 육적인 조건들이다. 본능적이며 감각적이고 생리적인 현상에 의한 기능이라고 볼 수 있다.

2. 심리적인 세계: 마음 혹은 심리는 인간의 몸과 영을 연결시켜 준다. 자아기능이 생생히 움직이는 심리상태이면서도, 그 상태를 넘어서려는 내면의 갈구가 일어나는, 즉 영과 마음의 징검다리 기능이라고 볼 수 있다.

3. 영적인 세계: 영의 세계, 혼(魂)의 세계는 가장 고차원적인 측면이며 인간의 내면과 외면을 조절하는 기능이다. 바로 여기에서 인간이 가장 귀하게 여기는 생각의 기준, 판단 능력, 원의와 사랑이 발생한다.

육체적인 세계에 대한 관심이 고조되고 있는 요즈음, 육적인 세계와 마음과 영혼의 세계가 어떤 관련성이 있는가에 대한 관심이 많아지고 있다. 아마도 상호 분리될 수 없는 깊은 연관성이 있을 것이며, 관심 있는 분들은 앞으로 더 연구하면 살아가는데 많은 도움이 될 것이다. 여기에서는 인간의 마음과 심리에 자극을 주고 영혼을 감옥에 가두는 병들에 대하여 자세하게 살펴보도록 하겠다.

영혼을 가두는 병들. 즉, 마음의 질병들은 하늘의 뜻을 실행하는 데 심각한 방해가 되며 윤리적인 행동들을 그릇된 판단 아래 행하게 하는 대표적인 원인들이다. 이러한 심각한 질병들을 우리 자신이 스스로 인정하기 전에는 사람들의 종교생활, 혹은 성장을 향한 마음은 모래 위에 세워진 집과 같은 것이며, 우리의 근본적인 문제들은 절대 해결되지 않는 것임을 확고하게 짚고 넘어가야 한다고 선각자들은 한결같이 강조하였다. 우리는 그러한 질병들에게 우리 자신을 너무 쉽게 타협하고 양보하며, 이러한 행동들은 우리의 자유와 기도하는 마음을 앗아간다. 그러므로 기도생활의 첫 단계는 이런 장벽들을 허무는 것이다. 이 마음의 질병 예컨대 우리의 욕심, 이기심과 질투, 사욕들은 인간 내면의 평화를 끊임없이 방해하는 방해꾼들이다. 그러므로 이러한 것의 제거 작업을 위하여 우리는 치열하고 항구하게 기도해야 하는데, 이때 심리치료적 작업을 거치는 것은 있는 그대로의 자신과 만난다는 의미에서 좋은 보조 장치가 되는 것이다. 즉 심리적 연구 방법을 통하여 진실하고 성숙한 영적인 기도, 참된 기도와 진실한 대화는 가능하다.

인간의 사고방식을 좀먹는 보편적인 질병들에 대하여 어떤 심리학자들은 '악의 세력이다'라고 묘사한다. 그렇다. '악의 세력'은 또 다른 견지에서 보면 '상처의 집합체'라고도 볼 수 있다. 이러한 마음의 질병들은 사실 아픔의 상처들 변형체라고 본다. 이 질병들은 정말 흉측하고 끔찍한 것이다. 근본적으로 봐도 그것이 악으로만 작용할 것이다. 상대방에게도 그 상처의 끔찍함을 드러내지만 그 무엇보다도 스스로에게 큰 상처를 다시 입히게 된다. 그러다보니 어떤 경우에는 본능적으로 자신의 이러한 질병들을 감추기 위한 방어기제를 무의식적으로나 의식적으로 취한다. 방어라도 하지 않으면 어떻게 살아갈 것인가! 근본적으로 봐도 '그것이 악으로만 작용할 것인가!'라는 생각마저 든다.

심리학자인 윌리엄 파커는 인간의 생각과 마음과 육신을 괴롭히는 모든 나쁜 요소, 즉 악(惡, evils)의 근원적 뿌리들을 다음의 다섯 가지로 요약한다.

- 적개심
- 두려움
- 죄의식
- 열등의식
- 피해의식

이 다섯 요소의 상태가 되었을 때 이것들과 대항하기에는 우리 마음의 힘이 대체로 부족하다. 악의 뿌리인 심리적인 요인들은 전자동화 되어 과거의 습관적인 반응양식으로 행동한다. 깊은 성찰과 훈습없이는 그런 의식들을 극복하기는 역부족이다. 핵심역동에서 파생된 그 문제의 뿌리에 다가가지 못하고 주변을 맴돌며 약간 고민하다가, 가볍고 대수롭지 않게 악의 부수적인 요소들만을 제거하려다 만다. 그러면 우리의 자아보호 본능은 아래의 반응들을 보인다.

- 악을 무시한다.
- 악을 합리화시키려고 한다.
- 다른 이들에게 악을 투사시킨다.
- 과격하고 비합리적인 반응을 보인다.

말하자면 투쟁-도피-투쟁-도피 반응을 하는데, 그러한 반응은 어느 정도까지는 대처가 될지 모르지만, 악의 세력이 지속되면 사실상 우리의 방어 능력은 점점 한계를 보이기 시작한다. 진실한 방향이 아니므로 필연적으로 한계는 올 수 밖에 없다. 그러면 우리의 몸 쪽으로 그 방향이 들어오게도 된다. 즉, 몸은 질병을 앓게 되고 이 질병들에 의해 심각하게 파괴된다. 그 형태들은 중독현상, 우울증, 공포, 불안, 초조, 위궤양, 천식,

두통, 관절염, 갑상선, 심장이상 그리고 여드름과 피부병 등으로 다양하다. 이러한 질병들의 뿌리에 다가가 치료하지 않고, 단지 외적인 증상들만을 치유하려고 한다면 아무 소용이 없는 일이다. 기도는 우리의 내면 깊숙이 꿰뚫고 들어가 영혼을 치유해 주는 능력이 있다. 이러한 치료의 방법들을 윌리엄 파커는 과학적이고 영적인 실험들을 통해 관찰하였다. 예를 들어 아주 심한 두통들에 관하여 그는 이렇게 이야기한다.

> "전체 5%의 인구들은 심한 두통에 시달리고 있다. 이들을 조심스럽게 과학적으로 연구한 결과, 그들 대부분이 공통적으로 자존심이 강한 완벽주의자, 인내력이 부족하고 스트레스에 약하고 강한 성취 욕구를 가진 '지배욕'이 강한 성격의 소유자들로 분류된다."

신체화 증상을 가진 많은 사람들은 대체로 자신의 영혼에 직접적인 손상을 입히는 병들을 앓고 있다. 강한 '지배욕'에 사로잡힌 사람들만 그러하겠는가! 그 '지배'를 당하는 자 역시, 내면의 억압된 분노로 인하여 같은 증상을 앓을 것이다.

영혼의 세계는 세 가지 차원으로 나눌 수 있는데, 그것은 정신·의지·마음이다. 이 3차원의 놀라운 기능들은 인간을 인간답게, 즉 동물계에서 고등 단계의 동물로 고양시키는 요소가 될 것이다. 사실, 차원 높은 영혼의 세계를 진심으로 느끼는 사람은 그리 많지 않을 것이다. 최상의 것으로 창조된 '유기체'인 우리는 그것을 사실 잘 인식하지 못한다. 하느님이 주신 놀라운 우리 능력은 사실상 거의 사장되고 있다. 그 이유는 다음과 같은 '영혼의 병'들 때문이다.

- 자아성찰의 결핍

- 의지의 결핍
- 사랑의 결핍

이 결핍들은 치유될 수 있을까! 과연 치유하고자 하는 열망을 가진다면 가능할까! 이런 병들은 치유될 수 있다! 인간에게 주어진 위대한 보물들을 유용하게 사용하지 못하도록 만드는 이러한 심각한 세 가지의 질병들을 우리의 정신, 의지와 마음 안에서 제거하며, 동시에 심리적인 병들까지도 상당부분 해결하고 치유할 수 있다는 결론을 내리는 것이 비약은 아닐 것이다. 하지만 불행하게도, 자아성찰의 결핍, 의지와 사랑의 결핍은 우리의 심리적인 병들이 더 크게 자리 잡고 확장되어 나아가 합병증을 불러일으키는 것을 깨닫지 않는다면 어려울 것이다. 분명 치유될 수 있는데 말이다.

마음의 질병, 그리고 영혼의 병들이 잘 치유된다면 우리는 사랑하며 살 수 있다. 여기에서 '기도'는 자아 성찰의 장을 열어주며, 우리의 약한 의지를 강하게 하고, 나누지 못하는 좁은 마음을 치유하고, 사랑을 키워준다. 우리의 생활 안에서 빚어지는 모든 문제들(어려움)의 핵심이 바로 '집중하여 자아성찰하지 못함'에서, '자신의 의지를 펴지 못함'에서, 표면적이 아닌 '진실한 사랑을 하지 못함'에서 빚어짐을 깨달아야 할 것이다.

우리 삶 전반의 성숙은 건강한 사고와 생각에 바탕을 두고, 우리 의지의 힘을 더하여, 또 나 자신은 물론 이웃 사랑을 실천하는 삶에 달려있을 것이다. 즉, 자아 성찰을 할 수 있는 능력과 굳건한 의지력, 사랑을 베풀 수 있는 마음 자세가 바로 우리가 지향 할 바임에 틀림없다.

* 이 글은 안드레아 가스파리노(1993)의 일부 내용을 인용하였음을 밝힙니다.

30. 파도와 바다

파도 속에서 살되
그 파도의 본 주인인 바다를 느낄 수 있는 깨달음이 있다면
그것이 바로 '은총의 생활'이 아니겠는가!
일상 속에서
그 속에 들어있는 우주의 절대성, 궁극성, 하느님의 사랑과 자비를
느낄 수 있는 깨달음이 있다면
그 일상은 하루하루가 은총의 삶이 될 것이요
감사의 삶이 될 것이다.

파도와 바다에 대한 이야기는 우리 존재의 실재성을 드러내는 비유로서 많이 인용되는 내용이다. 하루하루의 일상은 하나하나의 파도에, 궁극적인 우리의 존재성은 바다에 비유해 볼 수 있다. 넓은 바다가 파도의 본질일진데, 우리는 하나하나의 파도에 휩싸여 일생을 불안하게 산다는 것을 깨닫게 한다.

이러한 비유는, 캔 윌버(2005)가 말하는, 우리가 '자아'라고 느끼는 정체성이, 전체로서의 유기체를 포함하느냐, 그 유기체의 일부에 한정되느냐 하는 논점과 유사하지 않을까 싶다. 칼 융(C.Jung)은 협소해진 자기상을 페르소나(persona)라고 불렀다. 즉 가면(mask) 혹은 '외적 인격'을 뜻하는 말인데, 전체적인 자기를 느끼지 못하고 일부의 자기를 느끼는 것을 뜻하는 말이다. 이렇게 자신을 일부인 '페르소나'와만 동일시하게 되면 나

머지는 실제로 이질적인 영역, 소외되고 두려운 '비(非) 자기'로 느껴지게 된다. 또한 자신의 원치 않는 측면을 부정하고 의식으로부터 배제시키기 위한 시도로 자신의 영혼을 재조직하기도 한다. 자기의 영혼을 자기 식대로 조작하는 것이라고나 할까! 그리고 우리는 스스로 원치 않는 측면을 생각하지 않으려고도 한다. 원치 않는 측면, 즉 '그림자'라고 부르는 우리의 또 다른 면을 인정하지 않으려 한다. 이 그림자는 늘 달고 다니는 나의 일부분이지만 마치 없는 것처럼 방어하고 싶어 한다. 한마디로 우리는 전체로 자신을 느끼는 것이 아니라 마음의 일부만 자신의 것으로 느끼게 되는 것이다.

삶은 파도의 출렁임 그 자체다. 우리는 끝없이 하나의 파도를 다른 파도와 비교하며 산다. 그래서 이 파도가 좀 더 아름답다거나 높다거나 라고 말하고, 저 파도가 더 오래 지속된다고 말하기도 한다. 그러나 좀 더 깊이 살펴보면 파도는 바다의 일부라는 것을 알게 된다. 파도는 바다의 한 작용일 뿐이다. 파도로서 존재하는 동안 그것은 바다로서 존재하기도 하는 것이다. 파도가 자신이 바다라는 것을 알지 못한다면, 우리는 늘 파도의 급류 속에서 불안하게 살 수 밖에 없다. 파도는 언젠가는 '난 죽을 게 틀림없어.'하고 생각할 것이다. '내 수명은 이 만큼이므로 해변에 닿으면 나는 무(無)로 돌아갈 것이야.' 라는 관념 때문에 파도는 두려워하고 슬퍼하게 될 것이다. 이렇게 느낀다면 파도는 '언젠가는 이 불안으로부터 자유롭고 싶다'라고 외칠 것이다. 좀 심하면 '이렇게 살 바에야 차라리 죽고 싶다.'라고도 할 것이다. 파도가 자유롭고 행복하게 살 수 있기를 원한다면 우리는 파도가 자아, 개인, 생물 그리고 수명이라는 한정된 관념을 떨쳐버릴 수 있도록 도와주어야만 할 것이다.

하나의 파도는 높고 낮음, 시작과 끝 그리고 '미추(美醜, 아름답고 추하고)'라는 표시를 통해 다른 것과 분간된다. 그러나 바다의 세계에는 표시라는 것이 따로 없다. 상대적인 진리의 세계에 있는 파도는 솟아오를 때는 행복을 느끼고 부서져 내릴 때는 슬픔을 느낀다. 파도는 "나는 높은 파도다." 또는 "나는 낮은 파도다."라고 생각하고는 우월감 또는 열등감을 가질지도 모른다. 그러나 파도가 자신의 참된 본성, 즉 자기가 곧 바다라는 것을 알게 되면, 모든 강박 관념은 멈추게 될 것이고 파도는 생사를 초월하게 될 것이다.

우리는 일이 잘 풀릴 때면 교만해져 그 일 자체를 놓지 않으려는 강한 집념을 가지면서 실패하거나 무엇인가 모자라거나 부족해지는 것을 두려워한다. 그러나 이것은 상대적인 관념일 뿐이다. 우리는 일이 잘 풀리고 안 풀리고에 따라 끝없는 불안과 두려움 속에서 '풀리지 않는 것'이 없도록 끝없이 노력하고 뭔가를 한다. 잘 풀릴 때는 만족감과 성취감을 맛보기도 한다. 자신의 본성을 깊이 느낄 수 있는 깨달음이 있다는 것은 참된 본성의 세계로 넘어갈 수 있는 능력을 의미한다. 우리는 파도와 같은 상대적인 세계 속에서 살아갈 수밖에 없지만 참된 평화와 기쁨을 누리기 위해서는 바다, 즉 절대적인 세계라는 존재의 근원을 접할 필요가 있는 것이다.

실제로 일상에서 우리는 상대적인 관념에 갇혀서 절대적인 진리와 멀리 살고 있다. 대부분의 사람들은 이런 개념조차도 없는 채로 그저 하루하루를 파도의 급류에 휘말리듯 살아간다. 휘말려 정신이 혼미해질 정도로 아슬아슬하게 살아가는 사람들도 많다. 어떤 때는 아무런 파도를 느끼지 못할 때 행복하고 안정된 것이 아니라, 오히려 파도 속에 있을 때 더 안정감을 느낀다. 그 파도가 없으면 더욱 더 불안해할 정도로 우리는 파도의 급류 속에서 혼란스럽고 불안하게 살아가고, 그것이 혼란스럽고 불안한 마음상태인지 의식하지도 못한 채로 살아가기 쉽다. 그래서 새로운 불안거리를 만들어 다시금 급류에 휘말리게 된다. 어쩌면 정신없는 삶을 산다고나 할까! 정신없는 삶이 오히려 현대인의 적절한 삶이라고 안심한다고나 할까! 그 속에서 우리는 우리의 삶을 살고 있고, 우리의 자녀를 키우고 있고, 인간관계를 하고 있다고 볼 수 있다. 차분히 우리가 어떻게 살아가고 있는지 느껴야 할 것 같다. 이렇게 상대적인 것에 갇혀서 절대적인 것을 잊어서는 안 될 것이다.

우리 안에는 영원한 생명을 느낄 수 있는 그 무엇이 있다. 그러한 궁극적 차원, 즉 불교에서 말하는 '열반(涅槃)', 그리스도교에서 말하는 '하느님', '무생무사(無生無死)' '영원한 생명의 신비'의 세계를 접하는 것, 그것이 바로 수행(修行)일 것이다. 우리는 오랜 세월동안 흘러오는 개인 무의식, 집단무의식 등 수많은 과거의 경험, 과거의 욕구, 우리가 가지고 있는 관념 때문에 근본적 차원을 접할 수 없고, 끊임없는 두려움과 고통을 안고 살아가고 있다.

상대적인 진리를 깊이 들여다보면 그 절대성을 간파하게 된다. 사실 상대적인 진리와 절대적인 진리 모두 가치가 있는 것이다. '바다는 중요하고 파도는 중요하지 않다.'라고 결코 말할 수 없지 않는가! 파도만 중요하고 바다는 아예 생각지도 못하는 우리의 '무지'를 논하는 것만큼! 파도가 바다에 속한다고 하여 하나하나의 파도를 아무렇게나 취급하라는 뜻이 아니다. 일상적인 일들 하나하나, 즉, 파도가 파도로서의 삶을 철저하게 살아갈 때 그것은 자기 안에 있는 바다의 차원을 접하게 되고, 그때 파도의 두려움과 여러 가지 생각들이 불시에 사라져 파도는 진정한 행복을 누리게 된다. 그렇게 되기 전에는 파도의 행복은 임시변통에 지나지 않는 것이다. 가수가 한곡 한곡을 최선을 다하여 노래하고 그 노래 속에서 느끼는 깊은 진실과 전율을 접할 때 말할 수 없는 어떤 감동을 받는 것처럼! 운동선수가 자기의 모든 기량을 다해 최선을 다할 때 온 우주의 환희를 느끼듯! 우리가 한 파도 한 파도의 고비를 성실하게 살아간다고 하자. 그것 자체를 지고(至高)의 아름다움으로 승화하고 받아들이면서 행복을 느낀다고 하자. 그러면 파도를 통하여 자연스럽게 바다의 차원을 접하게 되는 것이 아닐까. 이때 우리는 이 파도를 통하여 진정한 행복감을 누리게 되고, 파도 속에 담겨있는 바다의 안정감, 환희, 이런 것을 느끼지 않겠는가. 가장 커다란 안도감은 열반(涅槃), 하느님의 현존(現存)에 대한 관상, 즉 무생무사(無生無死)의 세계를 접해야 비로소 얻게 된다고 한다.

일상의 일들 속에서 그 속에 들어있는 우주의 절대성, 궁극성, 하느님의 사랑과 자비를 느낄 수 있는 깨달음이 있다면, 그 일상은 하루하루가 은총의 삶이 될 것이요 하루하루가 감사의 삶이 될 것이다. 즉, 파도 속에서 살지만 그 파도의 본 주인인 바다를 느낄 수 있는 깨달음이 있다면 그것이 바로 '은총의 생활'이 아니겠는가!

자신의 존재를 파도의 존재, 아주 작은 부분으로만 느끼는, 그림자가 자기의 전부로 느끼는, 페르소나 그 자체를 자기의 전부로 느끼는 그런 삶이 아니라, 좀 더 전체적인 자기, 바다로서의 자기 절대적인 자기를 느껴야 할 것이다.

* 이 글은 틱낫한(2004), 캔 윌버(2005)의 일부 내용을 인용하였음을 밝힙니다.

31. 홀로서기를 위한 생활수행

생활수행의 자세를 통하여
자아를 좀 더 확장시켜가는 느낌을 가질 것이다.
어쩌면 그 자아를 탈(脫)자아로 가게 하는 과정이다.
자아가 있는 한 우리는 결코 진정한 평화로움은 없다.
자아와 외부의 모든 유기체가 합일되어가는,
그러면서 삶의 진실을 깨달아가는 과정,
비록 그런 경지가 까마득하다 할지라도
홀로서기를 위한 생활수행은 무엇인가 모르는 작은 등대역할을 하게 될 것이다.

'동방' 연구소에서는 2004년부터 실시된 '생활수행'이라는 수업이 있다. 특별한 지도자 없이 진행되는 이 수업은 생활수행이 얼마나 우리의 삶에서 중요한 것인가를 생각하는 시간인 동시에 일상의 혼란함에서 평정심으로 전환시켜 나가는 심리적·영적 경험의 장(場)이다.

상담 및 심리치료 과정은, 어떤 특정한 심리적 어려움이 있을 때 도움을 받게 되는 경우도 있지만 자신의 인격성장을 위하여 내면을 깨달아가는 주요한 기회를 제공한다. 일반적으로 상담과정은 내담자가 자신의 주 호소 문제를 해결하기 위하여 미처 의식하지 못했던 부분을 깨달아가는 과정에서 왜곡된 자신의 정서적 부분을 통찰하고, 기존의 부적절한 행동양식을 건강한 행동양식으로 바꿀 수 있는 노력을 하게끔 한다. 즉, 치료의 초기, 중기, 말기 과정을 겪으면서 왜곡된 자신의 정서적 부분과 그에 따른 미성숙한 대처방식에 대한 통찰을 하게 된다. 상담과정에서의 통찰작업은 치료의 필수적인 과정이며 치료의 시작 신호이다.

대체로 이 경험을 하신 분들은, 한편에서는 지적(知的)통찰과 정서적(情緖的)통찰 과정을 거치면서 자신에 대한 이해와 수용·현실적인 변화의 과정을 거치지만, 또 다른 한편에서는 통찰된다 할지라도 쉽게 조절·통제되지 않는 부분에 대해서 곤혹스러워 하면서, 반복적이고 지속적인 훈습(working-through)의 필요성을 느낀다. 핵심역동의 깊이와 강도에 따라 다소 달라질 수는 있겠으나, '통찰은 치료의 시작에 불과하다.'는 소울(Saul,1974)의 언급은 실제장면에서 그대로 공감하는 부분이다.

통찰 과정에서 스스로에 대하여 깨달은 것을 철저히 자기생활에서 연습될 수 있도록 노력하는 과정을 '훈습(薰習, working-through)'이라고 부른다. 상담과정에서 '통찰 후 훈습'이 뒤따르지 않을 때 오히려 통찰은 해악을 불러일으킬 수도 있다. 통찰된 것을 토대로 상대방을 분석 설득하려고 한다든가, 합리화의 도구로 쓴다든가, 공격의 무기로 사용한다든가, 상대방의 약점을 들추어내는 수단으로 이용된다든가 등의 부정적인 영향을 말한다.

통찰되었다 할지라도 이 훈습과정을 철저하게 끈기 있게 하지 않으면, 슬며시 역동의 뿌리가 다시금 새싹을 돋기 시작하면서 자기의 영역(?)을 구축하기 시작한다. 즉, 옛날의 습(習)대로 돌아가기 시작할 수 있다는 뜻이다. 그러므로 통찰 후의 훈습은 바로 수행의 과정과 동일하게 여겨야 한다. 생활수행을 해야 한다는 뜻이다.

만약, 어떤 사람이 자기의 심리적 치료 과정을 충분히 거치지 않는 상태에서 '수행'을 할 경우, 자아 방어를 위한 합리화의 도구도 될 수 있으며 자아의 실체를 회피하려는 하나의 수단으로 될 수도 있기 때문에, 상대방이 그 사람과 관계를 할 때는 오히려 '거리감'을 더 느끼게 되는 문제점을 안게 되는 것을 종종 보게 된다. 또 진실한 깊은 '마음'에서 우러나오는 수행이 아니라 '머리'에서 나오는 수행은, 상대방에게 무언가 격리된 느낌, 내면과 외부의 모습이 일치되지 않는 감을 느끼게도 한다. 심리치료과정 말기에서의 '생활수행'은 자신을 성장시키는 좋은 장(場)으로서 필요하다. 생활수행을 한다고 하여 어떤 특정한 종교적인 접근을 위주로 하여야만 되는 것이 아니라, 자신 스스로를 위한 '깨달음'을 구하는 어떤 것이든 좋다고 여겨진다. 예컨대, 각자가 가진 종교적인 방법이나 좋은 독서, 좋은 만남, 개인 혹은 공동체와 함께하는 마음나누기 등 여러 가지가 있을 것이며, 기존의 수행적 방법, 선천적 기질과 조건에 걸맞은 방법이면 무엇이든 좋다고 생각한다.

인류역사상 진리의 보편적인 뜻에 기준 한다면, 예수님의 발자취를 통한 말씀, 부처님의 법을 따르는 것이 대체로 무난하지 않을까 여기고 있다. 구원(救援)이란 우리를 불행하게 하는 모든 원인으로부터 해방되어 생명과 자유로움과 충만함과 기쁨을 갖게 될 때 쓰는 용어라고 볼 때, 삶의 목적이 '구원(救援)'이라고 본다면 어떨까! 구원으로 나아가기 위하여서는 우선 내면적으로나 능력적으로 보다 향상되어야 한다. 보다 나은 영적 능력을 갖추고 다른 이와 조화를 이루며 모든 이와 기쁘게 함께할 수 있는 사람이 되어갈 때 우리는 행복할 수 있는 삶의 구조를 마련하게 된다. 정말 우리가 구원에서 오는 기쁨을 누리고자 한다면 우주근원의 진리를 섬기고 다른 이를 사랑하는 마음을 가져야 할 것이다.

최대의 기쁨은 진정한 사랑에서 생겨날 것이다. 모든 것을 사랑으로 해석하고 사랑으로 받아들이며 사랑할 수만 있다면 '완전한(!) 사람'이라 할 수 있다. 우리의 구원은 사랑과 자비를 실천하신 예수님과 부처님 같은 성인들의 말씀을 믿고 따르는 데서부터 생겨나며, 그 말씀들은 바로 생명을 가져다주는 샘물과 같은 것들이라는 믿음을 확실히 가지고 있어야 한다. 성인들의 길을 따를 때 생명을 회복할 수 있는 길을 가지지 않을까 생각한다.

함께 공부하는 생활수행반의 많은 분들이 대체로 느끼는 공통적인 것은, 생활수행은 자유롭고 평화로운 '참된 홀로서기의 과정'이라는 것이다. 다른 사람을 통하여 자신을 깨닫는 것보다는 스스로 자신의 성찰을 통하여 자아정체성을 새롭게 확립해 나가는 과정이라고나 할까! 풀리지 않을 것 같았던 절망적인 어려움들이, 홀로서기를 할 때 어떻게 마음이 풀어지는지를 느껴가는 과정이기도 하다. 어느 누구의 도움이 아닌 스스로의 깨달음으로 나아가는 과정이다.

한마디로 생활수행은 진실한 홀로서기의 과정이라고 볼 수 있다. 이것은 막혀있었던 심리적인 부분이 어느 정도 뚫리는 과정(심리치료과정)을 작업한 이후 생활수행 속에서 얻어지는 큰 소득이다. 자아기능이 다소 낮았을 때는, 그 자아기능을 건강하게 만들고 자존감을 향상시키기 위한 과정이 필요하였다면, 자아기능이 튼튼하게 된 뒤에는 자아로부터 조금씩 벗어나는 그 자아에 얽매이지 않는, 그 너머의 세계로 들어가는 과정이라고 보아야 할 것이다. 이것은 많은 지적인 개념을 바탕으로 한, 자기 체험의 느낌을 가지지 않으면 말로 설명하기는 어려울 것이리라. 건강한 자아기능으로 열심히 살아가고, 남에게 도움을 주는 삶을 살고 있지만, 어느새 홀로 되었을 때 밀려오는 불안과 두려움, 허전함과 자만심 등

이런 것들은 우리 내면의 자아(ego)가 존재하는 한 공존하지 않을 수 없는 감정일 것이다. 그런 의미에서는 인간은 어쩌면 늘 평화롭지 못할 수 있다. 그 감정을 충분히 인정하면서 살아가는 것이 차라리 바람직할 것이다.

우리는 자아가 존재하는 한 불안과 두려움으로부터 탈출하기 어렵다는 한계를 지니고 사는 인간이다. 그러한 자아를 좀 더 확장시켜가는… 어쩌면 그 자아를 탈(脫)자아로 가게 하는… 그 자아의 참된 진실을 좀 더 알아가는… 그러면서 자아와 외부의 모든 유기체가 합일되는… 삶의 진실을 깨달아가는… 이러한 과정은, 아직 그런 경지가 까마득하다 할지라도 뭔가 작은 등대역할을 하게 될 것이며 그것이 바로 생활수행의 큰 수확이 될 것이다. 어쩌면 '이미' 우리 자신은 그런 위대한 존재가 아닐까! 스스로는 결코 인정하지 않고 있으나, 하늘은 '이미' 선물을 내려 보낸 것이 아닐까!

32. 자기치료를 위한 기도를 하고 싶을 때!

심리치료를 위한 기도를 하고 싶다면
'사랑'과 '믿음' 그에 따른 '실천'이 꼭 필요하다고 본다.
특히 자기 스스로 자신을 치료하고 싶을 때는
확연히 이 세 가지는 필요하리라 생각된다.
세 가지에 대한 확고한 지견(智見)과 이해 수용이 제대로 된,
자기치료를 위한 기도를 할 수 있는 사람이라면,
자기통합(統合)이 잘 이루어진 성숙한 인격이지 않을까!

보통 사람인 우리는 별다른 일이 없는 상황일 때는 의연하고 담담하게 잘 지내다가도 어떤 어려움이 닥쳤을 때는 그 의연함과 담담함은 순식간에 날아갈 만큼 예상외로 약하다. 웬만한 평정심을 갖추지 않은 이상, 직접적인 어떤 일이 발생하였을 때 충격과 놀라움에 휩싸이면서 그 나약함과 무기력함은 순식간에 드러날 정도로 연약한 것이 바로 인간이다. 특히 사랑하는 대상, 예컨대 배우자나 내 자식에게 어떻게 해 볼 수 없는 어려움이 닥쳤거나, 각별하게 원하는 그 무엇이 생겼다거나, 숨 가쁜 위기상황이 도래했을 때, 기타 특수한 어떤 상황에서, 너무나 쉽게 남의 말에 귀 기울여지고, 그 문제들이 해결된다면 무엇이라도 다 할 것 같은 절박한, 지푸라기라도 잡는 심정이 된다. 이럴 때 우리는 이곳저곳에 매달리기도 하고, 종교를 가졌든 가지지 않았든 관계없이 기도를 하기도

한다. 장독대 위에 물 한 그릇을 떠 놓고 하염없이 두 손 모아 비는 옛날 어머니의 그 순박한 기도가 없었다면, 자식들의 '현재'가 과연 가능했을지 모를 정도의 간절함이다. '두 손 모아 기도하는 어머니'의 겸손함과 순박함은 어떤 판단도 일어나지 않고 저절로 고개가 숙여지는 느낌이다. 나름대로 성공한 자식들이 회고하는 어머니상은 거의 대부분 '기도하는 모습'이라는 글을 본 적이 있다. 사실, '자식을 위한 기도'이지만, 자신의 가장 중요한 대상을 위한 기도라는 점에서 '자신을 위한 기도'라고 볼 수 있다.

심리치료를 할 때에도 이러한 겸손과 의탁이 필요하다. 온전히 나 자신의 나약함을 인정하고(자기비하나 자책이라는 의미가 아니라 한 인간으로서의 겸손한 한계를 인정한다는 측면에서) 간절한 원함의 뜻(원의)을 둔, 절실한 마음으로 무엇인가를 극복하려는 태도(투신), 바로 그것 자체가 기도라고 생각된다. 특히 이러한 행위들은 의지하는 절대자에 대한 무한한 신뢰와 존중, 즉 사랑에 뿌리를 두어야지만 가능한 것이기에, 믿음 그 자체가 바로 기도일 것이다. 심리치료를 위한 기도를 하고 싶다면 '사랑'과 '믿음' 그리고 그에 따른 '실천'이 필요하다. (타인을 도와주고자 할 경우와 마찬가지로) 자기 스스로를 치료하고 싶을 때도 이 세 가지는 새겨볼 만하다. 사랑, 믿음, 실천이라는 것은 큰 그림이다. 작은 그림에서는, 전문적인 심리치료 학습을 통한 개념을 익힌 후, 자신에 대한 탐구를 하는 능력이 발달되고, 자기인식과 이해, 자기수용과 바라봄이 제대로 되어, 지금-여기에서 무엇을 해야 하는 가를 알아내는 '통찰 후의 내 몫'을 책임지며, 구체적인 습(習)의 훈련이 되면 좋을 것이다. 이렇게 구체적인 작업들은 전문가의 인도에 따라 이루어지면 더 효율적일 것이다. 하지만 여러 가지 여건상, 전문가의 끊임없는 도움은 한계가 있어, 스스로가 자기치료를 위한 과정을 밟아가기 위한 마음을 먹는다면, 다음과 같은 작업이 '기도'와 아울러 이루어지면 도움이 될 것으로 본다. 아마도 자기치료를 위한 기도를 할 수 있는 사람이라면, 자기통합(統合)이 잘 이루어진 성숙한 인격으로 발돋움하게 될 것이다.

> "그러므로 내 말을 잘 들어 두어라. 너희가 기도하며 구하는 것이 무엇이든 그것을 이미 받았다고 믿기만 하면 그대로 다 될 것이다." (마르 11,24) "나더러 '주님, 주님' 하고 부른다고 다 하늘나라에 들어가는 것이 아니다. 하늘에 계신 내 아버지의 뜻을 실천하는 사람이라야 들어간다." (마태 8,21)

기도에 대한 매우 구체적인 것을 제시하는 위의 성경말씀은, 기도를 어떻게 해야 하는가를 다시 한 번 생각하게 한다. 종교적인 입장이 다른 분들도 '자기치료'에 관심이 있다면, 다음의 구체적인 다섯 가지 내용(A.G. 1993)은 심리치료의 과정과 매우 깊은 관련성이 있으므로 잘 읽고 묵상한다면 도움이 될 것이다.

첫째. 솔직한 내면을 드러내는 태도이다.

솔직한 내면을 드러낼 수 있는 기도를 해야 한다. "저는 이러이러한 일이 있었는데, 제 마음은 이러하였고(그 당시의 심정), 지금 제 마음상태는 이러이러합니다(지금의 심정)."라고, 마치 앞에 앉아계신 누군가에게 고백하듯, 마음을 드러내는 것부터 해야 한다. 방어적이고 꾸미는 듯한 내용들은, 사실 거의 잡념이거나 망상에 가깝다. 자신에게 처한 상황과 심정을 표현하는 것이지, 자기를 합리화하고 자존심을 내세우기 위한 각종 생각들을 드러내는 것이 아니다. 있는 그대로의 사실과 그에 대한 나의 감정 느낌 마음상태 등을 있는 그대로 표현해야 한다. 이성적이고 솔직한 마음을 드러내는 기도를 통해 그릇된 선택과 생활 방식으로 오랫동안 불순종하고 살았던 나를 바라볼 수 있는 것이다. 그리고 기도를 하면서 허황되고 그릇된 기복적인 요소들을 물리칠 수 있어야 한다. '하느님은 마술사같이 무조건 모든 것을 해결하신다.'라는 생각을 멈추어야 할 것이다. 내가 별 생각 없이 하느님께 부탁한 이러한 기도들을 즉각 들어주시는 하느님이라면 그분은 크게 신빙성이 없는 분이다. 내가 지금 처한 각박하고 악한 상황에서 진심으로 벗어나고 싶다면, 여러 가지 방법을 동원하여 지속적으로 투신해야 할 것이며, 깊은 신앙에 바탕을 둔 기도를 지속적으로 드려야 할 것이다. 그때 우리는 조금씩 자신이 상상치도 못했던 큰일들을 성취해 낼 수 있다. 다시 말하면 우선 있는 그대로 자신의 내면을, 지금-이 순간의 마음을 순수하게 드러내는 기도부터 하라는 뜻이다. 막연하고 추상적인 기도가 아니라 자기의 내면의 솔직한 심정부터 표현해내는 기도의 효과는 상당히 클 것이다.

둘째, 끊임없이 기도하는 태도이다.

자신이 위험에 처했을 때만 기도하기 쉽다. 그렇다면 늘 위험에 처할 일만 생길 수 있다! 기도를 하기 위해서는 위험이 들어와야 된다는 뜻일까! 그렇게 한다면 그 기도생활은 성장할 확률이 낮다. 우리가 신속한 이동성을 원한다면 자동차 바퀴만 필요한 것이 아니라 자동차 전체가 필요하듯이 삶 전체가 기도가 되어야 한다. 기도를 내 생활의 일부분으로 만들고, 기도 없이는 내가 살아갈 수 없다는 사고를 확립시켜야 하는데, 이 사고방식 역시, 기도를 통해서만 깨달을 수 있다. 기도는 기도를 해 보아야만 그 맛을 알 수 있다. 해 보지 않고 기도가 이러쿵저러쿵 하는 것은 맛을 보지 않고 음식을 평가하는 것과 같다. 기도에 익숙해지도록 자신을 개방해야 한다. 하느님과 함께 걷는 연습을 충분히 하여, 그분과 떨어져 홀로 걸으면 외롭고 행복하지 않음을 느낄 정도의 단계까지 우리 자신을 끌어 올려야 한다.

기도의 습성이 몸에 배도록 해야 한다. 이 습성이 내 안에 뿌리내리려면 나의 하루의 일과 중에 정해진 시간을 떼어 기도의 시간으로 정하여, 기도하는 습관을 몸에 배게 하는 것이 체계적이고 좋은 방법이다. 먹고, 마시고, 잠자리에 들듯이 기도 시간도 규칙적으로 충실하게 지켜야만 한다. 즉, 우리가 만약 하루도 빠뜨리지 않고 먹고, 마시고, 잠자는, 육체적인 요구를 충족시키고 있다면, 매일매일 명상 혹은 기도의 습성도 길러야만 한다.

셋째, 구체적으로 원하는 것을 표현하는 태도이다.

심리치료의 장면에서 제일 먼저 묻는 것은 "여기, 어떤 도움을 받으러 오셨나요!" "무엇을 원하시나요!"이다. 마찬가지로 "나는 무엇을 원하는가!" 이것을 내 스스로가 알지 않으면 안 된다. 일상생활에서든 심리치료의 장면에서든 이것을 구체적으로 알아차리고 한 인간으로서의 '구(求)함'을 드러내는 것이다. 인간의 약함과 의타심을 그대로 개방하는 것을 말한다. 전지전능하신 그분께서 우리가 원하는 것을 모르시기 때문에 구체적으로 청하라는 말이 아니라, 우리 자신을 위해서 그렇게 하라는 것이다. 우리의 청원을 구체적으로 생각하고 묘사할 때 우리가 원하는 것이 무엇인가가 분명히 정립되기 때문이다. 우리는 기도할 때 그분의 뜻에 협조하기를 원치 않는 경우가 많다. 기도가 구체적이지 않을 경우 우리는 하느님께 협조를 해드리지 못하며 또 우리의 청을 스스로 묵살해 버리는 경우가 된다. 특히 현재, '지금-여기'에 대하여 기도하도록 해야 한다. 우리의 청원이 진실되고 꾸밈이 없다면 지금-이 순간에 필요한 것을 청해야 할 것이며, 내일 필요한 것은 다음 기도할 때 청해야 한다. 이런 방식의 청함은, '기도의 진실성'과 '나의 기도가 반드시 이루어질 것이라는 확신', 또 '그분의 협조를 확실히 믿는 마음'으로 증명되리라 본다. 너무 먼 미래를 내다보고 폭넓게 청한다면, 선의를 행하고자 하는 원의가 약화되고 실행하고자 하는 의지 역시 약해진다.

넷째, 순차적으로 하는 태도이다.

기도란 마치 종합병원에 가서 신체의 병든 부분들을 치료하기 위해 엑스레이(X-ray)를 찍는 작업과 같다. 병을 치료하는 데는 조직적인 단계가 있는데, 우선 의사들은 체계적인 관찰과 판단으로 증상들을 조사한다. 이와 마찬가지로 영적인 질병들도 조직적인 기도의 방법으로 관찰하고 조사하여야만 치유가 가능하다.

▪ 우리의 아픔, 상처들을 객관적으로 관찰하라. 나의 상처, 아픔을 인정하고 치유하고자 하는 원의를 갖는 것이 바로 그 첫걸음이므로 이 단계를 밟는다. 예컨대, '나는 지금 너무 아프다. 우선 아픈 마음부터, 공감을 받고 싶다.' '난 우선 내 마음에 있는 것들이 너무 복잡하여 무조건 말을 좀 해야겠다. 그래야 정신부터 차릴 것 같다.' 등, 가장 우선적인

것부터 적어보는 것도 좋다.

▪ 순차적으로 우리의 병과 증상에 대한 명단을 만든다. 동시에 모든 병들을 고치기가 어려우므로 가장 먼저 치유를 받아야 하는 부분들을 적어 본다. 예컨대, '그렇다면 내가 느끼는 감정들이 비례적인지 아닌지 조사를 해 봐야 겠군.' '이렇게 불안한 내 상태가 정상적인지 과한 것인지를 살펴봐야겠어.' '그리고 내가 이렇게까지 불안한 별도의 이유가 있을까!'등 순차적으로 자신에 대하여 느껴보는 것이다.

우리 모두는 마음과 의지와 정신을 잘 조화시켜 운용해야 하려면, 매일의 구체적이고 작은 순차적인 기도를 통하여 가능하다. 이러한 조화를 강화하고 쇄신하여 기도 중에, 기도 후에, 힘을 얻고 정화되어 타인에게 우리 자신을 더 내놓을 수 있어야 한다. 이것은 참다운 기도의 결정체이다. 심리치료를 할 때도 자신의 상태에 따른 단계적인 치료가 이루어진다는 사실을 꼭 알아야한다. 일종의 '치료 전략'의 수립이다. 그 순간은 알 수 없는 불안과 두려움도 올라오지만 자연스러운 하나의 과정이라 생각하면 된다. 즉, 순차적인 과정이라는 사실을 이해해야 할 것이다.

다섯째, 인내력을 가져야 한다.

초보자들은 바쁘다. 그리고 조급하다. 보편적으로 회심(回心)의 길을 걷는 초보자들의 실수는 처음부터 한순간에 목적지에 도달할 것이라는 환상과 확신이다. 하지만 시간이 지나면서 아주 부드럽게, 인내하는 기도만이 우리를 속속들이 변화시킴을 깨닫게 된다. 가끔 이러한 상황에 부딪치면 실망하고 치유의 과정에서 이탈하기도 한다. 너무 많은 것을 단시간에 도전하였기 때문에 실망을 체험하는 것이다. 기도를 시작하는 초보자에게 있어 중요한 기초는 삶의 순간순간마다, 사건사건마다, 한 발자국 한 발자국마다, 자비로우신 그분의 흔들림 없는 사랑이 항상 존재함을 신뢰하며 내딛어야 한다. 그분은 내가 변할 수 있는 만큼만 요구하시며 절대 그 이상은 무리하게 요구하시지 않는데, 우리는 교만 때문에 그 이상을 도전하고 바꾸려고 하다가 스스로 제풀에 꺾여지고 마는 것이다. 스스로의 인격을 고양시키고 자기치료를 함에 있어서, 초기에는 전문가나 주변인의 도움이 많이 필요하지만 궁극적으로는 명상이나 기도가 가장 중요한 도구가 되리라는 것을 알게 될 것이다.

심리치료 장면에서 초기에는 전문가의 도움이 분명 필요하며 효율적이다. 자체적인 내면의 힘이 약화되어 있을 때이다. 그러나 차차 자기 내면의 힘이 차 올라오면 스스로의 치유능력이 길러지게 될 것이다. 그렇게 될 때는 기도하는 자세, 즉 하느님께 향하는 그 마음자체, 지금-여기에서의 현존을 깨닫는 '참나'의 발현, 그것이 바로 자기치료의 효율적인 방법이 될 것이다.

* 이 글은 A. 가스파리노(1993)의 글 중 일부 내용을 인용하였음을 밝힙니다.

33. '꿈'은 우리에게 무엇을 바라보게 하는가!

꿈이 우리의 삶이나 의식적인 태도에
어떤 충고를 하고 있는지를 알아보는 것이다.
즉, 꿈을 통하여 우리의 마음에 어떤 메시지를 던지는지…
어떤 마음을 '바라보게' 하는지…

가끔 우리는 꿈을 꾼다. 특히 현재의 어떤 상황에 대한 심리적 반응이 있을 때 꿈으로 나타나는 경우가 있다. 꿈에 대한 전문지식이 있건 없건 대부분의 보통사람들은, 꿈을 통하여 예상되는 앞일에 대한 어떤 예측, 즉 선몽(先夢)으로 해석하려는 경향을 가진다. 이해됨직한 일이다. 꿈을 통한 예언적인 기능은 적절한 기회에 다른 관점으로 접하면 참고가 될 것 같다. 여기서는 '꿈은 우리에게 무엇을 바라보게 하는가!'에 대한 심리학적인 배경을 토대로 살펴보려 한다.

프로이드(Freud, 1917)는 무의식을 이해하는 근본적 원리의 기초는 꿈의 해석이라고 보았다. 즉, 핵심역동에 대한 치료적 방향은 일반적으로 초기의 꿈들을 살펴보면 알게 되고, 치료적 경과 역시 일련의 꿈을 잘 분석하면서 관찰된다는 뜻이다. 우리나라에서도 프로이드(Freud)이후 융(Jung)학파, 신 프로이드(Freud)학파, 실존주의 학파 등의 정신분석학적 입장에서부터, 꿈 자체를 탐색하고 이해하기 위한 연구가 끊임없이 계속되어 왔으며, 최근에는 꿈이 정신역동과 성격기능을 표현한다는 가설에 관한 실험적 연구가 증가되고 있다(이죽내, 1983: 강석헌, 1984: 박병탁, 1987). 또한 꿈이 한 개인의 인격이나 현실 상태에서의 경험을 얼마나 잘 반영하는가에 대한 연구도 이루어졌으며(Kramer et al., 1971), 꿈을 치료의 지표로 사용할 수 있는가에 대한 연구도 있었다(Saul & Sheppare, 1956: Corriere et al., 1980).

일반적으로 꿈을 해석하는 가장 좋은 방법은 분석가 혹은 분석가와 다름없는 누군가와 대화를 하는 것이다. 그러나 선무당 사람 잡는 식으로 꿈을 함부로 재단하는 심리분석은 오히려 안하느니만 못하므로 주의하여야 한다. 분석가 역시 많은 심리학파 중에서 얼마만큼 이런 분야의 훈련을 받았는가에 따라 고려되어야 할 것이다. 그런 의미에서 분석가는 꿈을 객관적으로 보도록 훈련받은 사람이어야 하며 자신의 마음상태를 꿈속에 투사하지 않는 사람이라야 한다. 생각보다 많은 상담자가 치료장면에서 자신의 심리상태를 투사하여 상대를 분석하고 재단하는 경우가 있다. 이는 부정적 방향의 '역전이' 현상을 일어나게 할 수 있으므로, 상담자는 '자기치료'를 통하여 자신의 심리상태가 내담자에게 투사되는지 아닌지에 대한 '깊은 바라보기'가 되어있어야 할 것이다. 물론 상담자는 자기의 문제점을 잘 알고 있다고 말할 것이다. 그러나 비록 상담자가 자신의 내적 문제점을 인식하고 있다고 해도, 그것이 '머리'의 수준에 그칠 경우에는 자신의 내면을 내담자에게 혹은 내담자의 '꿈' 해석에 투영하지 않으리라는 보장은 없다. 이렇게 상담자가 자기 내적 문제가 그대로 투사되는 수준이거나, '역동' '꿈' 분석 훈련을 전혀 받지 않는 사람이라면 꿈을 꾼 내담자나 상담자가 모두 꿈속에서 허우적거리게 될 것이다. 필요하다면, 꿈 분석 전문가의 도움을 받아 꿈에 대한 본격적 해석과 작업을 하는 것이 현명하리라 본다.

꿈을 해석하는 첫 번째 단계로 알려져 있는 것은, 내담자가 꿈속에 나타난 어떤 것, 어떤 이미지에 대해 연상하는 것이다. 만약에 꿈속에 소나무나 호랑이나 사과가 등장했다면 내담자가 평소에 이런 것들을 어떻게 생각하고 있는지에 대해 아는 것이 중요하다. 꿈속의 이미지에 대해 연상하는 것은 우선 꿈속에 나타난 이미지를 생각나는 대로 말하는 것이다. 연상을 할 때 상담자는 내담자에게 이런 종류의 질문을 던진다. "꿈을 꾸고 난 뒤 어떤 기분이 드나요?" "소나무가 당신에게는 어떤 의미를 갖나요?" "그것 말고 더 떠오르는 것이 없나요?" "또 연상되는 것은 있나요?" 이런 식의 연상은 전통적인 프로이트 학파에서 사용하는 자유연상 기법과는 다르다. 프로이드 식 자유 연상은 내담자가 가지고 있는 콤플렉스에 접근하는 기법이다. '프로이드 이후의 학파'가 볼 때, 이런 기법은 꿈속에 나타난 이미지가 가지고 있는 중요한 의미를 놓칠 수가 있다고 연구자들은 언급한다. 즉, 개인의 병리적 역동으로 작용되는 것에만 그 꿈의 연상을 국한해서는 안 되며, 이 꿈이 내담자의 전(全)인격적, 전(全)문화적, 전(全)사회적 경험과 어떻게 어울리는가도 생각해야 한다는 뜻이다. 그러니까 상담자는 내담자에게 꿈의 이미지에 대한 연상을 질문한 다음, 그 연상을 적절하게 확충해야만 한다. 다시 말해 상담자는 소나무나 호랑이나 사과가 내담자를 둘러싼 외부 사람들이나 문화 혹은 그 시대에서 어떤 의미를 가지고 있었는지 알아내야만 한다. 다시 말하면 상담자는 꿈의 연상을 통하여 주 호소문제와 직접 결부시키려고 하지 말고, 전체적으로 내담자의 상황을 이해하는 자료로 사용하여야 한다는 뜻이다.

이러한 기법을 융(Jung)학파에서는 '원형적 연상'이라고 부른다. 원형적 연상은 내담자가 그 꿈의 이미지에 대해 어떤 생각을 가지고 있는지 아는 것이 목적이 아니라, 그 꿈의 이미지가 모든 인간이 가지고 있는 집단 무의식 속에서 어떤 의미를 가지고 있는지를 살피는 것에서부터 시작된다. 그러므로 원형적 연상은 내담자가 꾼 꿈속에서 나타난 이미지나 모티브가 신화나 종교나 민담 속에서, 그들 환경과 관련하여 어떻게 나타나는가를 먼저 알아보는 작업이다. 따라서 융 학파의 분석가가 되기 위해서는 신화나 종교나 민담에 대한 지식을 필수적으로 배워야 한다. 이 말은 내담자를 파악하기 위해서는 그 내담자를 둘러싼 각종 집단에 대한 모티브 등을 충분히 고려하여야 하며 그것을 이해한 후 진단되어야 한다는 뜻이다.

꿈에 대한 개인적 연상이나 원형적 연상을 모으는 것은, 다시 말해 꿈의 맥락을 탐색하는 것은 상대적이지만 단순하고 기계적인 부분이다. 또한 개인적 혹은 원형적 연상을 모으는 것은 필수적이지만 본격적인 작업을 위한 예비 작업에 불과하다. 본격적인 작업은 꿈을 실제로 해석하고 그 꿈이 내담자의 삶이나 그의 의식적인 태도에 어떤 충고를 하고 있는지를 알아보는 것이다. 일상에서도 우리 스스로가 꿈을 꾸고 난 뒤, 이 꿈이 우리 자신의 삶에 어떤 메시지를 던지는지, 그 꿈을 통하여 우리는 무엇을 충고 받는지, 이런 것들을 생각할 수 있어야 한다는 뜻인 것 같다.

꿈을 해석하는 일은 엄격한 작업이다. 또한 그것은 내담자와 상담자 둘 만의 매우 친밀한 작업이다. 두 사람이 함께 꿈에 대해서 작업하지 않는 한, 꿈을 올바르게 해석하는 것은 매우 어렵다. 그 때문에 분석을 받는 내담자는 상담자와 함께 해석한 꿈의 의미를 친구들이나 배우자에게 털어놓지 말아야 한다고 꿈 해석자들은 말한다. 꿈에 대한 연상을 전혀 모르는 친구나 배우자는 내담자와 상담자가 힘들게 얻은 꿈에 대한 해석을 무시할 수 있기 때문이다. 그렇게 되면 내담자가 상담자와 함께 만든 신성한(!) 정서적 공간이 훼손된다.

아무런 방해를 받지 않는 공간에서, 상담자와 꿈에 대한 연상을 해냄으로써 내담자는 자신의 내면의 심리상태를 있는 그대로 방어 없이 느낄 수 있다. 상담과정 중에 만약 치료가 충분히 잘 진전되지 않거나 혹은 핵심역동과 주요감정들을 이해하기 어렵다면, 분석 초기의 10개의 꿈들과 다른 자료에서의 일련의 꿈들을 재고해 봄으로써 초점과 전체 조망을 얻게 될 수 있다(Saul, 1940). 펄브(Pulver,1987)는 발현몽을 '환자가 말하는 꿈의 내용'이라고 정의하고, 치료를 위해 꿈을 사용함에 있어서, 가장 완전한 이해에 도달하고 최대한의 치료적 효과를 얻기 위해서는 연상을 매우 성실하게 얻어내는 것, 즉 발현몽의 해석이 필수적이라고 하였다. 상담자와 내담자는 드러나는 꿈 이면에 숨기고 싶은 자기의 마음이 있다는 사실(그렇기 때문에 꿈속에서 드러나는 것이므로)을 알고 너무 빨리 이 발현몽을 해석하거나 무엇인가를 알려고 하는 건 곤란하다고 본다. 좀 더 느긋하게 이 꿈에 반영된 자기의 마음상태를 잘 바라보고, 좀 더 주변상황을 종합적으로 통합하는 '머무르기'의 마음상태가 필요할 것이다.

사람의 마음에 의식 전의식 무의식 수준이 있다고 정신분석학에서는 이야기한다. 즉 사람은 자신의 완전히 느끼고 있는 '의식 수준'이 있고, 조용한 시간을 가지며 자신을 느껴볼 때 알듯 말듯 떠오르는 '전의식 수준'이 있다. 그리고 거의 느끼지 못하지만 개인의 행동에 끊임없이 영향을 미치는 '무의식 수준'이 있다. 아마도 꿈은 우리의 의식 아래에 있는 전의식 수준의 이야기들을 의식수준으로 끌어올리는 중요한 도구로 사용될 수 있다고 본다. 꿈은 그런 식으로 우리의 내면 지하를 조금 더 깊이 느끼게 한다. 오랫동안 머무를 수 있다면, 그 길을 따라 무의식에 담겨있었던 이야기들도 느끼게 하는 도구로 활용될 것이다. 우리 내면의 항아리에 조용히 담겨있는 무의식에 있는 것들이 의식화 될 때 아마도 우리는 많은 생각들과 행위들을 스스로 통제 조절하는 길을 깨닫게 될 것 같다. 내면을 통찰하고 깨달음을 전해주는 방법 중에서, 꿈도 그 여정의 길에 한 몫을 할 것으로 생각된다.

* 이 글은 대릴 샤프(1992), 최경희(1999)의 일부 내용을 인용하였음을 밝힙니다.

34. 무의식 속의 마음은 의식화되면서 성장한다.

"마치 높은 것이 낮은 것을 그리워하고
뜨거운 것이 찬 것을 그리워하듯,
모든 의식은 아마도 스스로 깨닫지 못할망정
자신의 반대편인 무의식을 찾고 있다.
만약 의식이 무의식을 찾아내지 못한다면
심리적 발달은 침체와 정체와 동요를 겪게 된다."

일상생활의 다양한 관계에서나 스스로의 내면에서 일어나는 긴장과 갈등은 누구에게나 있다. 그러한 긴장 속에서 고민하다 보면, 자신의 참된 동기나 욕구, 감정 등을 새롭게 느끼게 되고 또 다른 쪽의 의식하지 못하는 그 무엇인가를 발견하기도 한다. 비록 그것이 표면적이라 할지라도 새롭게 발견되는 것은 매우 의미가 깊으며, 경우에 따라서는 미처 생각하지 못하였던 무의식적인 측면에서 자신을 이해하는 폭이 깊어지기도 한다. 설령 깊은 무의식의 심연으로 들어가긴 어렵다 하더라도, 갈등 상황이나 긴장된 자극들을 통해서 이제껏 억압되어왔던 심리적 내면이 드러나게 된다.

사실 갈등과 긴장은 의식과 무의식 양 극단 사이의 혼란과 부딪침이며, 가만히 느껴보면 그 양극이 조화를 이루려는 소리 없는 삐걱거림이다. 다른 말로 표현하면, 의식적으로 생각하는 것과 무의식에서 올라오는 마음과의 접전이라고 표현할 수도 있다. 예컨대, 어떤 사건이 일어났을 때, 분명 의식적으로는 늘 지금까지 해 오던 방식대로 습관화된 행동을 하게 된다. 그러나 마음 한구석에 어쩐지 찝찝한 기분 혹은 '뭔가 아닌데…' 하는 묘한 느낌 등, 나 자신도 알 수 없는 갈등이 느껴질 때가 있다. 바로 그 갈등을 유발시키는 심리적 혼란지점을 잘 포착할 수 있다면 아마도 중요한 깨달음을 가지게 될 것이다. 이 때 조용히 나의 무의식을 바라보기 위하여 침묵 속에서 내 자신을 바라보는 시간을 가진다든가, 나를 잘 아는 누군가로부터 거울처럼 나를 비춰주는 피드백을 받는다면, 미처 떠오르지 않았던 무의식의 내용들이 물 위로 떠오르게 되면서 서서히 뭔가를 이해하게 되는 경험이 가능해지는 것이다. 그렇게 될 때 '내가 그러그러해서 찝찝했구나.' '뭔지 모르게 께름직한 것이 있었는데, 내가 왜 그랬는지 어렴풋이 알겠다!' 라는 반응이 나오게 되는 것이다. 즉, 무의식에 억압된 내용이 의식화되기 시작하면, 자신의 갈등과 긴장을 제대로 이해할 수 있는 중요한 발판이 되므로 내면의 성장에 도움이 되는 것이다.

대릴 샤프(1992)는 "만약 억압된 내용이 의식화되지 않는다면, 앞으로 심리적 발달이 일어날 가능성은 사라진다. 의식적인 마음이 꼭대기에 있다면 그림자는 밑바닥에 있다. 마치 높은 것이 낮은 것을 그리워하고, 뜨거우면 찬 것을 그리워하듯, 모든 의식은 아마도 스스로 깨닫지 못할 망정 자신의 반대편인 무의식을 찾고 있다. 만약 의식이 무의식을 찾아내지 못한다면 심리적 발달은 침체와 정체와 동요를 겪게 된다."고 언급했다.

어쩌면 성장을 촉진시킬 수 있었던 갈등은 무의식을 만나고 싶어 하는 손짓인지도 모른다. 지금까지 그 무의식을 만나지 못함으로써 손댈 수 없는 혼란 속으로 빠져들어 갔던 것이다. 빙산의 일각처럼 작은 부분에 해당하는 의식적인 영역을 마치 '우리 자신'인 듯 알고 살아가는 것은 너무나 안타까운 일이다. 갈등과 긴장은 무의식과의 만남을 위하여 부는 바람인 것이다. 만나는 작업을 거는 신호이다.

혹자는 무의식을 만나면 더 혼란스럽다고 할지 모른다. 예컨대, 상처를 억압하고 있었는데, 그 상처를 들여다봐야 한다는 것은 너무 큰 고통이라고… 무서웠던 아버지에 대한 감정을 겨우 잠재우고 살고 있는데, 그것을 만난다는 것은 일상에 지장을 준다고… 비참했던 과거의 내 모습을 만난다는 것은 괴로운 일이라고… 무덤까지 가져가고 싶은 수치스러운 경험을 재연해서 느껴야 한다는 것은 두 번 죽이는 일이라고… 등등이다. 이렇게 여러 가지의 표현을 통하여 억압된 무의식의 내용을 피해야 한다는 것을 정당화시킬 수 있다. 충분히 공감되고 이해됨직한 내용들이다. 그렇다. 그렇게 생각할 수 있다. 억압이 필요할 때가 있다. 그러나 이것은 일시적인 혼란이다. 과정 속의 혼란이다. 이러한 혼란은, 함께 손을 잡아주는 바람직한 치료공간을 만나 그 혼란 속에서 터널을 잘 통과하게 되면 많이 거두어질 수 있다. 그러면 새로운 느낌의 세상을 맞이할 수 있다. 그것은 행운이다. 때론 기적과 같은 것이다.

진정 손 쓸 길 없는 혼란은 무엇인가! 그것은 오히려 무의식을 억압하고 그 증상대로만 살아가려고 하는 것이다. 삶 전체가 혼란 그 자체로서 살아가는 것이다. 억압하면 할수록 그 무의식의 증상대로만 살아가니 얼마나 큰 혼란 속에서 살겠는가를 느껴보아야 한다. 그 혼란은 자기 세대에서만 마감되는 것도 아니다. 그 혼란 속에서 자란 자녀들은 그대로 그 혼란을 다시금 받게 된다. 그러므로 같은 혼란처럼 보여도 발전을 위한 과정의 혼란이라면 매우 바람직한 것이 아니겠는가 라는 의식적인 성장욕구를 가지는 것도 좋을 것이다. 혼란의 구덩이 속에서 그냥 사는 것보다는, 발전적인 과정의 혼란이 훨씬 생산적이다. 터널 속의 혼란이냐, 터널을 빠져 나오려는 혼란이냐의 두 가시에서, 빠져나오는 과정에서의 혼란이 더 낫지 않겠는가! 삶의 갈등은 의식과 무의식이라는 양극의 불꽃 속에서 태어나지만, 그 과정을 잘 견뎌낸다면 갈등은 새로운 빛의 불꽃으로 태어날 수 있다.

무의식은 수많은 과거 경험의 축적물들의 저장소일 것이다. 불교 유식학에서 언급하는 '아뢰야식'의 창고인 것이다. 그 속에 각종 감정들, 가치관들, 생각들, 경험들…, 그들로 인한 정서적인 것들이 어떤 패턴을 이루면서 감정적 세력을 형성하게 되고, 바로 그 항아리를 '정신역동'이라고 한다. 만약 이것이 의식화되지 않는다면, 저장된 항아리에서 발생하는 각종 과거감정이나 대응방식을 아무런 평가 없이 자동화시켜 사용하게 될 것이다. 현실에 걸맞지 않는 감정이나 대응방식을 사용하였을 때 갈등상황이 발생되지 않을 수 없다. 즉, 문제를 해결해야 하는 상황은 '지금-여기'인데, 나 자신이 그 문제를 접근하는 방식은 '과거-그때'이기 때문이다. 지금 이 자리에서의 형편에 맞게 대응해야 하는 것을, 과거의 방식으로 대응한다는 뜻이다. 외부의 환경에 비례적인 의식적인 행위와, 무의식적으로 조건화된 동기들, 서로간의 갈등이 심각하게 발생하기도 한다. 이런 경우, 보통사람들은 외부의 환경을 변화시키기 위한 많은 노력을 하게 되며, 어느 정도는 꼭 필요한 외부적인 노력이 있다는 점은 간과할 수 없다. 하지만, 내부적인 변화가 없는 외부환경만의 노력은 한계가 있어, 같은 문제점은 계속적으로 반복하게 될 것이다. 외부의 사고는 내부의 사고에서 기인된다는 점을 성찰해야 한다는 뜻이다. 의식될 수 있는 외부의 수많은 사건 사고는, 무의식에 잠자고 있는 내부의 수많은 항아리의 침전물을 건드린다. 이 건드림을 대단히 불편하고 고통스럽게 여기겠지만, 끊임없이 무의식에 있는 요인들을 의식화시켜나가는 훈련을 하는 사람들은 그 무의식 속에서 '참 자기'를 느끼는 새로운 경험을 하게 된다. 이 경험은 '맑은 마음'을 가져다주는데, 그 맑은 파장이 계속 지속될 수 있다면 '진정한 평화나 안정감' 등을 느끼게 되는 신비한 경험도 얼마든지 가능할 것이다. 이렇게 우리에게 주어진 내적 갈등, 외적 자극에 대한 복잡다단한 감정들, 자연스럽게 주어지는 중년기 위기 등은 우리의 의식과 무의식이 점차 만나는 '만남의 장소'를 제공하며 그 장소에서 의미 있는 성장을 일구어내는 토양을 만들 것이다.

* 위 내용에는 대릴 샤프(1992) 의 일부 내용이 인용되었음을 밝힙니다.

제 Ⅱ 부

관계

안에서

35. 좋아하는 마음을 반대로 표현하는 사람들

좋아하는 마음을 반대로 표현하는 사람들은
반동형성적인 방식을 사용하여 교류함으로써
상대방과의 관계손상을 유발시킨다.
제대로 자신을 표현하면서 자라는 아이들은
있는 그대로의 대상과 교류하므로
인간관계에 좋은 영향을 미치게 된다.

주변을 둘러보면 자신이 하고 싶은 말을 반대로 하는 사람들을 가끔 볼 수 있다. 예컨대, 상대방을 좋아할 때의 표현을 툭툭 때리는 식으로 표현하기도 하고, 눈을 흘기면서 웃기도 하고, '세상에서 네가 제일 밉다' '아이구, 어찌 이리 못생겼는지.' '밉상이야.' 등의 말로 표현하기도 하며, '앞으로는 너랑 말 안 할 거야' 하면서 토라지는 흉내를 내기도 하는 등 여러 가지 태도이다. 문자로 이 내용을 볼 때는 '좋아하지 않는' 표현 같지만 실제적인 상황에서는 좋아하는 마음을 반동으로 드러내는 표현들이다. 이러한 표현방식 때문에 좋아하는지 싫어하는지가 헷갈려서 '싫어하는가 보다.'라고 생각하고 상대방의 말에 신경을 쓰지 않을 때는 오히려 상대방은 더 관심을 쏟는다. 다시금 찔끔찔끔 상대방을 위와 같은 방법으로 건드리면서(?) 접근하려는 시도를 한다. 나름대로는 관심가지는 방식이다. 이런 사람에게 "좋으면 좋다고 표현해라!"라고 은근히 말을 하면, "좋긴 뭘 좋아!"하며 툭 쳐내는 듯이 말하면서 "그런 말 하면

닭살이다. 그런 말을 어떻게 하냐?"라고 표현하기도 한다. 물론 역으로, 싫어할 때 더욱 더 웃고 좋아하는 척 말을 하는 사람이 있지만, 그것 역시 진실성이 결여되어 상대방 마음에 와 닿지 않는 것은 마찬가지일 것이다.

혹자는 이런 사람들을 보면 "우리가 살아오면서 자기 할 말을 제대로 표현하는 것이 습관이 되지 않아 그렇다." "진심을 표현하는 것은 정말 몸이 오그라들 정도로 힘들다. 전혀 배우지 못하였다."라고 말하기도 한다. 그럴 것 같다. 오랜 세월동안 건강한 '정서소통'을 배우지 못한 '학습의 문제'가 분명히 있다. 구체적으로 어떻게 진심을 표현하고 상대방의 말을 들을 것인가 하는 배움을 경험하지 못하였을 것이다. 올바르게 표현하는 것을 배우지 못하고 오히려 전혀 다른 말로 오해하게끔 가정 안에서 '교육'받고 '학습'되어 일어나는 문제일 것이다. 차차 새로운 교육을 통하여 걸음마부터 배운다는 심정으로 '제대로 된 표현'을 연습해야 할 것이다.

우선, 반대로 말하는 사람들의 심리적 이해가 필요하다. 이들의 본마음을 조금 더 구체적으로 살펴보면 다음과 같은 심리적인 작용을 느낄 수 있다. 자기의 마음을 반대로 표현하는 사람은 '반동형성'이라는 방어기제를 사용한다고 볼 수 있다. 이들은 내면의 불안이나 충동을 방어하기 위한 심리적 기제로서, 즉 자기의 마음을 보호하기 위한 기제로서 반대로 자신의 의사를 표현한다고나 할까! 예컨대, '당신을 좋아해.'라는 마음을 가지고 있다면, 그들의 내면에는 사람을 좋아한다는 말을 했다가는 틀림없이 상대방으로부터 뭔가 밀려날 것 같고 무시당할 것 같고 지적받을 것 같고, 혹은 누군가가 자신을 좋아하는 것 자체가 불편하고 귀찮아지는 등, 불안과 충동이 올라오기 때문에 그런 진실한 마음을 표현하는 것은 힘들다는 뜻이다. 즉, 이들의 마음속에는 '난 당신과 좋은 관계를 하고 싶어!'라는 것이 진짜 마음이지만, 그 마음 표현을 무의식적으로 가로막는 핵심적인 감정세력(핵심역동) 속에서는 다양한 감정들이 속삭인다.

'가까이는 하고 싶지만 귀찮고 불편한 것은 감수하기 싫어!' '좋은 관계를 맺고 싶다는 말을 가볍게 했다가는 상대방으로부터 무시당할 수 있어!' '이런 마음은 저 사람에게 복종하는 태도가 되는 거야. 조심해야 해.' '너에게 무시당하지 않기 위해서는 내가 먼저 너에게 공격을 해야겠어. 내가 다치기 전에!'라는 두려움, 억눌린 적개심 등이다. 다시 말하면, '난 당신에게 접근하고 싶어. 친밀해지고 싶어!' '어떻게 해야 할지는 모르지만, 의지하고 싶어!' 하는 것이 진짜 마음일 수 있지만, 무의식적으로 걸려버리는 핵심역동으로 인하여 나름대로의 방어적인 행동패턴이 습관화되어 있는 것이라고 볼 수 있다. 그리고 의식하든 의식하지 못하든 마음속에는 이런 것들이 작용할 수도 있다. '당신이 나보다 더 잘난 모습을 인정하기 싫어, 또한 나의 자존심은 지켜야 되니까 슬쩍 돌려서 말해야지.' '에이, 모르겠어. 차라리 "너 나 싫어하는 것 다 알아"라고 뻗대나 보자. 에이…' '저 사람에게 내가 먼저 다가가는 것은 나를 낮추는 것이므로 자존심 상해서 안 되겠어. 그러니까 내 자존심을 지키기 위해서라도 미리 예상하여 넘겨짚어야지.' '여러 가지 이유로 어차피 의지하지 못할 것이니까 내가 먼저 밀어버려야지. 차 버려야지.' 등의 생각들이다.

이 모든 것은, 대체로 '의존적 애정욕구의 좌절' 혹은 '예측되는 두려움'으로 인하여 자신의 본마음을 숨겨서 표현하고 있는 것이다. 만약 의존심이 채워지지 않았던 좌절감과 절망감을 잘 이해하는 누군가가, 반대로 말을 하는 그 본마음을 잘 살펴서 이해하고 수용하는 반응을 하면, 이들은 예상외로 고분고분한 반응을 보일 수 있다. 반항기 청소년처럼 삐딱하였던 그들이, 공격심이나 복수심을 드러내지 않는 수용적인 사람 앞에서는 마치 순한 양처럼 변하게 된다는 뜻이다. 즉, 이들은 내면에서 일어났던 충동이나 불안의 감정이 '안심된다.' '휴, 다행이다.' '미리 방어하였는데 아, 그럴 필요가 없구나!' 이런 식으로 심리상태가 변하기 때문이다.

이들은 불안한 심리로 인하여 거짓말도 자주 하며, 임시로 어떤 상황을 모면하려는 태도를 함께 가지고 있기 때문에, 대부분의 사람들은 이들을 기본적으로 신뢰하지 못하여, 그들의 말을 곧이곧대로 믿거나 받아들이지 않는다. 따라서 존중받거나 사랑받지 못하는 느낌이 든다. 마음이 허전하고 외롭거나 웬지 모를 채워지지 않는 슬픔이 담겨있기도 하다. 그러나 그 마음조차도 남들로부터 무시 혹은 미움을 받을까봐 드러내지 못하고 반대로 '엉뚱한 농담'이나 '유치한(?) 말장난'을 일삼게 된다. 그래서 사람과의 관계가 더욱 더 진실하게 교류되지 못하여 차츰 더 외롭게 되는 악순환을 가지게 되는 것이다.

이런 의미에서 부모는 자녀가 어릴 때부터, 아이의 말을 있는 그대로 수용하고 감정을 이해해 주고 존중해 주면서 자기의 본마음을 잘 표현하도록 훈련시켜야 한다. 예컨대, 다섯 살 정도의 남자아이가 "엄마! 난 엄마가 좋아. 엄마랑 결혼하고 싶어." 하면서 다가온다. 이때 엄마의 반응이 "어휴, 엄마가 그렇게 좋아! 나도 네가 좋아."라고 수용하면 좋을 것이다. 그리고는 "엄마가 그렇게 좋은가 보구나! 나도 너무너무 사랑하는데!" 하는 식으로 조금 더 대화를 끌어가면, 아이가 구체적으로 좋아하는 이유나 동기에 대해서 더 표현하게 만들어 줄 수도 있다.

그러나 이때 엄마가 "좋긴 뭐가 좋아. 엄마가 맨날 너 꾸중하는데. 어휴 징그러워 그런 말 하지 마." "네가 엄마랑 결혼하면 아빠는 누구랑 사니? 말도 안 되는 소리를!" 하는 식으로 아이의 감정을 무시한다면, 이 아이는 자기의 본마음을 표현하는 즉시 거부당한 느낌 때문에 다음부터는 서서히 마음을 표현하지 않게 되는 것이다. 그러면서 좋아할 때 좋아한다는 소리를 못하고 툭툭 치면서 엄마에게 다가간다든지, '엄마, 엄마…' 하면서 치근댄다든지, '엄마 싫어. 엄마랑 안 놀거야!'라는 식으로 노골적으로 표현하여 엄마에게 배척(!)당하는 느낌을 안긴다든지, 하지만 진짜 마음은 엄마에 가고 싶은 마음이므로 다가가고 싶을 때 살살 눈치를 본다든지 등, 여러 가지 반대로 표현하는 것이 습관화 될 수도 있다. 물론 이 행동은 앞으로 아이가 바깥 세상으로 나가서 친구나 선생님을 대할 때도 마찬가지의 행동이 나타나기 시작한다.

따라서 어릴 때부터, 자신의 마음을 제대로 표현하는 것도 '훈련'이 필요하다. 그것을 일상 가운데서 연습시킬 수 있는 사람은 부모로 대표되는 주요 양육자라고 본다. 건강하게 자신을 표현하면서 자라는 아이들은, 반동형성적인 방법으로 교류하지 않고 '있는 그대로' 교류하는 아이로 자라게 되므로 인간관계에 좋은 영향을 미치게 된다. 물론 때로는 반동형성적인 방법으로 자신을 지키는 것도 하나의 '보호막'은 될 수 있다. 하지만 좋아하는 마음을 반대로 표현한다는 것은 자기에게 손해를 가져오기 쉽다. 즉, 상대방으로부터 불필요하게 오해를 받거나 미움을 받을 수가 있으므로 결국 스스로 힘들어 질 수 있다. 그러므로 부모는 건강하게 표현하는 것을 가정 안에서 모델로 보여주고, 그것이 자연스럽게 학습될 수 있도록 신경을 써야 할 것이다. 가족관계는 최초의 사회적 관계이므로, 가정에서부터 이러한 '건강한 교류'를 하는 연습을 하여야 하며 불필요한 적개심이 타인에게 혹은 자기 스스로에게 드러나지 않도록 교육해야 한다.

한 아이가, 자신의 자연스럽게 표현된 본마음을 존중하고 적절히 반응해주는 '건강한 교류'를 하는 부모 또는 주변인을 만나는 것은, 그 아이로서는 큰 복을 받은 셈이다. 아이가 부모로부터 받는 '복'은 이렇게 '건강한 교류'부터 시작되는 것이 아닐까 싶다.

36. 과잉보호는 자식을 불안하게 만들 수 있다.

아이가 견딜 수 있고 아이가 감당할 수 있는 일이 닥쳤을 때도
부모가 울타리를 계속 친다면
그것은 아이가 스스로 무엇을 해 볼 수 있는
주체성과 독립심을 좌절시키는 것이 된다.
자녀의 독립심과 주체성을 상실하게 한다는 것은
아이의 자연발생적인 자율적 욕구를 방해하는 것이므로
사회를 살아가는데 있어서 중요한 힘을 빼앗는 셈이 된다.

"우리 아이가 너무 불안하고 산만합니다. 나름대로 최선을 다해서 해 주는데, 왜 이럴까요! 나는 늘 우리 아이만 생각하면서 잘 해 주는데, 애가 왜 이러는지 알 수 없어요. 아마 남편이 제대로 하지 않아서 그런 것 같아요. 남편은 나처럼 아이에게 잘 하지 못 해요! 정말 남편이 문제가 많습니다. 우리 남편은 진짜 상담을 좀 받아야 해요. 문제는 우리 남편이에요. 누구에게 물어봐도 그렇게 말할 겁니다."

자녀상담을 위하여 엄마를 처음 접할 때, 이렇게 서두를 꺼내는 분이 생각보다 제법 있다. 이 세상의 많은 부모는 완벽하게 자식을 기르고 싶은 욕구가 있다. '머리'로는 완벽할 수 없다고 생각할지 몰라도, 가슴에서는 그런 욕망이 꿈틀댈 수 있다. 그러다 보니 상대방(특히, 배우자)에게도 그 욕구를 기대하게 된다. 물론 자신도 '최선'을 다해서 자녀를 위한 무엇

인가를 한다. 그러나 상대방의 탓으로 모두 돌리고 자신은 최선을 다하고 있다는 이야기를 듣노라면, 본인의 입장에서는 그렇게 느낄 수 있고 그렇게 생각할 수 있겠구나 라고 이해는 되지만, 그 '최선'이 과연 지혜로운 '최선'인지를 생각해 보게 된다. 자신 스스로는 최선을 다하고 힘드니 얼마나 답답할까를 느껴보면 안타깝고, 자녀 입장을 생각하면 힘들겠다는 느낌 때문에 안쓰럽고 가엾다. 상대방이 잘못이 없다는 뜻이 아니라, 자신 스스로가 하는 '최선'이 과연 진정하게 자식을 위한 것인지 혹은 자신의 내면의 어떤 욕구를 위한 것인지를 생각해 보아야 한다는 뜻이다. 이런 경우일수록 부모 스스로가 안고 있는 심리적 현상에 대한 직면이 필요하지만, 그것이 그리 쉽겠는가! 부모의 심리적 현상, 즉 불안, 두려움, 분노감 등의 내면의 감정 상태에 대한 자각이 요구된다. 만약 불안이 엄마의 핵심감정으로 작용한다면, 두렵고 불안하여 어떻게 해 볼 수가 없으므로, 그냥 아이에게 모든 것을 다 해주려고 하고, 모든 것을 다 책임지려하고, 약간의 어려운 일만 닥쳐도 어쩔 줄 몰라 하면서 무조건 해 주는 방식으로 한다. 그래서 자신처럼 하지 않는 남편 때문에 다시 불안하게 된다.

이런 분들을 상담하다 보면, 그들 스스로의 부모에 대하여 이렇게 묘사할 때가 있다.

"우리 부모님은 나에게 많은 사랑을 주었어요. 내가 해 달라는 것은 거의 거절하지 않고 다 해 주셨구요. 경우에 따라서는 나 스스로가 내가 원하는 것을 알기도 전에 다 해 주시기도 했어요."라고 표현한다.

"아… 그러셨어요? 원하는 것을 알기도 전에 부모님이 다 해 주셨다구요!"라고 반응해 주면 계속하여 말을 한다.

"꾸중 한 번 들어본 적이 없어요. 정말 좋으신 분들이었습니다. 생각하면 눈물이 나올 정도로요. 오래전에 돌아가셨는데 지금도 너무 보고 싶어요. 저의 의견을 무시한 적이 없어요. 최대한 저의 의견을 존중했구요. 무슨 말씀 하시다가도 우리가 싫다고 하면 '그래… 너희가 그렇게 생각한다면…' 하면서 부모의 의견을 거두셨어요. 통제를 받아본 적이 없어요. 물론 부모님이 꼭 필요하다고 생각하면 반드시 우리에게 뭔가를 주시려고 하셨어요. 어떨 때는 싫은 것도요. 하여간 우리 부모님은 끔찍했어요."라고 한다.

"꾸중도 듣지 않고 통제를 받지 않고, 나의 의견도 존중받고 부모님의 필요에 의해서 뭔가를 해 주시려고도 했군요. 그럴 때 감정은 어떠하셨어요?"라고 물으면,

"그냥 좋았어요. 내 마음대로 다 할 수 있다는 생각을 했어요. 글쎄 잘 모르겠어요. 그러나 뭔가 모르는 불안한 점은 있었는데… 제가 학교 다닐 때 좀 산만했어요. 하여간 사람 좋다는 말은 많이 들었는데, 뭔가 안정이 안 된 느낌이라할까. 뭐라고 표현하기 곤란해요. 지금 우리 아이도 꼭 나와 비슷해요. 제가 무슨 문제가 있나요?"

이렇게 이야기가 진행되는 경우가 있다. 물론 역으로 전혀 챙김 받지 못하고 사랑받지 못하는 문제점을 가진 상황도 있지만, 위와 같이 아주 많은 사랑과 존중을 받은 경우도 있다. 여기서 우리는 적절한 통제를 받지 못하고, 지나친 사랑과 존중만을 받았을 때의 문제점을 좀 생각해 보아야 한다.

아이는 앞으로 세상을 살아가기 위해 임무수행 규칙 절제 등, 사회화되기 위한 많은 과제가 필요하다. 예상치 못한 일들이 그 아이 앞에 다가

올 때 어떻게 합리적으로 대처할 것인가 하는 수많은 과정들이 그려진다. 사회화 과정에서 아이는 부모처럼 자신을 존중하고 사랑하는 사람을 만날 수도 있지만, 자신의 의견을 존중하지 않는 사람도 만나야 하고, 자기 방식대로 밀어붙이는 무섭고 두려운 사람도 만나야 한다. 즉, 부모의 울타리를 벗어났을 때 상상할 수 없는 여러 가지 환경을 만나야 한다는 뜻이다. 부모의 울타리라는 환경은 아이가 힘들 때는 엄청난 큰 힘이 된다. 혼자서 감당할 수 없는 일이 닥쳤을 때의 울타리는 정말 좋은 힘이 되어 살아나가는 원동력이 된다. 그러나 아이가 견딜 수 있고 감당할 수 있는 일이 닥쳤을 때도 부모가 울타리를 계속 친다면, 그것은 스스로 무엇을 해 볼 수 있는 주체성과 독립심을 좌절시키는 것이 된다. 적절히 통제받고 자라는 가운데 자기와 외부와의 상황을 조절하면서 자신의 주체성을 발휘하는 조화로움을 잃게 되는 것이다. 즉, 자랄 때 의존하였던 부모님의 방식대로 남편이 도와주지 않고 제대로 해 주지 않을 때 올라오는 분노, 내 식대로 조종하고 싶은데 잘 되지 않을 때 오는 좌절감, 타인으로부터 통제받기 싫고 내 뜻대로 하고 싶은 강한 본능 등, 스스로를 통제하지 못하는 스스로에 대한 낙담, 이 모든 것은 결국 스스로를 제대로 추스르지 못하는 자신에 대한 분노감으로 드러나는 경우가 많고, 이 분노감은 결국 자신 내면의 불안으로 이어진다. 그리고 자신에 대한 감정을 투사시켜 상대방에게 전이(轉移)시키는 문제점을 가지게 된다.

자녀의 독립심과 주체성을 상실하게 한다는 것은, 아이의 자연발생적인 자율적 욕구를 방해하는 것이므로 사회를 살아가는 데 있어서 매우 중요한 힘을 빼앗는 셈이 된다. 아이의 주체성과 독립심은 세상을 살아가는 데 있어서 그 어떤 것보다도 중요한 자산이다. 그런데 그 힘을 빼앗는다는 것은 '아이를 위한다.'는 명목 하에, '아이를 어른으로 성장하지 못하게 하는', 말하자면 '마음의 재산'을 빼앗는 것이 된다. 사실상, 아이는 누가 가르쳐주지 않아도 생득적으로 자기욕구를 발산시키고 발현시키고자 하는 욕구가 있다. 단지 그것을 사회화시켜 나가야 하기 때문에 적절히 조절해 나가는 것일 뿐이다. 그런데 이 기본적인 욕구를 발현시키지 못하게 한다는 것은 얼마나 안타까운 일인가!

부모의 과잉보호로 인하여 자신의 기본적인 욕구는 내면에 억압되고 자율성을 방해받을 경우에는, 자기의 힘을 발산하고픈 욕구와 부모의 울타리에 만족하고 싶은 욕구가 충돌하여, 마음에서 많은 불안이 발생하게 되는 것이다. 이렇게 하면 저렇게 될까봐 불안하고 저렇게 하면 이렇게 될까봐 불안한 것이다. 어떻게 되어도 불안한 것이다. 다시 말하면, 자기의 주체적인 힘을 발휘하려니 어쩐지 의존하지 않으면 안 되는 불안이 올라오고, 부모의 욕구대로 하려니 자기의 본마음의 욕구가 올라오므로, 이러지도 저러지도 못하는 갈등이 내면에 발생하는 것이다. 불안한 것이다. '그냥(부모가 해 주었듯이) 누군가가 해 주었으면 좋겠다.'라고 생각하겠지만, 사실상 누가 뭘 해주도 불안하기는 마찬가지이다. 내가 무엇을 해 보려고 하면 어떻게 해야 할지 안절부절못하고, 누가 해 준다고 하여도 내 욕구를 자동적으로 좌절당하는 셈이 되기 때문에 사실상 그것도 불편하다. 화를 내거나 의기소침한 행동방식은 불안의 한 증상일 가능성이 높다.

부모의 과잉보호는 자식에게 깊은 불안을 야기시키고, 그 자식이 부모가 되었을 때 역시 자기의 불안으로 인하여 자식을 과잉보호하게 되는 악순환을 가질 수 있다. 스스로의 힘으로 자신을 지켜나가지 못하면 불안할 수밖에 없다. 자기믿음과 자기사랑에 대한 확신이 있을 때 우리는 안정감을 가질 수 있다. 한 인격체로서 분리하여 자신으로서 살아가는 독립성과 주체성은 자식에게 큰 자양분이 될 것이다. 적절한 좌절과 적절한 수용은 지혜로운 부모의 인격에서 자연스럽게 드러나는 것이다. 인격은 하루아침에 다듬이지는 것이 아니라 가정 안에서 자연스럽게 습득되면서 스스로 일궈내는 것이다. 부모의 그릇이 작으면 큰 그릇을 가진 자식을 담아내지 못한다. 작은 종지그릇에 큰 대야의 물을 담을 수가 없는 것이다. 부모가 자식을 제대로 기르기 위해서는 부모 그릇부터 키워야 한다. 그렇지 않고는 부모의 한계로 인하여 자식의 큰 그릇을 오히려 작게 부서뜨리게 되는 것이다. 부모의 그릇은 바로 부모 스스로의 인격이다. 인격도야를 위한 노력은 어떤 경로로든 필요하다. '우리아이가 다 자랐기 때문에 이제는 그런 노력이 필요 없다.'라고 생각하는 부모가 있을지 모른다. 하지만 많은 자식들은 불편한 부모로 인하여 음양으로 힘들어하는 경우가 많다. 이런 여러 가지를 고려해 본다면, 부모는 자식의 나이에 관계없이 끊임없이 인격수양을 위한 깨달음의 학습이 필요하다.

37. 자녀의 심리적 상처, 부모의 반응에 따라 달라진다.

정서적으로 도움 되는 반응은
어떤 문제를 해결하기 위하여 마음을 여는
열린 마음으로 상황을 맑게 바라보는 문을 여는 구실을 한다.
마음의 문을 열지 않고 무조건 현실적인 도움만 제공하는 것은
오히려 의존적이고 타율적인 해결방법만을 배우는 결과를 가져온다.

때때로 자녀들뿐만 아니라 어른들도 외부의 상황에 대해서 이런저런 상처를 받게 된다. 모든 것이 내게 유리한 쪽으로 작용하는 것만이 아니기 때문에, 상대방의 말 한마디, 표정, 뜻하지 않는 상황, 사건 등으로 인하여 누구나 다 강도는 다를지라도 심리적인 상처를 받을 수 있다. 어른들은 이런 상처를 받았을 때, 누군가를 만나서 넋두리로 풀기도 하고, 술로서 풀기도 하고 욕을 하기도 하고 엉뚱한 곳에 화를 내기도 하고, 스스로 마음을 잘 다스리기도 하는 등, 각종 방어기제나 대처방식을 통하여 풀어나간다. 하지만 어린 자녀들은 이것을 해결하기가 쉽지 않다. 그러다 보니 과하게 투쟁하거나 혹은 그대로 가슴속에 억압해 버리기가 쉽다. 말하자면 투쟁-도피의 방식으로 한다. 그리고 차츰 세월이 흘러 어른이 되면 그 상처의 흔적 때문에 어떤 상황에 대해서 두려워하고 위축되고 자신감이 없어져 버릴 수가 있다. 아니면 다른 상대에게 과하게 공격하고 짜증내고 화를 잘 내기도 한다.

사소한 일이지만 부모가 자녀의 외부 일로 인한 마음을 그때그때 잘 반응하는 능력을 갖춘다면, 그 상처는 점점 약화되거나, 전화위복(轉禍爲福)되어 오히려 자신감을 북돋울 수 있는 기회로 바뀔 수 있다. 누구에게나 닥칠 수 있는 외부자극의 크고 작은 어려움에 대하여 부모가 어떻게 반응해 주었는가에 따라, 자녀에게 남겨지는 정서(情緒)의 차이는 다르다. 그러므로 부모의 지혜로운 반응은 정말 중요하다. 슬기로운 대처능력은 미숙한 자녀를 건강하게 기르는 방법이다. 그럴 때 부모의 반응 능력은 때론 치유의 능력인 것이다.

예를 들어보자. 초등학교 1학년인 영희는 학교에서 같은 반 학생인 민석이가 자기를 괴롭혔다고 하소연한다.

> "엄마, 민석이가 자꾸만 놀려. 머리가 크다는 둥, 코가 이상하다는 둥 민석이 때문에 학교도 가기 싫어."

이렇게 자녀가 표현할 때, 부모님은 어떻게 반응을 할까! 만약 부모가

> "아마, 민석이가 그냥 해 본 소리일거야. 그런 것 신경 쓰지 마. 민석이는 착한 아이던데… 뭐."

라고 반응한다면 영희 기분은 어떨까! 이런 반응은, 영희를 위하는 반응일까? 엄마로서는 아마 영희의 마음을 빨리 안심시키기 위한 말이겠지만, 영희 입장에서는 오히려 민석이를 더 위하는 것처럼 들릴 수 있고, 엄마가 자기의 마음을 제대로 이해하지 못하고 민석이 편을 든다는 느낌이 들 수 있다.

어떤 부모가 만약 영희의 위와 같은 하소연에 대하여,

"네 머리가 큰 것은 사실이잖아. 민석이가 틀린 말 안했구먼, 내가 봐도 너 머리가 큰 데 뭐. 사실을 가지고 뭘 그렇게 짜증을 내냐? 그 정도의 일 때문에 학교 못 다니겠다고 하면, 넌 앞으로 학교는 못 다니겠다. 쯧쯧…"

"무슨 상관이야, 민석이가 그러든 말든… 너는 너 할 일이나 잘해. 하라는 공부는 안하고 무슨… 그런 것에 신경을 써!"

이런 반응을 했다면 아이가 느끼는 심정은,

'어… 기분 나빠… 엄마 말 들으니 진짜 기분… 영… 앞으로 엄마랑은 말 안하고 싶어.'

'내가 그런 소리를 들어도 어쩔 수 없다는 말이지! 내 머리통은 크구먼. 그래. 난 어쩔 수 없어! 왜 이렇게 내 머리를 크게 만들어가지고… 에이…'

'어…? 그렇게 나에게 말한 민석이가 문제가 아니고, 그런 것 가지고 짜증이나 내는 나 자신이 더 문제가 된단 말이야? 아, 모르겠어! 공부도 제대로 안하고… 그런 것이나 신경 쓰는 내가 더 잘못됐다 말이지?……! 아… 머리가 아파…….'

'나는 뭔가 크게 잘못 되었어…… 모르겠어. 아, 정말 싫어! 학교가기 정말 싫어.'

이런 식으로 부정적인 자기 이미지가 형성되는 것이다. 이렇게 부모의 반응에 따라서 자녀의 작은 상처가 오히려 더 큰 상처가 되는 것이다. 즉, 아이에게 '너는 부적절한 아이'라는 꼬리표를 달아주는 꼴이 되는 셈이다.

어려움이 닥쳤을 때 도움을 거절당하여 상처받은 아이는 훗날 타인의 어려움에 아무런 반응을 하지 않는 경향이 있다. 또한 비판받고 질책당한 아이는, 훗날 사람에 대한 불신이 생기고 어려움이 생길 때마다 객관적으로 도움을 받을 생각은 않고 혼자서 끙끙대다 일을 그르칠 수 있다. 오히려 남을 탓하고 남의 흠잡는 법을 배우게 된다. 남의 흠을 많이 잡고 남 탓을 많이 하는 사람들의 정신역동은, 대부분 어린시기 비판이나 질책과 같은 무시감, 사랑받지 못한 박탈감, 존중받지 못했다는 상처에서 비롯된 것이다.

한 인간의 심리적인 상황 가운데, 문제가 되는 것은 자신의 모습, 자신이 한 일, 자신의 상태에 대해서 부적절감을 느끼는 것이다. 즉, 부정적인 자아상(self-image)을 가지게 되어 자존감이 낮아지는 것이다. 낮은 자존감으로 인하여 발생되는 현실적인 문제는 너무 많아서 일일이 다 나열할 수가 없다. 이것은 거의 대부분, 자녀의 예사로운 일상사에 대한 부모의 간단한 반응에서부터 시작되는 것이다.

그러므로 영희와 같은 위의 상황에서 다음과 같이 해 볼 수 있다. 가장 먼저 해야 할 일은, 일단 아이가 말한 내용에 '명료화 반응'을 해 주면서, 그 느낌을 이해해 주는 것이 좋다.

"민석이가 너에게 머리가 크다거나, 코가 이상하다는 식으로 놀린단 말이니! 그렇게 하면, 정말 기분 안 좋지. 안 좋고말고…"

라고 하면서 간단하게 질문을 할 수도 있다.

"자주 그러는 편이니? 아님 이번이 처음이었니?"

등의 질문 반응이다. 그리고 그 이후의 상태에 따라서, "민석이가 그럴 때마다 넌 속이 상하겠구나."라는 공감반응이 들어갈 수도 있고 좀 더 세부적인 사항으로 접근해야 할 때가 있다. 자녀의 상황에 대하여 현실적인 도움, 즉 물리적인 도움, 구체적인 부모의 협조, 다양한 정보제공 등 여러 가지 도움이 들어가야 할 때도 있다. 그러나 그 무엇보다도 가장 우선적인 도움은 정서적인 도움이다. 이것은 어떤 문제를 해결하기 위하여 마음을 여는, 열린 마음으로 상황을 객관적이고 맑게 바라보는 문을 여는 구실을 한다. 정서적인 문을 열지 않고 무조건 현실적인 도움만 제공하는 것은, 오히려 의존적이고 타율적인 해결 방법만을 배우는 결과를 가져온다. 그로 인하여 현재의 문제는 해결될지 몰라도 비슷한 상황이 닥쳐올 때 헤쳐 나갈 수 있는 힘을 기르지 못하는 문제점을 가지게 된다. 그러므로 자녀에게 어떤 어려움이 왔을 때 우선 정서적으로 도움을 주어 먼저 마음을 열게 한 후, 차차 현실적인 문제해결점을 도출해 나가는 과정을 겪는 것이 중요하다. 이것은 어른들도 살아나가는 데 있어서 필요한 수순이다.

제대로 된 감정적인 도움을 통하여 아이의 마음을 좀 다독거리고 난 뒤, 얼마든지 현실적인 도움이 들어갈 수 있다. 예컨대,

"영희야, 앞으로 민석이가 또 그렇게 말하면 너는 어떻게 말을 하면 좋겠니?"

"몰라, 엄마… 어쩌지?"

"그럴 때 너 기분은 어땠어? 네 마음에서 하고 싶은 말이 무엇이었니? 어떤 생각이라도 좋으니 그냥 말해보렴."

"기분 나쁘다고 말하고 싶었어. 머리가 크든 말든 네가 무슨 상관이냐고! 따지고 싶어. 사실 난 머리가 크다고 생각하지도 않고! 민석이 걔는 좀 남의 험담을 잘 하는 아이야."

"응, 그렇구나! 난 네 말에 적극 동의한단다. 나도 비슷한 말을 하고 싶었어. 예를 들어, '내가 머리가 크다고 해도 네가 그런 식으로 말하면 나는 기분이 아주 안 좋아. 조심해 줬으면 좋겠어.'라고 말해 볼 것 같아. 엄마 생각에는 네 머리가 그렇게 큰 편도 아니고 코가 이상한 것도 분명히 아니거든. 민석이가 너에게 그렇게 말하는 것은 뭔가 적절치 못해. 다음에 또 그러면 한번 제대로 말을 해 보는 것도 좋겠어."

라는 엄마의 어른다운 판단과 현실적인 도움이 들어갈 수도 있다.

다시 한 번 강조하건데 아이의 작은 상처를 치유하기 위해서 부모는 가장 우선적으로 정서적인 도움부터 주어야 한다. 설사 아이의 머리가 크고 코가 이상하다 할지라도, 그것은 그 아이의 존재가 무시당할 이유가 되지 않으며 꾸중들을 이유가 되지 않는 것이다. 사실이 그렇지 않는 경우는 말할 것도 없다. 자녀가 심리적 상처를 받았을 때 부모의 반응이 진정으로 자신에게 도움이 되었다면, 훗날 이 자녀는 어려움이 닥칠 때마다 더 좋은 지지의 힘을 마음속에 간직하면서 살아가게 될 것이다.

그러므로 자녀가 상처받지 않게 하는 보호도 중요하지만, 더욱 더 필요한 것은 외부의 상황으로 어려움이 닥쳤을 때 부모의 정서적 반응이 어떠하였는가에 따라 독도 되고 약도 될 수 있다는 점을 명심하는 것이다. 우리는 외부의 상황을 변화시키기 위한 노력을 많이 하지만, 사실 그 외부의 상황은 하늘만이 알 수 있는 것들이 많지 않는가! 우리가 할 수 있는 것은, 그러한 상황에 대한 부모의 대처능력 혹은 지혜로운 분별심 등이다. 심리학적으로 본다면 건강한 자아기능을 가지는 것이다. 성숙한 인격을 갖춘 부모라면 건강한 자아기능을 통하여 어려움이 닥쳤을 때 오히려 더 성장되는 계기를 마련해 줄 수도 있을 것이다.

38. 일상에서의 자잘한 전쟁들

상대방이 잘못했기 때문에 일어난 전쟁이든
내가 실수해서 일어난 전쟁이든
맞고 틀리고 옳고 그르고를 따지지 말고
이 전쟁에서 배울 것이 무엇인가에 초점을 맞추어야 한다.
무엇을 깨달아야 하는가에 초점을 맞추어야 한다.

평범한 우리의 일상에서 어린자녀를 키울 때의 하루하루는, 아침에 일어나는 것부터 시작하여 가족 간의 자잘한 전쟁으로 시작한다. 특히 자녀를 여러 명 키우는 입장에서는 더욱 더 그럴 것이다. 깨우는 것, 챙기는 것, 먹는 것 등 다양하다. 물론 집안상황에 따라서 조용하게 지나가는 경우도 있을 것이고, 매일매일 전쟁을 치르듯 눈뜰 때부터 시작하여 눈감을 때까지 안심을 하지 못하는 경우도 있을 것이다.

결론부터 이야기하자면, 이 전쟁은 이기고 지는 싸움이 아니라 일종의 깨달음의 장(場)이 될 수 있다.

우리는 어른이든 아이이든 어떤 전쟁 같은 갈등만 일어나면, 일단 싸우려는 자세를 가지기 쉽고 이기고 지는 관계로 생각하기 쉽다. 만약 부모가 아이를 이기려고 하면, 아이 역시 능동적이든 수동적이든 이기려는 태도를 학습할 것이고, 자기가 당했다는 느낌이 들 때는 복수하는 형식으로까지 도전을 받게 될 것이다. 더 빗나가고 더 고함지르는 등과 같은 능동적 공격과 더 게으르고 시무룩하고 꾸물대는 행동과 같은 수동적 공격으로 부모를 괴롭힐 수 있다. '자식 이기는 부모 없다.'는 말이 있다. 그렇다고 자식도 부모를 무조건 이겨야 한다는 식이 되어서는 안 될 것이다. 어떤 부모는 자식에게 비굴하기까지 보일 정도로 고분고분 모든 것을 들어주는 경우도 있다. 누가 윗사람인지 아랫사람인지 분간이 안되고, 질서가 무너져 있는 가족형태라고 비춰질 정도의 위계질서가 없는 경우도 있다. 충분히 짐작하겠지만 이런 경우에는, 이 아이는 악동이 되어, 집안에 호랑이를 한 마리 키우고 있는 것이나 다름없다. 외부에서 이런 패턴을 사용한다면, 이 아이는 어느 누구와도 관계하기가 어렵고, 자기 마음대로 되지 않을 때는 수단과 방법을 가리지 않는 문제행동을 일으킬 수도 있을 것이다. 이렇게 어느 한쪽이 다른 한쪽을 이기려는 관계는 큰 위험이 도사리고 있다. 즉, 서로가 각자 자기 식대로 하는 방식, 스스로의 규율과 통제와 임무가 부과되지 않은 채 반사회적으로 하는 태도는 아주 위험한 상황까지 초래할 수 있다.

우리가 해야 할 일은 '부모-자녀간의 좋은 관계'를 맺는 것이다. 즉, 부모와 자식은 건강한 정서적 관계를 맺어야 한다. '좋은 정서적 관계'를 맺는다는 것은, 아이가 부모를 느낄 때 느낌이 우선 좋아야 하다. 자녀가 성인이 되면 부모의 말에 귀 기울여서 그 말을 수용하거나 혹은 적절하게 대처하여 주장하거나 양보하면서 합의점을 도출할 줄 알게 된다. 부모는 부모대로 아이의 말과 정서에 집중하여 듣고 그 내용과 마음을 수용하여 현실적인 방안을 찾는 등, 서로가 서로의 말에 귀를 기울이는 것부터 시작되는 것이다. 어디 부모-자식관계 뿐이겠는가! 모든 인간관계에 적용 가능할 것이다.

아무리 버릇없고 못된 아이라 할지라도, 어른이 아이의 의견과 그 마음에 귀를 잘 기울이기 시작하면, 어느새 아이는 부모의 마음속으로 들어와, 부모의 말을 이해하고 수용하고 타협하기 시작한다. 부모는 '귀 기울여서 상대방의 말을 잘 듣는 마음자세와 기술'을 진정으로 체득하고 행동하면, 생각보다 쉽게 자녀와의 전쟁을 무난하게 다룰 수 있다. 사실 부모의 바람직한 태도로 자녀와의 전쟁을 슬기로운 하나의 삶의 과정으로 전환시키면 오히려 일상이 행복하다고 느낄 수 있다.

아동 청소년을 대하다 보면, 아주 짧은 시간 내에 부모와 자식이 말이 통하느냐 통하지 않느냐를 느낄 수 있다. 몇 마디 오고가는 순간에 그 느낌이 오기도 한다. 많은 경우, 부모는 자식에게 잘 대해 주려는 마음은 가지고 있지만, 놀랍게도 자녀의 말 내용과 정서를 알아듣지 못하는 경우가 있다. 이때 아이는 즉각적으로 부모가 자신의 말을 알아듣지 못한다는 것을 느끼고, 말문을 닫고 더 이상 부모가 요구하는 것에 귀 기울이지 않는다. 침묵을 하거나 엉뚱한 말로 자기 스스로 딴청을 피우기도 한다. 즉각적인 짜증을 내거나, 남의 말도 알아듣지 못하는 사람의 말을 내가 왜 들어! 하는 반항심을 가진다. 대놓고 말하지는 못하지만 무시하고 거부하고 귀찮아하는 감정인 것이다.

아이들과의 자잘한 전쟁들의 해결은, 부모가 자식의 말을 잘 들으려는 태도를 가지는 것에서부터 시작된다. 부모가 자식의 말에 관심을 기울이지 않을 경우에는, 그 자식은 부모에 대한 불신과 적개심으로, 세상과 타인에게(특히 부모를 닮은 어떤 특정한 대상) 적대적으로 대하고 불신의 벽 속에서 상대와 마주한다. '원 대상'에게 가야 할 감정이 '전이대상'에게 넘겨지면서 인간관계의 벽은 그야말로 '단절' 그 자체이다. 만약 그 감정이 적대적으로 전이대상에게 고스란히 갈 경우에는 아주 큰 관계 손상으로 이어진다. 심하게 되면 강제입원을 시켜야 할 정도의 정신과적인 상태로 발전될 수 있을 정도이다. 이것은 대단히 위험한 일이다. 원 대상에게 느꼈던 부정적인 감정을 현재의 대상에게 과도하게 전이하는 것은, 미성숙한 정서적 문제를 일으키고 그로 인하여 현실적인 사건을 혼란스럽게 해결(!)하는 방향이 될 수 있기 때문이다.

사소한 예로, 좋은 곳에 놀러가서 멋있는 음식점에 식사를 하러 가지만, 아이들과 좋은 관계를 맺지 못하고 있다면, 놀러 가서도 싸우고 돌아오면서도 싸우고 말 안하고, 맛있는 것 먹고 돌아오는 와중에 서로 토라져서 화내고 짜증 내는 등, 사소한 어려움을 겪게 되는 것이다. 아이들과의 모든 문제는 처음에는 대체로 자잘한 것부터 시작된다. 이것은 지극히 일상적인 평범한 것일 뿐, 조금도 특별한 일이 아니다. 하지만 그 소소한 행동들, 자잘한 마음들을 다루어 나가는 과정은 특별해 질 수 있다. 서로 다투면서 더 크게 일을 벌일 것인가! 열린 마음으로 소통하며 마음을 편히 살아갈 것인가! 잠시 다투었다가도 화해할 줄도 알고, 소소함이 소중함의 깨달음을 안겨주는 장(場)으로 살아갈 것인가! 많이 연구하여야 할 과제가 될 것이다. 자식은 갈등을 잘 다룰 줄 아는 부모를 존경하고 따르게 될 것이다. 그러면 자신의 진로를 합리적으로 결정하고, 자신의 성장을 위하는 길이 곧 부모가 바라는 것이라는 점을 가슴 깊이 새길 것이다.

아이들과 자잘한 것들로 인하여 마음이 속상할 때는 반드시 그 속에 깨달아야 할 어떤 것들이 있다는 신호이다. 사소한 전쟁들, 그것은 바로 깨달음의 최적의 신호가 되는 것이다. 열쇠 역할을 하는 것이 바로 '전쟁'

인 것이다. 열쇠를 제대로 돌리면, 그 속에는 많은 깨달음이라는 보물창고가 있다. 그 창고 안으로 들어갈 수 있어야 한다. 전쟁들을 그냥 이기고 지고 잠시 피했다가 또 다시 시작되는 갈등으로 끝내면 똑같은 전쟁은 반복된다. 그러나 그런 갈등이 왜 일어났으며, 그것을 통하여 내가 배워야 하는 것이 무엇일까를 곰곰이 바라보고 머무를 수 있다면, 오히려 전쟁은 하늘의 가르침으로 변하는 것이다. 상대방이 잘못했기 때문에 일어난 전쟁이든, 내가 실수해서 일어난 전쟁이든, 맞고 틀리고 옳고 그르고를 따지지 말고, 그것에서 배울 것이 무엇인가에 초점을 맞추어야 한다는 뜻이며, 무엇을 깨달아야 하는 가에 초점을 맞추어야 한다.

좋은 일이 일어날 때도 마찬가지이다. 그 좋은 일이 영원히 좋은 일로 영속되리라고 생각하는가! 그렇지 않을 것이다. 좋은 일을 통해서도 깨달음을 얻는다. 그로 인한 깨달음을 얻으려는 노력을 하지 않고, 그냥 우쭐하고 자만하고 잘난 척을 하게 되면, 그 역시 새옹지마와 같이 다시금 역작용이 될 수 있는 것이다. 마찬가지로 잘못된 일인 것 같고 기가 차게 억울한 일 같지만 그로 인한 깨달음을 얻게 되면, 그 일은 오히려 큰 이익이 될 수도 있다는 이치이다.

가정에서의 자잘한 전쟁뿐만 아니라 살아가는 모든 일들 속에는 자잘하게 일어나는 사건이 많다. 그런 자잘한 전쟁 없이 평화롭게 살기를 바라고, 아무 일 없이 지냈으면 하는 바람을 가진다. 그러나 삶은 그냥 자잘한 전쟁의 과정이다. 이것은 자연과 같은 것이다. 자연의 변화 과정을 피할 수는 없다. 단지 우리는 일상의 자잘한 전쟁을 깨달음의 자료로 느낄 것인가, 피곤하고 짜증나는 일로 투덜대며 넘길 것인가의 문제이다. 전쟁이 일어날 때마다 그 당시에는 많은 고통과 번민이 따르겠지만, 하루 이틀 지나보면 그것은 우리에게 깨달음의 장을 마련해주는 고귀한 은총이다. 거룩한 사랑의 가르침이다. 전쟁을 치를 그 당시에는 느끼지 못할 수도 있지만 잠시라도 조용히 눈을 감고 이 전쟁을 통하여 깨닫게 되는 '진정한 사랑의 가르침'을 되새겨보자. 그렇게 되면 그 전쟁은 사랑의 교류가 되고 삶의 큰 비료가 될 것이다.

39. 교류한다는 것

시로의 생각과 감정들이 오고가는 성숙한 교류방식을 통하여
불필요한 감정적 소모를 하지 않게 되며,
그로 인하여 현실 속에서 삶의 풍요로움을 맛보고
스스로 자기실현을 위한 능력개발에
초점을 맞출 수 있을 것이며,
더욱 더 나은 자신을 위한
그리고 타인을 위한 가치의 재창출을 하게 될 것이다.

무심코 튼 라디오에서, 정확한 표현은 아니지만 대체로 이런 얘기들이 흘러나왔다. 직장인들의 89%가 일 자체보다는 인간관계로 인하여 직장의 승진 여부가 이루어진다는 느낌을, 73%가 일보다는 인간관계의 교류능력이 인생의 승패를 좌우할 것 같다는 느낌을 받는다는 내용이었다. 너무나 상식적이고 일반화된 얘기지만 이런 것들이 우리 생활 깊숙이 점점 더 구체화되고 현실화되는 느낌이 피부에 와 닿는다. 또한 인간관계가 이렇게 중시되다 보니 부작용도 만만찮을 것으로 보여진다. 진실한 인간관계의 모델을 주변에서 찾아보기도 어렵고, 이런 것이 교과서로 배울 수 있는 것도 아니라 막연할 때도 있다. 더욱이 자라면서 가족 안의 누군가로부터 제대로 배워보지 않은 상황에서는 더 어렵다. 스스로 성숙한 인간관계를 해 보려고 해도 이유를 잘 알 수 없지만 뭔가 잘 풀리지

않는 것도 느낄 수 있다. 인간관계를 잘 한다는 것이 과연 무엇일까 하는 막연하고 비현실적인 감이 들 때도 있을 것이다.

그렇다. 우리는 아주 어린 시절 가족관계 안에서 제대로 된 '정서적 교류'를 못하고 살아왔을 가능성이 많다. 아침에 눈을 뜨면 혹은 아침에 함께 아침식사를 하면서 서로서로 하는 말들을 잘 살펴보라.

"오늘 수업은 몇 시간이니? 몇 시에 마치니?"

"지금 일곱 시구나. 빨리 먹어야겠다. 지각할라. 조금만 더 일찍 일어나면 될 텐데…"

"어제는 유치원에서 뭘 배웠니?"

"당신, 오늘 스케줄이 어때?"

"일찍 자거라." 혹은 "수고 많다." "공부에 신경 좀 쓰라. 기말고사 시험이 얼마 남지 않았는데…"

"…… (침묵, 무거운 표정으로 마치 군기가 잡힌 사람들처럼 식사하면서)"

가족 안에서 조차도 정말 놀랍게도 마치 사무실에서 '일'로 만난 사람처럼 과업중심적인 대화를 아주 많이 한다. 성취지향적이고 과업중심적인 '얘기꺼리'외는 할 말이 없을 정도로 '무엇무엇을 했느냐, 안 했느냐.' '다음에 이것을 하고, 오늘은 무엇을 하고.' 등에 젖어 산다. 심지어 식사시간만 되면 잔소리하는 시간이 되어 '너 요즘 얼굴보기 힘들다(?) 어디를 그리 돌아다니느냐!' '너 요즘 옷차림이 그게 뭐냐.' '학교 공부 잘 하고 있겠지? 엄마아빠가 이렇게 고생해서 돈 버는데. 열심히 해야 한다!' 등 마치 식사시간이 교육시간이 된 듯 끊임없이 상대를 향한 어떤 말들을 한다. 자식의 입장에서 부모의 그런 말들을 들으면 '집에서는 밥 먹기 싫다.' '배가 아프다.' '반찬이 맛이 없다.'는 등의 핑계로 밥상머리 앞에서의 잔소리 때문에 힘겨운 감정을 신체나 반찬 등으로 투사시켜 피해버리려고도 한다. 사실 부모는 꼭 그런 말을 하려고 밥상머리에 앉은 것은 아니지만 다른 특별한 말들을 어떻게 꺼내야 할지도 모르고 그냥 습관처럼 하는 말일 수도 있다. 말하자면, 무슨 말을 어떻게 교류를 해야 하는 건지 모른다는 얘기일 수 있다. 지시, 잔소리, 질책, 질문, 확인, 통제 등, 그 외의 말들은 생각이 나지 않는다.

그런 말들은 자식에게 좋지 않겠다 싶어 조금 제대로 해 보려고 하지만 무슨 말을 해야 할지 몰라 겨우 하는 말들이 "아, 오늘 따뜻하겠다. 날씨 좋네." 하면서 다시 할 말이 없어서, 자동적으로 연결하여 "너희들은 오늘 뭐할 건데?"라고 다시 과업(?)을 묻고 확인한다. "이렇게 날씨 좋은 날 친구들하고 돌아다니지 마라. 학생 때는 공부를 일단 해야 돼." 라고 말한다. ('또 맥 빠지는 소리 하시네.'라고 속으로 생각하면서) 아무런 대응도 하지 않는 아이에게 "야, 너는 아빠가 무슨 말을 하는 데 왜 대답을 안 하느냐!" 라고 약간 못마땅한 표정으로 말을 한다. 그러면 아이는 ('아, 오늘 잘 못 걸렸다.'라고 속으로 짜증내며) 아무 말도 안한다. "너 아빠 말을 무시하느냐!"라고 하면서 껄끄러운 상태가 되기도 한다. 이렇게 되면 이제는 더 이상의 교류는 안 되는 것이다. 처음에 좋은 마음으로 시작한 아빠 나름대로의 교류방식이 먹히지를 않는 것이다. 아빠는 도대체 뭐가 잘못되었는지 모른다.

많은 사람들은 어쩌면 '교류장애'를 겪고 있다고 볼 수 있을 정도의 상태 한 가운데에 젖어있는 느낌이 들 때가 있다. 건조한 대화를 하다 보니 어쩐지 허전하고 마음이 서늘하여 과도한 게임으로 혹은 과음을 하고 성질을 내면서 억눌렀던 감정들을 해소한다. 즉, 투쟁-도피 반응으로 내 뿜어버리든지, 숨어버리게 되는 것이다. 주변의 누군가가 '이렇게 사는 것이 참된 삶이 아닌 것 같다.'라는 표현을 하면, '사는 것이 다 이렇지! 본래 다 그렇게 사는 것이 아니냐!' 하며 '교류장애'의 문제점을 고민하고 개선해보려는 노력의 자세를 소홀히 한다. 오히려 그런 것에 대해 고민하는 사람을 질책 비웃음 비난하며 쓸데없는 생각이나 하는 사람으로 여긴다. 이런 노력을 교육받아야 하고, 연습해야 한다는 것, 의식하며 공부해야 한다는 것 자체를 모르는 경우가 많다. '타고난 성격이라서 어쩔 수 없다.' '사람은 본래 변하지 않는다.'등의 부정적 결론을 마치 진실인 것 마냥 생각하며, 열린 마음으로 교류를 향한 문을 닫는 경우가 많다.

대화를 통한 교류수준을 가만히 보면 다음과 같은 수준별 단계가 있다.
첫째단계, 인사 수준의 대화
둘째단계, 정보교류 수준의 대화
셋째단계, 생각이나 사고 교류 수준의 대화
넷째단계, 정서 교류 수준의 대화
다섯째단계, 이심전심의 대화

서로가 교류한다는 느낌이 드는 것은 셋째 넷째 단계로 들어갈 때 '아… 뭔가 교류가 되는구나.' 하는 느낌이 든다. 그런데, 가족 간의 교류 수준이 둘째단계인 정보교류 수준으로 계속 머문다든지, 아니면 셋째 넷째 단계를 거치지 않고 바로 이심전심의 다섯째 단계를 넘어서려고 하는 것은 많은 오해와 장애를 가져온다. 둘째 단계의 교류를 하다가, 갑자기 서로의 생각이나 감정교감을 무시하고, '이심전심이지 뭐.' '감정을 꼭 표현하여야 아느냐.' '다 알고 있는 것 아니냐.'라는 식으로 바로 다섯째 단계로 뛰어넘으려고 하면 사실상 교류는 결렬되기 쉽다. 가족 안에서, 혹은 직장 동료 간에 이런 식의 대화를 한다면 아마도 거의 대부분의 관계는 깨질 것이다. 우리 가족은 어느 단계의 수준으로 교류하고 있는가를 생각해 보면 좋을 것이다.

교류를 할 때는 나의 이야기를 할 때와, 상대방의 이야기를 들을 때의 자세를 구분하는 것이 좋다. 나의 이야기를 전달하고자 할 때는 어떠한 사실과 마음상태, 이야기를 하는 의도를 밝히는 것이 바람직하다. 예컨대 자신의 상태를 전달할 때는 간단하게 다음과 같은 표현이 가능하다.

"오늘 이러이러한 일이 있었는데 행복했고 감사했어요. 당신과 이런 마음을 나누고 싶어요."

"오늘 누구누구로부터 이러이러하게 지적하는 말을 들었는데, 지금까지 내 마음이 우울하고 가라앉네요! 그냥 당신에게 마음을 좀 털어놓고 싶어서 말을 꺼내는 거예요. 혼자서 간직하려니 힘들어서…"

"아, 어떤 일로 마음이 무척 힘든데, 이 상황을 어떻게 해야 할지 모르겠어요. 당신에게 조언이나 충고를 듣고 싶은 마음에서 이야기를 꺼내는데, 지금 괜찮을까요!"

이렇게 전달하고자 하는 내용과 마음, 그 의도를 제대로 표현하는 것이 중요하다. 전달자가 제대로 표현을 하지 않으면서, 상대방이 내 마음을 이해하지 못한다고 서운해 하고 원망하는 것은 '자기 몫'을 모른 채, 상대방 탓을 하는 '의존적인 자세'라고 볼 수 있다. 정확한 표현능력을 길러야 할 것이다. 물론 나의 말을 전달한다고 해서 상대방이 내 의도대로 수용하는 '공감 혹은 이해능력'을 갖추지 못했거나, 원하는 수준의 '해결책' '조언' '충고' 등을 해 주지 않는 상태도 있다. 자연스럽게 '저항'이 올라와서 속상하고 불쾌하고, 오히려 전달하지 않은 것보다 못한 경우도 있다. 그러므로 나의 말을 전달할 때는, 상대방의 상태(현실적인 상황 혹은 수용능력 등)를 고려하여야 하고, 내가 원하는 대로 들어주기를 바라는 마음보다는 그냥 일단 좀 표현한다는 마음으로 전달하는 것이 지혜로울 것이다.

아울러, 교류란 상대방의 이야기를 제대로 듣는 '경청 자세'도 갖추어져야 함은 말할 나위 없이 중요하다. 상대방의 이야기를 들을 때는 기본적으로 상대방이 말하고자 하는 내용과 감정을 구분해서 듣는 의식적인 태도가 중요하다. 감정이 좋지 않다고 해서 경청해야 할 내용을 간과한다든지, 감정이 좋다고 해서 버려도 되는 내용을 무턱대로 전면 수용한다든지 하는 태도는 주의해야 할 것이다. 즉, 가장 우선적인 것은 '내용을 듣는 반응'과 '감정을 수용하는 반응'을 구분해야 할 것이다.

"아, 당신이 말하고자 하는 것이 이러이러하군요. 음… 그 말을 하고 싶었군요."

"야… 그런 것들을 배웠구나. 재미있었다고… 그 선생님이 하신 설명이 그런 내용이었구나!" 등의 내용확인 차원의 '명료화 반응'이다.

"상대방이 그렇게 말하니, 듣기가 힘들었구나!"

"그쪽이 그런 태도로 대하니, 너의 마음이 많이 괴로웠구나!" 등의 감정 읽어주는 차원의 '공감반응'도 도움이 된다. 이렇게 내용과 감정에 대한 반응을 하고 난 후, 그 다음의 대화를 이어가면 된다.

이런 식의 대화는 과업중심적인 대화가 아니라 '마음 중심적인 대화'라고 볼 수 있다. 물론 이런 교류가 되려면 첫째 둘째 단계인, 서로간의 기본적인 인사와 정보 차원의 교류도 충분히 되는 관계라는 전제가 있어야 할 것이다. 만약, 서로 만난 세월이 많은 친근한 관계나 가족관계 안에서, 처음 만난 사람마냥 첫째 둘째 단계의 교류수준으로 한다면 한 번쯤 생각해 보아야 할 것이다. 가족 내에서 늘 첫째 둘째 단계의 수준으로만 교류한다면, 서로가 마음이 외롭고 허전하여 불필요한 다른 곳을 기웃거리게 되는 문제점을 가지게 된다. 그러므로 기본적인 교류 방식부터 배우면서, 마음의 그릇을 넓혀가고 지혜를 증득하는 태도를 가지게 된다면 서로가 행복해지는 계기가 될 것이다.

서로의 생각과 감정들이 오고가는 성숙한 교류 방식을 통하여 불필요한 감정적 소모를 하지 않게 되면, 현실 속에서 삶의 풍요로움을 맛보게 되지 않을까 싶다. 감정적 소모로 나간 에너지를, 자기실현을 위한 능력 개발에 초점을 맞추는 에너지로 바꾸게 되면, 하늘이 내린 스스로의 달란트를 잘 활용하게 될 것이다. 아울러 자신을 위한 그리고 타인을 위한 가치의 재창출을 하게 될 것이고, 차차 '우주'와 교류하고, '자연'과 교류하고, '하느님'과 교류하는, '참된 나'와 교류하는 성숙한 인격체로 발돋움하게 되지 않을까 여겨진다.

40. 좀 더 지혜롭게, 타인을 변화시키고 싶다면!

"하느님,
저의 힘으로 변화시킬 수 없는 것들은
그대로 받아들일 수 있는 평온함을 주시고,
저의 힘으로 변화시킬 수 있는 것들은
변화시킬 수 있는 용기를 주시고,
그리고 간절히 바라옵건대,
변화시킬 수 있는 것과 변화시킬 수 없는 것의 차이를
알게 하는 지혜를 주소서."

"하느님/저의 힘으로 변화시킬 수 없는 것들은/그대로 받아들일 수 있는 평온함을 주시고/저의 힘으로 변화시킬 수 있는 것들은/변화시킬 수 있는 용기를 주시고/그리고 간절히 바라옵건대/변화시킬 수 있는 것과 변화시킬 수 없는 것의 차이를/알게 하는 지혜를 주소서."

위의 기도문은 종교를 가졌든 가지지 않았든 생활의 한 가운데에서 성찰할 수 있는 유용한 내용이라고 생각한다. 어떤 상황 앞에서 '수용할 수 있는 편안함'과 '변화시킬 수 있는 용기', 그리고 '지혜로운 분별력'을 청하는 인간의 겸손함이 배여 있는 문구이다. 그리고 역경에 대처할 때 희망을 주는 삶의 방법을 심오하게 명시하고 있다.

사람들은 위급한 상황 혹은 오랫동안 반복되는 어려움에 처해 있다고 느낄 때 상담전문가 또는 타인에게 도움을 청한다. 그러나 가만히 보면, 사람들의 문제 해결에 결정적인 역할을 하는 것은 타인에게 받는 도움이 아니라 타인의 도움을 받아들이는 '수용자세'와 '실행하는' 일이다. 우리가 변화시킬 수 있는 유일한 것은 우리 자신들이다. 이것은 대단히 중요하고 핵심적인 것으로, 실로 어려운 일이다.

이렇게 우리 자신을 변화시키기도 어려운데, 하물며 우리가 타인을 변화시키려고 나서게 되면 예기치 못한 어려움과 좌절감에 부딪치게 된다. 생각해 보라! 사람들이 나의 부정적인 측면을 변화시키려고 한다면 어떨지! 사람들은 누군가가 자신을 변화시키려고 한다는 사실을 알게 되면 거부감을 보이는 경우가 많다. 우리는 타인들을 변화시키려고 너무나 많은 노력을 낭비하고 있다. 사람들이 다투는 경우, 특히 부부간이나 집안싸움의 경우, 대체로 어느 한쪽이 위협 또는 비판을 하면서 강압적으로 변화시키려고 할 때 비난과 불만의 소리가 터져 나온다. 이와 같은 상황의 저변에는 "당신이 변하지 않는다면, 즉 내가 원하는 모습의 당신이 되지 않는다면, 나도 역시 당신이 원하는 모습이 되어주기 싫다. 혹은 당신에게 사랑을 줄 수가 없다."고 하는 메시지가 담겨 있다.

여기서 우리는 인간을 사랑한다는 것이 무엇일까를 짚어보아야 할 것이다. 즉, 상대방의 결점까지도 묻어두고 그 사람 존재 자체를 존중하는 무조건적인 사랑의 문제에 접하게 된다. 또한 남들의 비위를 맞추려고 마음에도 없이 순응하고 변화하는 낮은 자존감의 문제도 접하게 된다. 이 두 가지 상태, 즉 무조건적인 사랑을 할 수 있는가라는 문제와 자존감과 관련된 문제는 일종의 병리적 현상처럼, 인간내면의 심각한 어려움을 야기시키고 있다. 우리가 원하는 대로 상대방이 외적으로 순응하고 변화하기를 기대할 수는 있겠지만, 진정 상대방이 내적으로 스스로를 변화시킬 수 있는 것은 오로지 자기 자신일 것이다. 자신의 행동에 궁극적으로 영향을 주는 것은 자신의 태도, 가치관, 그리고 신념이다. 예컨대 부모는 자녀가 순응하도록 다스려야 하지만 궁극적으로 자녀의 내적 변화는 오로지 자녀 스스로의 성숙한 신념에 의해 이루어지는 것이다.

결혼생활의 문제로 찾아오는 많은 부부를 보면, 그들이 심각한 문제를 안고 있는 배경의 핵심은, 서로를 불신하고 있으며 변명하면서 상대방에게 책임을 전가하고 있다는 사실이다. 이 책임은 자식에게 전가되는 경우도 많다. 아울러 그들은 사실상 부부 각자 두려워하고 있지만, 어느 한쪽도 스스로 변화할 수 있는 것을 변화시키고자 하는 의지가 없다. 만약 부부 중 어느 한쪽이 변화하려는 용기를 가지게 될 때 그들의 불행한 관계가 변하기 시작한다. 두 사람의 불행한 관계가 어느 한쪽의 변화로 달라짐을 보는 것은 매우 놀랍고 신비스러운 일이다. 변화하는 측은 다음의 두 가지 중 어느 한 가지 방법으로 상대방에게 영향을 주게 된다.

첫째, 무의미한 다툼에 합세하기를 거부하여 두 사람 간의 바람직하지 않았던 행동의 틀을 깨뜨려 서로 이기겠다는 식의 싸움을 종식하고, 상대방을 대하는 새로운 방법을 모색하는 것이다.

둘째, 한쪽이 상대방의 변화에 감화되어 자신도 더 바람직한 방향으로 변화하는 경우이다.

스스로 고칠 수 있는 것을 고칠 때 상대방에게 어떤 식으로든 긍정적인 영향을 주게 된다. 서로에 대한 신뢰를 회복하게 되고 무관심했던 배우자는 진지하고 자상하게 변한다. 상대방과의 관계 개선을 위한 변화에서 어느 한쪽이 가진 치유의 힘은 이해할 수 없을 정도로 대단하다.

부모가 자녀들의 문제로 고민하고 있을 때도 마찬가지다. 즉, 부모가 자녀를 변화시킬 수 있도록 그 부모들을 살펴보는 것이 우선이다. 자녀를 대하는 접근방법이나 마음상태를 개선함으로써 부모들은 자녀들의 행동 변화에 영향력을 미칠 수 있게 된다. 이것은 결코 복잡한 원리가 아니다. 반복적 연습을 요하는 것이지만 분명 효과적이다. 우리가 변화 가능한 것들을 스스로 변화시킨다면 타인들도 그 영향을 받아 그들을 변화하게 할 것이다.

'변화', 이것은 정말이지 매료될 만한 놀라운 것이다. 스스로 변화를 이룬 많은 이들과 함께하여 보면, 그분들이 타인들의 변화와 성장에 매우 큰 영향력이 있으며 배움을 주고 있다는 사실을 느끼게 된다. 스스로 변화하였던 사람들, 그들의 인격 자체가 바로 타인의 본보기가 되며, 변화의 과정이 상대방에게 깊은 영향을 주는 것이다.

이렇게 생각해 보면 부모의 변화에 자식이 놀라울 정도로 변한다는 것은 당연한 이치가 아닐까! 배우자의 변화에 다른 한쪽의 배우자가 변한다는 것은 합당한 것이 아닐까! 누가 먼저 변화하려는 노력을 하느냐에 문제가 달린 것이다. 먼저 하는 쪽이 항상 더 성숙한 쪽이다. 누가 먼저 할 것인가를 따지는 것만큼 어리석은 일은 없다.

심리치료를 하면서 스스로 변화하신 분들을 보면 정말 겸손하다. 그들은 자신의 방어심리, 저항감을 스스로 느꼈기 때문에, 타인의 저항 심리도 너무 잘 공감하고 있다. 또 자신 스스로의 변화에 대한 두려움을 이미 느꼈기 때문에 변화하기 싫어하는 그 두려운 마음도 잘 공감한다. 그리고 타인을 재촉하지 않는다. 그렇게 하는 것이 아무 소용이 없으며, 오히려 상대방의 자존심을 건드리고 상대방을 비난하는 꼴밖에 되지 않는다는 것을 알기 때문이다. 상대방이 변화하기를 바란다는 것은 상대방의 문제점을 고치라는 채찍질밖에는 아무 의미가 없다는 것을 이미 느꼈기 때문이다. 그렇기 때문에 스스로 변화하신 분들은 타인에게 그 인격 자체로서 더 큰 배움을 안겨준다. 지금까지의 삶의 방식이 바로 타인을 변화시키는 원동력이 된다. 즉, 타인에게 '당신, 이렇게 변해야 한다.'라고 요구하지 않으면서도 자신의 변화 그 자체가 타인을 변화시키는 훌륭한 도구가 된다. 이 얼마나 지혜로운 변화인가! 상대를 그대로 두면서도 상대를 변화시켜간다는 것이. 오직 나 자신의 변화를 통해서 말이다.

심리치료의 핵심은 '나는 어떤 심리상태를 가진 사람인가?' '주 호소문제와 관련된 나의 몫은 무엇인가?'에 대한 통찰과 '상대의 변화와는 별도로 나는 지금 이 순간 무엇을 해야 하는가?'라는 책임에 초점을 맞추고 있다. 그러나 생각보다 많은 사람들은 변화에 대한 두려움 또는 역부족으로 인하여 자신이 변화를 거부하고 있다는 사실, 그 자체를 은폐하려 한다.

'나는 진실로 변화하기를 원하는가!'
'나 자신의 변화를 희망적으로 믿고 있는가!'
'스스로를 신뢰하고 있는가!'

이것이 가장 핵심적인 문제이다. 의지의 문제이며 또한 많은 사람들이 실행하기를 거부하는 자유 선택의 문제이다.

정신적인 고통과 혼란을 겪고 있는 사람들은 '이런 식으로는 더 이상 살고 싶지 않다'고 비명을 지르지만, 사실상 스스로의 변화에 대한 저항 심리가 항상 존재한다. 이 저항 심리는 자연스러운 반응이고 우리가 이것을 인식하고 받아들일 수 있다면 그도 유익한 것이다. 그러한 자신의 심리상태를 있는 그대로 바라보고 머무르고 넘어서야 한다. 이렇게 할 때 우리는 그 저항 심리에 대처하고, 이해하며, 해소할 수 있는 능력을 얻을 가능성을 가지게 될 것이다.

정리하자면, 타인을 변화시키기를 원한다면, 그 타인의 자리에 항상 '나는… '으로 바꾸어서 되물어보라. 그곳에 변화하지 못하는 많은 이유와 변명과 합리화가 존재함을 느낄 것이다. 나와 외부는 동일한 카테고리 안에서 움직이기 때문에, '상대방이 이러이러하게 변화하면 정말 좋겠는데…'라는 생각 대신에, '내가 이러이러하게 변화된다면 참으로 좋겠구나!'라고 '되바꾸기'를 하면 많은 성찰자료가 나타날 것이다. 외부는 우리 내면을 들여다보는 거울이다. 우리 내면의 마음 상태를 보자면 타인을 살펴보라. 타인에 대한 나의 마음을 보라. 그러면 좀 더 지혜롭게 타인을 변화시킬 수 있는 답을 얻게 될 것이다. "너는 타인이 어떻게 해 주면 변화하려는 마음이 생기겠니? 그리고 어떤 식의 도움을 필요로 하니? 라고 스스로에게 물어보라. 바로 그 속에 보물 같은 해답을 얻게 될 것이다.

* 이 글은 마르틴 파도바니 '상처 입은 감정의 치유'(1999)의 내용을 부분적으로 인용하였음을 밝힙니다.

41. 지혜로운 칭찬

존중받고 사랑받는다는 의미와 '칭찬'의 의미가
엄밀하게 서로 동일할 수는 없지만
대체로 칭찬을 받으면
존재에 대한 존중과 사랑을 느끼는 것이 일반적인 생각이기도 하다.
칭찬을 통한 사랑과 존중은 한 인간에게 힘이 된다.
그러나 건강하지 못한 칭찬은
불안과 죄책감과 부담감을 야기 시켜 때로는 독이 된다.

'칭찬은 고래도 춤추게 한다.'라는 말이 있다. 대부분의 우리는 존중받길 원하고 사랑받길 원한다. 존재 자체에 대한 깊은 사랑을 통하여, 그리고 교육에 의한 건강한 사회화를 통하여 인간은 현실적이면서 참된 인간으로 성장한다. 존중받고 사랑받은 사람은 스스로의 자존감이 점진적으로 형성되고, 또한 그 자존감에 의하여 자기 능력이 최대로 개발되고, 그리고 스스로에 대한 자부심을 가진다. 경우에 따라서는 능력 이상의 발전을 꾀하는 경이로운 일들도 발생한다. 존중받고 사랑받는다는 의미와 '칭찬'의 의미가 엄밀하게 서로 동일할 수는 없지만, 대체로 칭찬을 받으면 존재에 대한 존중과 사랑을 느끼는 것이 일반적이다. 그러므로 칭찬이 우리에게 주는 이익은 이루 다 말할 수 없다. 대체로 힘겨운 사람들은 낮은 자존감으로 인해 문제되는 심리적인 부분을 가지고 있기 때문에, 존중하는 측면에서의 칭찬이 필요한 것은 당연한 일일 것이다. 참된 교육과 건강한 사랑, 이것이 인간을 고결하게 만드는 기본이 아닐까!

그러나 때때로 칭찬이 부적절할 때는 아이에게 불필요한 불안과 죄책감을 야기 시킬 수 있다. 또 부담감을 가지게 할 수도 있다. 부적절한 칭찬은 오히려 상대방을 무기력하게 만들기도 한다. 나음의 예를 통해서 칭찬의 적절성과 부적절성에 대하여 생각해 보자.

민수: 엄마, 이것 내가 만들었어(만든 것을 내 보이면서…).

엄마: 민수가 만든 거야? 와, 대단하구나! 아마도 너희 반에서 네 것이 제일 잘 만들었을 거야. 너는 무엇이든지 잘 하잖아! 과연 우리 아들이야!

민수: 엄마, 그런데, 우리 반 창수는 만들기 선수인데… 걔는 저번에도 모형비행기 만들기 1등 했어. 내가 아무리 잘해도 걔 보다는 못 해.

엄마: 아냐, 창수보다 네가 더 나아. 틀림없어. 그런 생각할 필요 없어. 네가 얼마나 잘 한다고.

민수: (?)

이 엄마는 민수의 만들기 작업에 대한 객관적인 평가보다는 '우리 아들 민수를 칭찬하기' 위한 '칭찬'을 하는 것으로 보인다. 민수를 칭찬하기 위하여 '너 대단하다.' '네가 제일 잘해.'라는 평가적인 발언으로 표현하고 있다. 이 엄마는 이러한 평가가 객관적이지 않을 경우에 발생될 문제점에 대해서는 크게 생각하지 못하고 있다.

'너, 대단하다. 네가 제일 잘 해.' 라는 말들은 사실 민수를 위하는 말이 아니라 엄마 자신을 위하는 말일 수도 있다. 엄마 스스로가 자식과 동일시되어 민수의 잘하는 부분을 통하여 마치 자기 스스로를 위로하고 칭찬하는 느낌이다. 민수가 학교에 갔을 때, 엄마의 평가와 학교에서의 실제적인 평가가 다를 때 발생되는 혼란스러움과 좌절감, 불안 등을 생각해 보면, 그러한 평가는 사실상 민수를 불안하게 만드는 요인이 될 수 있다.

만약, 실제적인 평가에서 명백하게 자신이 잘 못한다는 것을 알았을 때는, 자기 자신에 대한 실망과 아울러 엄마를 만족시키지 못했다는 죄책감이 보이지 않는 족쇄가 될 수 있다. 더욱 중요한 것은 앞으로 잘하지 못하는 자신을 두려워하고 불안해하고 무엇을 할 때마다 잘해야 한다는 부담감을 가질 수도 있다는 것이다.

민수가 창수보다 '만들기 작업'을 못한다고 하여 살아가는 데 문제가 되는 것은 전혀 없다. 창수뿐만 아니라 어떤 누구와도 비교하여 만들기 작업을 못한다는 것 자체는 민수의 인생에 거의 문제가 되지 않는다. 즉 민수는 자신의 능력만으로도 세상을 살아가는 데 아무런 문제가 없는데, 은근히 창수와 비교하는 엄마의 불필요한 평가 때문에 불안과 죄책감을 가지면서 살아가야 한다면 오히려 아이에게 두려움을 야기 시켜 문제가 된다. 그냥 민수라는 한 인격체로서 살아가기에 모자람이 없는데, 은근히 주변 친구와 비교하여 자기 자신의 존재에 대한 불안과 두려움을 안게 될 수도 있다는 뜻이다.

대화를 이렇게 바꾸어보면 어떨까!

민수: 엄마 이것 내가 만들었어(내 보이면서).

엄마: 그래? 이것을 민수가 만들었어! 오, 괜찮은데. 엄마가 보기에.

민수: 괜찮지? 엄마! 아마도 우리 반 창수는 더 잘 만들었을 거야… 걘 는 만들기 선수거든.

엄마: 음, 그래. 창수는 만들기를 잘하는가 보다. 걔는 그런 것을 잘 하구나.

민수: 나도 창수만큼 잘 만들고 싶은데!

엄마: 아, 우리 민수는 창수가 부러웠나 보다. 창수가 만들기를 잘하긴 잘하는가 보네. 민수도 이만하면 엄마 눈에는 꽤 잘 하는 것 같은데… 엄마는 창수가 만든 것은 본 적이 없어서 잘 모르겠지만, 오늘 민수가 만든 것을 보고 실물에 가까울 정도로 정교하고 멋있게 보여서 처음에 엄마는 깜짝 놀랐어.

민수: 진짜예요?

엄마: 그래.

민수: (기분 좋은 표정) 나도 좀 만들긴 하지(유머스럽게).

엄마는 창수의 만드는 솜씨를 낮추지도 않으면서, 민수가 창수보다 못한다고 하여 그것이 문제되는 것처럼 표현하지도 않는다. 그렇다고 민수가 창수보다 더 나을 거라는 객관적이지 않는 평가도 가하지 않는다. 그리고 '창수가 민수보다 더 잘 만들어서 걔는 참 좋겠다.'는 식의 비교평가를 통하여 은근히 민수를 낮추는 말도 하지 않는다.

엄마는 창수가 잘한다고 하니까 창수는 창수대로 그대로 인정하고, 다만 민수의 오늘 만든 작품이 엄마의 눈에 멋있게 보인다는 말만 할 뿐이다. 그렇게 함으로써 민수는 오늘 만든 자신의 작품이 엄마의 눈에 놀랄 정도로 멋있게 보였다는 사실에 기분이 편안하고 흐뭇하다.

칭찬은 상대와 비교하여 '제 3의 대상을 낮추면서 상대방을 올리는 식'으로 하는 것이 아니라, 그냥 상대방의 있는 그대로의 모습에 대하여 느끼는 마음을 표현해 줌으로써 편안하게 자신의 좋은 점을 받아들일 수 있도록 하는 것이 좋다. 상대를 낮추면서 하는 칭찬은, 상대방에 대한 경쟁의식이 내포되어 있으므로 이것은 부담스럽고 찝찝함을 남긴다. 그런 감정이 내재된 칭찬은 진실이 아니다. 제 3의 대상을 평가 절하할 때 우리 내면을 가만히 보라. 과연 편안한가?! 우리의 내면에서 조화롭지 못하다는 느낌이 들 때는 그것은 진실이 아니라는 점을 포착하여야 한다. 그렇게 칭찬하는 본마음에는 시기심, 질투심, 경쟁심 등 자신의 낮은 자존감이 숨어있다. 그 감정을 투사시켜 제 3의 대상을 낮추고, 마찬가지로 자신의 감정을 투사시켜 상대를 올리는 것이다. 대부분의 사람들은 이런 심리를 정확하게 포착되지는 않더라도 왠지 불편함을 느낄 수는 있을 것이다.

그러므로 나도 살고 상대도 살리는 상생(相生)의 의미, 서로 이롭게 하는 마음들이 느껴질 때 오는 칭찬, 서로를 낮추지 않고 존중하면서 피드백해주는 칭찬이 진정으로 가슴에 와 닿는 것이다. 그것이 관계에서 오는 행복감이기도 하다.

칭찬은 하고 난 뒤에도, 받고 난 뒤에도 편안한 느낌이 드는 것이 좋다. 지혜로운 칭찬은 타인의 존재를 살려내고 타인의 생명을 살려내는 맑은 물과 같은 것이다. 그러고 나면 그 물은 내 마음을 다시 맑게 정화시키는 물로 되돌아온다. 흐르고 흐르는 것이 물이 아니겠는가! 어느 누구도 낮추지 않고 존중하는 마음으로 있는 그대로 하는 칭찬은 맑은 물인 것이다.

42. 자녀가 실수했을 때, 성숙한 부모의 대처능력

자녀의 실수에 대해서
함께 흥분하여 화내고 꾸중하는 감정 상태가 아니라,
아이를 적극적으로 그 문제 해결의 주인공으로 내세우고
부모는 그것을 그냥 도와주는 입장으로 대화를 끌어나간다.

우리는 일상에서 무수한 상황에 부딪친다. 사람이나 해야 할 일의 접촉이 드문 이들은 어떨지는 모르겠지만, 보통 사람들은 늘 처리해야 할 일들이 있고, 자주 부딪치고 갈등해야 하는 사건들이 발생하기도 한다. 그럴 때마다 현실을 판단해야 하고 반응해야 하며 해결해야 한다. 우리 모두 그 상황을 벗어날 수 없으며, 만약 누군가가 그것에서 도피할 경우 현실적인 문제는 미궁에 빠진 채로 잠수되어 훗날 문제의 씨앗을 싹트게 할 것이다. 자녀를 기르는 부모의 경우는 두말할 나위 없이, 일상 자체가 바로 기쁨과 행복의 연속이기도 하지만 문제의 연속이기도 하고, 적절한 대처 방식에 대한 갈등의 연속이기도 하다. 또 잘 승화되면 깨달음의 열쇠가 되기도 한다. 어쨌든 현재 상황에서는 원하든 원하지 않든 그때 그때마다 현실적인 대처를 하고 살아야 한다.

그런데 여기서, 어떤 상황에 대한 성숙한 대처를 해야 한다는 것은 알고 있지만, 그 적절한 대처를 위한 감정 조절이 되지 않으면 어떻게 될 것인가를 한번 생각해 보아야 한다. 대체로 많은 사람들은 이렇게 묻는다. "이러이러한 일이 있는데 어떻게 해야 할까요!"라고. '어떻게 해야 하느냐?'의 물음은 사실상 '감정 조절'이 된 후에라야 물을 수 있는 질문일 것이다. '감정조절'이 되지 않은 채로는 어떠한 대처방식을 제시하여도 결국 어려워지기는 마찬가지다.

특별한 일이 아니라 매우 사소한 일상에서 일어나는 다음 상황에서 부모가 감정조절이 될 때와 안 될 때의 차이점을 살펴보자.

자녀: 엄마, 나 깜빡하고 학교에 보조가방을 두고 왔어. (현재 시간 저녁 8-9시 경) 어떡하지?

부모: 어떡하긴 어떡해. 지금 이 시간에 갈 수도 없고, 그냥 내일 아침에 찾아야지.

자녀: 오늘 저녁에 숙제해야 하는 것이 들어있는데 큰일 났네.

부모: 이 녀석, 그러니까 엄마가 항상 정신 차리라고 했잖아. 하여간, 너 정말! (고민하다가) 안 되겠다. 민수(엄마끼리도 잘 아는 자녀의 가까운 친구) 집에 전화해서 숙제가 뭔지 물어봐야겠다.

자녀: 응. (눈치 보면서).

부모: (전화해 보고 난 뒤) 됐어. 엄마가 알았으니 이리 와 봐. (들은 내용을 통해서 숙제하도록 지시한다.) 너 앞으로 깜빡하는 것 조심해. 알았어? 내가 너 때문에 불안해. 정말 간이 다 떨어진단 말이야.

자녀: 응. (주눅 들어 하면서 조금 안심한다.).

위의 부모에 대해서 우리는 어떻게 생각할까! 보통의 부모가 다 이렇게 처리하는 것 아니냐 라고 할까! 아니면 자녀의 행위에 대하여 매우 적절한 반응을 하였다고 볼 수 있을까! 즉각적인 대처를 통해서 아이를 그나마 조금 안심시켰다고 볼 수 있을까!

여러 가지 방향에서 다 이해될 수 있다. 하지만 이런 부분을 생각해 보아야 한다. 이 부모는 부모 자신의 적극적인 조처로 자녀의 현실적인 문제 그 자체는 대처해 주었다고 볼 수 있다. 그러나 자녀의 존재, 즉 이러한 실수를 통하여 '자녀'라는 한 인격체의 존재에 대한 존중과 성장을 도모하지는 않았다. 부모가 아무리 대처를 잘 하였다고 해도, 자녀의 존재에 대하여 정서를 알아차리지 못한 채로 대처하는 것은 함정이 있을 수 있다. '무감정적인 대처'는 부모가 자신의 감정 상태에 대한 자각(알아차림)이 없이, 무의식적으로 발생하는 자신의 감정에 대한 포착이나 조절 없이, 즉시 대처를 하려고 한다는 뜻이다. 혹은 감정을 조절한다는 개념 자체를 아예 잘 모르는 상황일 수 있다. 이런 경우, 상대방이 느끼는 감정 자체를 잘 감지하지 못하여, 부모-자녀관계라면 자녀가 은연중에 위축감, 자신감 저하, 죄의식을 가진 아이로 자랄 수 있다.

다시 말하면 이 엄마가 가장 잘 몰랐던 것은, 감정조절이 되지 않은 채로 '상황 대처, 행동 시작' 하는 심정으로 문제를 해결해 갔던 점이다. 엄마는 자신의 감정 상태에 대한 자각이 없고, 그런 자각을 바탕에 두고 평정심을 유지하면서, 상황을 대처해야 한다는 사실을 깨닫지 못하기 쉽다.

사실상 아이는 이 과정에서 숙제보다 더 중요한 것을 배웠어야 했다. 자신의 실수를 충분히 인정하고, 그 실수를 어떻게 스스로 만회할 것인지에 대해서도 배워야 하고, 엄마의 도움을 받으면서 감사하고 고마운 지원세력에 대한 든든함도 느껴야 하지 않을까. 그리고 자신의 실수에 대한 책임을 지고, 얼마간 자기의 실수로 인한 감정적인 어려움도 겪으면서, 그런 위기를 함께 고민하고 다루어나가는 방법을 배워 나가야 한다. 아이의 이런 실수는 인간이면 누구나 다 할 수 있는 것이며, 실수 그 자체가 중요한 것이 아니라, 실수를 통하여 극복하고 위기 대처하는 능력 등을 길러야 한다.

만약, 엄마가 이렇게 대처하였다면 어떨까!

자녀: 엄마, 나 깜빡 학교에 보조가방을 두고 왔어(지금은 저녁 8-9). 어떡하지?

부모: 아, 그래? 아이구, 뭘 두고 왔는데?

자녀: 오늘 저녁에 숙제해야 하는 건데… 큰일 났네.

부모: 그렇네. 숙제할 것을 두고 왔구나. 너도 걱정이 많이 되지? 엄마도 좀 걱정이 되는데. 그렇다면 어떡하지? 너, 좋은 생각 없니?

자녀: (생각하면서) 글쎄, 어떡하지?

부모: 글쎄 말이야. 이 시간에는 학교에 갈수도 없고 그렇다고 선생님께 전화하기도 좀 그렇고 음.

자녀: 엄마 그럼 혹시 친구에게 전화라도 해 볼까? 아참, 엄마! 민수에게 전화 한번 해 볼래!

부모: 아, 그게 좋겠다. 민수에게 전화하는 것, 그것 괜찮겠다. 일단 한번 해 보고 난 뒤 다시 생각해 보자. 자, 네가 전화해 볼래? (전화한다.)

자녀: 엄마, 아냐. 괜찮겠어. 내가 잠깐 민수 집에 가서 (바로 옆 동) 베껴오면 돼. 그리고 숙제하면 돼.

엄마: 아. 그러면 되겠다. 깜빡 실수했지만, 뭐, 조금만 고민하니까 다 방법이 있구나. 그래. 다녀오너라.

자녀: 엄마, 다녀올게.

이렇게 자녀의 실수에 대해서, 함께 흥분하여 화내고 꾸중하는 감정상태가 아니라 아이를 적극적으로 그 문제해결의 주인공으로 내세우고,

부모는 그것을 그냥 도와주는 입장으로 대화를 끌어나간다. 부모는 답답함이나 조급함 등과 같은 감정이 올라오지 않았기 때문에 즉 감정조절에 성공한 채로 대처하게 된 것이다. 그러다보니 아이의 자존감을 손상시키지 않고 오히려 아이가 스스로 문제를 해결하는 능력을 키워나가는 이차적인 이득을 얻게 한다.

아이는 특별하지 않는 일상의 간단한 경험을 통하여, 혹시 잘못한 일이 있거나 문제가 생겨도 두려워하지 않고 의논할 수 있으며, 스스로 상황 대처 능력을 길러나가게 된다. 그럼으로써 의식적이면서도 무의식적으로 스스로의 존재감을 확인해 나가는 것이다.

모든 실수는 새로운 좋은 방향의 길을 여는 하나의 열쇠가 된다. 실수 그 자체는 그냥 하나의 삶의 과정일 뿐이다. 실수를 통한 깨달음이 진짜 그 일의 주인공이지 않을까!

43. 협박, 경고하는 부모

> 협박과 경고를 자주하는 부모는
> 자신의 내면에 도사리고 있는 불안과 공포감을 직면하면서
> 자신의 마음상태를 주시해야 할 것이다.
> 자신의 불안이 투사되어 상대가 나를 불안하게 한다고 생각하고
> 자신의 공포심이 투사되어 상대방이 나를 힘겹게 한다고 생각하는 것이다.
> '투사'된 자신의 감정을 깊이 바라보고
> 그 감정을 극복하는 자기성찰의 자세가 요구된다.
> 자기의 마음에 집중하면 상대로 향하는 마음은 훨씬 가벼워질 수 있다.

우리는 살아가면서 얼마든지 실수할 수도 있고, 무엇인가를 잘못할 수도 있다. 어떤 사람이라도 완벽하게 옳은 행위를 하면서 살아갈 수는 없다. 옳고 그름의 판단 기준은 상황에 따라서 전혀 다를 수 있다. 10년 전의 '이것이 옳다.'가 지금은 '그것이 전부 옳은 것은 아니구나.'로 될 수 있는 것들이 많다. 그러므로 '이것이 옳다.'가 아니라 '지금 이 순간 이러이러한 경우 이러이러한 느낌이다.'라고 전달하는 것이 상대방 입장에서는 부담이 덜할 것이다. 특히 자녀는 무엇인가를 새롭게 계속 배워가고 있는 시기이고, 또 시행착오를 겪으면서 체험하고 있는 시기이기 때문에 많은 실수가 있을 수 있다. 자녀의 잘못에 대한 부모의 강한 협박, 위협, 경고가 자녀에게 어떤 영향을 주는가를 알면 부모로서 생각해 보

아야 할 점이 많을 것이다.

경고나 협박은 자녀에게 금지된 행동을 반복하게끔 하는 역할을 한다. 그것이 무슨 말이냐고 반문할 것이다. "너 앞으로 이런 행동, 한번만 더 한다면 가만두지 않겠어."라는 말을 부모가 한다고 하자. 결론부터 말하자면 이런 협박과 경고는 하지 않는 것보다도 훨씬 못하다. 오히려 아이에게 불안과 분노를 무의식적으로 야기하여 나쁜 행동을 되풀이하게끔 하는 역할까지 하게 되는 것이다. 어릴 때 즉각적으로 바로 부모가 가장 싫어하는 행위를 되풀이하는 아이도 있지만, 어른이 되고 난 뒤 가장 싫어하는 부모의 모습을 닮은 자신이 되어 자신이 스스로를 싫어하는 악순환을 겪을 수도 있는 것이다.

"너 앞으로 이런 행동, 한번만 더 한다면 가만 두지 않겠어." 등의 협박과 경고를 했을 경우 1) 다소 온순한 아이와 2) 좀 과민한 아이의 성향에 따라 마음속으로 다음과 같이 생각할 수 있다.

1) '아, 무서워, 우리 엄마. 앞으로 안 그래야지.'라고 생각하는 아이다. 이런 아이는 곧장 엄마의 협박에 굴복하는 셈이다. '옳든 그르든 그것을 했다가는 혼나. 하면 안 돼.' 하는 절대자의 힘에 머리를 숙이는 것이다. '그렇지만, 나도 모르게 또 하게 된다면? 아, 모르겠어. 불안해. 하여간 무서워.'

2) '음, 한번만 더 한다면 어떻게 되는가 한번 볼까?' 어른의 이러한 경고는 아이의 자율성에 대한 강력한 도전이다. 자존심이 강한 아이라면 어른의 이런 도전에 대단히 반항하면서, 오히려 '에이, 한번 해 봐 버리지 뭐. 어떻게 되는가 한번 두고 보자.'라는 극단적인 투쟁적 방식이 나타날 수도 있는 것이다.

1)의 방식이든 2)의 방식이든, 이 두 가지 반응양식은 대부분 훗날 아이들의 인간관계 방식에 좋지 않은 방향으로 전이 될 가능성이 있는 것이다.

다음의 구체적인 예로써 상황을 한 번 더 고려해 보자.

엄마: "너, 엄마가 분명히 이 물건 만지지 말라고 했지? 했어? 안했어? 정말 이 녀석, 앞으로 너 한번만 더 만졌다간 가만 두지 않겠어."

자녀: "그냥 어쩌다 보니…"

엄마: "만지면 안 된다고 했는데, 무슨 말이 많아. 어디서 말대꾸까지 해. 너 대꾸하면 앞으로 한 대 맞을 거야."

자녀: …… ?

엄마나 아빠가 이렇게 대화를 이끌어나간다는 것은 아이의 자율성과 주체성을 무참히 짓밟는 행위이다. 일종의 폭력이라고도 말 할 수 있다. 더 이상은 아무 말을 할 수 없는 그냥 무너지는 대화이다.

엄마: "어, 이것 만졌어? 아이구, 이 물건 깨질까 싶어서 조심해 달라고 했는데… 그렇게 만지고 싶었니?"

자녀: "그냥 어쩌다보니… 한번 만져보고 싶었어."

엄마: "아. 그래? 그렇잖아도 이것을 다른 곳으로 옮기려고 했는데, 그렇게 만져보고 싶었구나. 깨지지는 않았으니 다행이지만, 엄마는 이것을 옮기지도 않고 외출을 해서 혹시 누가 만져 깨질까봐 불안했어."

자녀: "알아요. 그래서 제가 살살 만졌어요."

엄마: "그래? 너도 조심했구나."

자녀: "그럼요. 저도 알고 있어요. 진짜 조심해서 만졌어요."

엄마: “너 나름대로 많이 조심했네. 그러니까 깨지지도 않았고… ” (미소 지으면서)

자녀: “그럼요.”

이렇게 끝날 수 있는 대화이다.

아이의 자존심에 손상을 입히지 않고 아이의 주체성을 오히려 격려해 주면서 대화를 이끌어가고 있다. 그러면서도 그 물건은 상당히 조심스럽게 다루어야 한다는 것을 충분히 표현하고 있다.

엄마는 자신의 불안과 공포감 등의 주요 감정으로 인하여 아이에게 경고와 협박, 위협을 한다는 사실을 종종 잊는다. 엄마는 자신의 내면에 자리 잡은 부정적인 감정으로 인하여 그 감정을 아이에게 투사하여 자신도 모르게 상대방이 무엇을 크게 잘못 한 것 마냥 쏴 붙이는 말의 폭력을 가한다. 그런데 이런 행위가 자녀의 ‘창조성’ 손상이라는 엄청난 상처를 줄 수 있다는 것을 간과해서는 안 된다.

1)과 같은 온순한 아이는 그냥 비례적이지 않게 자신을 숙이면서 ‘앞으로 조심하면서 사는 모습’을 배우게 되고, 그 억압된 감정은 전이대상에게 다른 양상으로 나타날 수도 있겠고,

2)와 같은 다소 과민한 아이는 오히려 금지된 행동을 되풀이하는 식으로 대응할 수도 있으므로 조심해야 한다.

따라서, 협박과 경고를 자주하는 부모는 자신의 내면에 도사리고 있는 불안과 공포감을 직면하면서 자신의 마음상태를 주시해야 할 것이다. 불안이 투사되어 상대가 나를 불안하게 한다고 생각하고, 자신의 공포심이 투사되어 상대방이 나를 힘겹게 한다고 생각하는 것이다. ‘투사’된 자신의 감정을 깊이 바라보고 그 감정을 극복하는 자기성찰의 자세가

요구된다. 자기의 마음에 집중하면 상대로 향하는 마음은 훨씬 가벼워질 수 있을 것이다.

44. 인간관계, 특히 부모-자녀관계에서의 최우선 과제는!

부모의 원함이 아무리 옳다 하더라도
아이의 자율적인 판단에 의하여 바람직한 결정을 내려서
스스로의 의지로 어떤 일(학습)을 해야 능률이 오르며,
그렇게 되기 위해서는
부모-자녀 간의 정서적 관계가 좋아야 한다.
이것은 부모-자녀관계뿐만 아니라 모든 인간관계의 핵심이다.

어디 부모-자식관계 뿐이랴! 모든 인간관계가 그렇겠지만 특히 부모-자식관계에서 최우선 과제는 무엇일까! 우리는 아침에 눈뜨기 시작하면서부터 잠잘 때까지, 사소하고 자잘한 것부터 중요한 일에 이르기까지 순간순간마다 판단하고 결정하고 기다리고 해결해야 하는 일들이 많다. 특히 어린 자녀를 기를 경우, 하루하루의 일상에서 즉시 처리해야 할 일들이 많다 보니 '제대로 하느냐, 하지 않느냐.'의 문제가 발생되고 그 결과는 '잘했다, 잘못했다.'로 귀착된다. 이럴 때, 부모들이 원하는 대로 되었을 경우에는 좋은 감정이 일어나고, 원하는 대로 되지 않았을 때는 부정적인 감정이 발생되는 것이 우리의 일상이다.

부모들은 자기의 뜻대로 자식이 해 주기를 바라지만, 자식은 자기 뜻대로 부모가 인정해 주기를 바란다. 각자 나름의 욕구에 의하여 상대방

과 관계한다. 자녀는 부모의 뜻을 받아들이기도 하지만 저항하기도 하고, 경우에 따라서는 복수(?)하듯 반항심을 표현하기도 한다. 설령 부모가 강압적으로 자신의 뜻을 자식에게 관철시켰다 할지라도, 그것은 그 이후의 시간 동안 인상을 쓰거나 게으르거나 시무룩한 표정으로 또 다른 의미의 공격(?)을 하게 되는 빌미가 된다. 사실상 '무엇인가를 제대로 하느냐 하지 않느냐.'의 가장 바람직한 기준은, 자녀가 자기 스스로의 자율적인 의지에서 발현되는 적절한 판단이다. 그런데 아이는 자라면서 그 판단력이 갑자기 생기는 것이 아니라 점진적인 배움을 통하여 사회적으로 도덕적으로 성숙한 방향으로 성장하여야 하므로, 부모의 일정한 관여와 가르침이 없을 수는 없다. 그런데 이 관여나 가르침의 과정에서 서로간의 '좋은 정서적 관계'가 미리 축적되어 있지 않다면 가슴을 치고 머리를 아무리 사용하여도 삐걱거리는 소리가 난다. 다시 말하면, 부모의 원함이 아무리 옳다 하더라도 아이가 자율적인 판단으로 바람직한 결정을 내려서 스스로의 의지로 어떤 일(학습)을 해야 능률이 오르며, 그렇게 되기 위해서는 부모-자녀간의 '정서적 관계'가 좋아야 한다는 것이다. 이는 모든 인간관계의 핵심이며 조화롭게 문제를 해결하는 열쇠이다.

그렇다. 건강한 정서적 관계는 모든 인간관계의 최우선 과제이며, 핵심이다. 그렇다면, 좋은 정서적 관계를 맺으려면 어떻게 해야 하는 것일까! 건강한 정서적 관계를 맺는 노력은 부모부터 해야 한다. 물론 자식이 장성하여 자아가 잘 발달되었다면 당연히 자식이 먼저 할 수도 있을 것이다. 그러나 어린 자녀의 경우, 자녀는 부모를 보면서 배우기 때문에 어떤 이유를 막론하고 부모부터 해야 한다는 것이다. 인간관계에서도 마찬가지이다. 즉 내 쪽에서 먼저 하는 것이다. 상대방에서 먼저 하도록 하는 것이 아니다. 이 말에 대한 불평을 하는 분들도 있을 것이다. "억울하다. 왜 상대방은 노력하지 않는데, 내가 먼저 해야 하는가!"라고 항변하고 싶을 것이다. 그 이유가 각각 다르겠지만 그 심정을 이해하지 못할 바는 아니다.

모든 인간은 어릴 때는 '사기애적 욕구'가 많은 것이 당연하므로, 심리적으로 자기중심적인 태도가 나오지 않을 수 없다(오히려 그렇지 않다면 자라서 더 문제가 될 수 있다). 이기적이고 본능 중심이므로 자기 것을 채우려고 한다. 이것은 지극히 정상적인 유아기 혹은 아동기적인 본능이다. 이 욕구가 적절하게 조절될 때, 즉 '자기-타인' 중심이 비례적으로 될 때 바람직하게 넘어가는 '건강한 사회화' 과정을 이루게 될 것이다. 따라서 이 과정에서의 부모의 양육태도는 '항해하는 배의 등대역할'처럼 중요한 것이다. 그러므로 부모는 상대방에게 미루지 말고 자신부터 솔선수범하는 배움의 자세가 필요한 것이다. 같은 의미로서 일반적인 인간관계에서도, 상대방이 정서적 관계를 바람직하게 하지 못한다고 할 때, 마치 어린아이의 미성숙한 어떤 습관들이 잠재되어 있다고 볼 수 있다. 사실 이러한 패턴은 자신 스스로도 느낄 수 없는 무의식적인 욕구로 잠재되어 있으므로 그것 자체로 상대방을 비판하거나 비난하는 것은 곤란할 것이다. 마찬가지로 약한(!) 인간으로서의 자신을 겸손하게 자각하여 상대방을 변화시키려고 하는 것보다는 나 스스로가 먼저 '어떻게 하면 서로의 관계에 도움 될 것인가.'를 연구하는 것이 바람직하다고 생각한다.

좋은 정서적 관계를 맺지 못하는 부모는 대체로 부모 자신의 내면의 정서적 중심세력(핵심역동)에서 그 원인을 찾아야 한다. 예컨대, 다음의 내용들을 참고할 수 있다.

* 부모의 내면에 두려움이 많고 겁이 많으면, 자식의 작은 반응 하나하나에 예민하여 오히려 더 큰소리치거나 절절매거나 하면서 바람직하게 자식에게 대처하지 못한다.

* 부모의 내면에 억압된 적개심이 많으면, 자식의 예사로운 말과 행동에 버럭 화를 내며 상대방을 놀라게 하고 말문을 막게 하면서 상대방의 화를 유발시키고 급기야 대상을 더욱 더 화나게 만들거나 무기력하게 만들 수도 있다.

* 부모의 내면에 죄책감이 많으면, 자식에게 뭘 잘해주지 못하면 안 될 것 같아 죄인처럼 뭔가를 계속 해주려고 하고 불필요한 과잉보호를 한다. 그로 인하여 자식이 때로는 이익도 보지만 독립적이지 못하고 의존적인 아이로 키워질 수도 있다.

* 부모가 자격지심이 많고 열등감이 많을수록, 자식에게 바라는 것이 많고 자기가 이루지 못했던 것에 대한 불안으로 인하여 자식을 닦달할 수 있다.

* 부모 자신이 우울한 정서를 가진 사람은, 표정이나 태도 등에서 늘 우울한 느낌을 상대방에게 전달하기 때문에, 그를 보는 가족은 덩달아서 마음이 우울하고 시무룩하여 사는 것이 즐겁지 않다.

* 부모 자신이 불안한 정서가 많으면, 자식의 일거수일투족에 신경이 곤두 서 있어 '이것은 이래서 불안하고 저것은 저래서 불안하다.'는 식으로 자신의 불안을 투사시켜 상대를 건드린다.

이와 같은 모든 사례는 일반적인 인간관계에서 부모를 '나 자신'으로, 자식을 '상대방'으로 대치하여 읽어보면 그대로 적용될 수 있을 것이다.

그 외에도 수없이 많은 사례들이 있지만, 우리 자신의 핵심역동에 대한 진단 없이는 자신의 행동방식을 제대로 바라 볼 수 없으며, 그 행동양식은 인간관계의 건강한 정서적 교류를 방해하기 일쑤다. 물론 부모의 본마음은 자식을 사랑하고 아끼고 잘해주고 싶은 마음이지만… 그것은 어디까지나 마음일 뿐 행동방식으로 나타나는 것(증상)은 다른 것이다. 즉, 부모의 내면이 '불안하고 우울하고 분노하고 힘들고 공포감이 많은' 마음들이라면 '좋은 관계'에 대한 기대는 희망으로 끝날 뿐 일상사에서 많은 문제가 예견될 수 있다는 뜻이다. 따라서 우리가 '건강한 정서적 관계'를 맺기 위해 필요한 것이 무엇인지는 다음의 내용으로 정리해 볼 수 있다.

첫 번째, 우리 자신의 핵심역동에 대한 통찰이 가장 우선된다. 스스로 통찰수준이 낮은 경우에는, 아무리 주변에서 좋은 말들을 하여도 '자신이 누구인지!'를 모르기 때문에 별 소용이 없다. 물론 자신의 핵심역동이 대체로 긍정적으로 작용하여, 행동방식이 건강하고 스스로 자신을 이해하는 폭이 큰 사람들은 정말 축복받은 사람들이다. 그렇더라도 핵심역동에 대한 통찰이 이루어져야, 그 영향이 긍정적인 방향인가 혹은 부정적인 방향인가를 알아차려 그 여파를 바람직하게 이끌어갈 수 있다. 한마디로 '자신의 핵심역동에 대한 통찰'이 그 무엇보다 우선적으로 필요한 것이다.

두 번째, 현재 어떠한 상황에서라도 '지금-여기'에 머물려는 태도를 의식적으로 길러야 한다. 과거가 아닌 '지금 바로 여기'에서 나의 감정, 나의 행동, 나의 사고 등에 항상 깨어있는 태도를 가지는 것이다. 이것은 어떤 것보다도 소중한 노력이 될 것이다. 예컨대, 서로 대화할 때 자기 생각이나 과거에 빠져들지 않기 위해서는 상대방의 어떤 말이나 어떤 상황을 보면, 일단 상대방의 지금-현재의 말이나 태도에 '귀를 기울이는 자세'를 의식적으로 연습하는 것이 좋다. 즉각적인 반응을 피하고 상대방의 생각이나 감정에 민감하게 귀를 기울일 줄 알아야 한다는 것이다.

'아, 네가 하고 싶은 말은 이런 것이었구나!'

'아, 네가 하였던 행동이 이런 감정 때문이었구나!'

'아, 네가 이런 감정을 표현하고 싶구나!'

세 번째, 지속적인 훈습으로 실천적 행동이 요구되며, 경우에 따라서는 전문가의 도움이 필요하다. 자신의 핵심역동으로 인하여, 아무리 귀를 잘 기울이려고 해도 핀트가 맞지 않게, 즉 자녀가 하는 말을 제대로 못 알아듣는 사람도 제법 있다. 이런 분들은 현실적인 '귀 기울이기' 반응이 어려울 것이므로 전문적인 치료가 요구되기도 한다. 그러나 대체로 많은 사람들은 정상적인 경청이 가능하므로, 약간의 노력만으로도 현재 주고받는 서로간의 대화에 집중하는 훈련이 가능하다. 예컨대, 명료화 반응으로 '아, 조금 전에 하신 말씀이 이러이러하다는 내용이었죠!' '금방 네가 한 말이 이러이러한 내용이지!' 하는 식으로 '지금-현재'에 충실하려는 노력을 하여야 한다. 그리고 나와 상대방의 감정을 있는 그대로 알아차리는 연습이 필요할 것이다. 심리학습의 많은 부분은 바로 이러한 것을 몸에 배이도록 연습하는 과정이며, 그 과정에서 우리는 '가랑비에 옷 젖듯' 내면의 성장을 거듭하게 되는 것이다.

아무리 멋진 장소에서 멋진 식사를 마련하여도, 가족 간의 '건강한 정서적 교류'가 되지 않으면 사실상 모래알을 씹는 느낌이 들 수 있다. 오손도손 서로간의 마음이 소통된다면 우리의 만남은 바로 행복 그 자체가 되고 성장 그 자체가 될 것이다. 부모-자녀관계뿐만 아니라, 모든 인간관계의 최우선 과제는 그 무엇보다 '건강한 정서적 관계'이다. 힘겹고 고통스런 정서를 나누며 격려하는 관계, 평화롭고 자유스런 정서가 상호작용하는 관계, 일상을 살아가는 보통 사람들의 아름다운 인연이 되지 않을까 싶다.

45. 불평불만이 생길 때의 지혜, 세 가지 체(篩)

제대로 된 알갱이를 얻으려면 체로 걸러 내어야 하는 것들이 많다.
우리가 말을 할 때 걸러내어야 할 세 가지 체(篩)를 제시한다면,
'진실이라는 체'
'선한 체'
'지금 여기에서 꼭 필요한 것인가 하는 체'이다.

흔히 일상 속에서 불확실한 채로 남의 이야기를 이러쿵저러쿵 하고, 어떤 일에 대해서 이래저래 불평불만이 많은 사람이 있다. 어떤 갈등상황이 되었을 때, 그 상황을 바람직한 방향으로 해결하기 위한 목적이 아니라, 그저 짜증이나 불만을 터뜨리는 그 자체를 목적으로 불평을 하는 습관이다. 표현하는 목적 자체가 불평불만 주머니를 쏟아놓는 셈이다. 잠깐이라도 시간을 늦추었다면 그냥 해결될 문제를, 불필요한 말을 함으로써 상황을 더 악화시키는 경우도 있다. 다양한 상황에서 사소한 사건으로 불평을 터뜨리는 경우는 허다하다. 말하자면, 대화의 미성숙함이나 무지, 무 개념, '문제없다'는 생각 등 여러 가지 이유에서, 상황 그 자체보다는 오히려 감정을 조절해 나가는 능력의 미숙으로 갈등이 심화되는 경우를 흔히 볼 수 있다. 스스로가 타인에 대한 이야기를 쉽게 하거나 어떤 상황에 대해서 불평불만을 늘어놓는 것이 습관이 되어 있다고 느낄 경우에 지혜를 얻었으면 하는 바람을 가졌다면, 다음의 대화에서 세 가

지 체를 통하여 사고의 변화를 가져보면 도움이 될 것이다.

어떤 사람이 상기된 얼굴로 불평을 늘어놓기 시작하였다. 아마도 꽤나 스트레스를 받았던 모양이다.

"당신 친구가 어떤 일을 했는지 알고나 있소? 나는 그 친구를 생각하면 정말 머리가 아파요. 오늘 당신에게 그것을 말 좀 해야겠소."

이에 상대방은 온화한 얼굴로 그 불평을 잠깐 제지한다.

"잠깐, 당신이 말하려는 것을 세 가지 체(篩)로 걸러 보았소?" 그가 되물었다.

"세 가지 체라니요?"

"그렇소. 세 가지 체요. 우선 당신이 무엇인가를 말하고자 할 때, 말하기 전에 소쿠리처럼 생긴 체로 진짜배기 알갱이를 걸러내듯, 걸러내고 난 뒤 그릇에 담으면 제대로 된 것을 담을 수 있다는 뜻이요."

"그게 무슨 말이요? 그냥 말하는 것이 아니라 걸러낼 것을 걸러내고 표현하라는 뜻이요?"

"그렇소. 한번 들어 보겠소?"

"들어 봅시다."

"우선, 첫 번째는 진실(眞實)이라는 체요. 당신이 지금 말하려고 했던 것이 진실이라는 증거가 있소?"

"아니오. 나도 전해 들었을 뿐이오."

"그러면 두 번째 체로 걸러 봅시다. 선(善)이라는 체요. 당신의 이야기가 진실은 아니더라도 선한 것이라고 판단되오?"

불평하던 사람은 머뭇거리다 답한다.

"아니오. 오히려 그 반대라 해야 될 것 같소."

"그럼 마지막 체로 걸러 봅시다. 지금 여기에서 꼭 필요한 이야기요?"

"글쎄요! 지금 여기에서 꼭 필요한 것이라 할 수는 없지요."

"그렇다면 잊어버립시다. 그런 일 때문에 마음고생을 할 필요가 없다고 생각합니다."

"음… 어떤 말을 할 때 특히 남에 대하여 말을 할 때, *진실이라는 체, *선이라는 체, *지금 꼭 필요한 것인가라는 체, 이 세 가지 체를 걸러야 한단 말이지요!"

위의 세 가지 체를 논하기 전에, 우선 사람들이 하는 말 중에는 1)해야 하는 말, 2)해도 되고 안 해도 되는 말, 3)꼭 해야 하는 말, 세 가지가 있다고 치자.

첫째, 안해야 되는 말이 있다. 이것은 두말할 나위 없이 타인에게 상처를 주는 말, 부담을 주는 말, 성장에 지장을 줄 수 있는 말 등이다. 즉 비난, 훈계, 질책, 잔소리, 설교, 비판, 비교 등이다. 말의 내용물이 아무리 좋아도 말하는 태도나 방식에 따라서 상대방에게 상당히 큰 마이너스를 초래하는 경우도 있고, 태도나 방식이 적절하다 할지라도 내용이 부적절한 때도 있다. 말하자면, 어떤 말을 전달할 때, 그 말의 내용과 그 내용을 전하는 태도가 중요하다. 내용물과 그릇에 비유될 수 있다. 내용물은 말 그대로 그 말의 내용에 속하고, 그릇은 그 내용을 담는 말의 태도나 방식을 뜻한다. 그런데 말의 내용 중에서 상대방의 인격에 모독을 주는 말이나 상대방의 성장을 방해하는 적개심이 묻어나는 내용 등은 어떤 그릇에 담아도 남에게 상처를 주기 때문에 조심하여야 한다. 한편, 말의 내용이 좋다고 하더라도 말하는 사람의 태도나 방식 등이 상대방의 마음을 고려치 않는 것이라면 이 또한 안해야 되는 말이다. 그릇의 문제이다. 즉, 내용이든 전달방식이든, 상대방에게 피해가 된다고 생각하면(물론 먼 훗날 상대방에게 도움이 될 수는 있으며, 내공이 좋거나 성찰력이 뛰어난 사람에게는 궁극적으로는 도움이 되는 경우도 있다.) 일단 '지금-이 자리'에서는 말하는 것을 심사숙고해야 된다는 뜻이 담겨있다.

둘째, 해도 되고 안 해도 되는 말이 있다. 이것은 그냥 스쳐지나가는 말일 수도 있고, 분위기를 잠시 다르게 하기 위하여 그냥 걸치는 말일 수도 있다. 또 간단한 인사나 정보 차원의 대화나 사실적인 수준일 수 있다. 이런 말은 필요할 때도 있고 전혀 필요 없을 수도 있는, 상황에 따라서 다양할 것이다. 안 해도 되는 말을 하거나 해야 되는 말을 못하는 경우에는, 뭔가 이상하고 핀트가 맞지 않는 부적절감이 있겠지만, 해도 되고 안 해도 되는 말은 어색한 자리나 분위기를 바꾸는 자리에서는 필요할 경우가 종종 있다. 이런 유의 말들을 지나치게 자주 많이 하거나, 전혀 하려들지 않거나 하는 것도 '사회성'에 문제가 될 수 있으므로, 적절한 양이 필요 할 것이다.

셋째, 꼭 해야 하는 말이 있다. 말을 하고 살아야 한다면 '꼭 해야 하는 말'을 하고 살아야 할 것이다. 오히려 말을 하지 않으면 안 되는 경우도 있다. '말 한마디로 천 냥 빚을 갚는다.'는 이야기도 있듯이, 짧은 한 토막의 말을 통하여 사람을 살려내는 신비의 말들, 따뜻한 말들은 얼마든지 있을 수 있다. 또는 지금 이 자리에서는 상대방에게 기분 상하게 할지는 몰라도, 진정 상대를 위한 마음으로 갈등을 무릅쓰고라도 용기를 내어 해야 하는 말도 있다. 특히 부모-자식 등 친근한 관계에서는 꼭 해야 하는 말을 하지 않아, 너무 오랜 시간 동안 박탈이나 배척 등의 문제를 일으키는 경우도 허다하다. 부담을 안거나 갈등이 일어나더라도, 무엇이 진실인지를 스스로 믿고 용기를 내는 것도 필요하다는 뜻이다. 입에 단 맛이든 쓴 맛이든, 꼭 해야 하는 말을 하지 않는 것은, 호미로 막을 일을 가래로 막아도 안 되는 문제점을 안기기도 한다. 이런 점에서 꼭 해야 하는 말을 하는 것도 중요한 것이다.

내가 표현하고 싶은 말들이 위 세 가지 중 어디에 해당하는가를 한번 점검해 본 후, 말을 해야 한다면 어떨까! 즉, 상대방에게 나의 어떤 말을 전달하려고 하는 시점, 바로 이 때 세 가지 체가 유용할 것이다. 특히 내용물이 과연 전달해야 하는 것인가 그렇지 않은가를 판단하기 어려울 때, 한번쯤 이 세 가지 체로 점검하는 것이 필요하다. 제대로 된 알갱이를 얻으려면 체로 걸러내어야 하는 것들이 많다. 특히 불평불만이 생길 때, 마구 쏟아내기보다는 잠시 눈을 감고 이 세 가지 체에 한번 '내 마음의 말'을 걸러보는 것이 좋을 것이다. '진실이라는 체' '선한 체' '지금 여기에서 꼭 필요한 것인가 하는 체'를 통하여, 지혜롭게 전달하는 도구로 활용하면 도움이 되리라 본다.

'진실한 체'로 걸러지지 않은 말들을 반복적으로 한다면, 하면 할수록 불행할 수 있다. 세월이 쌓이면 삶은 우울하고 행복하지 못할 것이다. 진실하지 못한 내용을 계속 전달하려고 할 때 보이지 않는 금이 생기는 것이다. 서로간의 대화에서, 대화의 내용이 진실하고, 그 그릇이 바람직할 때, 내 자신은 물론 상대방도 그 말 속의 진실에 감응하게 되고, 그로 인하여 좋은 방향으로 마음의 흐름이 잡히면서 건강한 관계로 발전될 수 있다. '지금 내가 하고 싶은 말이 과연 남들이 혹은 하느님이 수긍할 수 있는 진실한 것인가?'라고 자문하는 것이다.

그리고, 말의 내용이나 태도가 과연 선의 축인가, 악의 축인가를 살펴야 한다. 악의 축에 의하여 진행되는 대화는 끊임없이 타인에 대한 비방, 시기, 허물잡기, 깔아뭉개기 등 문제가 되는 내용들이 흘러나온다. 선의 축으로 되는 대화는 하면 할수록 자비심과 사랑이 우러나오기 때문에, 다소 문제가 되었던 상황이더라도 점점 더 화기애애한 쪽으로 에너지가 흐를 수 있다.

'지금 이 자리에서 이 말이 꼭 필요한가!'와 함께 '지금 이런 행동이 꼭 필요한가!'를 살펴보는 것도 매우 중요하다. 우리는 5년 뒤에 해야 할 걱정을 미리 하고, 3일 후에 생각해야 할 수 있는 일들도 아주 조급하게 걱정하고 있다. 하늘이 내린, 우주가 제공한 있는 그대로에 대하여 좋은 모습을 느낄 수 없는, 인간의 욕망 때문에 불필요한 말, 불필요한 걱정을 수없이 많이 하고 있는 실정이다. 두려워한다. 늘… 두려움이 습관이 되어 지금-현재에 이 말이 필요한가 아닌가를 판단하기가 어렵다. 사소한 물건을 하나 구입하더라도 이러한 물건이 내게 꼭 필요한가! 를 숙고해 보고, 섭섭함이나 부정적인 다른 감정을 표현해야 할 때도 이 말이 지금 이 자리에서 꼭 필요한가를 생각해 보면 좀 더 신중한 태도가 나올 수 있을 것이다.

일상생활에서 좀 더 성숙되고 진실한 삶을 향하는 마음을 가지고 싶다면, 조급하게 행동하고 저지르는 일을 잠시나마 멈추고 싶다면, 행동 후 후회하는 일들이 반복된다면, 죄책감과 자책감으로 행동자체에 자신이 없다면, 어떤 말을 할 때 이런 세 가지 체를 생각해 보는 것이 도움될 것이다.

* 이 글에는 매일미사(2008.8) '오늘의 묵상' 일부 내용이 인용되었음을 밝힙니다.

46. 자녀가 잘못했을 때의 부모의 반응

일상생활 가운데서 자녀는 사소한 잘못을 많이 저지른다.
어디 자녀뿐이랴! 어른들도 이런 저런 잘못을 저지를 수 있다.
누구나 다 인간이라면 저지를 수 있는 잘못이지만
그 잘못으로 인하여
어떤 자녀는 비례적이지 않을 정도의 질책을 듣는 경우도 있고,
어떤 자녀는 오히려 그러한 잘못으로 인하여
다음에 발생할 수 있는 상황을 대비하는 기회를 가질 수도 있다.
부모의 반응에 따라서
그 잘못을 어떻게 받아들이는가를 배울 수 있는 계기도 된다.

일곱 살짜리 미숙이가 가위를 가지고 엄마의 치마를 가위질하면서 노는 상황이다. 외출하고 돌아온 엄마와 딸 미숙이와의 가상적인 대화이다.

엄마: 미숙아, 너… 이게 뭐야? 아니… 가위를 가지고? (놀라면서)
미숙: (멀뚱멀뚱) 그냥… 재미있어서…
엄마: 너 정신이 있는 거니? 없는 거니? (홱, 치마를 뺏는다) 하여간, 넌 말썽꾸러기야. 저번에도 멀쩡한 종이를 가위질 하더니… 얘가… 정말… (화난 얼굴이 된다)
미숙: 엄마가 종이는 가위질 하지 말라고 했잖아. 어지른다고… 그래서 이것(천)을 잘라 보았어. 한 번도 보지 못했던 치마길래 잘라 보았

어!

엄마: 어디서 말대꾸야? 너 도대체 정신이 있는 애냐? 없는 애냐? (손으로 머리를 한 대 쥐어박으면서) 이 녀석! (때리려고 하듯…) 한번만 더 이런 짓 해 봐라. 가만두지 않을 거다.

미숙: (울면서… 자기 방으로 들어간다.)

엄마: 저런 바보 같은 것이, 어휴… 저렇게 커서 뭐 제대로 되겠어? 속상해 죽겠네. 아니 저런 애가 어디에 있어. 살다가 별 아이를 다 보겠어. (침묵이 흐른다)

미숙이는 어른들의 입장에서 보면 입는 치마를 가위질 하였으므로 분명히 잘못했다. 반면 가위질 좋아하는 미숙이의 입장에서 보면 그런 행위는 그냥 재미있는 놀이였다. 엄마의 속상하는 마음은 충분히 이해하지만, 그 마음은 엄마 자신이 다스릴 수밖에 없는 마음이고 미숙이에게는 치마는 가위질 하지 말아야 한다는 현실적인 교육을 시켜야 한다. 해서는 안 되는 것과 되는 것, 즉 가위질 해도 되는 것과 안 되는 것이라는 현실적인 대응을 해 주면서 납득시켜 나가야 된다.

그러나, 엄마는 속상하는 자신의 마음을 다스리지 못하여 그만 아이에게 온통 화를 내어버리는 것이다. 미숙이는 자기가 입는 치마를 가위질 했다는 잘못을 인식하기에 앞서, 엄마의 분노감을 통하여 존재가 함부로 취급당하고 비난받는 등 부정적인 교훈을 얻게 된 것이다. 즉, 분명히 잘못된 행위나 실수를 하게 되면 그것이 잘못되었다는 것을 배워야 한다. 그러나 그런 자신의 행위가 잘못되었다는 것을 알고 앞으로 어떻게 대처하는가를 배우기에 앞서, 잘못하였을 때 당하는 인간적인 모욕, 심리적 상처, 자존감 손상, 그로 인한 좌절감, 불안감, 절망감 등이 마음속에 남겨지고, 오고가는 부정적인 교류방식만을 배운다!

부모는 자녀가 잘못을 하였을 때 극단적인 분노의 감정들이 오고가지 않고, 합리적으로 대처하는 것을 모델로 보여주면 아이들은 여러 가지 긍정적인 교훈을 얻게 된다. 즉, 어떤 면으로는 오히려 잘못을 했기 때문에 새로운 것을 알게 되고, 서로의 본마음을 알게 되는 경험을 할 수도 있다. 어려움이 닥쳤을 때 너무 많이 놀라고 화가 나서 급작스런 좌절감과 절망감에 휩싸여 일을 그르치는 모습을 보여주는 것이 아니라, 자연스럽게 처리하는 '여유로운 태도'를 배우게 된다. 그리고 앞으로는 이런 일에 대해서 어떻게 해야 된다는 교육을 받게 되는 좋은 기회가 되는 것이다.

치마 한 장을 가위질 한 것이 '잘한 일이고 괜찮은 일이다.'라는 것이 아니라, 그 일 자체를 잘 풀어나가는 모델이 치마 한 장의 가치보다 훨씬 중요하다는 것이다. 자칫 불건강한 대처방식으로 인하여, 작은 불행을 큰 불행으로 만들어서 가족구성원 모두를 괴롭히는 행위가 될 수 있다. 치마 한 장 때문에 마음 한 가득 상처를 주고받게 되는 것이다. 치마 한 장이 중요한가! 마음 한 가득이 중요한가! 1 정도의 불행은 1 정도로써 해결하고, 10 정도의 불행은 10 정도로써 해결하면 되는 것이지, 1 정도의 불행을 10 정도로 확대하여 서로간의 감정을 상하게 할 필요는 없을 것이다.

이렇게 해 보면 어떨까!

엄마: 어… 이게 뭐야? 미숙아… (놀라면서).

미숙: 치마……

엄마: 엄마 치마를 가위질 했어?

미숙: 음, 엄마가 입는 치마가 아니잖아. 못 입는 것 아냐?

엄마: 그 치마가 엄마 못 입는 것인 줄 알았단 말이지. 아이구, 쯧쯧… 엄마 입는 치마인데… 아깝네, 정말 아깝네.

미숙: 응? 입는 거야?

엄마: 그래, 입는 것인데… 아깝네. 너는 그것도 모르고 그냥 재미있었구나.

미숙: 응. (좀 당혹스럽고 어떻게 해야할까 하는 어리둥절한 마음으로) 어쩌지? 엄마 치마. 난 정말 몰랐는데…

엄마: 종이도 오리고, 무엇이든지 가위질 하는 것을 좋아하더니… 드디어 엄마 치마까지… 엄마 못 입는 치마인줄 알고 그랬구나. 너도 당황스럽지. 엄마도 놀랐어! 앞으로는 엄마에게 물어 보고, 꼭 오려야 될 것만 오리도록 해.

미숙: 응. 그런데 어쩌지 엄마 치마?

엄마: 그래, 어쩌겠니! 이왕 이렇게 된 것, 앞으로는 물어보고 해. 사실 엄마가 미리 간수를 잘 해 두든지, 너에게 미리 일러뒀어야 하는데.

미숙: 응. 죄송해요. (무의식적으로, 자기가 챙겨야 할 것은 잘 챙겨야 된다는 것과, 또 미리미리 상대방에게 말을 해야 한다는 것을 서서히 배우게 된다.) 앞으로는 꼭 물어볼게요.

엄마: 그래, 안 그러면 이렇게 아깝게 될 수 있으니까. 이제 됐어. 엄마는 다른 치마도 있어. 치마보다 네가 다치지 않고 가위질을 잘 하니까 그게 엄마는 더 좋아. 치마보다 네가 더 소중하거든. 엄마도 앞으로 좀 챙겨야겠구나.

미숙: 엄마, (편안해 하며) 다음부터 조심할게요.

엄마 치마는 못쓰게 되었지만 여러 가지 긍정적인 교훈을 얻게 되는 과정이다. 즉, 미처 모르고 저지른 잘못에 대하여 너무 크게 좌절하거나 절망하여 화를 내는 모습을 보이지 않고 담담하게 대처하는 성숙한 모습을 보여준다. 다시 말하면, 엄마 치마가 아까운 것이라는 것을 인식시킴으로써 물건의 중요성도 일깨우고 제일 중요한 엄마와 딸 사이의 돈독한 사랑스런 관계를 재확인하는 계기가 되고 있다.

그 무엇보다도 물건에 대한 중요성과 아울러 자녀에 대한 사랑과 소중함을 일깨워주는 것은 정말 중요하다. 아무런 일이 없을 때 이러한 표현하기는 오히려 어색하다. 그러나 이런 기회에 치마보다 훨씬 중요한 '앞으로 살아나가는 데 있어서 필요한 가치관, 대처방식, 사랑받는 느낌'을 가지게 된다면 얼마나 소중한 경험이 되겠는가! 어려움이 있은 후 얻는 깨달음은 가치 있는 체험적 재산이다. 자녀의 잘못에 지나치게 감정적 반응을 하지 않고 합리적인 반응을 할 수 있다면, 오히려 더 큰 것을 얻을 수 있는 기회가 될 것이다.

47. '원(原)가족'으로부터의 자유

그렇다면 우리는 어떻게 원 가족으로부터 자유를 얻을 것인가?
진정 원 가족으로부터 분리된다는 것은 무엇을 뜻할까!
아버지, 어머니, 형제자매를 떠나는 가장 중요한 방법들 중에 두 가지는
'용서'와 '감사'가 아닐까 생각된다.
'분리되는' 혹은 '떠나는' 기준이
'진정 용서하고 감사하며 사랑하는가!'라고 볼 수 있다.
인간의 삶에서 일어날 수 있는 가장 아름다운 일 중의 하나는
가족의 모든 구성원들이 적절한 시간과 때에
서로에게 다양한 역할을 해 주며
깊이 나누게 되는 것이다.

심리치료 과정에서뿐만 아니라 일반적인 관계 속에서 큰 '걸림돌'의 핵심부분으로 들어가면, 원(原)가족과의 관계가 정리되지 않은 문제점이 가장 큰 원인이 됨을 느낀다. 특히 어린 시절 원 가족 내의 대상관계에서 발생된 정서는 한 개인의 세포 구석구석에 들어가 있어, 마치 그 사람의 타고난 성품처럼 느껴질 정도로 깊이 새겨져 있다는 것을 알 수 있다. 즉, 원 가족으로부터의 분리가 이루어지지 않은 채로, 과거로부터 전이된 감정, 전이된 대처방식, 전이된 행동패턴이 현재의 상황에서 그대로 이루어지고 있다는 것이다. 따라서 비례적이지 못한 대처방식으로 인하여 현실에서 많은 어려움을 야기하고 있다.

그렇다면, 우리는 어떻게 이 원 가족으로부터 자유를 얻을 것인가! 진정 원 가족으로부터 분리된다는 것은 무엇을 뜻할까!

우선 한 가지를 생각해 본다면, 아버지, 어머니, 형제자매, 그리고 스스로를 떠나는 가장 중요한 방법들 중의 두 가지는 '용서'와 '감사'가 아닐까 싶다. '분리되는' 혹은 '떠나는' 기준이 '진정 용서하고 감사하며 사랑하는가!'라고 볼 수 있다. 곰곰이 스스로 느껴보아야 한다. 우리는 내가 원했던 대로 나를 사랑할 수 없었던 가족을 용서할 수 있는가? 아버지들이 지배적이고, 권위주의적이며, 무심하고 애정표현이 부족하고, 집에 거의 없었거나, 집안보다 집밖에 더 관심을 보여 가족들을 모두 힘들게 했던 것을 용서할 수 있는가? 소유적이고 빈틈없으며 지배적이고 선입견이 많고, 돈중독, 학업중독, 일중독, 혹은 사람보다 직업, 일에 더 관심이 많은 우리의 어머니들을 용서할 수 있는가! 형제자매들이 우리와 놀아주지 않거나, 그들의 친구들을 우리와 나누지 않고, 우리를 무시해서 말하며, 혹은 우리가 바보 같고 쓸모없다고 느끼도록 해준 것에 대해 용서할 수 있는가? 한마디로, 우리를 박탈시키고 지배하고 경시했던 그런 가족을 용서할 수 있는가 하는 것이다. 적절한 사랑과 절제된 존중과 인정을 하지 못하고, 자기애적인 심리상태를 투사하여 과도한 표현을 통하여 자녀 스스로가 자기만족을 하지 못하도록, 또 다른 의미의 지배를 이해하고 용서할 수 있는가! 아니, 용서해야 할 것을 알기 전에, 그 상황을 제대로 알아차리고 있는가, 그 사태 자체를 이해하고 있는가! 이건 정말 알아차리기도 이해하기도 쉽지 않다. 오히려 괜히 짜증을 부리고 뭔가 모르는 화를 내는 자신을 자책하고는 있지 않은가! 그래서 스스로를 용서하기 어려워하는 점이 더 문제가 된다.

용서해야 할 것이 너무나 많다. 그것은 우리 가족이 다른 사람들보다 보살핌이 적어서가 아니라, 우리가 받았던 모든 사랑이 불완전하고 매우 한계가 크기 때문이다. 우리의 부모 역시 그들을 완전하게 사랑하지 못한 부모의 자녀이고 우리의 조부모 역시 이상적이지 못한 부모를 두었다! 사실 누구나 인간 조건의 한 부분으로서 많은 한계를 지니고 있다. 그 한계를, 그 인간적인 한계를 우리 부모에게도 적용 가능하겠는가! 우리 자신이 그토록 고통 받았던 결과를 초래한, 부모들의 인간적인 한계를 있는 그대로 받아들일 수 있겠는가! 진정으로… 이성적으로 느끼는 인간의 한계를 과연 우리 가족, 나를 힘들게 하고 서운하게 만든 그 당사자에게도 적용할 수 있겠는가!

그렇다. 힘들 수 있다. 그래, 힘들 때는 "힘들다!"라고 하자. 용서할 수 없으면 "없다!"고 하자. 용서도 할 수 없는데 어떻게 감사를 할 수 있단 말인가! 물론 머리로는 알 것 같다. 하지만 사실 힘들다. 우리의 마음은… 이성이 비록 용서가 답이라고 하여도! 감사가 답이라고 하여도! 그 마음은 힘들다. 사람들의 마음속에서 용서하고 수용해야 할 일이 너무 많다. 조금만 주변을 둘러보아도 마음에 안 드는 것들이 얼마나 많은가! 그것들을 있는 그대로 보고 수용하고 감사해야 하는 것이 과연 쉬운가!

쉽지 않다. 그러나 우리의 부모, 조부모, 증조부모들 역시, 우리 자신처럼 사랑하려는 갈망을 갖고 있으나, 동시에 채워지지 않은 많은 욕구를 지닌 사람들이었다. 그들도 정말 우리와 꼭 같은 입장이었다. 사랑받고 싶고, 못 받아서 괴로워하고, 힘들어하고 욕구를 채우고 싶어 하는 한 인간이었다. 그들, 나를 받아줘야 하는 당연한 사람으로서가 아니라, 그들도 받고 싶었던 한 사람이었다는 사실을 인정하자. 분리해서 한 인격체로 바라본다면 아마도 우리의 서운함, 답답함, 아쉬움, 심지어 분노, 회한, 증오까지도 그 '바라봄'을 통하여 넘어설 수 있지 않을까 하고 생각해 본다. 쉽진 않으나, 어쩌면 우리가 조상들을 한 인간으로 마주 대할 때, 그들의 불건강하고 미숙한 사랑방법의 한계를, 그럼에도 불구하고 그것이 그들 나름의 '사랑'이라는 것을, 감사해야 할 사랑이라는 것을 점점 발견할 수 있을 것이다. 물론 특별히 용서할 것 없는 건강한 부모님을 둔 사람이라면, 진심으로 감사하는 마음을 가지면서도 잘 분리하여, 애착의 상태에서 분리된 상태로 전환되어, 그 감사함을 타인을 향한 사랑으로 전환시켜 공존하여 살면 좋을 것이다.

용서할 수 없었던 부모님에 대한 마음이 여러 내적 변화의 과정을 거쳐 일단 용서할 수 있게 되면, 우리는 서서히 받은 것에 대한 무엇인가가 떠오른다. 그렇게 되기 시작하면 받은 것을 감사할 수 있게 된다.

그렇다. 우리는 너무나 많은 것을 받았다. 우리는 걸을 수 있고, 말하고 웃고 움직이고, 울고, 먹고 마시고, 춤추고 놀고, 일하고 노래하며, 생명을 주고, 기쁨을 주고, 희망을 주고, 사랑을 줄 수 있다. 우리는 살아있다! 우리의 부모가 우리에게 생명을 주었고, 우리의 형제자매가 그 생명을 살도록 도와주었다. 부모 형제들의 인간적 약함에 더 이상 눈이 멀지 않게 되면 감사해야 할 것이 얼마나 많은지 투명하게 볼 수 있다.

부모와 우리 자신이 그냥 인간 대 인간으로 만날 수 있으면 좋다. 인간의 삶에서 일어날 수 있는 가장 아름다운 일 중의 하나는 부모가 그들의 아이들에게 형제자매가 되고, 아이들이 그들의 부모에게 아버지, 어머니가 되며, 형제자매들이 친구가 되어, 아버지노릇 어머니노릇, 형제자매

노릇을 가족의 모든 구성원들이 다양한 기회와 다양한 때에 깊이 나누게 되는 것이다.

그러나 이런 일은 부모님 혹은 주요양육자를 떠나지 않고는, 원 가족으로부터 자유롭지 않고는, 원 가족으로부터 심리적으로 분리되지 않고는 일어날 수 없다. 우리를 불완전한 사랑의 포로로 계속 있게 만드는 끈을 끊는 만큼만, 아버지, 어머니, 형제자매 등 우리가 떠났던 사람들을 자유로이 사랑할 수 있고 똑같은 방식으로 그들의 사랑을 받을 수 있다. 이것이 예수님의 다음 말씀이 의미하는 내용이다.

> "내가 진실로 너희에게 말한다. 누구든지 나 때문에, 또 복음 때문에 집이나 형제나 자매, 어머니나 아버지, 자녀나 토지를 버린 사람은 현세에서 박해도 받겠지만 집과 형제와 자매와 어머니와 자녀와 토지를 백 배나 받을 것이고, 내세에서는 영원한 생명을 받을 것이다." (마르 10, 29-30)

자식을 키우는 부모라면 누구나 느낄 수 있는 예를 들어보자. 고등학교를 졸업할 무렵부터(어떤 아이들은 중학교 졸업 무렵, 혹은 그 이전부터) 부모를 환경적으로 떠나는 경우가 있다. 처음에는 걱정되고 불안하기도 하는데, 어느 정도 시간이 지나면, 오히려 부모 곁에 있을 때보다, 훨씬 더 성숙하고 자기 일을 알아서 잘해 나가는 모습을 보인다. 소위 말하는 자율성이 원 가족과 분리되어서야 싹트고, 자기의 영역을 더 넓게 설정하기 시작하면서, 스스로의 달란트가 비로소 꽃을 피우기 시작하는 경우이다. 부모의 그릇에 담기에는 너무 큰 자식인 셈이다. 종지 같은 그릇의 부모 품에 드럼통 같은 그릇의 자식을 담기에는, 부모의 그릇이 너무 적었던 것이다. 차라리 분리시켜 주는 것이, 자식이 스스로의 통을 마음껏 굴리게 되므로 도움이 되는 것이다. 인간적인 한계를 가진 부모, 그 부모의 품을 떠나 자기의 세계로 나아가려는 자식에게 기꺼이 사슬을 풀어주어야 한다. 그것을 억지로 풀지 않으려고 할 때, 자식은 스스로 그 사슬을 끊고 나가려는 '전쟁'을 벌일 것이다. 전쟁이 일어나기 전에 부모가 성숙하게 잘 풀어준다면, 자식은 너무나 안전하게 떠나게 될 것이다.

원 가족을 떠나는 것의 위대한 신비는, 참으로 떠날 때, 정서적으로 분리될 때 비로소 그 사랑이 제대로 보인다는 것, 더 확장된 사랑의 힘을 느낀다는 것… 왜냐하면 떠나는 만큼만, 우리가 매달렸던 사랑이 그 진정한 원천을 드러낼 수 있기 때문이다. 매달렸을 때는 보이지 않았던 사랑이 떠날 때 오히려 더 느껴진다는 것, 그리고 그 사랑이 온 세상의 것들과 동일하게 합일된다면, 그것은 참으로 거룩한 사랑이요 위대한 신비가 되지 않을까 싶다.

48. "부모도 한 인간일 뿐이다."

한 인간으로서의 한계를 가질 수밖에 없는 부모,
마치 전지전능한 것처럼 여겼다는 그 사실을…
그것을 인식하여야 한다.
누군가를 지나치게 높이 전능한 인간인 것처럼 믿어보라.
그 사람에 대한 작은 실망은 큰 미움으로 싹트게 된다.
그것은 그 사람에 대한 미움이라고 스스로는 생각하겠지만
그 미움은 그 사람에 대한 미움이 아니라,
그렇게 믿었던 내 마음에 대한 실망감이요 괴로움인 것이다.
즉, 기대하였던 내 마음에 대한 절망감인 것이다.

우리는 부모를 혹은 부모로서의 나를 용서하지 못할 때가 있다. 우리들 모두는 부모가 있으며, 우리 자신이 부모이기도 하고, 또 부모와 비슷한 역할을 해야 할 때가 있다, 허나 부모로서의 역할을 떳떳하게 아주 잘했다고 느낄 때가 그리 많지는 않다. 어쩌면 단순한 이야기 같이 보이지만, 이 말은 사실 여러 가지를 생각해 보게 한다. 왜냐하면 우리의 삶을 되돌아볼 때, 부모와 관련되어 생각해 보아야 하는 심리적인 부분이 너무 많기 때문이다. 말하자면 과거의 대상관계가 자식을 키우는 입장에서, 혹은 부부생활이나 기타 인간관계에서, 우리에게 많은 영향을 끼쳤다는 것을 느끼기 때문이다. 그렇게 생각해 보면, 우리의 자녀들은 그들이 그들 스스로에 대하여 말을 할 때, 부모인 우리에 대한 많은 느낌

들을 말해야 할 것이며 그 느낌으로 인한 영향을 통찰해야 할 것이다. 경우에 따라서는 그 영향으로 인하여 꽤 많은 시간을 우리들에 대하여 친구들에게, 상담자에게, 정신과 의사에게, 기타 중요인물에게 말할 것이다.

"아, 엄마의 그런 모습이 싫었는데, 나도 어느새 닮아있다."

"아버지의 그런 모습이 지긋지긋했는데, 내가 바로 그런 모습이라니."

"나는 엄마를 생각하면 늘 눈물이 나. 불쌍하거든…"

"아버지, 생각만 해도 포근한 느낌이야. 날 제일 사랑하신 분이야. 아버지를 위해서는 무엇이라도 해 드리고 싶어." 등등.

우리는 부모에 대한 많은 감정을 지니고 있다. 만약 부모가 자식에게 하지 말아야 했던 행동들에 대한 부정적 감정을 지니고 있다면, 부모처럼 되지 않기 위하여, 똑같은 실수를 하지 않기 위하여 매우 애쓰게 될 것이다. 물론 우리는 "그래도 나는 나의 부모보다는 많이 배웠기 때문에 우리 자녀에게 하는 행동이 우리 부모보다는 낫다."는 식으로 말할지도 모른다. 또는 아이들이 생활방식, 종교, 직업을 스스로 선택하는 자유를 누리도록 하였지만, '사회적 성취를 위하여 부모가 좀 더 통제했어야 되었는데!', 혹은 '좀 더 자유롭게 놓아두었어야 했는데!'라고 후회할 수 있을 것이다. 나름대로 지혜롭게 하려고 애쓰지만 오히려 더 구체적인 방향을 제시해 줘야 할 때는 주지 않고 엉뚱하게 자유를 주려고 했다는 성찰도 할 수 있을 것이고, '좀 더 지혜롭게 자식을 키웠다면!' 하고 반성하는 마음도 가지게 될 것이다. 정말 부모노릇이라는 것은 그리 만만한 것이 아니다.

이렇게 생각해 보면 헨리 나웬(2000)이 언급한 것처럼, 우리 인생의 비극은 "우리를 사랑하는 사람들이 우리에게 가한 상처로 고통을 받지만, 우리가 사랑하고자 하는 사람들에게 상처 주는 것을 피할 수 없다."는 것이다.

우리는 누군가를 너무나 사랑하고, 보살피고, 잘 이해하고자 하였고, 나름대로 노력하였지만, 언젠가는 그 사람은 우리에게 이런 말을 건넬 수도 있다.

"내가 가장 당신을 필요로 할 때 당신은 그 자리에 없었다. 당신은 내가 무엇을 하고 있는지 무엇을 생각하고 있는지 관심이 없었다. 당신은 나를 이해하지 못했고 심지어 그런 노력조차 하지 않았다." 이런 지적과 비난을, 우리가 사랑하는 사람들로부터 받을 때도 있을 것이다. 그럴 때, 우리는 -우리가 아버지, 어머니, 형제자매들을 떠나야 했던 것처럼- 그들 역시 우리를 떠나 그들 자신의 자유를 찾아야 한다는 고통스러운 깨달음에 이른다. 우리가 생명을 주었던 사람들이 우리를 떠나고, 두렵게 하는 방향으로 떠나는 것을 보는 것은 매우 고통스럽다. 어쩌면 인생은 가고 오는 변화의 한 가운데에 있으며, 그 흐름 속에서 깊은 고독감을 맛보며, 그 고독감 속에서 '삶의 진실'과 마주하는 시간이다. 나의 몸에서 태어난 자식이지만, 자연스럽게 떠나가고 그 오고 감의 흐름을 인정하고 두려워하지 않는다면 참으로 다행이다.

그러나 그 고독감을 삶의 진실로 전환시키기가 그리 쉬운가! 얼마나 수많은 깊은 성찰과 묵상, 힘듦과 가슴 쓰림이 필요할 것인데 말이다. 사람들은 외로움과 고독감을 삶의 진실을 여는 문으로 잘 만들지 못한다. 대체로 힘들어질 때 우리는 상대방의 탓으로 돌리기 쉽다. 또 부모의 몫으로 떠넘기기가 쉽다. 과연 부모는 나에게 무엇을 해 주었나! 부모가 나에게 더 잘 해 주었더라면! 부모의 양육태도에 대한 거부감과 야속함이 떠오른다. 아니면 죄책감 속에서, 내가 좀 더 잘했더라면! 내가 부모의 속을 썩이지 말아야 했었는데! 나에게 얼마나 잘해 주었는데 나는 왜 이 모양이람! 하는 식의 자책감을 가질 수 있다. 그런 감정은 충분히 가질 수 있지만, 이러한 자책감은 좀 더 높은 수준의 통찰로 들어가는 하나의 신호로 사용하는 것이여야지, 그 속으로 함몰되는 것은 금물이다. 참된 성숙을 원한다면, '내가 생각하는 부모란 과연 누구인가!' 혹은 '진정 부모란 과연 누구인가!'에 대한 좀 더 근원적인 차원의 깊은 성찰을 할 필요가 있다.

헨리 나웬(2000)은 '우리는 모든 아버지, 어머니 됨이 하느님으로부터 온다는 진리를 깊이 믿도록 초대받고 있다.'고 말한다. 즉, 어머니 아버지 역시 한 인간으로서 한계가 있을 수밖에 없으며, '오직 하느님만이 우리가 필요한 대로 그리고 사랑받고자 원하는 대로 사랑해 줄 수 있는 아버지, 어머니이다.'라는 말을 하였다. 참으로 심오한 '부모'에 대한 개념이 아닌가! 나를 낳아 준 부모는 한 인간일 뿐이며, 한 인간으로서는 수많은 한계를 가진다는 사실을 인정해야 한다. 부모라는 몸을 빌려 이 세상에 태어난 존재, 부모라고 이름 부르는 이는 그냥 한 인간일 뿐이다. 부모의 몸을 잠시 빌린 것일 뿐이다. 깊디깊은 인연에 의해서… 우리는 인간에게 너무 많은 것을 기대한다. 부모는 전지전능한 신이 아니다. 그냥 인간이다. 그러나 우리는 부모라고 이름 하는 그를 전지전능한 신처럼 모든 것을 기대고 의지한다. 모든 것을 요구하고 싶다. 여기서부터 모든 불행은 시작되는 것 같다. 부모도 한 인간일 뿐인데, 그에게 모든 것을 기대하고 의지하고 요구한다는 것…

'오직 하느님만이 우리가 필요한 대로 그리고 사랑받고자 원하는 대로 사랑해 줄 수 있는 아버지 어머니이다.'라는 말을 어떻게 받아들일 수 있는가! 이 사실에 대한 개념이 없이는, 그것에 대한 믿음이 없이는, 결코 '부모로부터의 진정한 분리' '부모를 진정으로 용서하기'가 되지 않는다는 것을 알아야 한다는 뜻이 아닐까.

한 인간으로서의 한계를 가질 수밖에 없는 부모를, 마치 전지전능한 것처럼 여겼다는 그 사실을 이해하고 인정하고 수용하여야 한다는 것이다. 누군가를 지나치게 높이 전능한 인간인 것처럼 믿어보라. 그 사람에 대한 작은 실망감은 큰 미움으로 싹틀 수 있다. 그것은 그 사람에 대한 미움이라고 스스로는 생각하겠지만 사실 아니다. 그 미움은, 그 사람에 대한 미움이 아니라, 그렇게 믿었던 내 마음에 대한 실망감이요 괴로움인 것이다. 즉, 기대하였던 내 마음에 대한 절망감인 것이다. 우리는 이렇게 자기 마음 때문에 자신이 실망하고 화내고 괴로워한다는 것을 모르고, 그 마음의 투사체인 부모 혹은 상대방에게 너무나 매달려서 상대를 용서하지 못하는 삶을 살기 쉽다.

부모는 신이 아니다! 한 인간을 그냥 한 인간으로 보지 못하는 것, 부모라는 인간이 하느님처럼 모든 것을 다 해 주리라고 생각하는 것, 그 자체가 바로 착각인 것이다. 망상인 것이다. 우리가 진정 믿고 의지해야 하는 것은, '나를 비롯한 모든 존재는 하느님이 내려주신 소중한 것'이라는 믿음인 것이다. 이런 믿음에 의한 존재가, 자신에 대한 진정한 정체성이 아닐까! 이 믿음을 확고하게 가지면, 우리는 우리 부모를 용서할 뿐만 아니라, 우리의 아이들이 우리를 용서하도록 기다릴 수 있을 것이다. 정말 자유로워질 수 있다.

49. "때론, 기다리고 버텨주는 것도 필요하다."

아이를 마음대로 주무르고 마음대로 휘두르는
그런 '권위주의적인 태도'가 아니라
아이와 당당하게 얘기하고 영향력을 발휘하는 '권위 있는 태도'
'의존 대상으로서의 신뢰가 깃든 힘'을 가져야 한다는 말이다.
그 힘으로 기다리고 버텨주면서 대처해주면
아이는 스스로 자기를 조절하는 힘을 가지게 된다.

인간관계에서 자신에 대하여 별 자각 없이 상대에게 상처 주는 말들을 한다든지, 상대방에게 피해를 입히는 행동을 하는 사람을 종종 볼 수 있다. 물론 우리 자신도 바로 그런 사람일 수 있다. 의식적으로든 무의식적으로든 우리는 서로가 서로에게 상처를 줄 수도 있고 받을 수도 있다. 대부분의 사람들은 선한 사람이므로 상대를 의도적으로 상처주려는 마음을 가지지는 않는다. 그러나 과거의 누적된 감정 혹은 외부의 스트레스로 인한 억눌린 감정으로 인하여, 무의식적으로 가까운 가족이나 주변인에게 상처를 안겨줄 때가 있으며, 또한 다른 사람 같으면 상처를 받지 않을 수 있는 것을, 스스로 상처받는 '피해자'가 되어, 상대방을 '가해자'로 만드는 상처(!)를 주기도 한다. 이것이 계속되면 서로간의 관계가 조심스럽게 되고 불편하게 되면서, 서서히 거리감이 생기고 피하고 싶은 마음과 단절해 버리고 싶은 마음까지 올라오게 되는 것이다. 결국은 단절하는 관계로 진행될 가능성이 많은 것이다. 그런데, 이것이 부모-자식관계 혹은 배우자와의 관계일 경우는 어떻게 될까! 지금까지 부모로부터 받아온 영향이든, 자기 자신의 선천적인 경향에서 온 것이든, 그 어떤 영향에 의한 것이든, 가족 간에 주고받는 상처들은 참으로 견디기 어려운 것이다. 어느 누구에게 말을 하기도 쉽지 않으며, 가족 모두가 서로 깊은 속앓이를 하면서, '이 문제를 어떻게 풀어갈 것인가?' 하는 고민을 안고 지낼 것이다. 때론 싸우며 때론 포기하며.

예컨대, 자녀가 부모를 괴롭히는 경우가 있다. 즉, 별일 아닌 것으로 부모에게 성질을 부린다든가, 도덕적으로 사회적으로 문제가 되는 행동을 하면서 부모를 괴롭히게 될 때 (물론 부모의 기준에서) 부모는 말할 수 없는 고초를 겪을 수가 있다. 자녀가 그럴 때에는 부모에게 책임이 있는 것이 아니냐라고 할 수 있겠지만 (물론 그런 것도 있겠지만) 정말이지 부모가 그런 원인을 제공하지 않았을 수 있는 일들도 있다. 자녀의 공격에 이유 없이 당하는 부모는 망연자실한 상태로 괴로울 것이다. 심각한 문제가 아니라 할지라도, 사소한 말 한마디라도 곱게 하지 않고 퉁명스럽고 짜증내고 고집을 피우면서 대꾸하는 경우도 있다. 이럴 때 부모는 자녀에게 과연 어떻게 대응해야 할까? 어떨 때는 가만 두고 싶지 않을 정도로 같이 받아치고 싶은 충동까지 올라오지만, 그렇게 하고 난 뒤의 두려움과 불안감이 있다. 또 그렇게도 해 보았지만 별 소득 없이 오히려 더 문제만 악화되었던 경험도 있어서 참는다. 이렇게 자녀의 어떤 반항적인 행동에 대하여 부모가 받는 상처도 일상에서는 꽤 일어날 수 있는 것이다.

다음의 간단한 일상적인 예를 통해서 그런 경우를 살펴보자.

엄마: 영수야, 오늘 보통 때보다 더 늦었네. 무슨 일 있었니? (보통말로)

자녀: 신경 쓰지 마세요. 그냥 좀 넘어가면 안 돼요? (까칠한 답변)

엄마: 아니, 너. 말버릇이 그게 뭐야? 엄마가 자식에게 그것도 못 물어 보니! (약간 신경질적인 반응)

자녀: 신경 좀 꺼 주세요. 됐죠? 이제 얘기 다 끝났죠?

(휙… 들어가 버린다. 자기 방으로)

엄마: (망연자실한 표정으로 방문 쪽으로 쳐다보고 있다.) 아니, 저 녀석이… 어찌 저럴 수가… (혼자 중얼거린다) (잠시 후 방문 앞으로 가서)

엄마: 너, 좀 나와 봐. 안 그러면 엄마가 들어갈 거야.

자녀: (확, 문을 열면서) 도대체 왜 그러시는데요? 정말 짜증나 죽겠는데.

엄마: 너… 말버릇이 그게 뭐야. 도대체 뭣 때문에 짜증나서 이렇게 엄마에게 난리야! 내가 뭘 잘못했다고.

자녀: 왕 짜증… (인상을 팍 쓴다.) 진짜, 엄마 때문에 더 짜증나요. 제발 가만 두세요, 저를. 안 그러면 저, 밖에 나갈 거예요.

엄마: 이 녀석이… 말 하는 것 좀 봐. 너, 어찌 엄마에게 이럴 수 있어. 도대체 내가 뭘 잘못했다고. 어떻게 이럴 수가 있어.

(그 다음 내용은 말할 필요도 없이 상황은 점점 더 악화된다.)

'도대체 내가 뭘 잘못했단 말인가! 아니… 내가 물어보지 못할 말을 물어본 것도 아니고. 저 녀석이 도대체 왜 저러는지 이해를 할 수가 없어. 초등학교 때까지만 해도 참 순한 아이이고, 저런 행동은 상상하지도 못했는데, 중학교에 와서는 왜 저렇게 삐딱하게 나오는지. 사춘기라도 다 저렇게 하지는 않던데. 쟤를 어떻게 다루어야 할지 모르겠어.' 이러한 느낌으로 식탁 의자에 그냥 풀썩 주저앉을 수 있다. 이제 중학생인 저 아이를 확! 엄마 식대로 잡아버려야 할지, 아니면 사춘기니까 좀 봐줘야 할지, 이래도 저래도 안 될 것 같고, 어떻게 할 것인지 고민이 정말 많이 된다.

엄마는, 아이가 사춘기에 접어들면 들수록 아이 못지않게 건강한 '힘'을 가져야 한다. 권위를 발휘할 수도 있어야 한다. 아이를 마음대로 주무르고 마음대로 휘두르는 그런 '권위주의적인 태도'가 아니라, 아이와 당당하게 얘기하고 영향력을 발휘하는 그런 '권위가 있는 태도', 즉 '의존대상으로서의 신뢰가 깃든 힘'을 가져야 한다는 말이다.

아이는 사춘기에 접어들면, 자신의 욕구와 소망, 동기 등을 뚜렷하게 드러내는 '자아정체성'이 형성되는 시기이기 때문에, 그 정체성에 걸맞는 또 다른 힘의 균형이 필요하다. 이때 아이의 내면은 기울어지지 않는 힘의 평형을 느끼면서 심리적으로 건강하게 의지할 수 있는 대상을 만나게 된다. 즉, 진정한 의미의 안정감을 느끼게 되는 것이다. 사실 그 시기에는 자신도 확고한 그 무엇이 없는 상태의 불안, 두려움, 혼돈스러움 등이 내재된 흔들리는 마음이기 때문에, 누군가가 안정된 뿌리 깊은 힘을 보여주면 오히려 안정이 되는 것이다.

부모가 자녀에게 쩔쩔 매고 어쩔 줄 몰라 하면, 자녀는 부모를 의존할 수 없다. 그런 부모를 자녀는 금방 알아채고 무시하거나 무력해진다. 즉, 자녀의 내면에서는 불안해하고 두려워진다. 기질에 따라서 화를 내는 행동방식이 나오는 아이도 있고, 더 이상 어떻게 해 볼 수 없다는 생각에 무기력해지는 아이도 있다. 그러나 부모가 당당하게 설득력 있고 지혜롭게 아이와 잘 소통할 경우 자녀는 놀랍게도 인정할 것과 주장할 것을 알아채며, 부모와 진정한 대화를 나눌 수 있는 사람으로 변해간다.

부모의 권위는 그대로 살아있고, 자녀는 부모를 존경하고 따르는 방식을 택하며, 자신의 의견을 마음껏 피력하면서도 서로의 의견에 귀를 기울이는 민주적인 대화방식이 되는 것이다. 즉, 영향력 있는 힘으로 기다리고 버텨주면서 대처해 주는 것은 아이를 자율적으로 스스로를 조절하는 힘을 발휘시킨다. 바로 이러한 부모가 기다려주고 버텨주는 대상이다. 참는 부모가 아니라, 좀 여유롭게 바라보아 주면서, 부모의 의도를 분명히 밝히는 자신감 있는 부모라는 뜻이다.

앞의 사례를 새롭게 접근해 보는 내용을 보자.

엄마: 너 오늘 보통 때보다 더 늦었네. 무슨 일 있었니?

자녀: 신경 쓰지 마세요. 그냥… 좀, 저 들어가요 (자기 방으로 들어가려 한다)

엄마: 그래! (심호흡을 한다.) 지금은 별로 말하고 싶지 않구나. 피곤하겠다. 씻고… 저녁 차리고 있을 테니 밥 먹어라.

자녀: 예, 지금은 별로 밥 안 먹고 싶어요!

(휙… 들어가 버린다, 자기 방으로.)

엄마: 그래… (무슨 일이 있었나보다 하고 그냥 기다린다. '나도 저렇게 아무하고도 말하기 싫고 혼자 있고 싶을 때가 있었지. 저럴 때가 있지. 저럴 때는 그냥 두는 것이 도와주는 것이었어.' 하면서 이런저런 생각을 한다. 조금 궁금하기도 하다.)

(약간 시간이 흐른다.)

(문을 열고 나오면서)

자녀: 밥 외 다른 것 먹을 것 없어요?

엄마: 어, 그래? 다른 것… 보자… 고구마 먹을래?

자녀: 아, 예… 고구마 먹을게요.

(먹으면서, 그냥 자연스럽게) 오늘 학교에서 굉장히 기분 나쁜 일이 있었어요.

엄마: 그랬구나! 무슨 일이?

자녀: 학급에 어떠어떠한 일이 있었는데… (일어났던 일을 쭉 얘기하기 시작한다.)

엄마: 아, 그런 일이 있었구나. 정말 모두들 기분이 언짢았겠다. 관계없는 너희들 시간까지 다 잡아먹고… 엄마는 그런 줄도 모르고…

(약간 뜸을 들인 후) 처음에 네가 좀 퉁명스럽게 '신경 쓰지 마세요.' 라고 할 때 왜 저럴까 하고 좀 의아했는데, 듣고 보니 이제 이해가 되네.

자녀: 아까는 죄송해요. (또 계속 얘기한다. 학교에서 기분 나빴던 일들…) (한참 얘기가 끝난 후) 잘 먹었어요. (기분이 풀리면서 일어난다.)

엄마: 그래… (편안하게)

이렇게 상대방을 좀 기다려주고 버텨주는 자세는 아이가 스스로 자기의 말문을 열게 만든다. 동시에 부모는 시간이 흐른 후 자신의 마음을 그대로 전달하면서도 아이를 존중하는 태도를 잃지 않았기 때문에 아무런 관계 손상이 생기지 않으면서 서로를 이해하게 된다. 이렇게 되면 오히려 부모의 권위가 존중되고 아이의 마음도 공유되어 대화의 물꼬를 틀 수도 있다.

부모가 조급하지 않고 덜 불안해하며, 두려워하지 않으면서 자녀를 있는 그대로 기다려주는 것과 배우자를 있는 그대로 좀 봐주면서 기다려주는 자세는 결국 서로에게 마음을 편하게 만들어 줄 수 있다. 기다려주고 버텨주는 자세도 살아가면서 대처해야 하는 건강한 대응방식의 하나일 것이다.

50. '욕'하는 사람들

분노가 사회화되어 나가는 언어가 바로 '욕'이다.
그러므로 그 분노는 결국 사회의 반항작용으로
다시금 자신에게 해가 되는 쪽의 화살로 돌아온다.
이런 점에서 욕은 상대방에게 던져지는 상처이지만
그 상처는 결국 자신에게로 화살이 돌아온다는 점을 잊어서는 안 될 것이다.

학생들이 지나다니는 거리를 스쳐가거나 지하철이나 버스를 타고 가다보면 욕을 섞어 말을 하는 청소년들을 보게 된다. 집안에서 예사롭게 자식에게나 배우자에게 욕을 하는 사람들도 있다. 어른들끼리 말을 할 때에도 말끝마다 욕을 섞어가면서 표현하는 사람이 있다. 그냥 하는 말이라며 웃으면서 욕을 섞어 농담 비슷하게 하는 사람들도 있다.

사이코드라마(psychodrama)에서나 역할연기(role-play)를 해야 하는 심리치료 장면 등에서는 특수한 치료적 목적으로 '가슴속의 감정을 분출시켜 더 이상 과거의 감정에 빠지지 않도록 도와주는 작업으로서의 일시적인 분노표출'을 하기도 한다. 물론 이러한 감정표출은 누구나 다 공감될 수 있는 상황에서라면 더욱 더 좋을 것이다. 그러나 실제로 생활 가운데서 예사로 하는 욕을 들으면 어느 누구라도 마음이 편치 않을 것이다. 그 욕을 듣는 상대방의 인격은 말할 수 없이 비참해질 수 있으며, 욕을 하는 당사자도 사실상 편치 않은 심정은 마찬가지다.

말이란 우리의 내면을 표출하는 하나의 수단으로서, 그 사람이 말을 하는 것을 들어보면 내면의 심리상태를 이해할 수 있을 뿐만 아니라, 그의 인격을 가늠할 수 있는 것은 두말할 나위 없다. 즉, 인간의 말은 그 사람 내부에 갖추어져 있는 인격의 외부적 표현이다. 대화는 이 외부적 표현을 서로 간에 주고받는 만남의 관계를 말한다. 그러므로 대화를 '인격과 인격의 만남, 인격과 인격의 교류'라고 달리 정의할 수 있다. 말의 중요성을 깊이 알고 있다면 아무렇게나 쉽게 말하거나 더 나아가 상스러운 욕을 섞어 가며 말하지 않을 것이다.

미국의 심리학자인 메슬로우(A.H. Maslow, 1908-1970)가 주장하는 것처럼, 사람들은 다른 사람들과의 관계에서 자신을 드러내고자 하는 욕구와 더불어 사람들 사이에 소속하고 인정받고 사랑을 받음으로써 성취하고 존중받으려는 욕구가 있다. 이러한 욕구 충족이 바탕이 되어 자아를 실현할 수 있다는 것이 그의 주장이다. 그러한 자아실현의 바탕 하에 자기 초월의 욕구까지 생긴다는 것이다. 그런데 자신을 드러내는, 즉 자신의 욕구를 충족시키기 위한 수단 가운데 가장 중요한 것이 무엇이겠는가! 바로 그것은 '말'이라고 볼 수 있다.

욕을 하는 것을 가만히 보면 자신을 좀 더 인정받기 위해서, 자신을 좀 더 드러내기 위한 수단으로서 사용하는 경향이 있다는 것을 알 수 있다. 경우에 따라서 A라는 사람이 어떤 욕을 하면 B라는 사람은 그보다 더 센 욕을 하면서 A를 제압하는 것이다. 오히려 그렇게 함으로써 내가 너보다 더 힘이 세다는(!) 즉, 자신을 더욱 더 드러내는 강력한 수단이 된다는 뜻이다. 더욱이 남들이 안하는 욕을 하면서, 이런 욕도 할 수 있다는 과시까지 하는 경우도 있다. 학생들의 경우에는 욕을 하면서 남들보다 우월하게 보이거나 혹은 욕하는 다른 친구들과 또래 소속감을 가진다고 생각하기도 한다. 같이 욕을 하면서 동질감을 느끼고, 그 욕을 통하여 자기의 존재(!)를 드러내는 중요한 수단으로 사용한다는 뜻이다.

이렇게 생각해 보면, 한창 건전한 언어를 배워야 하는 시기의 욕은 성장과정에 있어서 인격적으로 큰 결함을 안길 수 있다. 초등학생 때 이런 욕을 예사로 하는 환경에서 자라 습관이 되어 중고등학생을 넘어 대학생이 되고 어른이 되었는데도 계속된다면 이는 '인격적 미숙아'라고 밖에 말할 수 없다. 어른이 된다는 것은 '건강한 자아기능'을 갖춘다는 의미인데, 이는 현실적 상황에서 자신의 의견을 제대로 표현하고 상대방의 얘기를 제대로 알아듣는, 말하자면 소통을 제대로 할 수 있는 사람이 된다는 뜻이다. 남에게 불쾌감을 주지 않으면서도, 자신의 의견이나 생각을 합리적이고 이성적으로 전달할 인격을 갖추어야 하는 것이다. 이것은 반드시 가정에서 배워야 하며, 학교나 사회는 이를 적극 지원하면서 바람직하게 타인과 관계하도록 도와줘야 하는 것이다.

탈무드에 보면 이런 이야기가 있다. 어떤 임금이 두 사람에게 각기 이 세상에서 가장 악한 것과 가장 선한 것을 찾아오라고 했다. 그런데 둘 다 모두 '혀'를 찾아 왔다고 한다. 말을 어떻게 하느냐에 따라 악(惡)도 될 수 있고 선(善)도 될 수 있다는 가르침이다. 미국 어느 교도소의 재소자들 중 90%가 성장하는 동안 부모로부터 '너 같은 녀석은 결국 교도소에 가게 될 거야.' 하는 소리를 들었다고 한다. 욕은 분노의 한 표현인데 그 분노가 사회화되어 나가는 언어가 바로 '욕'이다. 그러므로 그 분노는 결국 사회의 반향작용으로써 다시금 자신에게 해가 되는 쪽의 화살이 돌아온다. 이런 점에서 욕은 상대방에게 주는 상처이지만, 그 상처는 결국 자신에게로 화살이 되돌아온다는 점을 잊어서는 안 될 것이다.

이런 말이 있다.

> "생각을 조심하라. 그것이 너의 말이 된다. 말을 조심하라. 그것이 너의 행동이 된다. 행동을 조심하라. 그것이 너의 습관이 된다. 습관을 조심하라. 그것이 너의 인격이 된다. 인격을 조심하라. 그것이 너의 운명이 된다."

자신의 감정이나 생각을 잘 성찰하고 조절할 수 있다면 그보다 더 좋은 것은 없을 것이다. 그러한 깊은 성찰까지는 좀 더 나이가 들어 차차 한다고 하더라도, 우선 말 자체를 주의 깊게 사용하는 가정에서 자란다면 그것은 자연적으로 그의 인격의 한 축을 이루게 될 것이다. 즉, 인격과 말은 이처럼 상관관계가 깊다는 뜻이다. 올바른 인격은 동시에 그 사람의 운명이 되고 그 다음 세대에 틀림없는 영향을 미치게 된다.

필자가 잘 알고 있는 어느 가정의 이야기이다.

지지리도 가난하였던 어느 가족의 어머니가 있었다. 자식은 8명, 노골적으로 시집식구들이 살다시피 하니, 거의 12명 전후 정도의 식구를 부양하는 실정이었다. 물론 벌이를 하는 사람은 남편 혼자인데, 화물차 기사인 남편벌이로 생활비를 충당하기에는 엄두도 못 내었다. 남편은 아이들의 교육에 크게 관심도 없고, 그렇다고 특별히 나쁜 일을 하는 것도 아닌 상태로, 그냥 묵묵히 자기 할 일을 하는 분이었다. 이 어머니는 아무리 생각해도 사는 것이 너무 힘들어서(경제적으로) 도대체 이 아이들을 어떻게 가르쳐야 할지 막막했다. 본인 역시 배운 것도 없고 틈틈이 자신도 벌어야 하는 처지라 시간적으로 함께 해 줄 수도 없었다. 그러나 이 어머니는 정말 아이들을 잘 키우고 싶은 열망은 있었다. 혼자서 조용히 생각했다. 무엇을 가지고 도대체 이 많은 자식들을 제대로 키울 것인가! 그들이 사는 동네는 입도 험하여서 욕을 예사로 하는 어른들이 사는 동네이기도 했다. 한발자국만 나가면 욕으로 말(?)을 하는 그런 곳이었다. 이사를 간다는 것은 생각조차 할 수 없었다. 많은 고민을 하였다. 고민 끝에 그 어머니는 생각했다. '아, 말을 곱게 쓰자. 난 아무것도 모르지만, 말을 곱게 쓰면 우리 아이들 인성이 좋게 자라지 않을까! 공부를 잘하고 못하고는 스스로가 노력하기 나름이고, 일단 인성이 좋아야 나쁜 어른이 되지 않을 거야, 그래야 인생이 펴질 거야. 다음 세대의 손자손녀들도 잘 기를 것이고… 나부터 말을 곱게 쓰자!'

이 어머니는 먼저 자기부터 좋은 말을 써야 한다고 생각하기에 이르렀다. 그때부터 이 어머니가 정해놓은 가훈은 '말을 곱게 쓰자.'였다. 어떻게 보면 참 유치하고 멋쩍은 웃음이 나오는 가훈이지만, 그 가훈은 정말 이 집안의 중요한 인성교육이 되었다. 더 중요한 것은 이 어머니는 '욕'(그 동네에서는 흔하디흔한) 대신, "할 말이 있으면, 욕만 아니라면 마음에 있는 어떤 말도 할 수 있다."라는 이야기를 늘 하였다고 한다. "어른에게라도 할 말은 할 수 있다. 욕만 아니라면, 속에 담아두지 말고 할 말을 하거라. 그러나 말하기 전에 생각을 해 보고."

배운 것도 없는 이 어머니의 오직 '말을 곱게 쓰자.'라는 가훈과 '욕이 아니라면 할 말은 하자.'라는 생활신조는, 아이들을 정말 건강하게 자라나게 했다. 힘겨운 생활이었지만 서로 마음에 있는 말을 하고, 말로 칭찬하고 격려하면서 할 말을 하게 한 덕택에, 아이들은 각자 표현능력이 우수하여 인간관계도 원활하게 잘 할 뿐만 아니라, 스트레스를 덜 받아

역량껏 공부하며 씩씩하게 자랐다. 물론 그 뒤 모두들 사회의 훌륭한 일꾼이 되었다. '화가 날 때도 있었을 것인데, 그럴 때는 어떻게 했느냐?' 라는 질문에 '욕만 안하면 되니까, 서로가 이해될 때까지 마음에 있는 것을 숨기지 말고 표현을 하게 했다.'라는 대답은 정말 놀라운 어머니의 지혜를 보여주고 있다. 어머니에게 좋은 모델을 본 큰 아이들은 동생들에게 다시 좋은 모델을 보이며 자라났다고 한다. 화가 나고 열이 뻗칠 때도 있었지만, 그럴 때마다 스스로가 지어 놓은 가훈을 실천하기 위하여 이 어머니는 정말 피나는 노력을 하였다고 한다. 순수한 어머니의 지혜가 8명의 아이들을 모두 하나같이 멋있게 키워냈다는 점을 어느 누구도 의심하지 않는다. 약 30여년이 지난 지금, 그 어머니는 돌아가셨고 점점 잊혀져가지만 그 어머니를 기억하는 분들은 한결같이 존경하고 있으며, 그 자식들과 손자손녀들은 남부럽지 않는 사회인으로 성장하였다.

51. 과잉보호가 낳은 큰 문제점 : 주체성 상실

과잉보호를 받은 아이는
스스로의 힘을 발휘해 보고자 하면
무의식적으로 올라오는 부모의 '도움'이나 '관여' 때문에
자신이 무엇을 잘 할 수 있는지에 대한
'스스로의 시험단계'가 막혀버리기 쉽다.
즉, 자기가 가진 '힘'을 알지 못한다는 점이다.
이것은 매우 위험한 일이다.
부모가 자식에게 아무리 많은 것을 해 준다 하여도
자녀 스스로가 자기의 힘을 내어서
뭔가를 알게 되는 것에 비할 수 있겠는가!

이 세상의 많은 부모들은 자식을 훌륭하게 키워보려는 욕구를 가지고 있다. 초월적인 수준이나 병리적 정신상태를 제외한, 보통의 부모들은 대부분 자식농사를 성공적으로 하기 위한 일에 아주 관심이 많다. 그러다보니 옛날에 비해 풍요로워진 현대에는 부족한 것보다 넘쳐서 생기는 문제가 더 많다. 즉, 부모가 자식을 키우면서 여러 가지 유념해야 할 일들이 많이 있겠지만 그 중에서 좀 더 관심을 가져야 하는 것을 생각해 본다면 '과잉보호'의 문제다.

한 인간이 성장하는 데 필요한 요인을 언급함에 있어서, 사랑과 믿음 존중 인정을 많이 해 줘야 한다고 한다. 이것을 제공하는 곳은 학교나

사회교육 장면도 있지만, 그 무엇보다도 가정교육의 현장이다. 가정은 공기와 같은 핵심 교육장소이다. 가정에서 부모는 말로 가르치는 것도 있으며 자연스럽게 느낌으로 가르치는 것도 있고, 모범을 보여서 가르치는 것 등, 아주 다양하다. 그런데, 이러한 다양한 측면의 자녀교육에서 좀 더 신중하게 생각해야 하는 점이 바로 '자녀의 주체성'이다. 부모는 자식의 성공에 대한 집착으로, 혹은 사랑을 적절히 조절하지 못하여, 혹은 자식의 욕구에 어떻게 대응할 바를 몰라, 자칫 자식을 '과잉보호'하고 '끌려 다닐' 가능성이 있다.

특히 '과잉보호'에 대한 관점으로, "이 사회가 성공 지향적으로 가다보니 개인으로서는 어쩔 수 없다."라는 사회적 원인을 말씀하시는 분도 있을 것이고, "조부모 혹은 부모의 본능에서 사랑하는 마음을 어떻게 해 볼 수 없지 않는가!" "떼쓰는 것은 어른이 되면 없어지겠지."라며 당연하게 생각하는 경우도 있다. 또 어른에게 해야 할 도리를 주장하며 도덕적 측면을 강조하는 경우도 있을 것이다. 이러한 현실적 요인은 충분히 이해될 수 있다. 그러나 과잉보호에 대한 원인들 중 심리학적으로 꼭 고려해 보아야 할 점은 주요양육자의 '핵심역동', 즉 부모의 내면에 잠재되어 있는 감정프로그램으로 인하여 발생되는 문제이다.

간단하게 예를 든다면, 부모의 핵심역동에서 '박탈감'과 '경시감'이 많은 경우를 보자. 이 부모는 자신 스스로가 그들의 부모에게 사랑받지 못하고 외롭고 서러운 생활을 보낸 상처, 누구와 비교당하며 무시 받아온 스트레스 때문에, 우리 아이만은 결코 그런 전철을 밟지 않게 해 주겠다는 '신중한' 각오로 자식에게 다가갈 가능성이 높다. 어떤 일이 있어도 우리 아이는 내가 보호해야 하고 외롭게 하지 말아야 하고 어떤 일이 일어났을 때 충격 받게 하지 않아야 하는, 잘해서 무시 받지 말아야 한다는, 결코 박탈되고 배척받고 무시 받는 듯한 감정을 느끼지 말아야 한다는 강한 무의식적 혹은 의식적 결심을 한다. 그것은 사실상, 자식을 자신 스스로와 동일시한 감정이므로 자녀는 '투사된 자기'라고 볼 수 있다.

또 어떤 부모의 핵심역동에서 '인정'이 가장 많이 작용한다고 하자. 이 부모는 인정을 통하여 자기의 가치를 느끼므로, 인정받지 못한다는 것은 자신의 존재에 큰 상처가 된다. 말하자면 자신과 동일시되는 자식을 통하여 인정받는 것에 가장 민감한 것이다. 마찬가지로 자녀는 '투사된 자기'일 뿐 자녀를 자녀자체로서 보지 못하는 경우이다. 그러므로 자식에게 닥친 어려움 혹은 닥쳐 올 미래의 어려움은 즉시 부모의 손에서 해결되거나 부모가 미리 예상하여 손을 쓰며, 철저하게 자녀의 미래를 대비하고 준비하며, 다른 사람이 우리 아이에게 피해를 주지 않도록 야무지게 처리할 가능성이 많다.

여기서, 과잉보호를 '모두 나쁘다. 잘못됐다.'라고 맹목적으로 비판할 수는 없다. 왜냐하면, 반드시 보호해주어야 할 일도 있고 도와주어야 할 일도 있으며, 오히려 보호해주지 않아서 발생되는 문제도 있기 때문이다. 이런 관점에서 여기에서는 '과잉보호가 나쁘다.'라고 말하는 일방적인 관점을 말하고자 하는 것이 아니며, 단지 현실상황과 비례적이지 않은 '과잉보호'가 어떤 문제점을 야기할 수 있는가를 생각해 보고자 하는 것이다.

과잉보호의 가장 큰 단점은 자녀의 '주체성'을 방해한다는 것이다. 인간이 살아가면서 아주 중요하게 필요한 것은 '자기만의 에너지'를 스스로 파악하고 그 힘을 실현시켜 나가는 일이다. 즉, 자기의 능력, 자질.

긍정적인 힘 등이다. 내재된 에너지를 사용해 보니 그 힘의 유용성이 증명되고, 그 힘을 사용한 후 외부로부터 들어오는 긍정적인 피드백을 통해서 성취감, 만족감, 안정감을 느끼면서 인간은 점점 자신의 힘으로 세상을 충분히 살아갈 수 있는 에너지를 얻게 되는 것이다. 한마디로 자신의 힘을 발휘할 수 '자신감'을 가지게 된다는 뜻이다. 이러한 자신감을 가진 아이들은 힘든 일이 닥쳤을 때에도 생각보다 훨씬 담담하게 상황을 극복하게 된다. 이 힘이 극복의 힘, 창조적인 에너지로 발휘된다면 얼마나 놀랍겠는가!

그런데, 과잉보호를 받은 아이는 스스로의 힘을 발휘해 보고자 하면 즉각적으로 부모의 '도움'이나 '관여'를 통하여 자신이 무엇을 잘 할 수 있는지에 대한 '스스로의 시험단계'를 무척 견디기 힘들어 한다. 본래의 힘을 아예 발현하지도 않은 채 막아버린다. 이러한 작용은 거의 무의식적으로 행해지기 때문에, 본인이 의식하는 수준은 '난 잘 못하겠어. 잘 안 돼.' '내가 하는 것보다 엄마가 해 주는 것이 더 옳아!' '아빠가 해 주는 것이 더 멋져!'라는 태도일 것이다. 즉, 자기가 가진 '힘'을 알지 못하고 오직 의존해야 할 대상만을 찾게 된다는 점이다. 부모가 아무리 자식에게 많은 것을 해 준다 하여도, 자녀 스스로가 자기의 힘을 내어서 뭔가를 알게 되는 것에 비할 수 있겠는가! 부모의 도움은 스스로의 도움에 비하면 정말 미약하다는 것을 진심으로 알아야 한다. 이건 정말이지 진실이다. 자신의 힘으로 스스로를 도울 수 있는 것만큼 더 큰 것은 없다!

주체성을 가진 자녀의 가장 큰 재산은, '자기 스스로'가 자기의 힘으로 뭔가를 이룩해내고, 그것을 통해서 '성취감'을 맛보고, 다시 창조적인 에너지가 나오게 되는 '강력한 생산적인 순환'인 것이다. 간단한 예로,

아이 스스로가 자율적으로 하는 공부와, 어쩔 수 없이 하는 학습의 차이를 상상해보라. 그 과정과 결과는 엄청나게 차이가 날 뿐 아니라, 그 이후에 느끼는 성취감 혹은 좌절감의 차이도 상당할 것이다. 만약 부모가 일일이 사사건건 과잉보호를 한다면, 자녀가 스스로 할 수 있는 모든 것을 점점 막게 되고, 스스로도 무기력해져서 분명히 혼자서도 할 수 있었던 것까지도 포기하게 되고 점점 나약한 아이가 되어 가는 것이다. 또래 아이들은 나름대로의 뭔가를 성취하면서 에너지를 내고 있는데, 자신은 스스로의 힘이 없기 때문에 공연히 열등감과 위축감이 생긴다. 사실상 주요양육자의 손끝이 없는 상태에서는 그냥 아무것도 할 수 없어 좌절감이 오고, 스스로 잘하는 아이들을 보면 부럽고 위축되는 것이다.

부모의 과잉보호를 받은 아이들은 '자존감'이 낮고 '독립심'이 약하기 때문에 자연스럽게 타인에게 매달리게 된다. 매달리게 된다는 것은 '의존한다.' '낮다.'는 의미이기 때문에, 자연스럽게 스스로가 '열등감' 속으로 빠져 들어가게 된다. 자기의 주체적인 힘으로 뭔가를 끌어가지 못할 때는 자연스럽게 남에게 기대거나 휘둘려서 어떤 일을 해결할 수밖에 없으므로 '열등한 자신'이 된다. 늘 스스로에 대하여 부족하다는 속상함이 따라다니게 된다.

그러니, 공연히 자기를 사랑해 주었던 부모에게 짜증내고 화내면서, '나는 아무것도 하기 싫다. 엄마가 알아서 다 해. 나는 내가 하고 싶은 것만 하겠다.'는 식으로 오히려 역공격을 하며 투정을 부리곤 한다. 밥 안 먹으면 밥 대신 맛있는 것 해주려고 부모는 애를 쓰기 때문에, 공부 안하면 공부 잘하도록 뭔가 다른 방법을 찾기 위해 부모가 애쓰기 때문에, 아이는 아무것도, 정말 아무것도 하지 않는 열등하고 무기력한 아이가 될 수밖에 없는 것이다. 그러면 부모는 속이 터져서 '너 이것밖에 못하느냐. 학생이 아직도 스스로 공부할 줄도 모르고, 옷도… 책상도… 이게 뭐야!!' 하면서 아이들 닦달할 수밖에 없고, 아이는 다시 '열등감'에 빠져들게 되는 것이다. 아이로서는 주체적으로 자기의 것을 할 수 있는 방법을 배우지를 못하였고, 누가 가르쳐 주지도 않았으며, 스스로 하도록 허용되지도 않은 것이다.

주체적인 아이들은 부모가 해 주는 것보다도 더 열심히 하지만, 자신의 에너지를 통해서 하기 때문에 흥미 있고 즐겁다. 스스로가 '삶의 주인공'이 되어 재미있게 성취감을 맛보며 살아가는 것이다. 주체적인 아이는 스스로가 '삶의 주인'이 되는 것이고 주체적이지 못한 아이는 타인이 '삶의 주인'이 되는 것이다. 즉, 타인이 나를 이끌어가는 주체가 되어 있으므로 '나'라는 사람은 '열등한' 쪽으로 기울어져 있는 것이다. 나의 주인은 '나'가 되도록, 적절한 관여와 사랑이 요구된다.

52. 상대방의 말은 듣지만 마음을 듣지 못한다!

타인의 말을 알아듣지 못하는 것은
상대방의 마음에 귀를 기울일 수 없는 어떤 막힘이 있기 때문에
본인 스스로도 모른 채 타인과의 관계에서 많은 손상을 가져온다.
자기 내면이 막혀있다면,
그 막힘의 원인이 무엇인지 잘 알아 조금이라도 풀어주어야
서서히 상대방의 마음과 말의 내용이 귀에 들어오기 시작할 것이다.

사람들과 관계를 하다보면 다른 사람의 말을 잘 못 듣는 사람들이 있다. 이쪽에서는 나름대로 어떤 이야기를 했는데, 돌아오는 반응은 전혀 다른 쪽의 말을 하고, 아예 무반응으로 화자(話者)쪽을 머쓱하게 만들기도 한다. 물론 현실적인 거래를 하는 경우에는 단답형의 질문과 대답을 하는 형식으로 대화가 가능하기 때문에, 그런대로 이야기를 서로 나눈다. 그러나 이성적인 내용이 아니라 마음을 나눌 때, 상대방의 '정서'를 감지하지 못해 엉뚱한 말로 이야기의 흐름을 비켜나가 상대방을 당황하게 만들거나 더 이상 대화를 연결하기 곤란하게 만들기도 한다.

타인의 말을 잘 못 듣는다는 것은, 말 그 자체의 내용이라기보다는 마음을 못 듣는 문제일 가능성이 많다. 즉 인간관계에서 '정서적 교류'에 문제가 있다는 것이다. 자식이 나름대로 어떤 말을 하고 있는데, 부모가 제대로 자식의 말을 못 알아듣는다고 생각해 보라. 자식은 그 다음의

말을 이어갈 수 있겠는가! 자녀는 마음에 있는 이야기를 하는데, 부모는 이성적으로 자기 식대로 판단하여 말을 하면, 자식의 입장에서는 답답하고 속상하여 그냥 그 자리를 나가버릴 수 있을 것이고, 혹은 화가 나서 불필요한 공격적인 행위가 유발될 수도 있다.

다음 사례는 자녀는 '정서적 교류'를 원하고 있지만, 엄마는 '이성적 교류'를 하고 있는 경우의 예이다.

아이 1: 엄마, 오늘 희영이가 자꾸만 나를 집적거려서 화가 났어.
엄마 1: 희영이가 왜 그렇게 하는지 모르니?
아이 2: 몰라 잘 모르겠어. 그 애는 사람 약을 살살 올리는 기술이 있어. 걔 말만 들으면 짜증나고 화가 나 죽겠어. 우리 친구들도 희영이에 대해서 다 그렇게 말해.
엄마 2: 희영이 같은 사람들이 있긴 하지. 그런 애들 보면 대체로 자기중심적이야. 앞으로 그런 애들하고는 가능하면 상대하지 마. 너 공부에 방해된다.
아이 3: 누가 상대하고 싶어서 하는 줄 알아?! 그냥 얘기하다보면 성질이 난다는 것이지. (엄마의 반응에 아이는 조금씩 짜증이 나기 시작한다.)
엄마 3: 그런데, 너 엄마에게 하는 말투가 어쩐지 곱지 않네? (살짝 시비 걸듯이)
아이 4: 엄마가 자꾸 엉뚱한 말 하잖아.
엄마 4: 너 도대체 왜 이러니? 정말… 엄마가 무슨 엉뚱한 말을 했다고. 희영이 그런 애들이랑 상대하지 말라는 말이 뭐가 이상한 말이냐? 학교뿐만 아니라 사회에서도 그런 자기중심적인 아이가 얼마나 많다고. 그냥 너 할 일이나 잘하면 돼. (약간 명령조로)
아이 5: 엄마, 됐어. 알았어. (더 이상 별로 말하기 싫다는 듯이, 약간 짜증내듯이)
엄마 5: 얘는, 엄마가 틀린 말 했니? 엄마에게 왜 그렇게 퉁명스러워!
아이 6: 됐다니까! 앞으로 엄마랑 말 안 할 거야. (버럭 화를 낸다.) 엄마 내방에서 좀 나가줘!

이런 상황을 보라. 여기에서 엄마의 반응에 아무런 문제점을 느끼지 못하는 분들도 있을 것이고, 혹은 이 엄마의 반응에서 아이가 하는 말을 제대로 알아듣지 못하였다는 것을 알 수도 있을 것이다. 이 엄마의 반응에 문제점을 느끼지 못한다면 스스로 생각을 해 보아야 할 것들이 있다.

아이1 반응은 희영이의 태도에 자기가 화가 났다는 정서적 상태를 말하고 있다. 그러면 엄마는 '걔가 그렇게 하면 넌 정말 화가 나겠다. 정말 왜 그러니! 걔는. 정말 너 힘들겠구나.' 등등, 그 마음을 공감해주는 반응을 하면 된다. 그러나, 엄마 1과 2의 반응을 보면 '희영이가 왜 그러는지, 자기중심적인 아이 등' 희영이에 대한 이성적인 분석, 판단적인 얘기를 시도한다. 즉 아이가 바라는 정서적인 교류를 하는 것이 아니라, 정서적 자극에 대한 이성적 반응을 하기 때문에 아이는 뭔지 모르는 짜증이 조금씩 나는 것이다. 아이가 슬슬 짜증이 나서 '됐다!'라고 하니까, 엄마는 도저히 아이의 반응을 이해하지 못하고, 오히려 '엄마가 틀린 말을 했느냐.'는 식으로 아이를 나무란다. 아이는 더 이상의 설명을 할 수도 없고 갑갑하여 급기야는 그냥 나가달라는 반응을 한다.

이 엄마는 아이의 정서적 반응을 이해하지 못하는 문제점을 가지고 있는 것이다. 즉 이 엄마는 자녀의 말을 듣긴 하되, 마음의 말을 듣지 못하고 있다. 타인의 말을 알아듣지 못하는 것은 상대방의 마음에 귀를 기울일 수 없는 어떤 막힘이 있기 때문에, 본인 스스로도 모른 채 타인과의 관계에서는 많은 손상을 가져온다. 자기 내면이 막혀있다면, 원인이 무엇인지를 알아 조금이라도 풀어주어야 서서히 상대방의 마음의 말들이 들어오기 시작할 것이다. 다음과 같이 반응을 달리해 보면 어떨까!

아이 1: 엄마, 오늘 희영이가 자꾸만 나를 집적거려서 화가 났어.

엄마 1: 널 집적거린다고? 희영이, 그 애는 왜 그러지?

아이 2: 몰라, 잘 모르겠어. 걔는 사람 약을 살살 올리는 기술이 있어. 그 애 말만 하면 짜증나고 화가 나 죽겠어. 우리 친구들도 희영이에 대해서 다 그렇게 말해.

엄마 2: 아, 친구들도 그렇게 말을 하는 것 보니까, 희영이가 사람 신경 쓰이게 하는 것 같네. 화가 날 만하겠다. 구체적으로 너에게 어떤 식으로 하는데?

아이 3: 뭐, 수업시간에 자기는 아무것도 안하면서, 시험 때만 되면 노트 통째로 빌려달라고 하고, 공부 잘하는 애 치고 성질 좋은 애 없다고 하고, 나랑은 말이 좀 되긴 한데! 어쩌구, 이런 말들이지. 남들 흉을 많이 보고 자꾸 같이 뭘 사먹으러 가자 하고. 나에게 접근하려는 거지. 솔직히 난 걔가 좀 싫어.

엄마 3: 아, 그래? 걔가 너에게 그런 식으로 접근을 하구나. 싫다고! 그래 싫겠다. 엄마가 생각해도.(조금 뜸을 들이고) 내가 너의 입장이라도 싫겠어! (약간 후) 그런데, 걔가 그런 식으로 접근하니. 엄마는 약간 걱정되네. 너에게 피해가 갈까 봐. 어쩌지?

아이 4 : 내가 알아서 할 거야. 엄마는 걱정 안 하셔도 되요. 적당히 거절해야지 뭐, 별수 없지. 희영이 걔, 생각보다 좀 순진한 구석도 있거든. 약간 들러붙는 편이지만.

엄마 4: 아, 그런 면도 있구나. 네가 희영이를 제법 파악하고 있구나. 하하… 그래. 진짜 그런 식으로 하면 기분이 안 좋겠는데. 그래도 알아서 한다니. 우리 딸, 든든하구나. 엄마는 좀 안심이 되네.

아이 5: 걱정 안 하셔도 되요.(기분이 한결 나아짐.)

엄마 5: 그래. (그 다음에 아이가 희영이에 대해서 또 말을 할 수도 있다.)

이 엄마는 아이의 하소연을 아이의 입장에서 들어주는 태도를 보내고 있다. 엄마 1의 반응에서는 정확한 정보도 없는 채로 아이의 마음을 공감하는 것이 아니라, 일단 구체적인 질문부터 한다. 아이의 상황을 정확하게 알기 위한 엄마의 지혜이다. 엄마 2의 반응부터는 다른 아이들의 생각과 함께 합리적으로 판단하는 태도를 슬쩍 동의하면서, 아이의 입장에서 공감하기 시작한다. 그리고 더 구체적으로 아이가 표현하게 돕는다. 엄마 3에서는 더 잘 공감하고, 그럴 때 아이가 어떻게 대처해야 하는지에 대한 의견을 논의하려고 한다. 아이는 생각하고 있는 대응방식을 표현하고, 엄마 4에서는 지지와 격려를 보낸다. 이 짧은 대화에서 엄마는 순수하게 아이의 입장에서 들어주고, 걱정해주며, 지지해주는 여러 가지의 역할을 하고 있는 것이다. 아이입장에서는 정서와 이성이 모두 작용하는 대화를 한 셈이다.

상대방 말의 내용을 정확하게 파악하려면, 상대방이 말하려는 욕구, 의도를 파악하고 그 마음을 알아채면서 내용을 경청해야 할 것이다. 상대방의 마음보다는 자신의 감정이나 욕구에 초점을 맞추는 대화는, 내용을 알아들었다 할지라도 반응은 자기중심적으로 될 수밖에 없다. 그렇게 되면 상대방의 입장에서는 점점 더 짜증이나 답답함이 올라오게 되어, 내용보다는 상대방의 반응 자체에 대한 거부감 때문에 대화는 단절되고, 갈등은 증폭될 수 있는 것이다. 상대방의 마음에 초점을 맞추면서 내용을 함께 파악하는 질 높은 정서적 교류의 중요성을 다시 한 번 고려해 보자. 어디 부모-자녀간의 대화뿐이겠는가! 이는 모든 사회생활 인간관계에도 두루 심사숙고해야 할 부분이다.

53. 부모-자녀, 서로간의 애착

아이는 아이대로, 엄마는 엄마대로,
서로 분리되지 못하여 깊이 사랑(?)하고 애착되어 있다고 볼 때,
성인이 되어 이러한 관계처럼 누군가가 관계해 준다면 안정될 수 있으나,
여러 가지 이유로 정서적 거리감을 가졌을 경우에는
심리적으로 불안하고 힘들어질 수 있다.
무엇이든 지나친 것은 모자란 것보다 못하다는 말이 있는데,
사랑이나 애착도 육체적 심리적 현실 수준에 맞는
비례적인 것이 가장 좋을 것 같다.

아이들을 대하다 보면, 다른 사람에게는 별로 친근감을 보이지 않고, 또래 아이들과도 어울리지 않고 다른 어른들에게도 가지 않고, 오직 "엄마, 엄마… 난 엄마가 제일 좋아." 하는 태도를 가진 아이들이 있다. 처음에는 어른들이 '아, 엄마를 참 좋아하나보다.' '뭐니 뭐니 해도 엄마가 제일이지 뭐.' '엄마가 자기한테 잘해주는가 보다.'라고만 생각한다. 당사자인 엄마 역시 '우리 아이는 나를 좋아하는가 보다.' 정도로만 느끼고 좋아한다. 그러나 시간이 흘러 또래 아이들과 어울려야 하는 유치원 혹은 초등학교에 들어가고 난 뒤에도 "엄마. 엄마." 하면서 친구보다는 엄마 옆에 있으려는 태도가 나오기 시작하면, 엄마는 점점 짜증이 나면서 '너는 엄마 꼬리만 졸졸 따라다니느냐. 귀찮아 죽겠다. 네가 아기냐?' 하면서 아이를 밀쳐내기도 한다. 어떤 아이는 심지어 '엄마 죽을까 싶어 불안해 죽겠어.' '엄마, 오래오래 살아야 해.' '엄마를 미워하는 사람 있으

면 가만 두지 않을 거야.' 하면서 엄마 부재에 대한 불안감을 드러내는 아이도 있다. 상당한 애착을 보이는 것이다.

시간이 흘러 엄마가 자녀가 다른 아이와 좀 다르거나 지나치다 싶은 느낌을 느끼기 시작하면서 '우리 아이가 왜 저럴까.' '왜 저렇게 나를 떨어지지 못하는 것일까!'를 고민하며 조금씩 걱정하기 시작한다. 엄마와의 분리에 대하여 불안감을 느끼고 있다는 것을 조금씩 느낀다. 흔히 '분리불안'이라고 쉽게 말을 하는데, 그것 역시 간단하게 말하는 것은 좀 더 심사숙고해야 할 것 같다.

아이는 성장과정에서 다양한 가족 구성원과의 관계를 가진다. 조부모, 이모, 고모, 삼촌, 형제자매, 기타 주변 친척들, 주변 또래들 등 핵심적인 주요양육자는 아니라 할지라도, 그들 대상관계 역시, 보이지 않게 일반 인간관계의 형성에 영향을 미치는 것은 사실이다. 대체로 부모가 주요양육자로서 정서적 교류를 해야 하고, 조부모가 계신다면 그들과도 대상관계를 형성하면서 서로간의 교류하는 것을 배워야 한다. 그러나 어떠한 이유에서건, 주변 인물들과는 접촉이 거의 없고 조부모나 기타 친척과 만날 기회도 별로 없고, 오직 엄마만이 이 아이를 독점하다시피 접촉이 된다면, 이 아이는 '의존대상 = 엄마'라는 등식이 무의식적으로 고착된다. 이 경우의 엄마는 정말 '없으면 안 되는 존재'라는 느낌이 드는 것이다.

동생이 태어났을 경우에는, 의존대상이 오직 엄마라고 느꼈는데 경쟁자(?)가 나타났다는 그 불안감 역시 만만찮을 것이다. 물론 동생 역시 엄마를 쟁취하려는 강력한 욕구를 드러낼 때는, 의존대상에 대한 쟁탈전이 벌어진다. 사실 엄마를 차지하려는 욕구는 너무나 인간적으로 당연한 일이지 않겠는가. 의존대상에 대한 사랑받으려는 욕구는 자연스러운 사람의 마음일 것이다. 문제는 그 과정에서 발생되는 아이들의 심리적 상태에 대하여 주목해야 하는 점이다. 즉, 큰 아이는 엄마를 차지하는 동생이 밉고 싫은 것이다. 어른의 입장에서 보면 엄마는 자식을 동등하게 사랑하지만, 큰아이의 입장에서 보면 동생이 자신의 엄마를 빼앗아 가는 듯이 느끼는 것이다. 즉, 엄마의 관심과 사랑이 없어진다는, 의존해야 할 대상이 없어질 것 같은 불안이 생기는 것이다. 동생과의 '사랑'의 갈등은 이렇게 해서 시작되는 것이다. 그때부터 엄마를 쟁취하기 위한 여러 가지 행동이 나올 수도 있다. 고집을 피우고 떼를 쓰는 투쟁의 방식, 지나치게 착하고 엄마의 말에 무조건 순종한다든지, 자기의 생각을 아예 억압시켜 멍하게 되어버리는 도피의 방식 등이다.

특히 도피의 방식을 사용하는 경우, 의존대상이 엄마밖에 없기 때문에, 엄마와 떨어진다는 것은 너무나 불안하고 겁이 나고 두려운 것이다. 엄마가 없는 세상은 아무도 없는 세상이 되는 것처럼 불안하기 때문에, 엄마의 행위에 대한 객관적인 판단조차도 흐려질 정도로 애착되어 분리되지 못한다. 너무 가까이서 어떤 사물을 보면 사물의 전체적인 면이 잘 보이지 않듯이, 엄마를 너무 밀착해서 보기 때문에 오히려 엄마에 대한 객관적인 안목이 흐려질 수도 있다. 그러다보니 다른 아이들 같으면 엄마의 어떤 행동에 대한 느낌이 a인데, 밀착되어 있는 아이의 입장에서는 엄마 행위에 대한 느낌은 b가 될 수도 있는 것이다. 예컨대, 다른 사람이 느낄 수 있는 엄마는 지배적이고 과잉보호하기 때문에 부담될 수 있는 엄마인데, 그 당사자는 너무나 애착된 관계로 고정되어 있기 때문에 더 편안하고, 오히려 없으면 안 될 것 같은 불안마저 있는 것이다. 무의식적으로 엄마에 대한 부정적인 감정이 억압되며, 의존대상에 대한 집착이 자연스럽게 생겨나는 것이다. 그저 엄마가 없어질까 봐 오는 걱정과 불안 때문에, 오직 '엄마가 제일 좋아. 엄마가 제일 좋아.' 하면서 엄마 곁을 떠나려 하지 않는다는 것이다.

특히 엄마가 무엇이든지 원하는 대로 자녀에게 해주는 경우에는, 이 아이는 엄마를 신처럼 여기고 '엄마 없는 세상은 생각해 볼 수 없을 정도'로 강력하게 엄마에게 매달릴 수 있다. 그러면 그럴수록 엄마에 대한 감정은 억압된 채, 자신의 욕구를 드러내기보다는 엄마의 욕구에 맞추어 주는 식의 문제점을 가지게 된다. 엄마에게 떨어지지 않기 위하여 자신의 욕구보다 엄마의 욕구를 우선시하는 것이다. 이러한 패턴은 훗날 어른이 되어, 자기정체성에 바탕을 두고 결정해야 하는 어떤 상황에서 자신의 욕구보다 남의 욕구에 맞추는 식으로 처리하고 난 뒤, '이건 아냐. 뭐가 뭔지 모르겠어.' '왠지 이상하고 억울해.' '뭔가 아닌 것 같은데… 혼란스러워!' 하는 상태로 갈 수도 있다.

이런 경우, 엄마 입장에서는 아이에게 '무조건 잘 해주어야지' 하는 마음으로, 특히 아빠나 주변 사람이 부재(不在)일 경우에는, 더욱더 아이에게 초점을 맞추어 최대한 잘 해주어야 한다는 무절제한 자유를 줄 수도 있다. 오직 '우리 아이. 우리 아이. 아빠가 없으니까 더 잘 해줘야지. 아빠가 바쁘니까, 엄마로서 최선을 다해서 키워야지.' 하는 것은, 아이의 마음에 초점을 맞추는 것이 아니라 엄마 스스로의 마음에 초점을 맞춘 분별력 없는 태도가 될 수 있다. 이러한 경우는, 아이를 제대로 보지 못하는 문제점을 발생시키므로 훗날 오히려 더 큰 어려움이 발생할 수도 있다. 즉, 자신의 욕구를 억압시키고, 나중에 폭발적으로 다시 아이에게 화를 내는 일이 일어날 수 있다는 것을 미처 생각하지 못한다는 것이다.

또 아이가 훗날 자신의 욕구가 제대로 충족되지 않을 때 발생하는 불안과 두려움 등을 예상하지 못할 수도 있다. 아이는 아이대로, 엄마는 엄마대로, 서로 분리되지 못하여 깊이 사랑(?)하고 깊이 애착되어 있다고 볼 때, 성인이 되어 이러한 관계처럼 누군가가 관계해 준다면 안정될 수 있으나, 여러 가지 이유로 정서적 거리감을 가졌을 경우에는 심리적으로 불안하고 힘들어질 수 있다.

적절히 엄마의 욕구를 자각하고 육체적 정서적 수준에 알맞은 대화를 하면서, 아이에게 절제할 수 있는 사랑을 주는 것이 바람직하다. 무엇이든 지나친 것은 모자란 것보다 못하다는 말이 있는데, 사랑이나 애착도 육체적 심리적 현실 수준에 맞는 비례적인 것이 가장 좋지 않을까 싶다. 이런 기회를 통하여, 이 세상의 모든 유기체를 있는 그대로의 상태로 바라보고, 넘치지도 모자라지도 않는 건강한 교류에 대하여 다시 한 번 생각해 본다.

54. 감정으로부터 자유로워지려면, 우선

감정을 억압함으로써 생기는 가장 근본적인 비극은
강박적 패턴이 생활화되어,
성장의 전 과정이 멈춰지는 것이다.
이런 상태를 가리켜 심리학자들은 '고착 상태'
즉 '성장과 발전의 정지 상태'라고 부른다.
잘 살아 나가기 위해 필요로 하는 것은
자기 인식–자기 수용–자기 탐색–자기 통합–자기존재에 대한 축하이다.

사실, 우리가 행복해지는 방법 중의 중요한 하나는 자신의 마음을 잘 다스리는 일일 것이다. 마음이라 하면 여러 가지의 내부 활동을 지칭하지만, 그 중 내면이 안정되어 현실을 바라보는 눈이 지혜로우면서 평정심을 유지할 수 있다면 좋을 것 같다. 이는 우리의 정서, 즉 감정으로부터 자유로워질 수 있느냐 하는 것이다. 감정적인 부분은 사실 우리 스스로가 만들어낸 하나의 현상일 뿐이다. 우리의 일상에서 감정에 많은 휘둘림을 당하며 살고 있는 경우가 얼마나 많은가! 휘둘릴 때의 상태는, 외부 상황이 아무리 평탄하다 할지라도 내면이 전쟁이기 때문에 정말 견디기 힘들 때도 있다. 우리가 감정으로부터 좀 자유로울 수 있는 지혜를 가진다면 이러한 전쟁을 스스로 종식시키는 좋은 도구를 가진 것이 될 것이다.

감정으로부터 자유로워지려면 우선 '감정'에 대한 개념부터 정확하게 알고 있는 것이 좋을 듯하다. 많은 사람들이 '감정'이라고 하면, 너무나 부정적으로만 생각하였던 문화에 살았던 관계로 감정에 대한 오해가 상당히 많다. 다음 몇 가지의 개념을 통하여 감정에 대한 좀 더 자유로운 인식을 하여야 하며, 그를 통하여 우리자신도 '감정'으로부터 자유로워지는 경험을 반복하여 연습하면 좋을 것 같다.

첫째, 어떤 외부도, 어느 누구도 나의 감정을 야기할 수 없다.

자신을 이해하는 법을 배우는 데 있어 먼저 자신의 감정반응에 대해 솔직하게 포착하고 그 감정을 평가하지 말아야 한다. 자신의 감정에 대해 말하는 것이 스스로를 이해하는 열쇠다. 또 성장하는 사람이 되고자 한다면 자기감정에 귀 기울여야만 한다. 자기 자신을 이해하기 위하여 절대적으로 믿어야 하는 기본적인 신념은, 자기 이외의 그 누구도 그의 감정을 일으킬 수 없고 또한 거기에 책임을 질 수도 없다는 것이다. 물론 자신의 감정의 원인을 다른 사람에게 돌리고 싶을 때가 있다. "네가 날 화나게 했잖아, 너 때문에 놀랐지 뭐야, 너 때문에 속상해 죽겠어." 등. 흔히 상대방이 나의 감정의 주원인이라고 생각한다. 정말 그렇게 믿어진다. 하지만 그건 오해이다. 이 사실을 정확히 이해해야 한다. 어느 누구도 나를 어떻게 할 수 없다. 단지 이미 내 마음속에 있으면서 밖으로 나타날 때를 기다리고 있었던 나의 조건화된 감정의 세력들, 즉 마음 밭의 무의식에 담겨있는 감정들(정신역동)을, 상대방의 어떠어떠한 행위가 잠깐 자극했을 뿐이다. 만약 상대방이 나를 화나게 하였다고 생각한다면, 나는 화가 날 때마다 단순히 상대방만 나무라고 그의 문제점에만 화살을 돌리게 될 것이다. 자신의 마음 밭을 모르는 채로. 이렇게 모든 잘못을 오직 상대방 탓으로 생각하면 모든 관계에서 내가 할 수 있는 것은 아무 것도 없게 된다. 즉 그 모든 책임을 상대방에게 돌리게 되고 나 자신에 대해서는 사실상 무기력해진다. 그리고 상대방이 변하기 전에는 희망이 없다.

이렇게 생각해 보자. 만일 다른 사람들은 단지 이미 내 마음속에 잠재되어 있는 감정을 자극하는 데 불과하다는 사실을 받아들인다면, 그것은 일단 성공한 출발이다. 그런 경우 나는 스스로에게 묻게 된다. “왜 나는 그렇게 두려워했을까? 그 말에 왜 그렇게 위협을 느꼈을까? 나는 그 말에 왜 그토록 화가 났을까? 화를 냄으로써 나의 두려움을 방어했을까! 내 상처를 품어냈을까! 이 사건이 터질 만한 무엇인가가 이미 내 마음속에 있었던 건 아닐까? 그럼 그것은 무엇일까? 절대 자책은 금물. 단지 나를 조사할 뿐이다. 단지 나를 좀 알아차려야 할 뿐이다.”

이와 같은 의문을 가지고 자신을 탐색하기 시작했다면, 그는 벌써 자신의 감정을 적절한 방법으로 처리하기 시작한 것이다. 그는 더 이상 자신을 다른 사람의 판단이나 비난에 내맡기지는 않을 것이다. 그는 성장하고 그에 따라 더욱 자신과 가까워질 것이다.

둘째, 인간의 감정은 빙산과 같으며 대부분 억압되어 있다.

북극이나 남극에 떠다니는 빙산은 전체의 10분의 1만이 표면에 나타난다고 한다. 10분의 9는 물 아래 가라앉아 보이지 않는 채 있는 것이다. 사람의 감정에 대해서도 마찬가지의 추정을 할 수 있다. 우리가 볼 수 있는 부분은 실제 그 사람의 감정의 10분의 1에 불과한 것이다(학자들에 따라서 의식은 무의식에 비하여 1-5 %라는 견해가 많다.). 이것이 뜻하는 것은 사람들이 다른 사람들에게 자신의 인식된 감정의 극히 일부분만 보여 주며, 자신 스스로도 자기감정의 아주 적은 부분밖에는 알고 있지 못하다는 것이다. 우리들은 소위 억압 또는 억제라고 불리는 무의식적 방어기제에 의해 스스로 감정의 크기를 느끼는 것을 피한다. 물론 감정을 표현하지 않는 것은 매우 일반적인 일이다. 설사 내부에서는 인식된 감정이라도 가능하면 표현되지 않는다. 이렇게 감정을 표현하지 않는 데는 일반적으로 두 가지의 기본적인 이유가 있으리라 본다. 하나는, 다른 사람이 이해해 줄지 어떨지 몰라서이다. 또 다른 하나는, 내 감정을 털어놓았다가 그것이 나한테 불리하게 쓰여질 수도 있다는 것을 두려워하기 때문이다.

건강하게 표현되지 않는 감정은 자신에게 화를 입힐 수 있다. 감정을 무의식 속에 억압해 두는 것은 타인에게도 화를 입힌다. 대부분의 고통과 슬픔과 아픔은 무의식이라는 '감옥' 속에 감춘다. 불행히도 억압된 감정은 결코 죽지 않는다. 또 감정들은 영원히 잠자코 있지도 않는다. 뿐만 아니라 그러한 감정들은 한 사람의 전체적인 성격이나 행동에 상당히 영향을 미친다. 예를 들면 죄의식이 억압되어 있는 사람은 의식적 혹은 무의식적으로 끊임없이 자기 자신을 벌하려 한다. 죄책감이 많은 사람은 기쁠 때 기뻐할 줄 모르고 즐거울 때 즐거워 할 줄 모르고 늘 시무룩하다. 우울하다. 불만이나 화가 억압되어 있으면 육체적인 병, 즉 불면증이나 두통, 혹은 위궤양 등으로 '나타내어'질 수도 있다. 억눌려 있는 이러한 불만이나 울화 등을 의식적으로 받아들이고, 필요하다면 다른 사람에게 자세히 털어놓으면 잠을 못 자 고생하거나 우울하거나 머리가 아프고 위궤양에 걸리는 일은 드물 것이다.

셋째. 감정을 억압하는 이유가 있다.

감정을 억압하는 데는 크게 세 가지의 동기가 있다. 다음과 같은 이유로 바람직하지 못한 감정은 묻어 버린다.

1) 그렇게 하도록 교육받아 왔기 때문이다.

어렸을 때 받은 주요양육자의 영향이 계속 우리에게 영향을 미치고 있는 것이다. 우리들의 마음속 가장 깊은 곳에 있는 본능들은 대부분 0-6세 사이 부모님과 우리에게 영향을 미친 다른 사람들에 의해 교육받은 결과라는 것은 심리학자, 정신의학자들의 공통적인 의견이다. 감정을 표현하지 않는 가정에서 자란 아이는 틀림없이 사랑이나 따뜻함 등의 감정도 억압하려는 경향을 지닐 것이다. 계속 싸움만 하는 가정에서 자란 아이라면 화를 잘 내고 또 화를 낸다는 사실을 별 탈 없이 받아들일지 모른다. 그러다보니 부드러운 감정이나 연민 등의 감정을 내는 것을 쑥스러워하면서 그런 감정들은 억압된다.

2) 감정을 '도덕화'하는 교육을 받아왔다.

우리는 자신의 감정을 양육되어져 온 배경에 의해, 어떤 감정을 '좋거나' '나쁜' 것으로 규정하려는 경향이 있다. 예를 들면 감사하다고 느끼는 건 좋은 거고 화가 나거나 질투하는 건 나쁜 것이다. 어리석지만 실제로 부모들은 종종 아이들에게 이렇게 말한다. "그렇게 느끼는 건 옳지 않아." 혹은 "화를 내서는 안 돼. 그에게 사과하도록 해." 이런 식으로 감정을 도덕화하여 규정하는 것이다. 감정에 의한 행동은 사회적인 인간으로서 책임져야 하지만, 감정 자체는 결코 평가의 대상이 아니다.

3) '가치관의 갈등'으로 인하여 감정을 평가한다.

예를 들면 '남자답다'는 것이 주체성과 자아 이미지, 또 굉장히 중요하게 생각하는 가치관의 한 부분이라면 어떤 감정들은 거의 틀림없이 이런 이미지에 해를 끼치리라고 생각될 수 있을 것이다. 예컨대,

'나는 남자잖아. 감정을 함부로 드러내면 안 되지. 남자는 묵직하고 과묵해야 해. 감정은 조심스럽게 포장해야 하는 거야.'

'내가 그래도 남자인데 남을 두려워할 리가 없지. 난 아무도 무섭지 않아. 난 강해! 남자니까.'

'난 울지 않는 사람이야. 울면 안 돼!'

'사람은 본래 감정을 드러내어서는 안 돼. 약해 보이니까. 강해야 해'

'난 착한 사람이니까 화를 내서는 안 돼.' 등의 사고방식이다. 이런 생각으로 각자 나름의 가치관에서 감정을 드러내지 않아야 한다는 것이 틀에 박혀 있는 것이다. 어떤 분의 회고이다.

"난 마흔 살이 될 때까지 나는 내가 누구를 두려워한다거나 어떤 사실에 대해 불안해 한다는 걸 받아들일 수 없었다. 적어도 난 그렇게 생각했고 또 그렇게 말했다. 그러나 내 가엾은(!) 위장이 그만 내 그런 감정 억압에 정면으로 맞섰다. 내 위장은 머리와 입을 진실로 믿지 않았다. 결국 난 위장약을 먹기 시작하게 되었던 것이다."

4) 감정의 억압으로 인한 가장 큰 손실은 성장이 멈춘다는 것이다. 버려지거나 억압된 감정이라고 해서 결코 없어진 것은 아니다. 그러한 감정들은 한 가지 혹은 다른 방법으로 끊임없이 우리를 붙잡는다. 어떤 체계화된 패턴으로 그 억압된 감정의 증상들은 드러난다. 예컨대, 강박증적인 패턴으로, 능동적 공격적인 패턴으로, 수동적 공격의 형태인 무기력과 게으름의 패턴으로, 부분적인 강박수준을 넘어선 중독적인 패턴으로 등이다. 다시 말해서, 감정을 억압함으로써 생기는 가장 근본적인 비극은 이런 패턴이 생활화되어, 성장의 전 과정이 멈춰지는 것이다. 이런 상태를 가리켜 심리학자들은 '고착 상태', 즉 '성장과 발전의 정지

상태'라고 부른다.

우리가 건강하게 살아 나가기 위해서 필요로 하는 것은 자기 인식-자기 수용-자기 탐색-자기 통합-자기존재에 대한 축하이다. 자기를 제대로 인식한다는 것은 자신의 마음 안에서 일어나는 각종 감정에 대한 평가부터 하지 않아야 하며, 있는 그대로 그 감정을 바라보는 작업이다. 그리고 내면에서 일어나는 많은 작용들을 있는 그대로 수용하며, 필요에 따라서 적절히 탐색 혹은 성찰하여, 서서히 자신 안에서 통합시켜 나가는 작업이 있어야 한다. 자기 통합의 작업은 우리의 마음그릇이 상당히 커졌다는 의미이기도 하다. 한쪽으로만 쏠려있던 완고한 마음들이 열려 타인의 다양한 의견과 생각들을 받아들이고 합일시키는 지혜가 발휘되는 단계가 될 것이다. 궁극적으로는 자기존재에 대한 사랑과 축하가 이루어진다면 진정 행복하게 살아가지 않을까 싶다. 그렇게 된다면 자신과 타인이 통합되어 함께 행복하고 기쁘게 살 수 있는 마음의 터전이 마련될 것이다.

* 이 글은 존 포웰(1993)의 일부 내용을 인용하였음을 밝힙니다.

55. 부모와의 정서적 분리

-아버지 어머니를 떠나보내며-

부모로부터 정서적으로 독립한다는 것은,
자신의 주체성과 자율성을 여실히 잘 드러내어
자기 인생을 책임지고 성실하게 한 인격체로 살아감을 의미한다.
즉, 누구로부터도 억눌리지 않고
자율적인 의지로써 자신의 인생을 구축하려고 한다면,
심리적으로 부모의 그늘에 있는 모습,
내면의 아이가 그대로 우리 속에 존속하는 상태로서는
어려움이 있음을 뜻한다.

상담 장면에서, 어떤 문제가 발생하든, 어떤 연령대의 사람이 오든, 거의 대부분의 사람들이 가지고 있는 심리적인 어려움은 '인간실존에 대한 근본적 불안'과 '환경의 영향에 의한 패턴화된 정서들'로 집결된다고 해도 과언이 아니다. 누구라도 느끼는 '근본적인 불안'과 '의식적 무의식적 정서적 세력들(정신역동)'은 현실적인 상황과 조화를 이루는 데 있어서 긍정적으로 작용하느냐 아니면 부정적으로 작용하느냐의 문제와 깊은 관련성을 가지고 있다. 인간실존에 대한 불안은 좀 더 깊은 '진리'에 대한 탐구와 수행을 통하여 자신을 다스려 가야 할 부분으로 생각된다. 앞으로 이 부분에 대한 심도 있는 성찰은 우리 인생에 큰 지혜를 제공할 것으로 본다. 여기에서는 환경, 그 중에서도 가장 밀접한 원 가족 내의 주요양육자의 영향에 의한 패턴화된 정서들로부터 분리되어 살아가야 하는 환경적인 측면을 다루어보고자 한다.

물리적 정서적 환경적인 측면에서 발생된 대상과의 상호 관계적 현상들은, 사실 정신적 심리적 현상에 큰 영향을 미친다. 단지 어디서부터 어떻게 손을 대야 할지 몰라 그냥 간과하면서 생활하지만 그것은 쉽게 생각할 문제는 아니라고 본다. 달리 표현하면, 한 인간이 얼마나 건강하게 '부모와의 정서적 분리'가 이루어지는가의 문제는, 현실에 걸맞은 주체성 있고 자율적이며, 그러면서 책임감 있고 배려심 있는 건강한 인격체로 살아가느냐의 문제와 직결된다는 것이다.

아버지 어머니로부터의 분리는 과거관계로부터 현실관계로의 이동을 의미한다. 오래 전에 드라마 '대왕(大王) 세종'을 본 적이 있다. 그곳에서 세종이 천한 신분의 '장영실'에게 지금-현재의 능력을 높이 인정하여 양반 관직을 주면서 그의 능력을 펼쳐주려고 하자, 세종의 반대파는 물론 세종 편이었던 당대 최고의 집현전 학자들까지도 극심한 반대를 하였다. 그때 세종대왕은 '과거에 얽매인 현재는 미래가 없다.'는 요지의 명언을 남기는 장면이 있었다.

"과거에 얽매인 현재, 그러한 현재는 미래가 없다." 이 말은, '진정한 치료는 지금-여기에서 건강하게 사는 것'이라는 핵심내용, 즉 심리치료 장면에서 '현존이 중요한 치료도구이다.'라는 것을 가슴 찡하도록 느끼게 해준다. 과거의 올가미에서 한발자국도 나오지 못하는 내담자가, 어느 순간 이 핵심내용을 깨달으면서, 즉 지금-여기로 나오면서 빛처럼 환해지는 경험들이 떠오른다. 놀랍게도 시간의 양과 관계없이 명쾌한 느낌이었다. 정말 그렇다. 역사적으로도 과거를 청산하지 못하면 현재는 늘 그 과거에 족쇄를 채이게 되고 그에 따라 미래는 당연히 어려움을 겪게 된다. 이것은 국가나 사회뿐만 아니라 개인에게도 똑 같다. 한 인간으로 태어나서 어느 정도는 부모와의 관계에서 의존과 관심, 사랑과 존중 속에서 살아가야 하고 그것은 생존을 위해서나 인격체 형성을 위해서도 필요하다. 그러나 스스로 자기를 구축할 힘이 생기면 부모와는 분리되어 자신의 욕구와 생각과 느낌을 드러낼 수 있어야 하고, 그것을 검증받으면서 주체적인 힘을 길러야 한다. 즉 부모 혹은 그 대리자와 정서적으로 건강하게 분리해 나가야 한다.

부모와 떨어져야 된다고 하면, 마치 부모와 환경적으로 멀리 지내야 하는 것으로, 부모의 지원을 끊어야 하는 것으로, 심지어 부모를 미워해야 되는 것으로, 부모와 단절해야 하는 것으로, 부모가 자식을 혹은 자식이 부모를 의지해서는 안 되는 것으로 등, 여러 가지 측면에서 오해를 한다. 이렇게 오해를 하다보면, 이런 말 자체가 거부감이 들어서 싫어하는 경우도 있다. '정서적 분리'라 함은, 부모라는 실체와의 분리가 아니라, 심리적인 현상의 분리를 뜻한다. 물론 때로는 실체와의 분리를 통하여 심리적 분리가 되는 때와 시기가 있다고 느껴진다. 그것도 결국은 심리적으로 분리하기 위하여 임시방편으로 실체와의 분리를 경험한다는 뜻이므로, 결과적으로는 정서적 분리를 의미한다고 볼 수 있다. 말하자면, 독립한다는 것은 부모와 만나지도 않고 전화도 하지 않고 도움 받지도 않고 결코 손 벌리지도 않는 그런 극단적인 단절을 의미하는 것이 아니라(이런 태도는 분리된 듯 보이지만, 아주 많이 집착하고 있는, 오히려 의지하고 싶은 마음의 반동형성적인 태도라고 볼 수 있다.), 건강하게 한 인격체로서의 관계를 가진다는 것이다. 필요할 때 서로 도와주고 도움 받는 관계를 말한다. 어쩌면 건강한 분리는 건강한 의존을 의미하기도 하고, 건강한 관계의 기초가 되기도 한다.

부모와 자식과의 관계는 '대상관계'와 '동일시'라는 심리적 관계가 필수적으로 형성된다. 그 심리적 관계가 훗날 타인과의 관계방식에서 지대한 영향력을 발휘한다. 즉 인간관계를 함에 있어서 관계방식의 과거 영향력은 때로는 고상한 인품의 교류로, 때로는 병리적인 상태의 교류가 되기도 한다. 말하자면 주요양육자, 특히 부모와의 정서 교류는, 한편에서는 우리 자신을 한없이 고양된 인품을 가지도록 하는 원동력을 제공하지만, 다른 한편에서는 우리 자신의 욕구를 많이 억압시키고, 우리의 감정을 억누르게 하고, 자식에게 의지하는 부모의 내면을 합리화하는 가장 강력한 도구로 사용되기도 한다.

불경에도 '살부(殺父), 살모(殺母)'라는 표현을 통하여, 부모의 낳아주시고 길러주신 공덕에 한없이 감사하되, 그 인연의 고리나 집착을 놓지 않으면 안 된다는 뜻의 내용이 있는 것으로 알고 있다. 헨리 나웬 신부님(2005)은 '여기-지금'에서 이렇게 피력하기도 하였다.

> "살아오면서 거의 대부분 나는 '나의 이름을 위하여 너희의 아버지, 어머니, 형제자매 들을 떠나라.'는 예수님의 말씀을 완전히 문자 그대로 해석해왔다. 나는 이 말씀들의 의미가 가족으로부터 떠나 결혼하거나, 수도원에 들어가거나, 혹은 선교 일을 하기 위하여 먼 나라로 가는 것이라고 생각했다. 비록 예수님의 이름으로 그러한 결정을 하는 사람들로부터 용기와 영감을 아직도 받고 있지만, 나이가 들어가며 이 '떠남'에는 더 깊은 의미가 있다는 것을 발견하고 있다. 최근에 나는 우리의 정서적 삶이 우리의 부모, 형제자매와 맺는 관계에 의해 많은 영향을 받고 있음을 깨닫게 되었다. 이 영향은 매우 자주 강력하게 나타나, 성

인이 되어 부모를 오래전에 떠났음에도 불구하고 그들에게 정서적으로 매어 있다. 최근까지도 나는 내가 원하는 애정을 아버지가 주기를 바라면서 아버지를 변화시키고 싶어 하는 자신을 발견한다. 또한 요즈음에도, 많은 친구들의 내적인 삶이 그들의 가족 관계에서 발생된 분노, 회한, 환멸에 의해 많은 영향을 받고 있음을 본다. 그래서 오랫동안 부모를 만나지 않았어도, 부모가 이미 죽었어도, 그들은 진정한 의미에서 아직도 집을 떠나지 못하고 있다. 그러므로 아버지와 어머니, 형제들을 떠나라는 예수님의 요구는 전혀 다른 의미를 갖게 된다. 즉, 우리가 우리의 가장 심오한 소명을 따르지 못하도록 방해하는 억눌린 감정의 굴레로부터 기꺼이 우리 자신을 벗어나게 할 수 있을 것인가? 이 질문은 우리의 정서적 영적 안녕에 관련된 깊은 의미들을 함축하는 질문이다."

이 글에서도 나타나듯이, 예수님의 "나의 이름을 위하여 너희의 아버지, 어머니, 형제자매들을 떠나라!"라는 말씀을 잘못 해석하면 불효를 저지를 수 있는 말이 될 수도 있다. 그러나 그렇지 않다. 부모와 분리한다는 것은 부모로부터 정서적으로 독립하는 것을 의미한다. 부모로부터 정서적으로 독립한다는 것은, 자신의 주체성과 자율성을 여실히 잘 드러내어 자기인생을 책임지고 성실하게 한 인격체로 살아감을 의미한다. 누구로부터, 무엇으로부터, 어떠한 외부자극에서도 억눌리지 않고 자율적인 의지로써 자신의 인생을 구축한다는 것은 스스로 책임지고 스스로 살아가는 것을 말한다. 아직도 부모의 그늘에 있는 성인, 내면의 아이가 그대로 우리 속에 존속하는 성인이 아님을 의미한다. 아이는 아이답게, 성인은 성인답게 살아가는 것이다.

자식은 내 몸을 빌어서 낳은 고귀한 유기체이지 나의 소유물은 아니다. 그 자식은 하느님이 창조해주신 너무나 소중한 씨앗이며 그 주인은 하느님이라고 보아야 할 것이다. 즉, 자식의 주인은 부모가 아닌 것이다. 그러므로 자식을 자기의 소유물로 생각해서 이것저것 관여하고 지나친 간섭을 하거나 그의 욕구를 마음대로 주무르는 태도는 부모가 자식을 분리하지 못하는, 즉 오히려 부모가 자식에게 의존하는 태도라고 보아야 할 것이다. 자식은 나의 것이 아니라, 하늘이 내려주신 잠깐 '우리 집에서 부모-자식이라는 이름으로 함께 기거하는 고귀한 생명체들'일 뿐이다. 거꾸로 생각하여 부모도 내 부모가 아니라, 하늘이 몸을 통해 내려주신 소중한 인연으로 느끼는 것이 좋을 것이다.

부모를 떼어 내지 못하는 자식이나, 자식을 떼어 내지 못하는 부모의 심정이나 모두 다 이해될 수는 있으나, 우리가 부모자식 간의 애착으로부터 자유로워질 때 비로소 한 인격체로 바로 서지 않을까 싶다. 자녀는 아버지 어머니를 떠나서 하늘이 내려주신 소중한 존재라는 진정한 독립된 유기체로 느껴야 할 것이고, 부모도 하늘이 내려주신 소중한 인연으로 감사한 마음을 품으며, 독립된 존재자체로 받아들여야 할 것이다. 그런 마음으로 살아갈 때 비로소 부모 자식 모두 진정한 '자신'으로서 살아갈 수 있을 것이다.

56. 자녀와의 교류는 감정에 대한 이해부터!

부모가 아이를 제대로 양육하고 교육시키려면,
아이의 존재를 존중하는 기본적인 개념이 잘 잡혀 있어야 한다.
자녀를 존중한다는 것은 '마음'을 알아주고 존중해 주는 것이다.
존중해 주는 것은,
특히 그 감정 자체를 평가하지 않고 이해하고 수용해 주는 것이다.
감정이 이해되고 수용될 때 비로소 존재를 존중받는다는 느낌이 든다.

중 1 짜리 큰아이가 요즘 왠지 시무룩하다. '왜 저럴까!' 도대체 알 수 없다. 보통 때처럼 똑같이 밥 먹고 옷 입고 학교 가는 것으로 생각되는데, 왜 저렇게 시무룩한지 이해가 안 된다. "너 요즘 무슨 일이 있느냐?" 고 물으니, 아이는 "별일 없어!" 하면서 그냥 말을 않는다. "그런데 인상이 왜 그래?"라고 물으면, "아무 일 없어요! 엄마(아빠)는 몰라도 돼요."라고 큰아이는 대답을 회피한다. 그런데 작은 아이는 지나가는 소리로 "요즘 기분 잡치는 일들이 많아." "아이, 짜증 나!"라고 한다. 일상에서 이런 상황이 가정에서 일어났다고 가정해 보자.

사실, '아무 일 없다.'라고 하는 것보다는 '기분 잡치는 일들이 많다.'라고 하는 반응이 훨씬 더 대화의 물꼬를 트는 데 도움이 된다. '아무 일 없다.'라는 반응이 나오면서 아예 말을 하지 않으려고 한다면, 이것은 아이가 아직 마음을 열고 싶지 않은 무엇인가가 있거나, 혹은 부모-자녀관계에 뭔가 대화를 방해하는 요인들이 이미 작용하고 있다는 것을 의미한다. 만약 자녀가 부모가 무엇인가를 요구하거나 제시하였는데도 불구하고 "괜찮아요. 상관마세요. 아무 일도 아니에요."라는 반응을 한다면, 너무 선불리 다그치며 아이에게 말을 하도록 강요하는 것보다는, 잠시 기다리는 것이 좋을 것이다. '아무 일 없다.'라고 하는데 부모가 일일이 꼬치꼬치 따지듯 묻는 것은 곤란하다. 부모는 아이 입장에서 아무 말 하고 싶지 않을 수 있다는 그 마음자체를 이해하려는 마음자세를 가져야 하고, 아니면 더 이상 어떻게 해 볼 수 없는 막막함 때문에 '자기 자신도 시간을 좀 가져야 하는구나.'라고 기다리는 태도를 지녀야 할 것이다. 상대방의 요인에 의해서 지금 말을 하고 싶지 않은 경우에는 그 상태를 존중하며 상대방이 필요로 하는 시간을 주는 것이 좋을 것이다. 만약 부모-자녀관계에서 걸림돌이 되는 요인이 있어서 더 이상의 대화를 거부한다면, 부모가 대화의 기술과 자녀심리와 관련된 전문적인 교육을 통해서 아이가 마음을 열도록 연구하여야 한다.

'기분 잡치는 일들이 많다.'라는 반응이 온다면 좀 다행이다. 살짝 자기 힘든 부분을 드러내고 있기 때문에 조금이라도 대화의 물꼬를 틀 수 있다. "어떤 일이 있었느냐?"라고 물어주면서, 자녀가 어떠어떠한 일로 어려움을 겪고 있다는 표현을 하도록 길을 열어주는 것이 좋을 것이다. 특별한 기술이 필요하지 않고, 상대방의 말을 경청하면서, 잘 들어주면서 공감해 주거나, 상대방이 요구하면 조언이나 제안 등을 건넬 수도 있을 것이다. 대체로 특별한 판단이나 비판없이 "아, 그런 일이 있었구나. 기분이 언짢았겠구나…"라는 태도로 감정을 이해해주고 수용해주는 것만으로도 도움 줄 수 있다.

그러나, 만약 이런 상황에서 부모가 자녀 감정에 대한 이해가 되어있지 않다면 이런 반응이 나올 수 있다.

1) "너, 지금 공부를 해야 할 시기에 사소한 것 가지고 기분 잡치면 되겠어?"

2) "학생이 공부만 하면 되지, 기분은 무슨 기분?"

3) "엄마 아빠가 너를 위해서 안 해준 것이 뭐 있다고, 네가 무슨 기분이 안 좋은데?"

위와 같은 반응이 나온다면, 이것은 대화의 물꼬를 틀어막는 반응이 되는 것이다. 즉, 이런 반응을 하는 부모는 상대방의 '감정'을 전혀 이해하지도 고려하지도 못하는 문제점을 안고 있다고 볼 수 있다.

1), 2)와 같은 반응은, '너의 감정은 무시하겠다. 공부나 해!'라는 뜻이다. 즉, 그 아이가 가장 힘들어하고 있는 '마음'을 부모의 말 한마디로 짓뭉개버리는 느낌을 가질 수 있다. 이것은 그 다음에 나올 수 있는 말을 차단시키는 셈이 되는 것이다. 부모의 이러한 지배적인 반응은, 아이를 은연중에 피지배자로 만들어 무기력하고 소극적인 아이로 만들 가능성을 내포하고 있다.

3)의 반응은 더욱 더 심하다. 부모 자신의 욕구를 드러내는 것이다. 그냥 아이 입장에서는 '다른 일로 기분이 좋지 않다.'라는 것인데, 부모는 '엄마 아빠가 너를 위해서 안 해 준 것이 뭐 있다고!'라는 말 속에서 마치 '너의 좋지 않은 기분이 우리 때문이라는 말이야?'는 식의 엄청난(?) 오해를 하면서, 마치 피해자가 된 듯이 부모 자신의 감정을 투사시키는 것이다. 대체로 부모들은 '억압된 내면의 화'를 투사하여 자녀에게 전이시켜 드러내는 경우가 많다. 원인으로 들어가면 부모는 과거 환경에서, 권위

자의 박탈 혹은 지배 틀 속에서 비난과 '탓'을 많이 받았음이 예측된다. 그로 인하여 억눌려있던 내면의 화를, 일상에서의 사소한 일로 자극을 받으면, 상대방 혹은 외부상황 탓을 하면서 잠수되어 있었던 감정을 드러낸다. 한마디로 억압된 내면의 적개심의 투사체가 바로 자식(혹은 다른 외부대상)이 되기 쉬운 것이다. 그런 부모의 내면에는 두려움과 불안이 잠재해 있을 가능성이 많다. 그러나 그 불안과 두려움의 원인이 마치 자식에게 있는 것처럼 생각하고, 그 마음을 비추어(투사시켜), 마치 아이가 부모 탓을 하는 것처럼 인지하고 그 인지한 대로 반응을 하는 것이다. 너의 기분 나쁜 것은 우리 탓이 아니라는 식으로! 누가 부모 때문이라고 했는가? 자식은 결코 부모 탓을 한 것이 아니고 그냥 '어떠어떠한 일로 기분이 안 좋다.'는 것일 뿐이다. 즉, 3)의 반응 역시, 부모는 자기의 내면에서 상처받은 마음으로 자식을 바라보는 것이기 때문에 자식의 '감정' 자체를 이해하지 못하는 것이다.

상대방의 '감정' 자체를 이해 못하고 느낄 수 없는 부모는, 아이의 마음을 열게 할 수 없을 뿐만 아니라, 오히려 마음을 닫아버리게 만들기 때문에 차후 더 많은 문제점을 야기할 가능성이 있다. 즉, 어떻게 아이를 다루어야 할 지 알 수 없고 무엇 때문인지 알 수 없기 때문에, 그냥 '사춘기가 되니까 저러는가 보다.' '저러다가 말겠지. 뭐 별거 아니겠지!' 하는, '부모 나름의 생각'으로 그냥 지나친다. 그러다 보면 아이는 어떤 사정들이 해결되지 않은 채, 문제는 계속 잠수해 있으면서 마음은 풀리지 않으니 갑갑해지기 시작한다. 갑갑한 마음을 무엇인가를 통하여 풀어야 하므로, 어느 날부터인가 슬슬 게임에 빠져 들어가기도 하고 밤늦게까지 채팅을 하는가 하면, 인터넷으로 무엇을 살짝 살짝 보기도 한다. 경우에 따라서는 서서히 감각적인 것에 빠져 들어가기도 하고, 그렇게 되면서 집중해야 할 학습을 놓친다. 자연스럽게 학교가기가 싫어지는 상황까지 연결될 수 있다고 보아야 한다.

만약, 부모가 그 아이의 감정이 뭔가는 모르게 우울하고 불안하고 힘든 것이 있다는 것을 감지하였다면 이런 반응이 가능할 것이다.

1) "아, 기분 잡치는 일이 있다고? 무슨 일인지는 모르지만 기분이 안 좋은 일이 있었구나. 엄마는 너를 도와주고 싶은데… 네가 말하고 싶을 때 이야기 좀 하자꾸나. 엄마가 기다릴게."

2) "그래 맞아, 살다보면 기분 나쁜 일들이 있을 수 있지. 혹시 무슨 일이 있었는지 엄마(아빠)가 좀 알면 안 될까?"

이러한 반응들이 나온다면, 이 부모는 '감정'이라는 것을 느끼며 자식과의 대화를 할 수 있는 기본을 갖춘 셈이다.

1)과 같은 반응은, 기분 잡치는 그 마음을 그대로 읽어주고 그 마음을 그대로 받아주는 것이다. 즉, 아이의 '감정' 자체를 거부하지 않고 수용하는 자세인 것이다. 자연스럽게 '어떤 일로 기분 나빴는지'를 아이가 말을 할 수 있게 만드는 대화법이다. 당장 무슨 말을 하지 않더라도 잠시 기다리면 스스로 자녀는 부모에게 다가온다. 감정이 박탈되지 않고 수용 받은 아이는 자연스럽게 내면을 열게 된다. 이것은 마술처럼 아이가 자기의 마음을 펼치기 시작하게 하는 기술인 것이다. 특히 힘든 일이 있을 때, '도와주고 싶은 부모의 마음'을 진심으로 아이가 느낀다면, 아이는 필요할 때 건강한 의존대상을 맞이할 수 있어서 그나마 조금이라도 마음이 안정될 수 있다.

2)의 반응 역시, 아이의 마음을 흔쾌히 수용해 주는 자세이다. '사람은

누구나 다 기분 나쁜 감정을 느낄 수 있다.'는 것을 보여줌으로써, 아이만이 가지는 특별한 감정이 아니라 '그럴 수 있다.'는 안심을 시킨다. 이것은 보편적인 느낌이라는 것을 통하여, 아이가 자신의 감정을 불안해하지 않고 수치스러워 하지 않게끔 도와주는 반응이다. 그리고 아이 입장에서는 감정 자체를 수용 받는 느낌이기 때문에 자연스럽게 마음을 열게 되는 것이다.

부모가 아이를 제대로 양육하고 교육하려면 아이의 존재를 존중하는 기본적인 개념이 잡혀 있어야 한다. 자녀를 존중한다고 하여 아이가 필요한 것을 사 주고, 먹여주고 입혀주는 것만이 전부는 아닐 것이다. 그러한 물질은 현실에 맞게 필요에 따라 적절히 제공받는 것이 좋으며, 과도한 물질을 받게 되면 오히려 그 물질의 노예가 되어 물질을 지속적으로 제공받는 것을 존중의 의미로 착각하는 우를 범할 수도 있다. 자녀를 존중한다는 것은 여러 측면이 있겠지만, 우선 '마음'을 알아주고 '감정'을 존중해주는 것이다. 마음을 존중받지 못한 아이들이 물질을 통해서 자신의 존재를 내세우려고 할 때는, 훗날 감당할 수 없는 어려움을 겪게 될 것이다. 진정 상대방을 존중해 준다는 것은, 그 감정 자체를 평가하지 않고(물론 행동은 평가되고 책임져야 한다.) 이해하고 수용해 주는 것이다. 감정이 이해되고 수용될 때 비로소 존재를 존중받는 것이다. 그리고 난 후, 감정이 조절되고 통합되기 시작하면, 지혜로운 의사결정과 현실적인 해결방안을 내는, 슬기로운 일상을 맞이하게 될 것이다. 아울러 자신의 존재를 존중받게 되면 스스로를 사랑하게 되고, 그 사랑을 통하여 자신을 실현시키려는 창조성이 드러나게 된다. 그러다보면 자신을 넘어서 세상을 바라보는 눈이 확대되고, 이 눈은 타인을 사랑하는 중요한 발판이 되는 것이다. 이 모든 것의 출발점은 자라면서 '감정'을 있는 그대로 이해받고 존중받는 것부터 시작되는 것이 아닐까 싶다.

57. 건강하지 못한 감정처리 방법과 건강한 감정처리 방법

감정은 통합되고 조정(調整)되어야 한다.
감정을 표현하는 것은 필요하지만
감정에 따라 행동하는 것은 전혀 필요하지 않다.
행동개시는,
서로에 대한 조화와 사랑을 원할 때가 적기(適期)이다.

비교적 건강한 사람들은 감정을 스스로 통제하는 능력이 있다. 즉, 그들은 감정의 노예가 되지 않고, 그 감정을 자신의 통제 아래 두고 이를 억제하지 않고 인식(認識)의 표면으로 끌어올린다. 그러한 사람은 정서적으로 풍부한 생활을 하게 된다. 즉, 자신의 욕구(欲求)와 다른 사람과의 관계에 있어서 생기는 감정을 의식(意識)하여 여기에 맞춰 나간다. 이런 것이 자기감정대로 마음대로 휘두르는 것과는 다르다는 것쯤은 충분히 알고 있을 것이다. 만약 자기감정대로 마음대로 표현하는 것을 마치 정서적으로 풍부한 생활을 하는 것으로 생각한다면, 그것은 감정의 노예가 되어있는 것이지, 그런 식의 표출을 '감정을 의식하여 맞춰나가는 것'으로 오해하면 곤란하다. 성숙한 인간은 지각(知覺), 감정(感精), 지성(知性)과 의지(意志)의 균형이 이루어진다. 감정은 통합되고 조정(調整)되어야 한다. 감정을 표현하는 것은 필요하지만 감정에 따라 행동하는 것은 거의 필요하지 않다.

이런 모든 것이 매우 중요하다는 것은 다음과 같은 점을 생각해 보면 명백해질 것이다.

(1) 거의 모든 인생의 즐거움과 고통은 감정과 밀접하게 연관되어 있다.

(2) 대부분의 인간의 행위는 감정의 결과이다(비록 우리가 순수한 지성인인 체하고 우리의 선호選好와 행위를 전부 합리적이고 객관적인 동기動機로써 설명하려 하지만…)

(3) 대인관계에서 생기는 대부분의 갈등은 감정적인 긴장(스트레스, 노여움, 질투, 욕구 불만)에서 초래되고, 대부분 사람들의 만남은 상호 감정의 교류(즉 감정적 이입, 친절, 애정과 매력의 느낌)로서 이루어진다. 즉, 감정과 이를 어떻게 처리하는가 하는 것은 인생이란 항로(航路)에서 성공이냐 실패냐를 좌우할 수 있는 중요한 근간이다.

어떤 상황적인 예를 통하여 건강한 감정처리를 할 때와 건강하지 못한 감정처리를 할 때, 감정을 어떻게 지각하고 통합하는가 하는 것을 살펴보자.

상황) 계모임에 갔다. 그곳 사람들과 이런저런 이야기를 하다 보니 여러 가지로 견해 차이가 생겨 점차 목소리가 커지고 슬슬 기분이 가라앉는다. 사실 이런 일들은 자주 발생한다. 가족관계에서도 비슷하다. 내 의견과 다른 이야기가 나온다 싶으면 점점 격한 감정이 올라오고, 스트레스를 느끼기 시작한다. 어찌해야 할 것인가.

첫째, 건강하지 못한 감정처리 방법을 살펴본다.

1) **자신의 감정을 무시한다.**

'까짓것 상관없어. 그 사람과 이야기하는 것 자체가 내 인생에 무슨 상관이람. 화도 나지 않아. 됐어. 전혀 문제없어. 진짜 난 화가 안나. 나는 아무렇지도 않아. 왜 이렇게 땀이 나지. 날씨가 요즘 더워서. 휴… ' 하면서 자신의 감정자체를 무시한다. 아예 느끼지 않으려고 한다. 다른 것에 몰두하려고 두리번거리기도 한다. 핸드폰을 손에 잡고 놓지 않는다. 왠지 열이 나고 땀이 나는 것은 단지 요즘 날씨가 덥기 때문이라고 중얼거린다. '분노나 짜증'을 자신이 알 수 없는 가슴속에 깊이 묻는다. (억압, 방어, 합리화, 부인 등의 방어기제를 사용한다.)

2) 자신의 감정을 계속 부정한다.

"진짜 화나지 않았다니까. 왜 그래, 내 얼굴이 화난 것처럼 보인다고? 아냐, 진짜 다 잊어버렸어."라고 자신과 다른 사람들에게 말한다. 동료와 이야기한 것을 마음에 떠올리려고 하면, 감정은 더욱 다른 곳으로 돌리고 싶다. 감정자체를 자꾸 부정하고 싶다. 누군가가 그러다가 '병나겠어요!'라고 하면 '뭐, 병이 나면 약을 먹지.'라고 한다. 다른 사람이 감정을 내는 것 자체도 용납하기 어렵다. '참 미숙한 사람이군. 저렇게 자기감정을 함부로 드러내다니…' '자신을 방어할 줄 모르는 사람은 정신이 나간 사람이야. 난 이렇게 괜찮은데…' '정말 괜찮다니까… 왜 이래! 내가 괜찮다고 하는데…' 등이다.

3) 반박할 자료를 찾아 마음을 집중시킨다.

'좀 더 확실한 이유를 들어 저 사람을 그냥 한방에 말로 굴복시키고 싶은데. 내 말이 정말 맞았는데. 내 말이 맞다는 것을 조리 있게 말해야 하는데.' 어떤 자료를 제시하더라도 끊임없이 주장하면서, 상대방 말을 가로채어 자기가 말하고자 하는 요점을 말하고 싶다. 오로지 논쟁에 전력을 기울여 목에 핏대를 세운다. 고양이가 쥐를 사냥하는 것처럼, 잘못된 점을 찾아 끝까지 몰고 들어가야 직성이 풀릴 것 같다. 질문 또 질문을 하면서, 반박할 거리를 찾아야 속이 좀 시원할 것 같다. 스스로가 그렇게 함으로써 점점 더 화가 나고 스트레스 상황으로 들어가고 있다는 것을 알아채지 못한다.

4) 상대의 잘못으로 돌리기 시작한다.

나름대로 냉정을 찾아 표현을 하려고 하나, 자신이 원하는 대로 되지 않으면 상대방을 비난하고, 그 비난 속에는 상대방의 문제점 특히 뿌리 깊은 성격적 결함을 들먹이며 공격하기 시작한다. 예를 들면, "당신과는 아무것도 얘기할 수 없습니다. 당신은 너무 거만해요. 당신은 남의 말을 전혀 듣지 않아요. (이런 식으로 상대의 문제점을 인신 공격적으로 지적하며 계속 비난한다.) 당신은 아마 자신이 신(神)이나 된 것처럼 생각하나 보군요. (빈정대기도 한다.)" "그러면 그렇지. 당신이 뭘 잘하는 게 있어! 제대로 한 적이 있어요? (확언한다.)" "어쩌다가 요즘 좀 괜찮더니, 결국 또 마찬가지이군. 이제 지겨워! 당신이라는 사람! (절망으로 들어가는 문을 노크하고 있다.)" 이런 식으로 무차별 인신공격으로 치닫는다. 자기 속이 이렇게 적개심을 내어야 편안해질 것처럼 생각하지만, 결국 스스로의 분노로 스스로를 괴롭히는 꼴이 된다는 점을 알아채기 힘들다.

5) 감정의 홍수 속에 빠지면서 절망하고 낙담한다.

감정통제가 스스로 되지 않아, 흥분하면서 '아휴… 내가 못살아. 정말 미치겠어.'라는 식으로 스스로의 감정 홍수 속으로 들어간다. 그러나 결코 스스로에 대해서는 반성하거나 통합시키려 하지 않고, 잘못의 핵심은 상대방이므로 '내가 정해놓은 상대방' 때문에 거의 절망으로 치닫는다. 상대가 얼마나 문제인지를 따지려하고 열 받으며, "됐어 됐어, 더 이상

안 돼.” 하면서 낙담한다.

둘째, 건강한 감정처리 방법을 살펴본다.

1) 자신의 감정을 포착한다. (바라보고)

잠시 논쟁에서 마음을 돌려 자신의 감정 반응에 직접적인 관심을 쏟는다. 그리고 다음과 같이 자문한다. “지금 나의 감정이 어떠한가? 당황하고 있지나 않은가? (혹시 내 의견이 틀렸을지도 모르잖아. 내가 좀 과하게 느꼈을 수도 있지 않을까!), 두려워하고 있지 않은가? (상대방에게 대응하지 못할까 봐!) 무시하고 싶은가? (저 사람의 이야기는 분명히 아닌데! 하면서.)”

2) 자신의 감정을 느끼되 평가하지 않는다. (머무르고)

자신의 감정 상태를 평가하지 않고, 있는 그대로 충분히 인식하려고 한다. 또한 그 감정이 어느 정도의 강도인지를 스스로 측정하여 충분히 느낀다. 표현이나 행위를 좀 멈춘다. 일단 가만히 앉아 따뜻한 차라도 한잔 마신다. 먼 산을 보거나 허공을 잠시 응시한다. ‘아… 내가 이렇게 느끼는구나.’ ‘너(나)가 이러이러하게 생각하고 있구나.’라며 자신을 혹은 타인처럼 자신을 생각한다.

3) 자신의 감정을 탐색한다. (통찰하면서 넘어서려는 시도를 하고)

진실로 자신에 대해 많은 것을 알아내고자 한다면, 자신의 감정 상태는 어떻게 생겨난 것인지를 찾는다. 특히 비례적이지 않은 감정의 원천을 추적한다. 아울러 비례적인 감정이라 할지라도 대처하지 못하는 내 방식의 원천을 추적한다. 현재의 감정에 대한 전체적인 내력은 못 밝힐지 모르나 전에는 미처 느끼지 못했던 나의 감정과 행동양식을 스쳐지나가듯 느끼게 된다. (이때 심리관련 학습을 하였다면, 자신의 핵심역동의 탐색은 많은 도움을 준다.)

굳이 스스로에 대해서 탐색하고자 하는 마음이 없다면, 나의 처지를 잘 이해할 만한 타인에게 자신이 느꼈던 것에 대하여 이야기를 나눈다. 대상이 전문가 수준이거나 매우 건강한 사람일 경우에는, 상호 대화자체가 자신을 탐색하는 계기가 되므로 놀라울 만큼의 통찰내용이 나올 수도 있다.

4) 자신의 감정을 표현한다. (비례적으로 대처하면서 넘어서려고 행동하고)

이제는 분석, 해석, 판단하는 것을 그만둔다. "우리 잠깐 냉정해지자. 난 너무 일을 많이 해서 정말 뜻하지도 않았던 걸 말하기 시작했다. 난 사실 당신의 의견에 내가 할 말을 잊고 멍해져버렸어. 그래서 좀 힘들었어. 솔직히 말해서 당신이랑 갈등이 일어날까 봐 불안하고 두려웠고…" 이런 식으로 자기감정을 표현하는 데 있어서는 비난을 한다거나 잘잘못에 대한 판정을 하지 않는 것이 가장 중요하다. 또 위의 예처럼 분노의 감정(화났어. 분노감이 일어났어! 등)보다는 분노의 본마음(힘들었어, 불안하고 두려웠어! 등)을 표현하려고 해야 한다. 화를 내게 된 이유를 상대편 혹은 나의 잘못이라고 자책하지 말자. 사실상 그건 나와 상대방의 잘못이라기보다는 그 이유나 동기를 이해할 필요가 있을 뿐이다. 단지, 이제 내가 어떻게 할 것인가에만 초점을 맞추어야 한다.

5) 자신의 감정을 통합하면서, 현실적인 부분을 정리한다. (넘어서고)

이상과 같은 과정을 거친 후에는 어떻게 하는 것이 옳은가를 마음속에서 판단하여 의지로써 그 판단을 실천에 옮기도록 한다. 예를 들면, "다시 시작하자. 당신 얘기를 듣기에는 내가 너무 방어적(防禦的)이었던 것 같다. 우리 다시 이야기 좀 해 보자." 또는 "일단 그 주제는 다음 기회에 다시

한 번 이야기 나누자. 오늘은 내가 좀 힘이 드니까."라고 말하도록 한다.

성숙한 인간에게 있어서는, 감정은 통합되고 조정(調整)되어 나타난다는 사실을 한 번 더 명심하여 보자. 때론, 감정을 표현하는 것은 필요하지만 감정에 따라 행동하는 것은 전혀 필요하지 않다. 행동개시는, 서로에 대한 조화와 사랑을 원할 때가 적기(適期)가 아니겠는가!

* 이 글은 존 포웰 신부님(1993)의 글의 일부를 인용하였음을 밝힙니다.

58. 자녀의 엇길, 그리고 부모의 한계

버티는 것도 정말 힘이 많이 든다. 버텨내면서… 조용히…
이 고통이 내게 어떤 의미가 되는지에 대하여 성찰하여야 한다.
이 고통이 내게 무엇을 가르치려고 하는지 물어보아야 한다.
이 고통이 나에게 무엇을 배우게 할 것인지를 명상해야 한다.
한계를 통하여 하늘은 내게 어떤 깨달음을 안겨주는지를 묵상하여야 한다.
그 성찰과 명상은 신기하게도 어떤 힘을 가져다 줄 것이다.

자식을 기르는 부모의 고통은 가지가지이다. 대부분의 부모는 자식을 위하여 최선을 다하려고 하고, 희생하려는 마음자세를 가지고 있다. 물론 자식이 마음에 안들 때도 많고 귀찮고 싫을 때도 많을 것이다. 하지만 특별한 경우를 제외한 대부분의 부모는 나름대로 자식을 위하고 사랑하는 마음이 있다. 그러나 부모도 인간이기에, 무엇을 어떻게 해 줘야 할지 모를 때도 많고, 부모의 한계로 더 이상 아무것도 해 줄 수 없을 때도 있다. 어느 누가 완벽하겠는가! 모든 인간은 한계를 가지고 있다. 그리고 그것이 인간의 조건이지 않겠는가. 주어진 한계에서 자식을 위하여 최선을 다하려는 대부분의 부모는 어떤 지점에서는 어려움을 느낀다.

특히 그 중에서도, 부모의 고통은 '분명 도움이 필요한 자식에게 더 이상 도울 수 없을 때', '자녀의 엇길에도 아무 것도 할 수 없을 때', 아마도 이런 경우가 가장 큰 고통이 아닐까 싶다. 가장 사랑하는 사람이 어려움을 겪는데도 더 이상 도울 수 없다면, 정말 이것은 힘겨울 수 있다. 예컨대, 자식이 타고날 때부터 어떻게 해 볼 수 없는 불치의 병에 걸려 있다든가, 살아가면서 결정적인 신체 손상을 입었다든가, 심리적 트라우마(trauma)로 인하여 부적응상태를 지속하고 있다든가, 정신적인 장애를 심히 앓고 있다든가 등이다. 어떻게 도울 수 없는 상태의 자녀를 바라보는 부모의 고통은 뭐라고 말로 표현할 수 없을 것이다. 어느 누구의 말이 필요할까! 어떤 다른 사람의 말도 그 부모에게는 들리지 않을 수도 있다. 그것은 심장을 도려내고 가슴을 헤집는 크나큰 상처인 것이다.

이 정도는 아니라 할지라도, 일상생활에서 부모로서의 큰 고통은 자녀가 처한 상황이 불을 보듯 뻔히 좋지 않을 것임을 알면서도 어떻게 해 볼 수 없을 때이다. 전문가의 도움을 받으려고 해도 자녀가 더 이상 그것을 거부할 때 어떻게 할 것인가. 이렇게 인간의 능력으로는 어쩔 수 없을 때가 올 수 있으며, 생활 속에서 자주, 자녀뿐만 아니라 다른 사람들을 도울 수 없을 때가 있다.

어느 분의 이야기를 통해서 자녀의 엇길(엇길이라고 생각하는)에 대한 부모의 태도를 살펴보자. (그분은 이야기의 게재 여부를 상의하였을 때, 흔쾌히 허락하였다.)

친한 친구 한 사람이 여느 아버지와 마찬가지로 자기 아들이 고등학교를 졸업하고 대학에 진학하기를 고대하고 있었다. 그 아버지는 아들이 여러 학교들을 알아보도록 도와주었고, 마땅히 아들이 적절한 대학을 선택하리라고 기다리고 있었다. 그러나 모든 일이 끝난 다음, 아들은 '머리가 빈 것 같이 보이는' 여자아이와 함께 낡은 붉은색 차를 타고 집에 와서 아버지한테 말했다. 그 여자아이와 함께 제주도로 여행을 떠날 것이고, 길가에서 자고 돈이 떨어지면 일자리를 찾아보겠다고 했다. 나름대로 이것저것 물어봐도 신경 쓰지 말라는 간단한 대답만이 전부였다.

친구는 아들의 그 말을 듣고 약물, 부적응, 섹스, 광기 등의 이상한 인간만이 할 수 있는 것들이 연상되기 시작했다. 물론 우리 아들은 설마 그런 일까지야 벌이지 않겠지. 결코 그런 생활이 바로 아들의 생활과 비슷할 수 있을 것이라고는 상상하지 않으려 했다. 그러나 끝까지 가는 상상은 아버지를 극도의 두려움으로 몰고 가는 것은 어쩔 수 없었다. 아들의 그러한 결정이 바로 사회의 악(?)과 같은 그런 것이라는 두려움에 가득 찼다. 아버지의 온갖 애원과 경고는 '보통 사람들' 만큼만 살았으면 하는 평범한 것이었고, 부모로서는 당연한 요구이기도 하였다. 하지만 아들 입장에서는 현재의 환경을 탈출하고 '진짜 세계(?)'를 보려는 자신의 욕구를 더 강화시키기만 할 뿐이었다.

상황은 매우 힘들었다. 친구의 두려움은 극도에 달했다. 그렇지만 마지막 질문은, '이 망아지같이 날뛰는 자식을 어떻게 도울 것인가?'가 아니라, '아버지가 아들에 의해 무너지는 것을 어떻게 막을 것인가?'였다. 나는 친구에게 다음과 같이 말했다. "무슨 일이 아들에게 일어나든 간에, 아들이 자네의 수면 욕구, 입맛, 그리고 일상적인 모든 즐거움을 앗아가게 해서는 안 된다고 생각하네. 자네는 한 인간으로서 한 인격체로서 한 자연인으로서 자네가 고유하게 지닌 달란트와 선물을 그대로 지니고 있어야 하네. 자네는 아들 때문에 자네 스스로가 무너지는 것을 어떻게 막을 것인가에 대해서 더 고민해야 하네. 어쩌면 자네는 그 어떤 때보다도, 더 온전히 자네의 삶을 충실히 살아야 하네. 바로 그것이 아들이 가야할 길을 보여주는 길이라네."

아, 이것이 무슨 말인가! 지금 자식이 이상한 인간만이 할 수 있는 그런 곳으로 빠지려고 하는데, 부모 스스로의 욕구는 충족해야 한단 말인가! 이런 말은 정말 너무 얌체 같은 말이지 않는가! 나부터 우선 챙기라는 말은 부모의 마땅히 느껴야 하는 자책감을 가지지 말라는 말인가! 도대체 이런 생각을 하다니… 라는 생각이 들었다. 이런 말을 하는 것이 나에게도 쉽지 않았다. 나 역시 친구의 걱정이 충분히 공감되었고, 나 자신도 그 걱정을 나누고 있었기 때문이다. 그러나 아들의 가출이 아무리 고통스러워도, 아버지는 아들이 떠나도록, 단지 신체적으로뿐만 아니라 정서적으로도 떠나도록 그냥 둬야 했다. 아들은 하늘에 맡기고 스스로가 흔들리지 않도록 해야 한다.

세월이 흐른 후, 그 아들은 어떤 상황에서도 건강하게 자신의 삶을 지키고 사랑하면서 살고 있는 그 아버지를 보면서, 마음과 몸이 다시 돌아올 수도 있고, 자신의 길을 더 성찰하면서 발전시킬 수도 있을 것이다. 즉, 자기가 가는 길에 대해서 좀 더 진실 되게 성찰해 보는 기준이 바로 아버지가 될 수 있을 것 같다. 이러한 내용들을 친구와 나는 주고받았다.

가끔 외부의 상황으로 인하여 현실의 모든 것에서 손을 떼고 싶을 때가 있다. 그 외부의 상황이 자식의 엇길인 경우에는 조금 더 심각해진다. '자식이 엇길로 나가고 있는 것 같은데, 부모인 내가 무엇을 할 수 있단 말인가! 도대체 지금 내가 일하고 공부하며 생활하는 이 모든 것이 무슨 의미란 말인가!' 하면서 좌절하고 낙담하기 쉽다. 너무나 공감되는 부모의 심정이다. 부모가 아무렇지도 않게 똑같은 생활을 한다면, 오히려 주변에서는 '자식이 그 지경인데 밥이 넘어가세요?' '자식이 어떻게 된 줄도 모르는데 걱정도 되지 않으세요? 잠은 잘 주무세요?' 하면서 부모의 속도 모르고 이런저런 말로 추측하고 비웃기까지 하며, 오히려 더 힘들게 한다. 그럴 수 있다. 그러나 탕자(!)가 돌아올 때까지, 부모는 성실하게 자신의 현실적인 일을 잘 하면서 돌아왔을 때의 자식을 품에 안을 마음의 준비를 하여야 한다. 누가 보아도 성실하게 건강하게 살고 있다는 믿음을 주면서 든든한 힘을 비축해야 한다. 그래야 쓰러져가는 자식을 안을 수도 있고, 힘겨워하는 자식에게 힘을 줄 수도 있고, 죄책감에 젖어 자기 인생을 망가뜨리고 싶은 자식을 위로할 수도 있다. 부모 자신이 자식으로 인하여 흔들리지 말아야 한다. 부모가 흔들려버리면 자식은 더욱 더 절망의 구렁텅이에서 빠져나올 수가 없다. 함께 빠지기 때문이다.

버티는 것도 정말 힘이 많이 든다. 버텨내면서, 조용히 자신에게 일어난 일들을 그토록 고통스럽게 여겨야 하는 것인가부터 살펴야 한다. 또한 고통을 마땅히 느껴야 한다면 이것은 내게 어떤 의미가 되는지에 대하여 성찰하여야 한다. 이 고통이 내게 무엇을 가르치려고 하는지 물어보아야 한다. 이 고통이 나에게 무엇을 배우게 할 것인지를 명상해야 한다. 인간의 한계를 통하여 하늘은 내게 무엇을 깨닫게 하려는 것인지를 성찰하여야 한다.

신기하게도 그 성찰과 명상은, 우리에게 힘을 주고 마음의 안정을 준다. 더 신기하게도 그럴 때 자식은 돌아온다. 자식은 나를 가르치기 위한 일시적인 채찍질이었을 수 있다. 자식은 나의 정신적 스승으로서 많은 교훈을 안겨준다. 어떤 고통이라도 배워지는 것이 있지 않을까 싶다. '자식'의 자리에 '배우자'를 둔다면 혹은 한 공동체에서의 '힘겨운 대상'을 두고 생각한다면, 우리의 인간관계는 어떤 상황이든 오직 성장의 기회가 될 것이라는 믿음이 간다.

59. "상대방의 문제행동은 증상이다."

부모가 아이의 내면에서 겪고 있는 문제점을 이해하고, 공감하고,
치료하는 반응을 배우고, 깨닫고, 스스로 노력하는 자세를 가진다면,
자녀의 문제행동은 차츰차츰 감소하고,
시간이 흐르게 되면
자녀 스스로도 자기본연의 '자기실현 욕구'를 향하여 매진할 것이다.

대체로 자녀의 증상은 가정 내에서의 어떤 종류의 압력이나 갈등, 긴장에 대한 반응이다. 자녀의 문제행동은, 그것 자체가 심리적인 문제의 증상이라고 생각하면 된다. 즉, 심리적인 어려움을 문제행동으로 드러낸다는 뜻이다.

인간은 누구나 자기실현의 욕구를 가지기 때문에(당사자는 이런 표현을 할 줄은 모른다 할지라도) 근본적으로 문제행동을 하고 싶은 자녀는 없다. 다만, 그런 문제행동을 하지 않으면 살아남을 수 없는 자신의 고통과 아픔이 내재되어 있다는 것이다. 예컨대, 손가락을 빠는 증상을 가진 아이는, 자기 엄지손가락을 빨지 않으면 불안을 제어할 수 없기 때문에 빠는 것이다. 내면의 불안을 해소할 수 있는 방법으로 스스로 할 수 있는 무엇인가를 찾은 것이 바로 '손가락을 빠는 행위'이다. 이렇게라도 불안을 해소하지 않으면 다른 어떤 방법으로 불안을 해소할 수 있을지를 모르는 것이다. 부모는 '손가락 빠는 행위' 자체를 꾸중하고 수정시키려고 애쓰

지만 자녀는 그런 행위를 통해서 스스로 자신의 불안을 조절하고 있는 중이라고 볼 수 있다. 마땅히 스스로가 가장 필요한 행위를 하고 있다고도 본다.

증상이란 심리적 문제점을 나름대로 타협(?)하기 위한 하나의 표출행위이다. 스스로 내면의 심리적인 문제점을 어떤 행위로 타협하지 않고, 내부에서 도저히 어떻게 해 볼 수 없는 마음 때문에 '정신이 나갈' 정도의 엄청난 심리적 고통이 도래하면, 행위로 나타나는 증상보다 더 심각한 '인격 장애' '정신증' 상태가 될 수도 있는 것이다. 따라서 가정 내의 심리적인 문제점의 원인이 될 만한 갈등, 긴장 등을 잘 살펴서 그 원인을 수정 제거 완화 시키려는 노력이 이루어지지 않고, 증상만 제거하려고 할 때에는 자녀지도에 매우 어려운 문제점을 가질 수 있다.

아이 손가락 빠는 문제로 고민하는 대부분의 부모는 "어떻게 하면 우리 아이가 손가락을 빨지 않게 될까요?"라는 말을 한다. 부모로서는 그렇게 질문할 수밖에 없겠지만, 가장 우선적으로 생각해 보아야 하는 것은 '왜 우리 아이가 손가락을 빨게 되었을까!' 하는 원인 진단이다. 물론 심리적 연령대에서 손가락을 빠는 행위가 비례적인지 살펴보고, 지극히 정상적인 발달과정에서의 행위라면 그냥 너그럽게 바라봐주고 기다려주면 된다. 원인을 진단하고자 너무 예민해지면 오히려 아이는 더 불안해질 수 있다. 예컨대, 발달과정에서 정상적으로 일어나는 것이라면 그냥 편하게 지켜보면 된다. 만약 그것이 현실적인 여건과 관련이 있다면 현실적인 여건을 변화시켜야 하고, 부모의 문제점과 관련이 있다면 부모의 태도를 변화시켜야 하며, 그냥 둘 것이면 편하게 두어야 한다. 또 자녀 내면의 심리적인 문제점과 관련 있다면 그 원인을 잘 살펴, 그 문제점을 야기하는 각종 원인들을 차츰차츰 정화 혹은 제거시켜 나가야 한다. 말하자면, 아이의 상태를 있는 그대로 인식하고, 그 원인을 정확하게 진단하는 것부터 시작해야 한다. 만약 이 때 부모가 아이의 증상에 대하여 적대감만 표시하고 문제인식 자체를 거부하면, 아이의 문제행동은 점점 더 커질 우려가 있다.

그리고, 부모가 아이의 행위 그 자체에만 국한시켜 아이를 닦달하고 괴롭히고 변화하도록 강요한다면, 다섯 살 된 아이에게 스물다섯 살 된 행동을 하지 않는다고 괴롭히는 것과 다름없다. 아이 스스로도 하고 싶지 않겠지만, 저절로 그렇게 되어버리는 자신의 무의식적 정서, 인지, 행동패턴을 이해하고 수용해 주어야 한다.

만약 꼭 치료를 해야 하는 것이라면, 아이 스스로가 자신의 증상을 수정시키려는 의지를 가져야 한다. 그러기 위해서는 더 이상 자신을 방어하지 않고 자기 내면과의 관계에서 조절하는 힘을 길러야 한다. 이 힘이 길러지려면 외부의 지지 세력이 있어야 한다. 이때 부모가 지지 세력이 되어주기는커녕, 오히려 스트레스요인으로 계속 작용한다면, 아이는 증상 제거보다는 오히려 증상이 심화되는 문제점을 가질 수 있다. 경우에 따라서 손가락 빠는 증상은 사라질지는 몰라도, 또 다른 신체적인 부위로 전환되면서, 나중에는 부모가 없는 자리에서만 하는 비도덕적인 증상이 나타나기도 하는 것이다. 가장 대표적인 사례가 어두운(?) '성' 행위인데 이는 비윤리적인 적대화의 한 표현일 수 있다.

이렇게 생각해볼 때, 자녀의 증상 제거를 위하여 그 어떤 전문가보다 전문가로서의 자질을 배워야 할 사람은 바로 부모이다. 전문가는 일주일에 한두 번 정도 잠깐 동안만 함께 하지만, 부모는 거의 대부분의 시간을 함께 지내므로(직장관계로 대부분의 시간을 못 보낸다고 할지라도 부모의 영향력은 지대하다. 부모대리자 혹은 다른 주요양육자도 마찬가지일 것이다.) 사실 부모의 노력이 가장 자녀에게는 도움이 되리라 본다. 즉, 부모가 그 아이 내면의 문제점을 이해하고, 공감하고, 치료하는 반응을 배우고, 깨닫고, 스스로 노력하는 자세를 가진다면, 자녀의 문제행동은 차츰차츰 감소하고, 시간이 흐르게 되면, 자녀 스스로도 자기본연의 '자기실현 욕구'를 향하여 매진할 것이다.

배우자와의 관계에서도 마찬가지이다. 남편의 문제행동, 예컨대 고함을 지른다든지 술을 많이 마신다든지 등등, 현실에 문제가 되는 행동은 일종의 '증상'이라고 보아야 한다. 그 태도는 어떤 심리적 요인으로 인한 미숙한 감정처리방식에서 올 가능성이 많은 것이다. 이러한 증상을 아무리 꾸중하고 변화시키려고 하여도 변하지 않는 것은 본인 스스로도 어떻게 처리해야 할지 몰라서 하는 행위가 많아서이다. 대부분의 우리는 일정 부분, 어느 정도의 '증상'을 심리적 문제점을 타협하기 위한 수단으로 가지고 있다. 단지, 그 증상이 도덕적으로 문제가 되느냐 되지 않느냐, 사회적으로 인정받을 수 있는 것이냐 아니냐 하는 정도의 차이가 있을 뿐이다. 그러므로 문제행동을 '증상'으로 이해하고, 그 증상의 배경을 객관적으로 분석 진단하여 이해하여, 어떤 식으로 도와주는 것이 현명할지에 대하여 연구해야 할 뿐이다.

감기 걸린 아이에게, 감기 들었다고 꾸중을 할 것인가! 아니면, 감기를 낫게 하기 위하여 어떤 조처를 취해 줄 것인가! '감기'라는 것은 여러 가지 원인에 대한 하나의 증상이지, 그것 자체의 잘못은 없다. 그러므로 감기가 걸렸다고 "코 훌쩍거리지 마라. 기침하지 마라."라고 하여, 그것이 고쳐질 수 있는 것이 아니다. 그 증상에 대한 이해를 꾸준히 하면서,

내면의 핵심적인 심리적 양상을 잘 인식하여 조건화된 감정양식을 서서히 정화시켜나가는 치료적인 노력이 필요한 것이다. 이러한 노력은 자연스럽게 그러한 증상을 서서히 감소시켜나가는 역할을 하게 될 것이다.

60. "어떻게 하면 자유롭고 편안한 마음으로 살겠습니까?"

무엇인가를 상대방에게 해 주어도,
내가 해 주었다는 생각이 없이 그냥 그것 자체로서 행복한 것.
상대방은 받아서 행복하겠지만 나는 주어서 행복하고,
그렇다고 내가 무엇을 뺏겼다는 느낌도 없고, 주었다는 느낌도 없고,
그냥 기쁜 마음만 내 마음 속에 남는 것.
아무것도 달라진 것 없는 상태가 되는 것.

'금강경'에는 이런 내용이 있다.

수보리라는 제자가 스승 부처님께 물었다. "어떻게 하면 마음이 자유롭고 편안하게 살겠습니까? 그리고 깊은 깨달음의 마음을 낸 훌륭한 사람들은 어떻게 마음을 닦았으며, 어떻게 마음을 다스렸는지요?"

부처님이 대답하셨다. "수보리야, 진정으로 행복하고 자유롭게 살려면, 일체 중생을 구제하겠다는 마음을 가져야 한다. 그리고 '그것은 내가 한 것이 아니다.'라는 생각을 해야 한다. 즉, 수많은 중생들의 모든 고통을 내가 다 없애주고, 이 모든 중생들을 완전한 기쁨의 세상으로 모시겠다는 마음을 가져야 한다. 하지만 많은 중생들을 구제하되, 내가 누군가를 구제했다는 생각은 조금도 하지 않아야 한다."

보통의 세상살이를 하는 우리가 가장 행복하고 자유롭고 평화로울

때가 언제던가? 일반적으로는 내가 원하는 것을 누군가로부터 받을 때이다. 그리고 내가 원하는 것이 성취되었을 때이다. 내가 관심받고 싶은 대로 누군가에게 관심받고, 인정받고 싶은 대로 누군가로부터 인정받고, 내가 가지고 싶은 그 무엇인가(명예, 학벌, 재산, 권력 등)를 성취할 때 가장 행복하다. 이것을 세속적이라고 표현하는 사람이 있을지는 모르지만, 지극히 인간적인 우리 모두의 바람이지 않을까 싶다. 그렇다고 독이 되는 관심과 인정을 아무렇게나 받겠다는 것이 아니다. 진정으로 나의 행복을 위하여, 기쁨의 삶을 살게 하기 위하여 건강한 관심과 인정을 바라는 것이다. 이것을 누군가가 적절하게 해 줄 때, '나'라는 사람은 최대의 행운과 행복을 가지게 되는 것이다. 즉, 내가 가장 행복할 수 있는 일은 상대방 혹은 외부상황이 나를 진실로 이롭게 하는 상황이 왔을 때이다. 그리고 내가 그토록 원하던 것을 '내 힘'으로 성취하였을 때, 정말 세상을 다 얻은 것처럼 행복할 수 있다. 이것 역시 '나'의 힘으로 이룬 것처럼 느껴지지만, 하늘이 나를 도와 이 세상의 어떤 것이 내게 온 것이기에, 누군가로부터 얻은 것이나 다름없이 기쁘기 한량없다. 이토록이나 우리는 누군가의 도움을 절실히 필요로 하고 있고, 누군가로부터의 자비와 사랑을 간곡하게 원한다는 것이다.

그렇다. 우리는 무엇인가 눈에 보이는 어떤 것을 얻게 되었을 때 혹은 이루게 되었을 때 만족감을 느낀다. 우리 모두는 '중생'이기 때문이다. 절대적으로 구원받아야 할 약한 인간이다. 타인을 도와주겠다는 마음을 내는 것 자체는 좋은 것이지만, 그에 앞서 우리 자신을 도와야 한다! 이 점을 거부감 없이 있는 그대로 인정한다면, 과연 무엇을 진정 구원받고 싶을까를 한번 생각해 볼 수 있다. 말하자면 '참으로 구원받아야 하는

구나.'라는 생각이 든 후, '나는 진정 무엇을 원하는가!'에 대한 고민을 해야 할 것이다.

사회적으로 물질적으로 눈에 보이는 것만이 필요할까! 가만히 우리는 무엇으로부터 자유롭고 싶을까를 다시 한 번 숙고해 보자. 우리의 욕구가 채워지면 배부른 것처럼 만족감이 올라오지 않았던가! 우리의 원함이나 바람이 채워지면 기쁘지 않았던가! '욕구', '바람', '원함' 등 이런 것들이 채워졌을 때는 기쁘지만, 그 기쁨이 사라질 때쯤 되면 다시금 똑같은 방법으로 욕구들은 내면에서 올라온다. 말하자면, 잠재의식 속에 들어있는 개인의 많은 욕구나 동기들은, 채워지면 채워질수록 초월되는 것이 아니라, 어쩌면 더욱 더 우리를 끝없이 목마르게 한다. 때론 그것을 채우기 위한 평생의 과업들이 이어진다고 볼 수 있다. 따라서 '채워짐'을 통한 기쁨이나 행복은 너무나 잠깐이다. 영원하지를 않다. 끝없이 갈구하는 시간이 훨씬 많다. 이런 과정을 곰곰이 되새겨 보면 우리가 원하는 구원은 '욕구'에 대한 것이 아닐까 싶다.

참된 구원은, 나의 마음의 감옥으로부터의 자유가 아닐까! 누군가로부터 구원받기를 원한다면, 나의 '마음'이 자유롭도록, 욕구로부터 풀려나도록 도움 받는 일이라고 본다. 어느 누군가가 나의 마음의 감옥을 잘 바라봐주고, 그 감옥으로부터 서서히 풀려나가게끔 해 준다면 어떨까를 생각해 보자. 욕구가 채워졌을 때가 아니라, 바라는 그 욕구로부터 풀려나갈 때 진정한 행복이 오지 않겠는가! 원하는 것을 이루었을 때가 아니라, 원하는 것 자체에 대하여 걸림이 없는 상태가 참된 구원이 아닐까! 그렇다. 우리가 타인을 도와주고, 진정 도움 받는 것은 바로 '마음의 감옥'으로부터 무엇인가 풀려나가는 느낌이 핵심이 될 것이다. 바로 그것이

'구원'이다.

내 마음에서 일어나는 뭔가 알 수 없는 불안과 힘듦과 열망과 낮은 자존감 등으로 부터 풀려 나간다면, 이보다 더 큰 구원은 없을 것이다. 오랫동안 앓고 있는 우울과 불안으로 인한 삶의 의욕상실로부터 풀려 나간다면 얼마나 가벼워지겠는가! 항상 힘들게 무엇인가를 이루어야만 만족이 되었는데, 이루어도 좋고 이루지 않아도 좋다는 생각이 올라오면 '해야만 하는 마음의 감옥'으로부터 해방되는 셈이 된다. 사소하게 잘못된 부분을 그냥 넘어가지 못하는 '강박증적인 마음의 감옥'으로부터 해방되어, 있는 그대로 편히 대상을 볼 수 있다면 우리는 얼마나 편안할까!

이런 진정한 구원을 받으면서, 서서히 우리는 그 충만감으로 인하여 바깥으로 눈을 돌릴 수도 있을 것이다. '내가 이렇게 받고 싶었던 마음으로 살아왔는데, 타인들은 어떨까! 아마도 똑같은 마음이 아닐까!' 자신을 조용히 느낄 줄 아는 사람은, 타인의 마음에도 귀를 기울일 줄 안다. 내 자신의 변화과정을 느껴본다면 타인을 어떻게 도와줘야 하는 것도 생각할 수 있다. 우리의 부모가 진정으로 성숙되고 건강한 부모였다면, 바로 이런 사람, 즉 아무런 조건 없이 자식의 행복을 위하여 줄 것은 주고, 주지 말아야 할 것은 설득력 있는 태도를 통하여 주지 않는 사람이다. 내가 원하는 것을 진정으로 받았을 때의 행복을 안다면, 그 행복을 타인에게 줄 수 있다. 나의 욕구로부터 벗어나 타인에게로 마음이 향하고, 그러면서도 내 마음을 알아차리고 느끼면서 편하고, 타인을 향한 도움을 실천할 수 있다는 것, 이것만큼 거룩한 일이 있을까!

내 마음이 자연스럽고 행복한 느낌으로 남에게 해 줄 수 있다면…

내가 조건 없이 남에게 줄 수 있는 마음씀을 가졌다면…

상대방이 원하는 것을 나를 통해서 받아질 때의 행복감을 지그시 바라볼 수 있다면…

나의 욕구가 가미되지 않는 '되돌려줌'을 그대로 즐길 수 있다면…

무엇인가를 상대방에게 해 주어도, 내가 해 주었다는 생각이 없이 그냥 그것자체로서 행복할 수 있다면…

상대는 받아서 행복하겠지만 나는 나누어서 행복하고, 그렇다고 내가 무엇을 뺏겼다는 느낌도 없고 주었다는 느낌도 없고, 그냥 기쁜 마음만 내 마음 속에 남는 것, 아무것도 달라진 것 없는 상태가 될 수 있다면…

이렇게 될 수 있다면 참으로 편안할 것이다. 무엇인가를 해 줘도 일체 해 준 것이 없다는 생각을 가져야 진정하게 해 준 것이라는 것. 아직, 우리의 마음가짐이 이 길까지는 가지 않더라도, 이런 것이 진정한 삶이요 행복이 아닐까 하는 생각을 부처님의 말씀을 음미하면서 느껴본다.

결국, 우리가 생각하는 '구원'과 부처님이 말씀하시는 '구원'은 어떤 것이 다른가! 가만히 보면, 일반적인 우리가 생각하는 구원은 '나'라는 욕구가 가득 차 있는 것을 전제로 하고 있으며, 부처님의 구원은 '나'가 빠져 있다는 점이다. 이건 대단히 중요한 구분이다. 부처님은 '나'라는 것이 빠져버린 상태에서 오로지 '상대', 그것도 '모든 중생'을 다 구제해야 된다는 생각을 가지라고 한다. 그것도 '나'라는 사람이 했다는 생각조차도 떠오르지 않아야 한다는 것이다. 그러고 보면 '나'가 있고 없는 차이는, 바로 진리의 핵심을 이루는 중요한 의미라고 느껴진다.

"어떻게 하면 자유롭고 편안한 마음으로 살겠습니까?"

"세상만물을 바라볼 때 '나' '너'가 아닌 '공동체'라는 개념에 바탕을 두고, 모든 대상에게 사랑을 베풀고 영혼의 구원을 위한 삶을 영위하도록, 늘 깨어있어라!"

61. 베풀되, 베풀었다는 생각 없이…

–봉사하는 자의 마음가짐–

돕되 돕는 것을 내세우지 말아야 되는 이유가,
'나'를 내세우고 '남'을 도우면,
그 도움은 진정한 도움이 되지 않기 때문이다.
즉, '나'라는 것을 비우고 '남'에게 베풀어야 한다는 뜻이다.
'봉사'의 참 의미가 바로 자신과 타인과의 일치된 삶이 아니겠는가!

우리가 누군가를 돌보거나 봉사하는 행위는 참 아름다워 보인다. 특히 자기의 욕구를 내세우지 않고 자신을 바치는 모습은 숙연하고 감동스럽기까지 하다. 그러나 또 한편 달리 생각해 보면 누군가를 '돌본다.' 혹은 누군가에게 '봉사한다.'라는 말은 고개가 갸우뚱해질 때도 있다. 우리가 '누군가를 돌본다 혹은 누군가에게 봉사한다.'라고 할 때, 돌봄을 받는 자도 도움을 받고, 돌봄을 주는 자도 무엇인가를 받는다는 느낌이 있다. 돌보고 봉사하면서 우리 자신 스스로가 그 돌봄을 받을 수도 있고, 오히려 더 위안을 받을 수도 있기 때문에, '돌본다, 봉사한다.'라는 것은 '돌봄을 받는다, 봉사 받는다.'라는 것이라는 상호간의 의미가 더 마음에 와 닿는다. 즉, '돌보는 자'와 '돌봄을 받는 자'가 구분되어야 할 필요가 없고, '봉사한다.'와 '봉사를 받는다.'가 구별될 필요가 없지 않을까 생각된다.

우리가 대상을 위하여 긍정적인 마음, 특히 도와주려는 마음을 낸다는 것은 참으로 소중한 것이다. 특히 사회적으로 힘들고 어려운 사람들을 위하여 가진 사람들이 베푸는 것은 현실적으로 필요한 것이며, 당연히 나누어야 하는 것이기도 하다. 그러나 이러한 것은 말은 쉬우나 결코 간단한 것은 아니다. 무엇이 옳다는 것은 알지만, 그것을 실천하기는 그리 손쉬운 것은 아님을 대부분의 사람들은 느낄 것이다. 그런 의미에서 이것을 실천하는 사람들은 정말 훌륭한 사람들이라고 느껴진다. 사회 곳곳에서는 말없이 표 나지 않게 고통 받는 대상을 위한 수고를 아끼지 않는 단체나 개인이 많이 있다. 정말 순수한 마음으로 그러한 수고를 하는 분들도 많으며, 때때로 이러한 행위는 과연 누구를 위한 봉사이며 희생인가라는 생각이 들 정도로 의구심이 들 때도 있다. 그러한 봉사나 돌봄이 진정 고개 끄덕여지도록, 세상을 밝게 비추는 그 마음의 등불이 더욱 더 아름답게 승화되고 참된 깨달음으로 전환될 수 있도록, 봉사하는 자의 참된 마음씀에 대하여 한번 생각해 보고자 한다.

'돌보는 자'의 마음가짐으로서, 우리가 꼭 알아야 하는 내용들을 다양한 종교의 경전들이 제시하고 있다. 예컨대, 불교를 전혀 모르는 사람일지라도 이런 글들은 새겨보는 것이 도움이 되리라 본다.

부처님은 그의 제자 수부티에게 이렇게 말했다고 전해진다(금강경 해설서).

> "수부티. 착한 수부티야, 잘 들어라. 자기가 뭔가를 깨달으려는 마음을 낸 다음에 꼭 가져야 할 마음이 있다. 남을 위해서 살겠다는 마음가짐을 가져야 한다. 말하자면 이 세상에 있는 모든 중생들, 알에서 난 것, 태에서 난 것, 습기에서 난 것, 저절로 난 것, 형체 있는 것, 형체 없는 것, 생각 있는 것, 생각 없는 것, 생각 있지도 않고 없지도 않은 것, 이와

같이 온갖 중생들을 모두 열반에 들도록 제도하지 않으면 안 된다. 더 중요한 것이 있다. 한량없는 중생을 제도했다 할지라도, 사실은 한 중생도 구제를 얻은 이가 없다고 생각하며 살아야 한다."

"보살이 어디에도 집착함이 없이 보시하면, 그 공덕은 헤아릴 수 없을 정도로 크다."

"베푼다는 생각 없이 보시바라밀을 행하라. 참다운 보시는 베푼 사람도 없고 베푼 물건도 없고 베풂을 받는 사람도 없는 것이다."

자신을 조금이라도 성숙시키려고 마음을 가진 자는, 자신을 이롭게 하는 궁극적인 목적이 '남을 이롭게 하는 삶'이 되어야 한다는 뜻이다. 나를 이롭게 하는 궁극적인 목적이 타인을 이롭게 하는 삶을 살기 위해서라는 것. 이 뜻을 깊이 느끼면 많은 것을 생각하게 하는데, 더 중요한 것은 '내가 남을 이롭게 한다. 남을 돌본다. 남을 위해서 봉사한다.'는 등의 생각을 가지고 남을 도우면 안 된다는 것이다. '남'이란 것은 가만히 따지고 보면 '남'이 아니라, '나'가 될 수 있다. 어쩌면 그 타인이 바로 '나 자신'이다. 베풀되 베푼다는 생각을 하지 않고 베풀어야 한다는 뜻이다. 많은 사람을 돌보아도 한 사람도 돌본 것이 없다는 부처님의 표현은, 결코 돌본다는 생각으로 돌보지 말고, 그 사람이 바로 나 자신이므로 그냥 '내가 남을 돌 본 것이 아니라, 내가 나를 돌본 것이고, 내 자신이 돌봄을 받은 것이다.'라는 의미로 느껴진다.

또한 성서(루가복음) 및 경전 해설서에서도 이런 내용이 전해진다.

"너희는 남에게서 바라는 대로 남에게 해 주어라."

"눈에 보이는 형제를 사랑하지 않는 자가 어떻게 보이지 않는 하느님을 사랑할 수 있느냐?"

"너의 생명을 구하려고 하면 잃을 것이고, 너의 생명을 잃으려고 하면 얻을 것이다."

위의 내용은 주변 사람들을 형제자매처럼 대하고, 나, 너를 구분하지 말고 사랑해야 한다는 예수님의 말씀이다. 때로는 우리는 혼자 있고 싶어 한다. 이것저것 요구하는 다른 사람들에게 방해받지 않고 홀로 조용히 지내기를 원한다. 사실 홀로 있기 위한 시간은 진정 필요하다. 그러나 진정 '필요한 홀로의 시간'과 '무기력한 홀로의 시간' 혹은 '타인과 단절을 위한 홀로의 시간'과는 구별되어야 한다. 분별없이 무조건 홀로 있는 것이 좋다고 할 때는, 우리 삶 안에 무언가 결여되었다는 증거이다. 즉 타인과의 공동체적인 봉사나 수고를 하지 않으려는 태도는 어쩌면 '사랑을 어떻게 해야 하는지에 대한 훈련'을 받지 못한 것이라고 느껴진다. 현실 속에서 사랑이 일어날 때마다 구원은 바로 그곳에서 이루어지는 것이다. 타인과 단절된, 사랑이 없는 곳에서 구원은 어려울 것이다. 만약 혼자서 독야청정 하겠다는 마음만 가진다면, 이러한 현상들은 '성스러운 힘'이 무엇인지를 알지 못한다는 것을 보여준다. 이 점은 우려되는 부분이다. 현실에서 무엇인가 모르는 의심이 올라오고 관계가 이상하다고 여길 때, 조용히 기도를 하거나 어둠을 경험한 다른 사람들과 함께하는 것이 필요할 것이다.

우리는 베풀어야 하고 베풂을 받아야 한다. 누구나 한번쯤은 도움을 받고 싶을 때가 있다. 그때 남이 나에게 어떻게 해 주어야 하는가를 생각하면, 내가 남에게 어떻게 도움을 주어야 하는가를 알 수 있을 것이다. 즉 남과 나를 분별해서 생각하는 것이 아니라, 바로 '남'이 '나 자신'이라는 자타불이(自他不異)의 불교적 정신 혹은 '네 이웃을 내 몸과 같이 사랑하라.'는 예수님의 핵심적인 말씀과 일치되도록 살아야 한다는 것이다.

'너의 생명을 구하려고 하면 잃을 것이고, 생명을 잃으려고 하면 얻을 것이다.'라는 뜻은 '채움'을 중심으로 하느냐, '비움'을 중심으로 하느냐가 함축되어 있는 것 같다. 예컨대, '나'라는 것을 내세우려고 하면 남에게 전혀 도움이 되지 않으나, '나'를 내세우려고 하지 않으면 오히려 '남'을 구하게 된다는 뜻이다. 우리가 타인에게 공감반응을 할 때도, 진정하게 상대에 초점을 맞추어서 공감을 하면 상대는 충분히 이해와 존중을 받는 느낌이 든다. 그런데 공감을 한다면서 자기를 내세우고, 자기의 경험을 지나치게 많이 드러내면, '왠지 나를 공감한다는 느낌보다는 자기의 이야기를 하고 싶어 하는구나.' 하는 기분을 느낄 수 있다. 이렇게 되면, 그 반응은 자기를 내세우기 위하여 '상대'를 잠깐 이용(?)하는 셈이 된다.

자신에 대하여 많이 인정받기를 원하고, 자기에 대한 충분한 자존감이 없을수록 자신을 내세우기 쉬운데, 이럴 때의 베푸는 마음은 다소 문제가 된다. 어쩌면 아직은 스스로에게 더 베풀어야 하지 않을까 싶다. 그래서 차라리 자기를 실현하기 위하여, 자기를 이롭게 하기 위하여 당분간은 좀 더 열심히 살아야 하는 것이 솔직한 심정일 수 있다.

자신을 실현코자 노력하는 일이 이제는 더 이상 갈구되지 않고, 있는 그대로의 자신을 인정하면서, 타인을 충분히 배려하고 공감할 수 있는 사람은 성숙해 보이고 거룩하게 보이기까지 한다. 즉 그들은 베풀되 베푼다는 생각을 가지지 않고, 그냥 상대를 있는 그대로 존중하는 인격이 되어 있는 것이다. 돕되 돕는 것을 내세우지 말아야 되는 이유가, '나'를 내세우고 '남'을 도우면, 그 도움은 진정한 도움이 되지 않기 때문이다. 즉, '나'라는 것을 비우고 '남'에게 베풀어야 한다는 뜻이다. '봉사'의 참 의미가 바로 자신과 타인과의 일치된 삶이라는 생각이 든다.

부모나 상담자의 자세 역시 마찬가지일 것이다. 누가 누구를 상담하는 것이 아니라, 서로 서로 마음이 교류하며 소통하면서 도움을 주고받는 것이다. 상담자와 내담자는 서로간의 깊은 일치와 공유를 통하여 하나가 되는 것이다. 하나가 되지 않고는 상대방을 진정으로 이해했다고 볼 수 없고, 하나가 되지 않고는 대상을 똑바로 바라볼 수도 없는 것이다. 부모와 자식 간에도 공생관계, 즉 함께 양육과정을 즐기고 행복감을 느끼며 사는 자세, 그리고 서로간의 일치를 통한 기쁨, 이런 시간들이 너무나 중요할 것이다. 그리고 자녀를 한 인격체로 분리해야 할 것이다. 상담자가 내담자를 있는 그대로 분리해서 떠나보내는 것과 마찬가지이다. 지혜로운 분별력, 깊은 감성을 지닌 이성적인 판단, 하나 된 듯한 공감력을 가지면서도 중립적인 자세, 과거에 대한 깊은 이해를 가진 건강한 현실기능 등, 이런 것들이 상담자 혹은 부모의 건강한 베풂일 것이다. 더욱이, 지혜롭게 베풀되, 베풀었다는 생각 없이 베푸는 자세를 가졌다면, 그들은 참된 인격의 표본이 될 것 같다.

62. 성격적 장애의 치유를 위한 제언

그들의 깨어진 모습은 우리 사회의 깨어진 모습을
상징적으로 보여 주는 축소판과도 같다.
사실 우리 모두는 이들을 외면하기 쉽다.
그들의 '가면'을 이해하면서,
서서히 그 가면을 벗기도록 격려하고 관심을 가지고 대하여야 한다.

심리적 문제를 진단하다 보면 '우울증' '우울증적 성격장애' '편집증' '편집증적 성격장애' 등과 같은 정신과적 진단명이 나올 수 있다. 주로 미국정신의학회의 '정신장애의 진단 및 통계 편람 4판(DSM-IV)', 다면적 인성검사(MMPI) 등이 한국판으로 출간되면서, 병원이나 심리센터에서 활용된 '심리평가'라 볼 수 있다. 그러한 전문적 진단은 정신적 문제를 다루어야 할 내담자에게는 꼭 필요한 과정으로 생각된다. 상담자들이 이러한 진단명이 밝혀진 내담자들을 심리치료현장에서 접하다 보면, 전문적인 임상진단을 매우 정확하게 하면서 내담자를 이해하는 과정의 필요성을 절감하게 된다.

한편, 이런 진단만을 전부인 것처럼 다루는 것에는 다른 관점에서 고려해 볼 점들이 있다. 예컨대, 상담자가 임상전문가가 내리는 심리평가만을 토대로 선입견을 가지고 내담자를 볼 수 있다는 점에서, 매우 조심스러운 마음이 든다. 왜냐하면 '인간의 조건' 자체가 지니고 있는 보편적인 욕구에서 어느 정도의 성격장애를 가질 수밖에 없는 측면을 생각하여야 하고, 때로는 그 경계선이 모호하여 정상범위와 비정상범위를 신뢰도 있는 검사도구를 활용하여 면밀하게 검토하였다 하더라도, 치료적으로 접근할 때는 인간존재에 대한 새로운 미지의 세계를 겸허하게 재점검해야 하는 경우가 많기 때문이다. 특히 잘못된 개념은 정신장애 혹은 성격장애의 분류가 마치 사람을 분류하고 있다는 느낌이 드는데, 사실상 사람이 아니라, 사람이 앓고 있는 장애가 분류되고 있기 때문이다. 따라서 '정신장애' '성격장애'라는 공식적 진단 명칭보다는, '성격적 장애'라고 부르면서 우리 누구나 다 어느 정도는 지닐 수 있는 보편적인 한 현상으로서 보게 된다면, 주변 모든 사람들을 이해하는데 도움을 주고받을 수 있을 것 같다.

우리주변의 인물 중에 성격적 장애를 가지고 있다고 생각되는 사람을 떠올려 보라. 때로는 불편함과 짜증과 거북함을 주는 경우도 있고, 안타까움과 연민이 느껴져 도와주고 싶은 경우도 있을 것이다. 개인마다 그들을 대하는 느낌이 다를 수 있는데, 분명한 것은 그들 나름대로의 어쩔 수 없는 이유가 있었다는 점이다. '그들'이라고 표현하지만, 사실 그들은 바로 우리 자신이 될 수 있으며, 우리의 가장 사랑하는 가족 중 한 사람이 될 수도 있다. 어쩌면 나 자신을 떠올려 보는 것이 더욱 더 깊은 느낌으로 다가올 것이다. 치료적 목적으로 학습된 전문가의 직관력과 통찰력은 예외를 두더라도, 사람들은 자신의 심리적 영역을 투사하여 상대를 느끼게 되는 경우는 허다하다. 그렇기 때문에 상대의 장애적 측면을 직감적으로 느낄 때는, 자신 역시 그런 점을 어느 정도 지녔을 가능성도 배제할 수 없으므로 스스로를 성찰할 수 있으면 좋을 것이다. 진단상으로 나오지 않았다 할지라도, 약간의 장애를 비슷하게 가지는 경우는 누구에게나 있을 수 있기 때문이다. 스쳐지나가듯 나오는 어느 분의 이야기인데, 한번쯤 생각해 볼 내용이다. "내 주변에는 나와 같이 비슷하게 우울한 사람이 많은데, 난 도움을 받고 싶어서 병원에 갔더니 의사가 몇몇 리스트를 체크하라 하더니 나에게 우울증이라는 진단을 내렸어요. 기분이 묘하고, 괜히 병원에 가서 꼬리표를 단 기분이었죠. 사람들이 병원에 안 갈 뿐이지 가면 모두 병명이 나오는 것이 아닐까 라고 생각했어요."

성격적 장애를 가진 세상 사람들을 어떤 관점으로 대하는 것이 좋을까! '골치 아픈 문제가 있는 상황'으로 대할 것인가, '누구나 부분적으로는 가질 수 있는 여백'으로 대할 것인가! 만약 상담자라면 이런 내담자(우리 자신 스스로도 포함)에 대한 인간관을 어떻게 가질 것인가의 문제가 대두된다. 비록 내담자가 심리적 문제를 지니고 있다 할지라도, 상담자가 지혜로운 식별력이 있느냐 없느냐에 따라서 치료전략이 달라질 수 있다. 즉, 기본적으로는 어떤 누구라도 지닐 수 있는 '보편적 상황'으로 다룰 것인가! 더 이상 관계해서는 안 되는 불치병으로 여길 것인가! 또 인간적으로 측은지심을 가지고 포용해야 하는 대상으로 볼 것인가! 마음은 안타깝지만 더 이상 상대해서는 안 되는 문제 인물로 볼 것인가! 등이다. 상담자 혹은 주변 가족은 이들을 과연 어떤 대상으로 느끼는지, 솔직하고 겸허하게 자기 마음을 우선적으로 바라보아야 할 것이다.

한편, 성격적 장애를 가진 사람이 명백하게 다른 이에게 혹은 일상생활에 장애를 일으키고, 특히 사랑하는 소중한 가족에게 불편감과 어려움을 야기하고 있는데, "나는 어쩔 수 없다. 이건 병이니까 이렇게 밖에 살 수 없다!"라고 한다면 어떨까! '그냥 되는 대로 살아가지! 뭐.'라고 생각하면서, 스스로 포기와 단절을 반복적으로 한다면 어떨까! 아마도 그 주변에 있는 사람들은 상당한 어려움을 겪을 것이며, 스스로도 매우 힘겨운 생활을 할 것이다. 사실 이들은 스스로를 너그럽게 대하면서도, 어떤 측면에서는 스스로에 대한 책임을 지는 자세를 가져야 한다. 자타(自他)모두에게 상처와 곤란함을 주는 장애적 요소를 변화하기 위한 노력에 투신해야 한다. 만약 어느 정도 스스로가 생각할 때 성격적인 측면에서 장애적인 요소가 있다고 인정된다면, 그리고 이 요소가 다음 세대 혹은 현재의 스스로와 가족에게 부정적 영향을 물려주고 싶지 않다면, 지금 현재를 자유롭게 살고 있는 마음이 있다면, 간절한 고민과 연구와 발전적 행동에 대한 연습을 게을리 하지 말아야 할 것이다.

필자의 임상경험에서 늘 느끼는 것은 그 장애자체가 문제가 되기보다는, "더 이상 어떻게 해 볼 수 없다."라는 패배감과 좌절감이 더욱 더 문제가 된다는 것이다. 치료장면에서 이것은 매우 큰 어려움에 봉착하게 만드는 요인이다. 만약 내담자 스스로가 패배감 절망감보다는 꼭 극복해 보겠다는 의지를 보일 때, 때론 기적 같은 상황이 일어날 때가 있다. 즉, '스스로의 의지가 있는 곳에 하늘의 기운이 닿는구나.'라는 경외심이 일어날 정도로 놀라운 마음이 든다. 예컨대, 몸의 일부를 움직이지 못하다가 심리적 문제가 풀리면서 눈앞에서 신체적 변화가 일어나는 일들, 멍하게 보였던 사람이 심리적 어려움이 풀리면서 명쾌한 상태로 바뀌는 것들, 말문이 트이는 사람들, 우울하고 무기력한 얼굴이 펴지면서 이쁘고 밝은 모습으로 마치 다른 사람처럼 변하는 것 등, 일일이 사례를 나열할 수 없는 정도이다. 물론 아주 강한 의지나 노력이 아니고서는 심리치료로는 더 이상 곤란한 경우도 있다. 안타깝고 힘겨운 심정이 될 때도 있다. '집단심리치료'와 같은 작업이 끝난 후, 전문가들과 함께 어떤 요인들이 긍정적인 변화를 가져오는가 혹은 변화가 부족한가 하는 것을 토론하게 되는데, 상담자의 전문적 인격적 요인과 내담자의 의지와 노력 등이 드러남을 느낄 수 있다.

성숙한 상담자라면, '돕는 이로서의 역할'을 하고 싶은 마음이 생긴다면, 성격적 장애를 가진 내담자들 혹은 주변 분들에게 도움이 되는 다음과 같은 구체적인 사항들을 숙지할 필요가 있다.

첫째, 인간은 누구나 다 어느 정도 자기중심적 존재임을 인정하고, 나 혼자만 '악'한 사람이고 '거짓'된 사람이라는 생각을 버려라. 잘못한 점이 있었더라도 그때그때 상황에 따라서 인정할 것은 인정하고 사과할 것은 사과하면서 대처하는 연습을 하면 좋을 것 같다.

둘째, 강박적으로 작용되는 끊임없는 욕구를 직면하고, 그때그때마다 그것을 물리치려는 노력을 구체적으로 하라. 욕구가 일어날 때마다 어떤 것들이 나에게 '맑은 물'이 되었는지를 파악하고 도움을 받도록 하라. 하루라도 몸에 맑은 물을 넣어주지 않으면 건강에 적신호가 온다는 원리를 생각하여, 샘물과 같은 약물, 즉 규칙적인 노력은 병들었던 마음을 치유할 것이다. 누구라도 지닐 수 있는 강박증적인 욕구를 새로운 훈습을 통하여 물리칠 수 있다는 믿음을 가져야 할 것이다.

셋째, 늘 배우려는 자세를 가져라. 우리의 고통은 무지(無知)에서 출발되는 것이 상당하다. 무지로부터 탈피해야 하는 일들이 일상에서는 너무나 많다. 예컨대, '인간의 조건' 자체(자기중심적이고 그러면서 의지하고 싶은!)에 대한 지식의 부족, 자기성장과 관련된 교육 부재, 심리현상에 대한 이론

부족 등이 큰 문제가 될 수 있다. 특히 심리관련 학습을 하려는 자세는 심리적 기능을 강화시켜 나가는 데 큰 도움을 줄 것이다.

넷째, 자존감을 회복케 하라. 인간의 무의식 속에는 '자기 존중의 열망'이 잠재되어 있는 바, 이 열망 자체가 인간의 큰 희망이다. 현실적인 자아기능에 대한 평가는 이루어지되, 존재자체로서 누군가에게 격려나 존중을 받게 된다면, 우리 모두는 이런 낮은 자존감을 극복할 수 있게 된다. 또한 자존감 회복을 위한 스스로의 현실적 성취도 매우 중요할 것이다. 그러므로 스스로가 자존감을 회복하기 위하여 무엇을 해야 할지에 대한 고민을 해야 할 것이다.

다섯째, 기도(명상) 생활을 중히 여겨라. 우리가 기도의 시간을 갖게 되면, 차분하게 머무르는 능력이 길러진다. 조용히 상황을 바라보고 머무르는 연습을 하게 되면 자신도 모르게 서서히 감정의 기복이 줄어들 수 있다.

여섯째, 현실생활을 성실하게 하라. 인격적 장애를 가진 사람들의 공통점은 지속적인 인간관계를 맺는 사회적 현실적 능력이 부족하다는 것이다. 일상에서 스스로를 고립시키며, 친밀한 관계를 손상하고 직장생활을 지속하지 못한 결과, 전 생애에 걸쳐서 경제적, 문화적 어려움을 겪는다. 이들은 생활 속에서 가장 기본적인 것부터 성실하게 지키는 자세를 우선적으로 배워야 한다. 일어나고 밥 먹는 시간 지키기, 약속 지키기, 할 일을 규칙적으로 하기, 규칙적 수면 등 매우 기본적인 것부터 성실한 자세를 가지는 연습을 해야 한다.

그 외에도 많은 요인들이 있지만, 아주 평범한 것 같은 위와 같은 내용들이 실제적으로 성격적 장애를 가진 사람들에게 꼭 필요한 것이라는 점을 느낀다.

그렇다면 이들을 도와주는 입장에서 고려해 볼 것들은 어떤 것이 있을까! 성격적 장애를 가진 사람들에게 만약 어떤 신심 깊은 단체에서 이들을 깊이 사랑하고 도와주는 헌신을 보인다면, 이들에게 심리적 지지세력이 되므로 크게 도움을 받을 수 있다. 이들과 관계를 맺는 자(심리치료자, 교사, 가족 등)는 솔직하며, 한계를 명확히 하고, 낙천적이 될 필요가 있다. 특히 스스로가 도움을 주다가도 잘못했거나 실수했을 때에는 그것을 솔직히 고백해야 한다. 그렇게 할 때 지속적으로 불안정한 경계성 인물들도 이 세상에 믿을 만한 사람이 있다는 것을 체험하기 시작한다. 장애를 가진 사람들과 인간관계를 맺으려면 '편안한 안장 위에 앉아서 말을 타야 한다. 이것은 긴 여행이기 때문이다.' 즉, 오랜 기간 동안 이들의 경계선을 왔다 갔다 하면서 함께 그 여정을 가야하기 때문에 도와주는 이들은 지속적으로 안정감이 있어야 된다는 뜻이다. 이들을 대할 때는 성실함이 가장 근본적이고 중요한 특성이다. 그들은 모두 단절된 인간관계의 아픔을 겪은 사람들이다. 좋은 단체의 소그룹 혹은 성숙한 누군가(심리치료자나 사랑하는 가족 등)가 이 아픔을 함께 손잡고 친구하며 천천히 도와주어야 한다.

세상에 적응하지 못하는 사람들, 사람들과 인간관계를 맺는 데 있어서 다소 비정상적인 느낌을 주는 사람들, 타인에게 상처를 주고 있어도 주는 줄도 모르고 오히려 자기가 상처받는다고 생각하는 사람들, 불안과 우울이 왔다 갔다 하며 감정적 폭이 큰 사람들, 거짓말을 예사로 하고 폭력, 도박, 외도, 중독 등에 죄책감 없이 빠지는 사람들, 반사회적인 행동으로 주변을 힘들게 하는 사람들, 흔히 '인격장애자'라고 불리는 사람들이 당하는 어려움은 현실적으로는 '사회적' 어려움이다. 즉 그들도 우리와 동일한 사회 속에서 살아가야 하는 공동체의 구성원이다. 그들의 어려움은 바로 우리 주변의 어려움이요, 우리 스스로의 어려움이기도 하다. 그들은 배우자나 자녀나 학교나 직업, 또는 다른 종교적 공동체와도 지속적인 관계를 유지하지 못하기 쉽다. 그것은 우리의 문화 속에 있는 가치관이 척박하고 피상적이며, 그리고 부모와 자식 간의 관계에 결함이 있다는 것을 말해 주는 것이다. 그들의 '깨어진' 모습은 우리 사회의 깨어진 모습을 상징적으로 보여 주는 축소판과도 같다. 사실 우리 모두는 이들을 외면하기 쉽다. 그저 가만 둬 버린다. 부담스럽고 피하고 싶다. 좀 심하면 무시해버리고 사라져주었으면 하는 기분까지 들 수도 있다.

우리는 한번쯤 이들을 어떻게 대할 것인가! 그들이 우리 가족이라면 어떻게 할 것인가! 하는 진지한 의문을 가질 필요가 있다. 바로 그들이 우리 형제자매라는 것을 결코 잊어서는 안 된다. 그들의 '가면'을 이해하면서, 서서히 그 가면이 벗겨지도록 격려하고 관심을 가지고 대하여야 한다. 어쩌면 그들은 우리가 받을 상처를 대신 받았을 수도 있다. 그들을 외면하는 것은, '나'의 일면을 외면하는 것일 수도 있다. 그들 속에는 우리의 모습이 분명히 있다. "죄 짓지 않은 자 있으면, 간음한 이 여인에게 돌을 던져라!"는 예수님의 말씀을 깊이 새겨야 할 것이다. 놀라운 통찰력이 밑받침된 경전의 내용이다. 그들은 바로 우리의 이웃이요 벗이다. 그리고 그들이 나 자신이다! 함께 살아야 하는 공동체 구성원으로서 그들에게 관심을 가지고 사랑의 마음으로 대하여야 할 것이다.

63. 일반적인 관계와 치료적인 관계

치료적 장면 안에서의 상대방과의 관계는
바로 나를 치료시키는 거울이 되고,
나를 성숙시키는 도구가 될 것이며,
그 거울과 도구가 되어주는 상대방은 바로 나의 스승이 될 것이다.
일반적인 관계에서도 서로가 서로에게 거울의 되어준다면,
아마도 우리는 상대방이 바로 나 자신의 거울임을 느끼면서,
감사할 일만 남을 것이다.

'관계'라고 할 때, 일반적인 관계도 있겠지만, '치료적 집단'에서의 관계는 특별한 의미가 있다. 일반적으로 어떤 관계 안에서 서로 믿고 사랑하고 존중하는 사이라면 참으로 바람직하며, 특히 친밀한 가족공동체에서는 더욱더 그렇다. 그러나 살다 보면 이런저런 일로 서로가 서로에게 아픔을 주기도 하고 받기도 한다. 상대방이 우리를 아프게 하는 말이나 행동을 하였을 때, 우리는 알게 모르게 상처를 받지만, 나 자신 역시 의식적으로나 무의식적으로 상대방에게 상처를 준다. 직접적인 상처가 되는 말과 행위도 있지만, 포장이 잘 되어 있는 가시 돋친 말들, 뒤에서 던지는 말들, 수동적인 공격 등 여러 가지 '표면화된 혹은 억압된 적개심'을 주고받는다. 이럴 경우, '일반적인 관계'와 '치료적인 관계'는 다른 점들이 있다.

예컨대, 상대방의 적개심의 화살을 맞았을 때의 관계이다. 인간 내면

의 분노를 좋아할 사람이 어디 있겠는가! 하지만 우리 내면으로 들어가면 보이지 않는 적개심은 생각보다 많은 사람들에게 있다. 일반적인 관계에서 그러한 '억압된 분노감'은 웃음으로 무표정으로 직접적인 공격성 등, 다양한 방식으로 드러난다. 어떤 형식으로 포장되어 나타나든, 표면적인 관계에서 친밀한 관계로 발전되면서 표면화되기 마련이다. 일반적인 관계에서의 대부분의 사람들은, 적개심의 화살을 맞으면 피해서 도망가거나, 아니면 함께 공격한다. 즉 투쟁-도피반응을 한다. 말하자면 임시 자기방어를 하면서 그 적개심의 화살을 맞지 않으려는 보호막을 친다. 그리고 서로가 멀어진다. 표면적으로 어떤 관계를 하든 그것은 중요하지 않다. 그냥 마음을 서로 다치지 않으려고 거리를 두고 산다. 충분히 이해됨직한 반응들이다.

그러나 치료적인 관계에서는, 적개심의 화살을 맞았을 때, 한편에서는 그 대상에 대하여 '건강하게 대처하는' 방법을 연습하기도 하고, 다른 한편에서는 그 화살을 맞았을 때 '나의 마음'을 바라보면서, 그 마음이 나의 '핵심역동'에 걸리지 않도록 내관(內觀)하는 학습을 한다. 처음에 상대의 '적개심'을 받았을 때의 상처는 깊다. 마치 독화살이 심장에 박히는 것 마냥 고꾸라진다. 안 그런 척 하여도 두고두고 그 말이 가슴에 남아있고, 다시는 그 사람을 보기 싫고, 두렵고, 무섭고, 관계하기가 싫을 수 있다. 그러나 '치료적 관계'에서는, 상대방의 적대적인 행위에 초점을 맞추는 것이 아니라 상처받는 자신의 마음을 포착하고, 나의 존재를 더 이상 상처받지 않게 하기 위하여 어떤 현실적인 대처를 해야 하는가를 배워야 한다. 즉, 상대방의 변화를 위하여 나의 마음을 표현하는 것이 아니라, 내 자신의 존재를 더 이상 다치지 않으려는, 즉 '자기보호' 혹은

'외부와 자신과의 분리'의 차원에서 표현할 필요가 있는 것이다. 물론 주변의 도움을 받아서 대응을 하거나 여러 가지 현실적인 방안이 대두되어야 할 때도 있다. 특히 집단심리치료의 장면에서, 구성원들끼리 공격성이 드러날 때가 있는데, 이럴 때 집단구성원들은 이 시간만 지나면 되니까 '그냥 피해서 있지 뭐…' 하는 식으로 생각하기도 한다. 하지만, 우리의 외부대상에는 그런 사람들이 얼마든지 있을 수 있으며, 내가 원하지 않는 힘겨운 상황이 닥칠 수 있다. 그것이 꼭 말이나 행동이 아니라도, 어떤 상황, 사건, 문제점, 어려움 등, 내가 원치 않는 부적절한 상황은 얼마든지 닥칠 수 있다는 것이다. 그러므로 외부에 대한 건강한 대처방식의 훈련을 위해서라도 모의집단에 해당하는 치료적 집단에서 부정적 관계일 경우에 대처하는 여러 가지 힘이 필요하다는 뜻이다. 이때 상대방에 대한 지적이나 비난을 멈추고 내가 받은 느낌을 정확하게 표현하는 것이 중요하다. 그렇게 되면 '나의 몫'으로 통찰해야 하는 것과, '지혜로운 대처방식'의 연구에 대한 과제가 나타나기도 한다. 내 느낌이 타인들도 충분히 공감할 만한 비례적인 것인지에 대한 점검은 자연스럽게 뒤따를 것이다. 그리고 차후 구체적인 작업은 상담자와 함께 해 나가면 좋다.

또 다른 측면에서 자신을 성장시키는 치료적 관계는 외부대상에 대한 나의 마음을 잘 주시하는 것이다. 말하자면, '대상이 나에게 무엇을 하였다.'라는 것이 아니라, 그냥 그 대상을 대상으로서 바라보고, 그에 대한 나의 마음을 그대로 바라본다는 의미이다. 즉, 상대방의 적대적인 표현은 그냥 '말'일 뿐이며, 그냥 그 사람의 '마음'일 뿐이다. 그 마음은 당사자가 의식하는 것일 수도 있지만, 의식하지 못하는 것일 수도 있다. 무의식적으로 나오는 적개심을 받는 자의 입장은 너무나 힘겹다. 그러나 우리 자신 역시, 자신은 의식하지 못할 수도 있지만 수없이 같은 방식으로, 의식적 무의식적 적개심을 드러내기 쉽다. 그것이 어떻게 포장되어 나가느냐의 문제일 뿐, 사실상 우리의 갈등관계는 대부분 적개심의 문제로 귀결되다시피 한다. 그 원인으로 들어가 보면 '그럴 수밖에' 없는 '핵심역동'이 있으며 '그럴 수밖에' 없는 '무지(無知)'가 있을 뿐이다. 의도적이든 무의도적이든 내 쪽이든 상대방 쪽이든, 그렇게 할 수 밖에 없는 원인이 있다는 것이다. 그 원인은 이해하고 수용하되, 그것을 침범당하지 않고, 대처하거나 혹은 자신을 잘 지키며 다스려야 하는 것은, 내 '마음'일 뿐이다. 즉, 상대방의 어떤 행위라 할지라도 내 마음을 깊이 바라보아야 하는 것은 '나' 자신이다.

치료적인 관계에서는, 자신의 두려움이나 무서움 속으로 빠져 들어가게 하는 것이 아니라(잘못하면 그 감정의 회오리 속에 휘말려있기 쉬움), 이 마음을 바라보는 힘을 기르게 하는 것이다. 그리고 상대방은 왜 그런 적대적인 말이 튀어나올 수밖에 없는가에 대한 마음을 이해해주고 깨달을 수 있도록 도와줄 수 있다. 그래서 각자 자기의 몫을 통찰하게끔 안내하는 것이다. '어느 쪽이 잘했다, 잘못했다.'의 판단이 아니라, 상대방은 무슨 마음으로 그렇게 표현하였고, 이쪽에서 받는 마음은 무엇이었는가를 잘 느끼고 바라보게 되면, 각자의 마음에 대한 통찰이 일어난다.

정리하자면, 치료적인 관계와 일반적인 관계가 다른 점이 바로 이것이다. 즉, 일반적인 관계라면 상처준 상대방을 피하고 싶거나 응징하고 싶으며 다른 사람들과의 관계에서도 전이된다. 따라서 당사자는 물론 타인을 만나는 것조차도 피하고, 대상에 대한 불안심리, 기피심리가 발생하면서 끝날 수도 있다. 그러나 치료적인 관계라면 이런 과정을 통하여 상대방과 나 자신 스스로가 각자의 자기 마음을 잘 바라보고 통찰하여 좀 더 성숙한 방향으로 자신을 이끌어갈 수 있는, 즉 관계를 손상시키지 않으면서도 서로를 성숙하게 만드는 생활훈습의 장을 마련하는 것이다. 혹시 일반적인 관계에서 상대방의 의식적 무의식적 적대감 때문에 많이 '당하는' 입장의 사람들은, 수없이 자기의 마음을 다스려야 하는 시련을 겪을 것이다. 그것이 함께 사는 가족일 경우에는, '아, 못 살겠다.' 라는 말이 나올 정도로(상대방은 아무런 잘못이 없다고 하니까) 괴로울 것이다. 그러나 이 시련과 괴로움은 우리에게 무한히 고통을 이겨내는 힘을 가져다주는 신호로 작용되는 것도 사실이다. 물론 이렇게 되기까지에는 수없는 인내와 고통이 따르지만…. 하지만 나에게 어떤 영향을 주는 상대방은 분명히 어떤 깊은 의미의 인연, 하느님의 뜻이 있는 사람이라는 사실 또한 결코 간과해서는 안 될 것이다.

치료적 관계는, 이런 의미에서 보면 인간관계의 성숙한 한 모델이라고 보아야 한다. 즉, 인간관계에서 어떻게 서로가 서로의 마음을 제대로 이해하고 사랑하고 살아야 하며, 어떻게 건강하게 분리하고 살아야 하는가를 보여주는 연습의 장소이며 그 모델이라는 것이다. 그래서 집단 심리치료 장면에서의 '관계'는, 서로가 서로의 '놀라운 거울'이 되어, 자기 자신의 마음의 투영체가 바로 상대방이라는 것, 다시 말하면 나의 마음이 투사된 상대방은 바로 나 자신의 거울이라는 것, 이러한 내용을 깊이 느낄 수 있는 장(場)이 되는 것이다.

일반적인 인간관계에서는, 내가 느끼는 감정이 비례적인지 비례적이지 않은지조차도 분간할 수 없어서, 내가 생각하는 것이 맞는지 틀리는지 조차 알 수 없을 정도로 혼란스러울 때도 많다. 또한 비례적으로 어떤 대상에 대하여 느낀다 할지라도, 어떻게 대처해야 할지 몰라서 괴롭고 힘들어서 그냥 지나쳐 버리고, 그 이후에 같은 문제가 또 다시 발생하는 악순환을 겪을 경우도 많다.

그러나 치료적 관계에서는, 내가 느끼는 감정을 표현함으로써 집단 심리치료 장면 내에서의 어떠어떠한 상황에 대하여 느끼는 내 마음이 비례적인지 아닌지를 분간하는 여러 피드백을 받을 수 있다. 그리하여 선명하게 자신의 마음을 주시할 수 있고, 그 마음상태가 남들의 마음과 비슷한지 특별한지를 알 수도 있다. 그 마음상태가 비례적이라면, 어떻게 대처하는 것이 더 건강한 방식이었나를 피드백 받을 수 있으므로, 현실에 돌아갔을 때 합리적 대처방식에 대한 연구가 가능하기도 하다. 한편 그 마음상태가 비례적이지 않았다면, 왜 나만 독특한 그런 감정이 들었는가에 대한 통찰이 필요할 수도 있다. 이렇게 치료적인 관계와 일반적인 관계는 다르다는 것이다.

관계 속에서, 진정하게 상대방의 얘기를 듣고 싶다면, 나의 내면의 불안, 두려움, 시기심, 욕망, 야망 등이 상대방과 대화를 하는 데 있어서 어떤 방식으로 걸림이 되고 있는가를 느껴야 한다. 그리하여 상대방의 소리를 들으면서 나의 내면의 소리가 어떻게 울러 퍼지는지 등, 여러 가지를 경험할 수 있게 될 것이다. 치료적 장면 안에서의 상대방과의 관계는 바로 나를 치료시키는 거울이 되고 나를 성숙시키는 도구가 될 것이며, 그 거울과 도구가 되어주는 상대방은 바로 나의 스승이 될 것이다. 일반적인 관계에서도, 서로가 서로에게 거울이 되어준다면, 아마도 우리는 상대방이 바로 나 자신의 거울임을 느끼면서 오직 감사할 일만 남을 것이다.

64. 갈등은 의미 있는 증상

우리가 진정 '우리 자신'으로 살아가려면,
자신의 개인적 심리를 완전히 이상적으로 극복하는 것이 아니라.
다시 말해 완벽해지려는 것이 아니라,
자신의 내면 심리상태를
있는 그대로 바라보고 머무를 수 있으면 되지 않을까!
즉 그 상태에 익숙해지고 친구가 되는 것은 어떨까!
만약 우리가 마음수양을 한다고 하여,
자신을 완벽한 인간으로 만들어보겠다는
굳은 결의와 의지를 불태우면서 발버둥 친다면,
아마도 우리의 내면은 비명을 지르며 저항하게 될 것이다.

사실, 삶에서 일어나는 갈등은 필연적이다. 특히 어떤 위기사항에서 일어나는 갈등은 매우 고통스럽고 힘들다. 그러나 분명 그것은 의미 있는 증상이다. '의미 있는 증상'이란, 그 갈등 자체가 결코 부정적으로만 작용하지 않는다는 뜻을 내포하고 있다. 융(C.Jung)은 이렇게 말한다.

"한 사람이 너무 첨예한 갈등 때문에 참을 수 없는 지경에 이르렀다면, 그것은 그가 인생을 제대로 살고 있다는 뜻이다. 내적인 모순에 의한 갈등이 없는 인생은 반쪽짜리 인생이거나 하늘 위의 천사들에게나 가능한 초월적인 삶이다."

내적인 갈등과 압력이 심해지면 심해질수록 의식과 무의식의 활발한 소통이 절실히 요구된다. 의식에서 가야 할 방향과 무의식에서 요구되는 욕구들이 긴밀하게 서로 대치된다는 뜻으로서, 내적 갈등과 압력의 투쟁작업이 일어나게 되는 것이다. 만약 항상(!) 우리에게 적합한 것이 무엇인지 알 수 있고, 언제나(!) 가야 할 올바른 길을 알고 있다면 완벽한 내적인 조화를 이루며 살 수 있을 것이다. 다시 말해 완벽한 도(道)를 이루며 살 수 있다. 그러나 그것이 어디 쉬운 경지이겠는가! 또 그렇게 완벽한 도(道)가 필요할까! 그래서 융은 이렇게 말한다.

> "완벽하게 도(道)를 이루겠다는 목적은 그저 이상일 따름이다. 본질적으로 중요한 것은 도를 이루기 위한 작업 그 자체이다. 평생 동안 도를 이루기 위해 작업하는 것. 그것이 바로 우리가 사는 동안 추구해야 할 목적이다."

우리가 진정 '우리 자신'으로 살아가려면, 자신의 개인적 심리를 완전히 이상적으로 극복하는 것, 즉 완벽해지려는 것이 아니라, 자신의 내면 심리상태를 있는 그대로 바라보고 머무를 수 있으면 되지 않을까! 삶이란, 결과가 아니라 과정이라고 볼 때, 우선 지금-여기의 상태에 익숙해지고 친구가 되는 것은 어떨까! 만약 우리가 마음수양을 한다고 하여, 자신을 완벽한 인간으로 만들어보겠다는 굳은 결의와 의지를 불태우면서 발버둥 친다면, 아마도 우리의 내면은 비명을 지르며 저항하게 될 것이다. 성장을 위한 노력을 괴로울 만큼 투쟁적으로 하고, 무의식을 마치 전쟁 치르듯 탐구하고, 모든 것을 다 성취할 것처럼 파헤친다면 아마도 우리의 '참 자아'는 크게 반항할 것이다. '날 그냥 내버려두라고… 날

제발 있는 그대로 가만히 놓아두라고…' 하면서. 그저 우리는 그 과정 자체를 천천히 '친구'를 대하듯 사랑하며 추구해야 하지 않을까 싶다. 인간 연구에 관심을 가지는 분들의 대부분의 견해는, 인간이 성취할 수 있는 전체성은 자기 자신을 탐구하는 과정(process)을 통해서만 성취된다고 한다. '과정'을 통해서… '흐름'을 통해서… '변화'를 통해서…

아무런 갈등이나 내적 압력이 없을 때 우리는 자신을 성찰할 필요성을 느끼게 될까? 대부분의 사람들은 드러난 문제로 인하여 자신을 탐구할 필요성을 느끼지 않겠는가. "왜 이럴까!" "왜 이런 상황까지 오게 되었을까!" "내가 뭘 어쨌다고… 하필 나에게 이런 일이!" 등. 우리는 아주 근원적인 질문을 스스로에게 하지 않을 수 없게 될 때, 비로소 자기 탐구의 길로 들어선다는 뜻이다. 갈등이 발생될 때 스스로의 내면을 탐구하게 된다는 점에서 갈등은 참으로 의미 있는 깨달음의 열쇠가 된다.

특히 사랑하는 사람과의 관계에서 갈등을 겪게 되거나, 혹은 드러나는 갈등은 없다 할지라도 나이가 들어가면서 일어나는 내적 공허함, 외로움 등의 중년의 위기를 겪는 사람들은 "나는 누구인가!"에 대한 탐구과정을 밟아야 하는 내적인 필요성에 사로잡혀 있다고 볼 수 있다. 솔직히 말해서 그들은 어쩔 수 없이 자기를 발견하는 여행을 시작해야만 한다. 그는 이러한 내적인 요청에서 쉽게 도망칠 수 없다. 왜? 도망치기에는 너무 사랑하니까! 도망칠 곳이 이제 더 이상 없으니까! 융은 이러한 상황을 설명하기 위해 괴테의 『파우스트』 를 인용했다. 메피스토펠레스는 단순한 삶으로 도망치려고 하는 파우스트를 이렇게 조롱한다.

"좋다. 여기서 도망치는 한 가지 방법이 있긴 하다. 그것은 돈도 들지 않고 의사나 마녀의 도움도 필요 없는 방법이다. 네 물건을 싸서 고향으로 돌아가라. 그리고 그곳에서 땅을 파고 도랑을 쳐라. 좁은 둥지에 틀어박혀 네 마음을 일상사 속에 가둬 두어라. 가장 단순한 먹이를 먹고 살아라. 짐승 중의 짐승이 되어라. 그리고 모든 것을 잊어라. 그럼 네가 심은 곡식에 네 똥을 거름으로 주며 살 수 있을 것이다."

다소 연극적이고 단순한 말 같이 느껴질지 모르지만, 이것은 매우 정곡을 찌르는 말들이다. 정말이지, 누구나 다 갈등을 겪는다. 마치 삶의 에너지처럼. 즉, 우리는 필연적으로 갈등의 에너지가 필요하다. 그것은 삶의 에너지이다. 그 에너지는 누구에게나 요구된다. 그런데 우리는 갈등의 에너지는 결코 경험하지 않으려 한다. 모든 사람에게 필요한 양식임에도 불구하고 두려워하고 있는 것이다. 그것이 삶의 에너지라는 느낌보다는, 불안과 두려움에 휩싸이기 때문에, 변화 자체도 힘들어하는 것이다.

심리학에서는 '리비도'라는 개념이 있다. 대릴 샤프(1992)는 리비도를 쉽게 설명하려는 의도로 이렇게 말했다.

"로버트 마이어가 에너지 보존의 법칙을 발견한 이래, 물리학에서는 모든 물리적 현상을 에너지가 형태화한 것으로 본다. 이와 마찬가지로 심리학에서도 모든 심리적 현상을 에너지가 형태화한 것으로 볼 수 있다. 심리적 현상을 일으키는 이러한 에너지는 욕망으로 간주되었다. 나는 이 욕망을 '리비도(libido)라고 부른다. 리비도는 라틴어로 '욕망'을 뜻한다. 원래 이 단어에는 성적인 의미는 담겨 있지 않다. (성적인 의미로 알고 있는 사람들이 많다. 아마도 그렇게 생각할 수밖에 없는 정신분석학적 의미가 있지만, 그 내용의 배경은 여기에서는 생략한다.) 리비도라는 개념을 좀 더 확장시킨다면, 리비도는 베르그송의 '생기(elan vital)'라는 개념처럼, 일반적인 생명 에너지로 볼 수 있다."

융은 리비도의 에너지의 흐름을 강물에 비유한다.

"물은 높은 곳에서 낮은 곳으로 흐른다. 따라서 물이 흐르기 위해서는 높은 곳과 낮은 곳 사이의 경사가 필요하다. 마찬가지로 리비도가 한 곳에서 다른 곳으로 흐르기 위해서는 그 두 곳 사이의 경사가 필요하다"

우리 내면의 갈등, 특히 중년의 위기를 이해하기 위해서는 바로 이 사실을 마음 깊이 새겨두어야 한다. 왜냐하면 그러한 갈등이나 위기가 조화롭게 해결되지 않는 것은 바로 리비도의 흐름이 막히는 것 때문이라고 보고 있다. 어디 중년뿐이겠는가! 모든 연령에서 마치 중년처럼 다가오는 위기를 해결하기 위해서는 리비도가 흐를 수 있는 경사가 있어야 한다. 우리는 우리 마음대로 에너지가 흐를 대상이나 방향을 정할 수 없다. 또한 우리는 이성에 따라 에너지가 흐를 대상이나 방향을 선택할 수도 없다. 우리는 우리의 의지나 이성으로 에너지의 흐름을 조정하려고 하기보다는 그 에너지가 스스로 원하는 방향으로 흘러 갈 수 있게 내버려두어야 한다. 여기서 '스스로 원하는 방향'이라 함은, 자연스러운 에너지의 흐름을 의미할 것이다.

가장 자연스러운 것은, 가장 완전한 것이다. 우리 내면의 저 밑, 진짜 마음에서 원하는 방향이 무엇인지를 안다는 것은, 나에게 가장 자연스러운 것이 무엇인지를 아는 것과 동일하다. 그리고 그것이 현재의 나에게 완전히 필요한 것임을 느낄 수 있다. 가장 평화롭고 자유롭게 되는 본마음의 방향이 무엇인지를 알고 그 방향으로 흘러갈 수 있으면 좋겠다. 참된 나에게서 나오는 마음이라고나 할까! 진정 그 본마음의 방향을 잘 알아차린다면, 바로 그것은 하느님께서 원하시는 방향일 것이라고 느껴진다. 표면적으로(겉으로 드러나는 나) 스스로가 원하는 방향으로 내버려두는 것은 자기중심적이고 이기적이며 일시적인 자유이지, 그것이 참된 평화는 아닐 것이다.

일시적인 쾌락적 자유가 아닌, 진정으로 자타가 평화로울 수 있는, 참되게 자유로울 수 있는 방향으로 그 에너지가 흘러가야 한다. 과거의 깊은 핵심역동에서 발생된 욕구나 감정이 아닌, 지금-이 자리에서 진정 원하고 있는 참된 욕구나 감정이 우선되어야 할 것이다. 습관적으로 형태화된 자기 식의 의지나 이성적 판단은 사실 '자기 원함'일 뿐이지, 참된 하늘의 원함이 아닐 가능성이 많다는 뜻이기도 하다. 개인적 욕구의 방향이 아닌 하늘의 뜻이 흐르는 방향의 에너지는, 모든 갈등을 평화롭고 안정되게 해결의 실마리를 찾게 할 것이다. 마치 자연의 흐름처럼 흘러가게 하리라.

* 이 글에는 대릴 샤프(1992)의 글의 일부 내용이 인용되었음을 밝힙니다.

65. "에고(ego)! 당신은 누구십니까!"

> 우리가 진정 '우리 자신'으로 살아가려면,
> 자신의 개인적 심리를 완전히 이상적으로
> 에고를 향하여 우리는 수없이 "당신은 누구십니까!"를 외치면서,
> 참자기(true self)를 발견하기 시작해야 할 것이다.
> 우리 내면을 깊이깊이 느끼며, 머무르며 다루어 나가야 할 것이다.
> 아마도 그것은 우리를 참된 것으로 이끌어가기 위한 중요한 신호가 될 것이다.

"너 자신을 알라!" 동서고금을 막론하고 이 말은 진리의 첫 관문인 것 같다. 가끔, 소집단 심리치료 장면에서 "당신은 누구십니까!"라고 반복적으로 자문자답하는 작업을 시도한다. 이 질문은 '정말 나라고 하는 사람은 과연 누구일까!'라는 탐구를 하게끔 도와주고, 그 과정에서는 의구심과 혼란스러움이 생길수도 있고, 뜻밖의 깨달음이 생길 수도 있다. 사실은 자신이 스스로에게 자문자답하는 것이 좋지만, 익숙하지 않아서 대상에게 물어주는 역할을 하도록 설정한다. 그렇게 될 때, 생각보다 많은 사람들은 자신을 묘사하기 시작하는데, 의식하는 것도 있지만 미처 의식하지 않았던 자기 자신에 대해서도 이런저런 말들을 하기 시작한다. 그 과정은 매우 의미 있는 것으로서, 처음에는 조용히 자신을 성찰하며 반성하거나 자랑하는 식으로 말을 하는 것 같다. 하지만, 점점 객관적으로 '자기'라는 사람을 바라보는 입장이 되어, '관찰하는 자기'와 '관찰당하는 자기'로 나아가기 시작한다. 자기인식의 범위가 확대된다고나 할까!

성경의 토마스 복음서에 예수님은 "모든 것을 안다고 해도 자기 자신

을 모르는 사람은 아무것도 모르는 사람이다."라고 말씀하셨다. 힘있는 진술이다. 모든 신비가와 영성작가 치료사와 철학자와 상담가는 '자기 인식(self-knowledge)'의 근본적 중요성을 강조한다. 자기 인식, 자기에 대한 알아차림은 바로 한 인간의 정신건강의 수준을 의미한다고나 할까! 아빌라의 데레사는 "하루 동안 겸손히 자기를 바라보는 것이 천일을 기도하는 것보다 낫다."고 했다. 마이스터 엑카르트도 분명히 말한다. "자기 자신을 알지 못하고는 누구도 하느님을 알 수 없다." 예수님은 제 눈에 있는 들보는 깨닫지 못하면서 이웃의 눈에 있는 티를 빼내 주겠다는 사람을 묘사함으로써, 바늘구멍을 통과하려는 낙타 이야기처럼 우스꽝스러운 장면도 예를 들면서, 자신을 모르는 어리석음을 보여 주는 내용을 언급하였다.

> 너는 어찌하여 형제의 눈 속에 있는 티는 보면서, 네 눈 속에 있는 들보는 깨닫지 못하느냐? 네 눈 속에 있는 들보는 보지 못하면서, 어떻게 형제에게 "아우야! 가만, 네 눈 속에 있는 티를 빼내 주겠다." 하고 말할 수 있느냐? 위선자야, 먼저 네 눈에서 들보를 빼내어라. 그래야 네가 형제의 눈에 있는 티를 뚜렷이 보고 빼낼 수 있을 것이다. (루카 6,41-42)

우리는 다른 사람들이 지닌 맹점을 보기는 쉽지만, 스스로의 맹점이나 제 눈에 있는 들보를 인식할 만큼 정직하지는 못한 경우가 많다. 우리 눈의 들보는 과연 무엇일까! 그것은 바로 '에고'라고 불리는 '이기적 자아'다. 우리 자신과 타인들에 관한 진실을 가로막는 것이 에고(ego)다. 에고에 대한 진실을 가로막는 것도 바로 에고 자체다. 에고는 우리 모두를 세우는 역할도 하지만, 위선자로 만들기도 한다.

각자의 에고는 서로 조금씩 다르게 구성되어 있지만, 그 특성을 일반적으로 범주화할 수 있는 몇 가지 방법이 있다. 그중 하나로서 '에니어그램'이라는 것이 있다. 에니어그램 아홉 유형은 다양한 욕구와 고착과 중심 에너지를 표현하면서 여러 성격 유형의 장단점을 서술한다. 최근 들어 많은 사람들이 에니어그램에 관한 책과 교육을 통해서 자신의 행동 유형에 눈을 뜨기 시작했다. 스스로는 인식하기 어려울 수 있는 것들을, 구조화된 유형을 통하여 자기를 객관화시켜 느껴본다는 측면에서, 선천적 기질관련 워크샵은 우리 내면 인식에 도움을 주고 있다.

자기 인식의 초기 단계에서는 에고와 에고의 활동에 대한 자각이 점차 성장해 간다. 자기를 제대로 세우기 위해서는, 즉 자기정체감을 확립할 때까지는 자기에 대해 판단하거나 비난하거나 변명하지 않으면서, 다양한 상황에서 자기가 어떻게 행동하는지 관찰하고 욕구와 충동을 자각하는 수련을 시작해야 한다. 숨은 의도와 잡다한 동기를 포함해서 자신의 모든 동기를 가능한 한 진실하게 직면해야 한다. 때로 우리 행동 자체가 합리적이지 않을 수 있지만, 정직하게 자기 자신을 바라볼 수 있어야 한다. 그렇게 보다 보면 누구나 어느 정도씩은 신경증적 증상 혹은 다소 불안하고 우울한 부분이 우리 모두에게 있다는 것을 알게 된다. 만약 증세가 심각하다고 판정되면, 그때는 상담가나 치료자의 도움을 받아야 할 것이다.

자신을 알아가는 여정에서, 우리는 스스로에 대해 다양한 이미지를 가지고 있음을 알게 될 것이다. 내가 주위 사람들에게 투사하는 이미지가 있는가 하면, 남들이 내게 적용시킨 이미지도 있다. 여기에는 옳은 이미지도 있고 거짓 이미지도 있다. 때로는 이런저런 이미지가 참이 아니라는 것을 알게 된다. 스스로 만들어 낸 거짓을 믿기도 하고, 완전히 잘못된 이미지를 자기 자신과 동일시하기도 한다. 즉 '자아'라고 불리는 '에고'에는 거짓된 것들이 너무 많다는 것이다. 특히 에고의 활동 중에서, 자만심과 우월감, 자기 비하와 열등감, 독신과 자기 연민에 빠지게끔 유혹하는 것들을 관찰하는 것은 정말 필요하다. 이 모두가 거짓 이미지이며 자기중심적이고 위선적이다. 참자기가 아닌 것이다.

제 눈의 들보를 볼 수 있게 도와주는 공명판이나 거울 같은 누군가가 있으면 좋다. 치료사나 상담가에게 전문적 도움을 받는 것과는 별개로, 오랫동안 끈기 있고 정직하게 이루어지는 관찰, 특히 침묵과 고독 속에서 이루어지는 관찰은 우리 자신에 대해 아주 놀라운 계시를 전해 준다. 말하자면, "당신은 누구십니까!"라고 스스로에게 물어보아야 할 것이다. '너 자신을 알라!'라는 고금동서의 가르침은 거짓자아에서 벗어나는 최초이자 최후의 중요한 길인 것 같다. 예컨대, 일상에서 죄의식을 가진 사람들은 생각보다 많다. 정말 놀랍게도 죄의식을 부풀리려는 은밀한 종교적 사회적 유혹도 상당하다. 파괴적 죄의식 때문에 고통을 받는 사람이 많은데, 이것이야말로 에고의 가장 비합리적이며 자가당착적인 태도 중 하나다. 살면서 어떤 일이 잘못될 경우 스스로를 증오하고 나무라는 사람들이 얼마나 많은가! 하나의 예로, 강간이나 폭행 피해를 입은 여성의 상당수가 자신을 책망하는가 하면, 성적 학대를 당하고도 자기 탓으로 돌리는 어린이들도 있다. 가난하게 살고 있는 사람들에게 "그건 다 자신의 생활태도가 문제이기 때문에 그렇게 된 것이다."라고 단언하면서, 죄의식을 불러일으키는 일들도 종종 있다.

이러한 죄의식의 원천에 초자아(superego)가 있다. 초자아는 우리 머릿속에 들어 있는 모든 '당위(oughts)'다. 이런 일은 해야 하고 저런 일은 피해야 한다고 속삭이는 내면의 목소리다. 어떤 사람들은 초자아를 양심의 소리나 하느님의 소리와 혼동하는데, 사실 이 소리는 우리의 문화, 사회, 종교라는 조건에 얽매인 결과로서, 자아마저 넘어서는 '내면의 심판관(강력한 초자아)'이 기능하는 것이다. 자신을 알기 위해서는 죄의식과 사회적 조건과 초자아에 대한 의식이 자라나야 할 것이다.

진심에서 우러난 죄의식과 참된 양심의 목소리도 물론 존재한다. 이것들은 참자기를 드러내 준다. 중요한 것은 에고가 우리의 참자기가 아니라는 사실을 항상 기억하는 일이다. 자기중심적 자기는 거짓 이미지다. 이것은 우리가 분리되어 있고 독자적이며 자율적이라는 환상에 기초해 있다.

성경에 등장하는 바오로 사도는 자신이 '육'이라 부르던 것 말고도 우리가 오늘날 에고라고 부르는 것을 뼈아프게 인식하고 있었다. 육이라는 단어는 성적 욕구와 과도한 탐닉, 폭식과 연관되어 상당한 오해를 불러일으켰다. 그러나 바오로는 육의 행실을 열거할 때 원한, 싸움, 시새움, 분노, 모략, 불목, 분열, 질투, 술주정, 경쟁을 포함시킨다. (갈라 5,19-21.26). 우리는 이런 것들을 에고의 행위로 묘사한다. 바오로가 말하는 불륜, 방탕, 술주정은 그저 욕구라서가 아니라, 이기적이고 자기 탐욕적인 욕구이기 때문에 에고의 행위이기도 한 것이다. 어떤 욕구든 욕구 자체는 잘못된 것이 아니다. 그러나 에고가 이기적 목적으로 욕구를 사용하면 문제가 된다. 욕구는 생명을 충만히 살아갈 수 있도록 우리에게 선물로 주어진 것이다. 성, 사랑, 음식, 술, 위로, 평화, 일치를 향한 욕구가 우리의 이기적인 자기중심성 때문에 일그러지고 왜곡되었다. 바오로가 '육'이라는 말로 의미한 바가 바로 이것이다.

우리 자신을 알기 위해서는, 스스로의 욕구를 인식하는 것과 더불어 사랑, 연민, 슬픔, 우울, 두려움, 분노, 원한, 좌절 같은 느낌이나 정서와 친숙해지는 법을 배우는 것도 포함된다. 기분의 변화와 과거의 고통에서 생겨난 상처를 의식해야 한다. 이제는 누구나 알다시피 느낌과 욕구와 정서를 억압하는 것은 전혀 도움이 안 된다. 이것들을 적대시할 일이 아니다. 당연히 평가의 대상도 아니다. 중요한 것은, 에고가 이기적 목적으로 느낌과 욕구와 정서를 오용하도록 내버려 두지 않는 것이다.

"당신은 누구십니까!"라고 물을 때, "나는 어떠어떠한 사람입니다."라는 사회적 외적 자신도 인식해야 하지만, "어떠어떠하게 느끼는 사람입니다."라는 감정과 욕구의 자신도 알아차려야 할 것이다. 물론 감정을 그저 관찰하는 것만으로는 충분하지 않다. 때로는 그것을 깊이 머무르며 온 마음으로 젖어 느낄 필요가 있다. 심리치료의 장면에서 가장 미숙한 부분은 상처와 고통의 감정을 불안해하고 걱정하면서 이야기하고 분석만 하기 쉽다는 것이다. 어떻게 없앨 것인가를 질문하기도 한다. 사실 그것은 모두 머리일 가능성이 많다. 끊임없이 마음으로 가져가야 한다. 즉, 때론 울어야 하고, 괴로워야 하고, 당황하며 슬퍼해야 한다. 마음속에서 깊숙이 머무르도록 허용해야 할 것이다. 우리 마음속에서 그것을 충분히 느끼도록 자리를 마련해 줄 때, 비로소 서서히 우리의 상처는 극복되며, 내 마음에 새싹이 돋을 것이다. 우리 마음은 상처보다 훨씬 더 위대하다. 마음을 잘 다스리는 것을 배우면, 상처가 우리를 결코 파괴하지 못한다는 사실을 깨닫게 될 것이다. 그것은 오직 자기를 깊이 느끼는 것부터 시작해야 할 것이다.

에고를 향하여 우리는 수없이 "당신은 누구십니까!"를 외치면서, 참 자기(true self)를 발견하기 시작해야 할 것이다. 우리 내면을 깊이깊이 느끼며, 머무르며 다루어 나가야 할 것이다. 아마도 그것은 우리를 참된 것으로 이끌어가기 위한 중요한 신호가 될 것이다.

* 이 글의 일부 내용에서 앨버트 놀런, 『오늘의 예수』 (2011)의 글이 인용되었음을 밝힙니다.

著者 소개

최 경 희 (隨順)

저자(1956년- 경남 통영 출생)는 상담교육학 석·박사 학위 취득 후, 심리상담전문가(한국 상담 및 심리치료 학회 114호)로서의 활동과정에서의 대부분의 시간을, 상담 및 심리치료 활동, 강의 와 연구, 집필 활동에 투입하고 있다. (전 대구대 , 현 東方 심리상담·부모교육 연구소 등) 약 1988년 경부터 시작된 상담 및 심리치료 활동과정에서, 인간 내면의 고통과 아픔을 가져오는 다양한 파생원인 중, 특히, 가족관계의 심리적 역동패턴의 관련성을 연구하면서, '정신역동적 부모교육(Psychodynamic Parents Education)' 프로그램을 기초, 심화, 훈습의 3단계로 연구 제작 · 개발하여 실시해 오고 있다. 연계하여, 핵심적인 심리치료적 활동의 필요성을 느껴서 '정신역동적 집단심리치료' 프로그램을 '구조화' 와 '비구조화'로 결합, 개발하여 현재(2015.12. 기준) 약 300회 실시하고 있으며, 치료 후 진정한 자신으로 돌아가는 '훈습을 위한 생활수행' 프로그램을 병행하고 있다. 말하자면, **교육-치료-수행** 의 세 단계를 체계적으로 프로그램화시켜 실시하고 있다.

대표저서로는, 「대인관계와 정신역동」(2000) 외 다수가 있으며, 역서는 「정신역동적 상담의 실제」(2001) 외 다수이다. 논문은 「부모교육 프로그램 개발에 관한 연구 - 정신역동적 상담이론의 시험적 적용-」(1999, 대구효성가톨릭대학교 대학원 박사학위 청구논문) 외 다수가 있다.

기타 연구업적 및 구체적인 사항의 알림방은 「東方심리상담 · 부모교육연구소」 홈페이지 www.dongbang-pd.co.kr, 연락처는 052-264-0029/010-6563-0013이며, 메일은 pluskhc@hanmail.net 이다.